JN414854

원광대학교 사회적경제연구센터
연구총서 1

사회적경제와 공공성

Social Economy and Publicness

김흥주 편저

신정

머리말

2008년 글로벌 자본주의는 신자유주의 속 각자도생의 시대를 활짝 열었다. 국가든 개인이든 경쟁에서 살아남아야 생존할 수 있다는 것, 2021년 코로나19는 우리 사회를 각자도생의 생지옥으로 몰아넣고 있다. 대부분의 통계수치를 볼 때, 한국의 경제사회적 불평등은 코로나 사태 이후 더욱 더 심화되고 있다. 경제 영역에서 보면 경제협력개발기구(OECD) 국가 중에서 상위 10위권에 진입하고 있지만, 삶의 질과 관련된 사회 영역은 대다수 항목이 꼴찌 수준인 30위권 밖을 맴돌고 있다.

무엇보다 삶의 질이 떨어지고 있다. 2020년 한국의 행복지수는 전 세계에서 61위다. 세계 주요 10개국을 대상으로 '글로벌 웰빙 지수'를 산출한 결과, 한국의 웰빙 성적표는 전체 9위에 그쳤다. 복지와 분배는 악화되고, 실업자 양산에다 청년 일자리는 더욱 부족하다. 청년들이 살기 힘들어지니 결혼도 힘들어지고, 더불어 출산율도 최악의 수준으로 떨어졌다. 자살률은 OECD 회원국 최고 수준이다. 헬조선은 괜히 있는 말이 아니다.

사회는 경직되고 양극화는 심화되고 있다. 2020년 세계경제포럼(WEF)의 발표를 보면 한국은 사회이동성 역량이 25위이며, 경제협력개발기구(OECD) 보고서에 따르면 사회계층 이동성의 고착화가 뚜렷한 국가 중 하나다. 소위 스카이(SKY)대학생 부모의 고소득층 비율이 무려 41%에 달한다고 한다. 부동산 가격은 천정부지로 오르고, 부자들의 아파트 값이 50배나 상승했다. 가진 자는 더 많이 갖게 되고 덜 가진 사람은 점점 더 적게 가지는 마태효과(Mattew Effect)가 현실화되고 있는 것이다.

가진 자와 못 가진 자, 기득권 세대와 젊은 세대 사이 감정의 골도 더 깊어지고 있다. 2021년 〈경향신문〉 신년 설문조사를 보면, 한국 사회가 지향해야 할 가치로 응답자의 40.7%가 공정을 꼽았다. 취업을 준비하는 20대 한국의 청년은 결과의 평등보다 절차적 공정에 열광하며, 이렇게 기회의 평등이 보장되면(정확히는 보장되는 것처럼 느끼면) 그에 따른 성과와 보상은 정당하다는 능력주의에 심취해 있다. 능력이 있으면 그에 걸맞은 보상을 받는 건 너무나 정당하며, 이런 불평등을 제도적으로 보완하는 것 낭비라고 생각하기까지 한다.

마이클 샌델 교수의 새 책 『공정하다는 착각』은 원제(능력주의의 폭정, The Tyranny of Merit)가 암시하듯, 능력주의가 부자에게는 오만을, 빈자에게는 절망을 주는 방식으로 쌍방향 폭정을 저지르며 민주주의 공동체를 황폐하게 만들고 있다고 고발한다. 능력주의 사회에서 부자가 단순한 부 이상의 것을 향유하듯, 가난한 사람도 단순한 궁핍 그 이하를 겪어낸다. 바로 모멸감과 절망이다(한겨레, 2020.11.27). 그래서 양극화는 차이를 넘어 증오와 적대가 가득한 사회를 만든다. 영화 〈기생충〉은 이런 측면에서 우리 사회의 양극화와 불평등, 학벌지상주의를 현실보다 더 현실적으로 보여주었다.

그렇다면 불평등과 양극화 문제를 해결할 수 있는 방안은 없는 것인가? 개인차원의 각자도생과 생존가치가 구조화된 양극화를 만들었다면, 생각을 바꿔 협력과 공존의 사회가치와 정의와 공정의 공공가치가 중심이 된 사회를 디자인할 필요가 있다. 이때의 협력은 각자도생이 아니라 더불어 같이 사는 것이며, 공정은 단순한 분배의 공정을 넘어 구조적 억압과 지배 권력의 문제를 헤집는 정의가 기반이 되는 것이다. 우리가 이 책에서 사회적경제와 공공성을 주목하는 이유다.

사회적경제(social economy)는 '연대와 협동을 바탕으로 사회적 가치를 추구하는 경제활동'으로 정의된다. 구성원의 참여, 민주적 운영, 이익의 공유와 환원 등을 원칙으로 삼는다. 지역순환 경제를 지향한다는 점도 빼놓을 수 없다. 대부분의 사회적경제 영역에서는 지역주민들이 지역의 자원을 활용해 지역에 필요한 상품과 서비스를 생산한다. 성장과 이윤 추구에 매달리는 일반 기업과 달리, 공동체의 이익을 중시하기에 가능한 일이다. 사회적경제가 국가나 시장이 해결하기 어려운 사회 문제를 해결하고 사회적 가치를 창출하는 중요한 역할을 하고 있음에도, 그 개념이나 기본원리도 아직 법규범으로 승인받지 못한 상태다. 심지어 사회적경제를 이야기할 때 많은 사람들은 '사회주의(socialism)' 경제로 이해하기까지 한다. 이런 편견과 이념 공세 때문에 아직까지 사회적경제 3법(사회적경제기본법, 사회적가치법, 판로지원법)이 국회를 통과하지 못하고 있다.

공공성(publicness)은 사회적 가치를 실현하는 공적 관계 혹은 공적 질서 그 자체를 의미하는 것으로 어느 집단의 이익을 대변하는 공익(共益)보다 전체의 이익을 대변하는 공익(公益)을 추구하는 것이다. 공공성은 사회적경제의 본질적인 요소이면서 동시에 사회적경제를 뛰어넘는 개념이다. 요컨대 이윤과 효율만이 아니라 사람의 가치, 공동체의 가치를 중시하고 협동과 상생이 실현되기 위한 규범이라 할 수 있다. 공공성을 이야기할 때 많은 사람이 오해하는 것은 공공의 책임을 강조하는 것이 분배의 공정, 공정한 경쟁, 능력주의에 어긋난다는 것이다. 이른바 각자도생, 생존가치의 논리에서 볼 때 공공성의 정치는 "사회주의 하자는 것"으로 절대 막아야 할 포퓰리즘에 불과하다.

왜 이런 오해가 생기는 것일까? 언론을 비롯한 담론 공간에서는 과잉정치화, 이념적 프레임 등 정치과정을 우선적으로 지적한다. 하지만 이 책에서는 학문적 연구의 부족을 반성하고자 한다. 사회적경제와 공공성에 대한 논의가 무성하고, 사회적경제 기본법 등 제도화의 필요성은 수없이 제기되고 있지만, 정작 사회적경제나 공공성 개념, 상호 관계, 현장에서의 실천과정, 문제와 대안 등에 대해 진지하게 논의된 바가 거의 없다.

원광대학교 사회적경제연구센터는 최근 5년 동안 심포지엄과 연구를 통해 한국 시장경제의 흐름을 성찰하고, 공존의 시대를 향한 대안을 모색하였다. 이는 경제적 효율보다 사회적 가치 중심으로, 분배의 공정보다 공공성 실현으로 패러다임을 전환하자는 의미이기도 하다. 2017년 제1기 콜로키움에서는 지역사회복지, 도시재생, 생협운동, 청년창업 등 현장의 대안적 경제활동이 어떻게 사회적 가치와 연결되는가를 살펴보았다. 2019년 제2기 콜로키움에서는 사회복지, 종교, 경제, 문화, 의료, 스포츠, 건강 영역에서 공공성의 가치가 어떻게 실현되고 있는가를 살펴보았다. 특히 원불교와 개벽사상이 공공성의 가치와 결합하여 어떤 현장 활동을 하고 있는지 사례 연구를 진행하였다. 이 책에 포함된 공공성 관련 5편의 글은 2019년 콜로키움의 성과를 발전시킨 것이다.

이 책은 총 2부 10장으로 이루어졌다. 제1부는 사회적경제에 초점을 둔 5개의 장으로 구성되었고, 제2부는 공공성과 정의에 초점을 둔 5개의 장으로 이루어졌다. 각 장의 주요한 내용과 시사점을 정리하면 다음과 같다.

제1장에서 김흥주와 안윤숙은 최근 들어 한국의 복지환경에서 지역사회복지와 사회적경제가 주목을 이유를 세 가지로 설명한다. 첫째, 사회적경제 조직은 국가와 시장이 해결하지 못하는 문제들에 혁신적으로 대처하는 특징을 갖고 있다. 둘째, 지역의 일자리와 소득을 증대시켜 자원이 지역에서 선(善)순환하는 지역순환의 복지체제를 만들어간다. 셋째, 사회적경제

조직은 다중 이해관계자들의 협동과 호혜를 통해 지역사회에 필요한 사회서비스의 공공성(publicness)을 실천한다. 몇 가지 과제도 제시하고 있다. 사회적경제가 중심이 되는 지역사회복지는 주민의 참여로 시작되고, 연대와 파트너십으로 완성된다. 여기에 실질적인 지방분권, 신뢰와 호혜의 가치, 시민사회의 성숙, 살아 있는 지역조직, 실천가의 적극적인 사회행동이 기반이 되어야 지속가능해진다.

제2장에서 김홍주와 이현진은 생협복지주의 개념으로 새로운 생협운동의 특징을 세 가지로 정리하고 있다. 첫째, 참여형 복지를 실천하고 있다. 돌봄 위기를 정부나 시장의 서비스에게만 의존하여 해결하는 것이 아니라 자발적으로 참여하는 조직의 힘으로 해결하려는 주체적인 활동이 '참여형 복지'의 실천이다. 둘째, 사회적 돌봄을 실현하고, 전문 서비스를 제공한다. 생협은 상호 호혜적 관계를 통해 돌봄을 주고받을 수 있어 '돌봄 공동체' 형성에 유리한 조건을 가지고 있다. 셋째, 지역사회에 적극적으로 기여하고 있다. 조합원만의 이익에 중점을 두고 활동하던 생협이 유연하게 조직을 개방하고 다양한 시민단체 등과 연계하면서 지역사회와 유기적인 관계를 맺어 가고 있다.

제3장에서 김홍주와 지규옥은 지역자활센터가 사회적협동조합으로 전환되는 과정을 분석하면서 사회적경제가 자활사업에 어떤 변화를 가져올지를 분석한다. 연구 결과는 세 가지로 요약할 수 있다. 첫째, 지역자활센터의 사회적협동조합 전환 배경은 자활사업의 정체성 위기, 지역자활센터의 위기, 사회적협동조합을 통한 자활사업의 대안 모색 등이다. 둘째, 사회적협동조합 전환 이후 사업 및 운영은 자체 수익사업을 개발하여 자본 안정성을 확보하고, 일자리를 창출하는데 일정 부분 가능성을 확인할 수 있다. 셋째, 사회적협동조합 전환 이후 재원 활용의 자율성과 행정절차의

편의성, 그리고 인센티브 지급 등의 긍정적 변화가 나타난다. 반면에 사업 개발에 대한 부담, 참여자의 노동능력 저하 문제, 직원들의 행정 업무 부담 증가, 그리고 담당 공무원의 인식 부족에 따른 불이익 등의 부정적 요인도 있다.

제4장에서 김자경과 최현은 공동자원(commons)을 중심으로 하는 마을만들기 사례를 연구하면서 마을만들기 사업의 이론적·정책적 지평을 넓히고 있다. 공동자원론의 시각에서 마을만들기의 핵심은 마을사람들과 공동자원의 관계 맺기에 있다. 과거에는 생존을 위해 필요했으며, 생활 속에 있었던 공동자원은 현재를 살아가는 사람들에게는 가치를 인정받지 못하고 방치되고 있었다. 과거에 주민들이 함께 의지하고 지켰던 생활의 보고인 숲, 하천, 바다 등 자연의 공동자원이 주민들의 생활과 유리되면서 농업·산업폐기물을 유기하는 쓰레기장이 되거나 개발업자의 먹잇감이 된 것이다. 공동자원을 활용한 마을만들기는 자연을 농촌 마을의 공동자원으로 재정립하여 농촌을 살리고자 하는 시도임과 동시에 자연의 지속가능성을 확보하는 과정이다. 제주도 하례1리 사례는 공동자원과 다양한 사회자본을 발전시킴으로써 개인을 뛰어넘는 공동체적·생태적 요소를 축적했고 이것이 마을과 자연의 지속가능성을 확대하고 있다는 시사점을 보여준다.

제5장에서 이해진은 커먼즈(commons) 개념을 중심으로 먹거리정책과 운동의 대안적 방향을 모색한다. 이 글에서는 먹거리의 다차원적이고 공익적인 가치를 중심으로 먹거리의 의미를 규정하고 이를 먹거리정책의 공공성의 토대로 삼을 것을 제안한다. 푸드플랜을 포함한 먹거리정책은 먹거리가 기본권이고 공공재라는 관점에서 먹거리 대중의 필요와 먹거리 문제를 해결하려는 접근방식을 선택할 필요가 있다는 것이다. 충북 청주시의 지역먹거리정책을 사례로 분석하면서 대안먹거리체계의 방향으로

① 먹거리가 무엇인가에 대한 문제틀의 전환, ② 먹거리정치의 주체역량 강화, ③ 먹거리 시민 거버넌스와 공공조달의 강화를 제시한다. 이때 먹거리 커먼즈 개념은 시민들의 필요를 조직하고 먹거리정책의 방향을 수립하는 이념적, 물적 토대를 제공한다는 점에서 먹거리정책에 적극 활용될 가치가 있다.

제6장에서 정규식은 공공성의 사회적 확장 과정에서 사회경제적 민주주의 가능성을 논의한다. 사회적 양극화와 정치적 민주주의의 한계로 인해 초래된 공공성의 위기를 '국가-시장-시민사회'의 재구조화라는 시각에서 검토해 보고, 사회경제적 민주주의의 확장이 공공성의 회복과 어떻게 연결될 수 있는지를 고찰한다. 민주적·사회적 통제 없는 탈규제 자본주의 시장경제는 극도의 불평등과 빈곤을 초래할 뿐만 아니라 지속가능하지도 않다. 그렇기에 정치적 민주주의의 진전과 지속가능한 발전은 '사회경제적 민주주의'에 의해 뒷받침되어야 한다. 따라서 국가의 통제와 시장의 자본논리를 넘어 공유와 협력에 기반하고 있는 사회경제 모델을 모색하고, 또 이를 지속가능하게 할 수 있는 제도적·윤리적 조건을 구축하는 것이 무엇보다 중요하다.

제7장에서 황종남은 건강보장성을 강화하는 것이 보건의료제도의 공공성을 확립하는 조건임을 밝히고 있다. 한국은 지난 30여 년간 건강보험이라는 제도적 기틀의 발전을 통해 전국민의료보장의 범위를 점진적으로 확대해나갔으나, 제한된 보장범위와 높은 본인부담금 등으로 인해 보건의료서비스 이용과 관련한 불필요한 격차가 발생하고 있다. 이 연구에서는 개인의 소득 수준, 교육상태, 직업 등과 같이 개인의 사회경제적 요인들이 미(未)충족 의료와 관련한 불평등에 얼마나 기여하는지를 집중지수와 집중지수 분해방법을 통해 계량적으로 측정한다. 미충족 의료는 개인 수준

에서 의료서비스 미충족 경험 여부의 단순한 차이가 아니라 불형평의 문제이다. 따라서 의료서비스의 접근과 이용을 저해하는 요인을 제거할 수 있는 정책 중재안의 개발과 함께 보건의료제도의 공공성 확립을 위한 장기적인 전략의 수립이 필요하다.

제8장에서 원도연은 디지털 공공성의 가치를 논의하면서 디지털 격차의 해소가 사회혁신의 가능성을 높여준다는 사실은 보여준다. 디지털 사회의 도래는 한국이 지난 수 세기 동안 겪어온 과학기술의 발전이 다시 한 번 새로운 단계에 진입하고 있음을 보여준다. 디지털 혁명은 과거 산업혁명에 못지않은 사회문화적 충격을 수반하고 있다. 그런 점에서 디지털 사회에서 공공성의 문제는 매우 중요하고 예민하게 다뤄져야 할 정치사회적 이슈라고 할 수 있다. 디지털 공공성은 단순히 정보 격차의 문제에서 출발했지만 근본적으로는 생산의 패러다임이 변화하면서 공동체와 노동에 대한 개념을 바꿔놓고 있다. 그러나 한편으로는 디지털 사회혁신은 매우 유용한 사회 변화의 방향성을 제기하고 있다. 디지털 사회는 어쩌면 산업혁명이 실패한 공동체성을 복원하고 인간의 존엄을 강화할 수 있는 새로운 기회가 될 수도 있다. 이를 위해서는 디지털 사회가 신뢰를 기반으로 한 사회적 관계를 회복할 수 있도록 사회적 규범의 인식과 제도화가 필요하다.

제9장에서 염승준은 종교적 공공성의 개념과 의미를 다루고 있다. 글로벌 금융기관의 국가 및 기업 압박에 따른 공공산업 전반에 민영화 논리, 골목상권 붕괴 그리고 최근의 코로나 팬데믹에 이르기까지 자본주의체제로 의한 위기의 징후는 심화되고 있다. 이러한 위기의 해소 방안으로 공공성에 대한 다양한 담론이 논의되어 왔으나 공공성 개념에 대한 이론적 논의는 단지 이해관계로 점철된 사회 및 권력의 체계의 주장을 반영하는 차

원에서 정체되어 있을 뿐이다. 이 연구에서는 공공성에 대한 다양한 이론과 운동을 "정치적 상호작용의 메커니즘"으로 개념화한 홍성태의 연구를 기반으로 공공성 담론에서 간과되고 있는 초월성 개념에 주목한다. 이 개념은 기후위기 등 자본주의체제가 야기하는 위기에 대응하기 위해 일국적 차원으로는 해결 방법이 없다는 현실적 진단을 고려할 때 정치 및 사회학 분야에서 적극적으로 고려될 필요가 있다.

제10장에서 김소연은 먹거리정의(food justice)의 이론적 쟁점과 실천적 함의를 제시하고 있다. 먹거리정의는 어떻게 사회경제적 불평등이 먹거리의 생산, 분배, 소비에 이르기까지 확장되고 구조화되어왔는지를 드러내고, 동시에 어떻게 지역 공동체와 사회운동이 이러한 불평등에 대항하고 새로운 먹거리체제를 실현하는지를 탐구하는 개념이다. 먹거리정의는 환경정의, 비판인종이론 등 다양한 분야의 학문적·실천적 성과를 발전시켜 최근에는 기존의 대안먹거리 담론과 구분되면서 하나의 독자적인 연구 분야와 실천형태로 주목받고 있다. 이 연구에서는 국외 학술논의를 검토하여 먹거리정의 개념 형성의 근저에 깔린 전환 인식을 깊이 있게 조망하는 한편, 먹거리정의 연구의 존재론적, 인식론적 접근과 실천전략을 구체적으로 논의한다. 이를 통해 사회불평등과 기후위기의 시대에 사회적 책임을 고민하는 연구자와 운동가들에게 먹거리문제의 본질을 새롭게 분석하고, 사회생태적으로 정의롭고 조화로운 먹거리체계를 실현하는 데 있어서의 이론적, 실천적 함의를 제공한다.

이 책이 나오기까지 다양한 기관과 연구자들의 도움이 있었다. 무엇보다 2017년 사회적경제 콜로키움과 2019년 공공성 콜로키움을 지원한 원광대학교 산학협력단 창의융합산학연구회 지원단에 감사드린다. 소규모연구회에 적극 참여해 주신 박맹수 원불교학과 교수, 이경찬 도시공학부 교수, 성제환 경제학과 교수, 서정석 체육교육학과 교수, 오경재 예방의학과 교수에게 감사드린다. 2020년 11월 "사회적경제와 대학의 상생, 어떻게 할 것인가?"에 관한 학술세미나를 공동주관한 사단법인 전북사회적경제연대회의와 익산시 사회적경제지원센터, 기조강연을 맡아 주신 박맹수 원광대학교 총장께 감사드린다. 발표를 맡아 주신 송인창(HBM 협동조합연구소장), 우영균(상지대 명예교수) 선생님은 지역의 사회적경제 생태계 조성에 대학이 할 수 있는 역할을 제시해 주었다.

이 책의 출간을 허락하고 좋은 모습의 연구서로 만들어 준 신정출판사 최용구 사장님과 장만동 전무님, 그리고 출판과정 관계자분들께 깊은 감사를 드린다. 원고를 정리하는 데 무엇보다도 지근거리에서 자기 일처럼 도와준 안윤숙 박사와 편집과 교정을 도맡아 준 이현진 연구원에게도 고마움을 전한다. 이 책이 사회적경제의 실천현장과 공공성 관련 이론적 쟁점을 이해하는 데 작은 밑거름이 되길 바란다.

2021년 3월

저자들을 대표하여 김홍주 씀

차례

제2부 공공성

PART 1
사회적경제

chapter **01**

사회적경제와 지역사회복지

김흥주 안윤숙

1. 머리말

최근 몇 년 사이에 지역사회복지의 제도적 환경이 빠른 속도로 변화하고 있다. 새로 제정된 관련 법률만 해도 사회서비스 이용 및 이용권 관리에 관한 법률(2011년), 협동조합기본법(2012년), 도시재생 활성화 및 지원에 관한 특별법(2013년), 지역개발 및 지원에 관한 법률(2014년), 사회보장급여의 이용제공 및 수급권자 발굴에 관한 법률(2015년) 등이 있다. 여기에다 사회복지 서비스 규정을 사회서비스 규정으로 바꾸고, 이의 시장화·민영화 근거를 마련한 사회보장기본법 전면 개정(2012년), 사회복지 지방이양 사업을 지원할 분권교부세를 지방교부세로 전환한 지방교부세법 개정(2015년) 등 지역사회복지 추진체계와 관련된 새로운 규정들이 그야말로 '쏟아져 나오고' 있다.

복지환경도 크게 변화하고 있다. 지역사회를 단위로 공공과 민간, 그리고 시장이 어우러져 하나의 복지구조를 이루는 지역중심의 복지체계가 부각되고 있다. 사회복지실천의 주체로서 지역사회가 부각되는 이유는 간단하다. 지역주민들이 가장 필요로 하는 돌봄 서비스를 가장 효율적으로 제공하기 위해서는 지역, 마을, 이웃, 공동체가 적격이기 때문이다. 국가복지는 광대하지만 서비스 효율성이 낮고 주민들의 접근성이 떨어진다. 가정과 같은 비공식 보호는 친근하지만 계층별 편차가 크고 제도적이지 못하다. 지역사회는 적절하게 제도적이면서도 적절하게 친근한 서비스를 제공할 수 있고, 적어도 얼굴을 맞대면서 지낼 수 있는 삶의 터전을 만들어 낼 수 있다. 그래서 지역사회가 주체이자 대상이 되는, 새로운 패러다임의 지역사회복지가 국가복지의 대안으로 떠오르고 있는 것이다.

새로운 지역사회복지는 사회서비스와 사회적경제[1]가 결합된 "사회서비스의 시민화(civilization), 사회화" 모델에 주목하고 있다.[2] 공공복지의 한계와 민간복지의 시장화로 인한 서비스 양극화 문제에 전략적으로 대응하기 위해 사회적경제를 적극 활용하고 있는 것이다. 특히 (사회적) 협동조합 방식을 주목하고 있는데, 개인의 힘으로 해결할 수는 없고 그렇다고 정부에 전적으로 의존하기 어려운 새로운 사회적 위험(new social risk)에 대해 비슷한 문제와 욕구를 지닌 사람들이 함께 모여서 협동조합 방식으로 풀어나가는 게 가장 효율적이기 때문이다.

지역사회복지 실천과정에서 사회적경제는 세 가지 역할을 수행할 수 있다. 첫째, 사회적경제 조직은 국가와 시장이 해결하지 못하는 문제들에 혁신적으로 대처하는 특징을 갖기 때문에(Borzaga & Depedri, 2012; Evers & Laville, 2004), 지역사회의 필요와 문제를 해결하고 지역 기반의 사회서비스를 혁신하고 다양화하면서 사회복지의 효율성을 증진시킨다. 둘째, 지역의 일자리와 소득을 증대시킴으로써 지역의 자원이 지역 내에서 선(善) 순환하는 지역순환의 경제체계를 만들어간다. 셋째, 사회적경제 조직은

1) 사회적(social) 경제(economy)를 띄어 쓸 경우에는 '사회적'이 경제를 수식하는 어구이자 보충적 개념이 되지만 이어 쓸 경우에는 하나의 고유명사이자 대안적 개념으로 인식할 수 있다. 여기서는 대안의 의미를 살려 사회적경제로 쓰고자 하며, '사회적협동조합'도 마찬가지의 의미를 지닌다.

2) 그동안 국가복지의 재편과정에서 국가와 시장의 혼합은 많이 논의되었지만, 민간단체들과 다양한 형태의 커뮤니티들이 있는 시민사회와의 혼합은 간과된 측면이 있었다. 사회서비스의 시민화(civilizing)는 바로 이러한 시민사회 내의 많은 사회서비스 조직들, 특히 사회적기업과 같은 사회적경제가 보다 더 중요한 역할을 하는 과정을 의미한다(에베레스·라빌, 2008: 349).

다중이해관계자들의 협동과 호혜를 통해 주민들이 가장 필요로 하는 사회서비스를 제공한다. 이 때문에 최근의 지역사회복지는 사회적경제의 이념과 가치, 그리고 조직체의 다양한 활동에 기반하여 새로운 실천모델을 만들어내고 있다.[3)]

이렇게 지역사회복지의 활성화에 사회적경제가 차지하는 비중이 늘어나면서 이와 관련된 연구들이 늘어나고 있다. 이해진과 김철규(2014)는 지역사회복지실천 주체로서 사회적협동조합을 언급하며 사회서비스의 공공성을 강화하기 위해 지역사회기반, 참여와 신뢰, 네트워크 협동과 호혜의 원리를 강조했다. 김재엽(2017)은 안성・인천・안산 의료복지사회적협동조합(이하 의료사협)을 대상으로 성공 원인을 분석한 결과, 조직 목적이 시민사회운동의 성격보다는 주민이 원하는 지역사회복지 성격을 가졌을 때 조합원 규모가 확대된다는 결론을 얻었다. 이재희・윤민화(2018)는 의료사협이 의료복지라는 조직의 목표를 달성하기 위해 지역을 중심으로 사람을 통해 누구나 건강하게 살아야 한다는 권리를 지향하는 실천 활동을 중시하고 있다고 결론지었다. 지규옥・김홍주(2018)는 지역자활센터가 사회적협동조합으로 전환한 이후 긍정적 요인으로는 재원 활용의 자율성과 행정절차의 편의성이 있었지만, 부정적인 요인으로 지역주민의 신뢰와 참여부족, 참여자의 노동능력 저하, 정부보조금 축소로 인한 재정적 부담이 있다고 지적하였다.

이상의 선행연구들은 사회적경제 실천모델이 지역사회복지에서 제대로된 역할을 수행하기 위해서는 '지역화'와 '공공(公共)'의 원칙 속에서 서비스 제공이 이뤄져야 함을 강조하고 있다. 하지만 기존의 연구들은 지역복

3) 한국 사회복지교육협의회에서 5년 단위로 발간하는 '사회복지학 교과목 지침서'에 따르면 2016년부터 지역사회복지실천의 특수 분야로 사회적 기업, 사회적협동조합, 자활기업, 마을기업 등 사회적경제 조직체의 실천모델을 제시하고 있다(한국 사회복지교육협의회, 2016: 75).

지 실천모델로서 사회적경제의 필요성과 유용성, 경제적 성공 조건과 지속가능 요인을 주로 논의하고 있다. 이 때문에 사회적경제 조직들이 지역복지와 어떤 관계를 맺고 있는지, 주민들의 다양한 돌봄 욕구를 어떻게 충족하고 있는지, 사회적경제 조직이 제공하는 사회서비스는 기존의 복지기관과 어떤 차별점이 있는지 등에 대해서는 논의가 제대로 이뤄지지 않고 있다. 이 연구는 이러한 점을 염두에 두고 사회적경제를 통한 지역사회복지의 실천 사례를 세밀하게 살펴보고자 한다. 특히 사회적경제의 다양한 조직체들이 활동하는 과정에서 경제적 가치보다 '사회적' 가치[4]에 초점을 두고 활동하는 사례들을 검토하여 지역중심의 사회복지실천에 사회적경제가 기여할 수 있는 방안을 모색하고자 한다. 나아가 사회적경제가 지역사회복지의 대안적 실천모델로 자리 잡기 위한 실천과제들은 무엇이 있는지, 이를 해결할 수 있는 방안은 무엇인지 거시적으로 모색해 보고자 한다.

2. 이론적 논의 : 사회적경제와 지역사회복지

1) 지역사회복지 패러다임의 전환

지역사회복지(community welfare)는 "전문 혹은 비전문인력이 지역사회 수준에 개입하여 지역사회의 각종 제도에 영향을 주고 지역사회의 문제를

4) 최근의 지역사회복지 연구는 지역사회복지실천이 추구하는 가치들로서 사회적 정의, 기회의 평등, 자발적 참여, 자율성과 주민역량강화, 비판의식, 협동, 학습, 문화적 다양성, 사회적 포섭 등을 제시하고 있다(양만재, 2012: 126).

예방하고 해결하고자 하는 일체의 사회적 노력"이며(최일섭 · 류진석, 2006: 25), "지역사회라는 영역에서 지역사회를 대상으로 그리고 지역사회를 수단과 방법으로 해서 사회복지를 실현"하는 것이다(김종일, 2012: 33). 비슷한 맥락에서 "지역사회에서 살고 있는 사람들의 욕구와 문제를 해결함으로써 지역주민의 삶의 질을 증진시키고자 하는 일체의 사회적 노력"으로 정의된다(이재완, 2013: 4). 이러한 정의들에서 지역사회복지는 지역사회의 욕구와 문제를 해결해가는 사회적 노력임을 알 수 있는데, 최근 들어 지역사회의 욕구와 문제의 성격이 크게 변화하면서 새로운 패러다임의 지역사회복지 실천모델을 추구하는 다양한 움직임이 나타나고 있다.

임호(2012)는 지역복지를 둘러싼 내외 환경의 변화에 따라 지역중심의 복지체계 혁신의 방향으로 지역사회의 역량강화, 민관협력에 기반하고 있는 복지거버넌스 구축, 복지사업 주체의 다양화와 효율성 제고 등을 제시하였다. 현외성(2013)은 최근 복지논쟁에 따른 사회복지정책의 기본방향으로 지속가능한 복지정책의 실현, 생애 맞춤형 복지정책의 마련, 사회투자적인 복지정책 수립, 계층 및 다문화가족을 아우르는 통합 복지정책의 구현, 중앙과 지방을 아우르는 균형 복지정책 실현, 공공과 민간의 역할분담이 적절하게 이루어진 혼합 복지정책과 사회변동을 반영하는 연성 복지정책의 실현 등을 주장하였다.

이해진 · 김철규(2014)는 지역사회에서 급격하게 증가하고 있는 노인과 기초생활수급자, 이주노동자 등의 사회적 약자들을 위한 돌봄 · 건강 · 의료와 같은 사회서비스 제공은 민간 요양시설과 같은 시장기제에 맡기기보다 공공성(publicness) 차원에서 이뤄져야 한다고 강조하였다. 아이들의 돌봄(caring)에 공공의 가치를 부여하고 이렇게 변화된 가치가 제도에 반영될 수 있도록 시민사회가 강력한 정치적 노력을 기울여야 한다는 것이다.[5]

그들은 이러한 사회서비스 공공성을 위해 새로운 패러다임의 지역사회복지가 필요하다고 보았다. 국가복지가 지역적 특성과 요구를 반영하기 어려운 반면에, 지역사회복지는 지역적 범위 내에서 지역사회와 주민이 필요로 하는 복지욕구와 지역문제 해결을 위해 노력하기 때문에 사회서비스의 공공성을 확보하는 데 적합하다는 것이다.

김흥주(2018)는 복지환경의 변화에 대응하는 과정에서 지역사회를 단위로 공공과 민간, 그리고 시장이 어우러져 하나의 복지구조를 이루는 지역사회 기반의 복지체제(welfare regime based in the community)가 부각되고 있다고 주장하였다. 지역주민들이 가장 필요로 하는 돌봄 서비스를 가장 효율적으로 제공하기 위해서는 지역, 마을, 이웃, 공동체가 적격이기 때문이다.

정리하자면 최근의 지역사회복지는 복지환경의 변화에 따라 급격하게 증가하고 있는 지역사회의 노인, 이주노동자, 다문화가정 등에 대한 돌봄(caring)을 시장기제에 맡기기보다 공공의 영역에서 맡겨야 한다는 논의가 활발해지고 있다. 이에 문재인 정부는 사회서비스의 공공성 확보를 위해서 사회서비스원(院)의 설립과 더불어 2019년부터 사회서비스의 효과성을 높이기 위해서 재가보호 중심의 커뮤니티 케어 사업을 시범적으로 실시하고 있다. 정부는 노인 중심 커뮤니티 케어 선도사업 이후 장애인과 아동을 대상으로 하는 사업계획도 순차적으로 선보일 예정이다. 의료적 도움이 필요한 주민들이 병원에 입원하는 대신, 자기 집이나 그룹홈 등 지역사회에 거주하면서 돌봄을 받는 재가보호 방식에 주안점을 두었다. 노인들을 위한 주거지원, 식사배달 등의 돌봄 서비스와 방문의료 서비스, 재택간호

---

5) Tronto(1993: 178)는 이를 '공공의 돌봄 윤리(public ethic of care)'로 개념화한다. 돌봄 윤리는 일상 돌봄에 공공의 가치를 부여하고 이렇게 변화된 가치가 제도에 반영될 수 있도록 강력한 정치적 노력을 기울일 때, 사회정의와 맞먹는 중요성을 가질 수 있다는 것이다.

서비스 등이 통합되는 방식도 중요하다. 그래서 '지역사회 통합' 돌봄사업이라고도 한다. 하지만 이러한 정부 주도의 사회서비스 제공은 이전의 복지국가 논쟁에서 그랬듯이 항상 '고비용-저효율' 문제에서 쉽게 벗어날 수 없다. 그래서 최근에는 정부가 지원하되, 시민사회가 적극적으로 참여하는 사회적경제 모델이 더욱 주목을 받고 있다.

2) 사회적경제의 지역화

한국에서 사회적경제라는 용어가 등장한 것은 2000년대 초반 학술적 논의를 통해서였다.[6] 이후 고용노동부를 중심으로 일자리 창출 사업의 일환으로 사회적기업이 논의되다가, 이를 제도적으로 지원할 「사회적기업육성법」이 2007년 제정되면서 논의가 확산되었다. 하지만 사회적경제의 이해는 편협한 수준이었다. 고용노동부의 사회적기업 육성사업(2007), 행정안전부의 마을기업(자립형지역공동체사업, 2010), 농림수산식품부의 농어촌공동체기업 육성사업(2011), 지식경제부의 커뮤니티 비즈니스 사업(2010년 사업 중단) 등 주로 정부의 일자리 정책과 관련되어 이를 시행하기 위한 이론적 근거 정도로 받아들여졌다.

이렇게 정부 차원의 사회적경제 제도화 과정[7]은 일자리 창출의 수단으로 진행되었기 때문에 일정한 한계가 있었지만, 시민사회와 지역복지 영

6) 2000년대 초반 농업경제연구소에서 몇 편의 소(小)논문이 발표되었고, 이를 종합하여 정리한 저서가 바로 2006년 장원봉이 저술한 사회적경제의 이론과 실제(나눔의 집)였다.

7) 이해진(2015a: 146)은 사회적경제의 제도화를 사회적경제 조직과 활동이 법률적으로 규정되고, 정부정책에 따른 지원과 규제를 받으며, 국가의 공적체계와 매개되고 상호작용하는 과정으로 개념화한다. 이는 사회적경제가 지역 속으로 파고들어 주민들의 욕구충족과 문제해결의 주체가 되는 '지역화' 과정과 비교되는 개념이다.

역에서는 사회적경제를 복지국가와 시장경제의 문제를 보완할 수 있는 대안적 경제체제로 만들려고 노력하였다. 서구사회 사회적경제의 등장이 복지국가의 재정축소, 민영화, 그리고 신자유주의 시장경제의 위기에 대응하는 과정에서 비롯된 것(Amin, 2009)과 비슷한 맥락이었다. 사회적경제의 '지역화'는 정부주도 제도화의 문제점과 정치적 수단으로 변질되는 것에 대응하려는 시민사회의 대안적 실천전략이었다. 사회적경제의 지역화는 사회적 가치와 공공의 돌봄 윤리, 그리고 지역 다중이해관계자의 호혜적 참여에 기반하는 새로운 지역사회복지 모델을 제시하였다. 이를 통해 주민들의 다양한 복지욕구, 지역의 사회 문제, 지역의 내재적 발전과 선순환 지역경제를 만들어가고자 한 것이다.

한상일・이재희(2018)는 사회적경제가 지역사회의 문제해결에 효과적인 수단으로 인식된 배경을 다음과 같이 설명하고 있다. 첫째, 경제적 관점이다. 지역에 속한 소규모 기업과 상점 등의 경쟁력이 약화되면서 지역사회가 공동화되고 기초적인 공공서비스나 사회서비스가 제공되지 못하는 결과를 낳았다. 이런 상황에서 지역주민의 참여와 조직화로 스스로 문제를 인식하고 자생적인 발전의 노력을 통해 자본과 재화, 서비스의 이동을 활성화하는 것이 사회적경제의 개념이다. 사회적경제의 가치를 기반으로 협동조합과 사회적기업이 활성화될 때 지역경제의 공동화를 막을 수 있으며 외부 환경의 변화에 자생적으로 대응할 수 있는 자원이 확보된다는 것이다.

둘째, 인구학적 관점이다. 빠른 고령화 과정에서 복지대상자인 노년층이 급격하게 늘어나게 되자 이들을 위한 사회서비스가 열악해지고, 지방정부는 증가하는 복지 수요를 충당할 수 없을 정도로 재정자급력이 악화되었다. 민간기업도 이러한 상황에서 자금을 투자할만한 인센티브를 발견하지 못하면 지역에는 충족되지 못하는 사회적 수요가 남아 있을 수밖에 없다. 최근 들어 빠른 속도로 유입되기 시작한 결혼이주여성과 이주노동자들 때문에 지역의 복지 수요가 크게 늘어나고 있다. 이렇게 정부나 시장이 감당할 수 없을 정도로 복지대상이 늘어나고, 서비스 욕구가 다양해지자 부득이 사회적경제 조직체에 기댈 수밖에 없는 상황이 되었다.

셋째, 지역발전 관점이다. 주기적으로 도래하는 경기 침체는 국가의 규모와 역량을 축소시키며 이러한 변화는 산업구조와 인구구조의 변화로 인해 지역공동체에 촉발되는 다양한 수요를 충족시키는데 부정적인 영향을 주게 된다. 이러한 변화는 국제기구나 원조 공여국의 역량도 감소시키고 결국 개발도상국가에서도 외부자원에 대한 의존성을 줄여야 하는 상황에 직면하게 된다. 따라서 선진국과 개발도상국가 모두에서 사회적경제가 지역사회의 사회적 수요 충족에 유용한 수단으로 주목받게 되었다.

이해진(2015b: 78)은 새로운 지역발전 전략으로서 사회적경제를 주목하였다. 2000년대 중반부터 한국에서 새로운 지역사회개발 모델로 사회적경제가 부각되었다. 협동조합, 사회적협동조합, 사회적기업, 마을기업, 자활기업, 농어촌공동체회사, 커뮤니티비지니스 등 다양한 사회적경제 조직들이 지역사회 차원에서 돌봄·의료·교육·고용 서비스를 제공하면서 새로운 지역공동체를 만들어가고 있다는 것이다. 이해진·김철규(2014)는 지역사회복지의 실천 주체와 전략으로서 사회적협동조합의 활동을 강조하였다. 사회서비스의 시장화 경향 속에서 2012년 협동조합기본법에 의해 제도화된 사회적협동조합이 지역사회복지의 공공성과 정체성을 확립하고, 협동복지에 기반을 둔 새로운 지역사회복지 실천모델을 만들어가고 있다는 것이다.

이 연구는 이러한 사회적경제의 지역화 과정이 지역사회복지의 패러다임을 바꾸고 있다는 점을 주목하고 있다. 특히 사회적협동조합과 생협의 복지활동이 사회서비스의 공공성을 강화하면서 새로운 지역사회복지 전달

체계로서 자리 잡고 있는 현실을 주목하고 있다. 그래서 이런 활동 사례들을 검토하면서 새로운 지역사회복지의 가능성과 한계를 살펴보고자 하는 것이다.

3. 사회적협동조합과 지역사회복지

1) 사회서비스의 공공성과 사회적협동조합

공공성(publicness)은 개인이나 특정 집단의 사적 이해를 넘어 사회적으로 구성되는 국가 혹은 사회 고유의 특성이라 할 수 있으며, 이는 공적관계 혹은 공적질서 그 자체로 표출되는 경향이 있다(조대엽, 2012: 4). 사회서비스는 국가·지방자치단체 및 민간 부문의 도움이 필요한 모든 국민에게 복지, 보건의료, 교육, 고용, 주거, 문화, 환경 등의 분야에서 인간다운 생활을 보장하고 상담, 재활, 돌봄, 정보의 제공, 관련 시설의 이용, 역량 개발, 사회 참여 지원 등을 통하여 국민의 삶의 질이 향상되도록 지원하는 제도를 말한다(사회보장기본법 제3조의4).

사회서비스의 공공성 개념은 시장화·민영화에 대비되는 측면에서 이해할 수 있다. 사회서비스의 시장화가 영리조직에 의한 시장, 경쟁, 가격 중심의 사회서비스를 제공하는 과정이라면, 사회서비스의 공공성은 영리의 확대가 아니라 공공의 이익을 추구하며, 이윤 추구가 아니라 사람과 노동 및 공동체의 가치를 지향한다. 최근 들어 사회서비스의 공공성이 논의되는 배경에는 한국의 사회서비스 체계가 지나치게 민영화·시장화된 것에 대한 성찰의 의미가 강하다. 과도한 시장화에 따른 이용자 비용부담, 접근권 제한, 서비스의 질 저하 등의 문제를 효과적으로 풀기 위해서는 국·공립 복지시설의 비중을 높여서 공공에서 직접 사회서비스를 제공하는 게 가장 이상적이다. 하지만 정부 복지시설 비중이 0.4%에 불과한 현 시점에서 막대한 예산이 소요되는 이런 논의는 현실적이지 못하다. 이 때문에 사회서비스의 공공성을 실현할 다양한 방안이 모색되고 있는데, 그 중에서도 핵심이 사회적협동조합의 돌봄 윤리 가치를 활용하는 방식이다.

사회적협동조합은 "협동조합 중에서 지역주민들의 권익·복리 증진과 관련된 사업을 수행하거나 취약계층에게 사회서비스 또는 일자리를 제공하는 등 영리를 목적으로 하지 않는 협동조합"이다(협동조합기본법 제2조의3). 공익적 목적의 사업을 운영할 수 있으나, 신고제로 운영되는 협동조합과 달리 정부 부처로부터 승인 허가를 얻어야 하며, 비영리법인으로서 이익 배당이 금지되어 있다. 사회적협동조합은 조합원만의 이익에 한정하지 않고, 주민들에게 서비스 기회를 제공하며, 주민을 조직화하여 지역사회 중심의 돌봄 체계(community-based care system)를 구축할 수 있다.

사회적협동조합은 공익적 경제활동을 통해 자생력을 갖추며, 공공부문으로부터 제도적 지원과 함께 지역사회의 다양한 자원을 연계·활용함으로써 사회서비스의 공공성을 지속가능하게 할 토대를 마련한다. 나아가 지역문제를 해결하고 지역주민을 조직화하여 사회정치적 목적까지 실현한다. 예컨대 협동이라는 일상의 정치가 '사회적'으로 재구성되면서 이웃이, 마을이, 지역이 하나의 자치조직으로 활동할 기반을 갖게 되는 것이다. 이처럼 국가와 시장이 해결하지 못하는 문제들에 혁신적으로 대처하는 특징을 갖기 때문에, 사회적협동조합이 지역사회복지의 정체성과 사회서비스의 공공성을 강화하는 새로운 주체이자 실천기제로 부각되고 있는 것이다. 사회적협동조합이 지니고 있는 호혜, 연대, 통합, 참여, 지역, 돌봄, 공공의 가치가 새로운 지역사회복지 실천의 윤리와 가치와 거의 유사하다는 점도 주목할 필요가 있다.[8)]

2) 사례 1 : 이탈리아의 사회적협동조합

1970년대 이탈리아 복지체계의 위기와 청년실업의 증가, 여성의 노동시장 참여 확대는 사회서비스 수요를 증대시켰다. 이러한 상황에서 시민들의 자발적 참여와 사회운동에 기반을 둔 협동조합을 통한 사회서비스가 이루어졌다. 1970년대에 등장한 새로운 협동조합은 낙후된 지역사회의 사회적 돌봄 서비스를 자원봉사자들과 노동자들의 참여를 통해 해결하였다. 이들은 공공복지로부터 소외된 취약 계층의 욕구를 지역에서 '사회적으로' 충족시킴으로써 새로운 협동조합의 가능성을 제시하였다. 이렇게 조합원들에게만 혜택을 제공하는 게 아니라 사회적 공익을 위해 주민 모두에게 서비스를 제공하는 협동조합을 1991년 법률 481호에 따라 사회적협동조합으로 제도화하였다(보르자가, 2008: 82).

8) 나카가와 유이치로(2002)는 이탈리아의 사회적협동조합과 영국의 커뮤니티 협동조합이 고령자·장애인 간병, 육아·보육과 그에 따른 직업훈련·교육, 고용창출 등 커뮤니티의 질과 그 주민의 생활의 질을 향상시키는 역할을 수행한다고 보았다. Herbert와 Burghard(2007)는 사회적협동조합의 일자리 창출 성과에 대해 주목하였다. 사회적협동조합은 지역사회에서 네트워크를 구축하여 창업하기 때문에 개입창업보다 위험분산 효과가 커서 일자리 창출에 효과적이라는 것이다. 김원동(2013)은 사회적협동조합이 사회적 약자에 대한 관심을 복원시키고 강화시킨다는 점에서 지역사회 사회통합의 중요한 기제가 된다고 하였다. Mori(2014)는 사회적협동조합이 협동과 호혜를 통해 지역사회에 필요한 사회서비스의 공공성을 실천한다고 하였다. 사회적협동조합의 특성은 협동조합 조합원 중심의 이해를 넘어서 지역사회의 다양한 이해관계자들과의 호혜성으로 확장시킨다는 것이다.

이탈리아의 사회적협동조합은 사회서비스를 통한 사회복지의 실현과 고용을 통한 사회통합이라는 두 가지 목적을 실현하고자 한다. 이를 위해 사회복지 서비스와 교육 서비스를 제공하는 A유형과 사회적 약자의 노동시장 통합을 제공하는 B유형으로 제도화되어 있다(Borzaga & Galera, 2012: 94-95). 일반 협동조합이 조합원을 대상으로 사업과 혜택을 분배하지만, 사회적협동조합은 지역사회 공동체의 이익을 추구하기 때문에 비(非)조합원도 수혜자가 될 수 있다. 다중이해관계자(multi-stakeholder)들이 참여하여 1인 1표의 방식으로 의사결정을 하기 때문에 민주적으로 운영되고 민주주의를 학습할 수 있는 기회를 가질 수 있다. 특히 조합원들만의 배타적 이익 배당을 제한함으로써 사회적협동조합의 공익적 성격과 사회적 가치를 강하게 유지하고 있다.

이탈리아 사회적협동조합의 제도화는 전통적인 협동조합과 구별되는 새로운 협동조합 모델이 출현했다는 의미를 갖는다. 복지국가의 재편과 시장주의의 확산에 따라 새로운 사회경제적 요구가 제기되면서, 기존의 협동조합이 조합원들만의 공익(共益)을 우선시했던 것에 비해서 사회적협동조합은 지역사회와 주민들 모두의 공익(公益)을 극대화하는 방향으로 협동조합 운영 방식을 바꾼 것이다(최혁진, 2012: 4). 이를 계기로 조합원들만의 협동조합을 넘어선 지역사회의 연대, 주민의 협동, 다중이해관계자들의 호혜가 우선시되는 새로운 협동조합 운동이 등장하게 된 것이다.

이탈리아 사회적협동조합은 사회적 취약계층의 복지 증진과 지역사회의 보편적 이익을 확보하는 데 긍정적인 역할을 했다(Thomas, 2014: 260). 사회적협동조합은 신자유주의적 민영화와 시장화에 따라 불평등이 심화되고 있는 이탈리아의 국가복지의 한계를 극복할 지역중심의 복지체제가 자리잡을 수 있는 가능성을 높여주었다. 협동조합을 통해 '사회적인 것'을 경험

했던 이탈리아의 경우, 사회적협동조합이 수행하는 다양한 사회서비스가 지역사회와 지역주민들에게도 공익(公益)이 되는 지역사회복지의 실천이라는 것을 잘 보여주었다(이해진 · 김철규, 2014).[9] 다음의 학교급식 사례는 사회적협동조합을 통해 지역의 식재료를 우선 조달하는 과정에서 지역의 일자리 창출과 학생의 교육권, 소비자의 건강권, 사회서비스의 공공성이 보장되고 있다는 사실을 잘 보여주고 있다.

> "베네치아 줄리아주에 위치한 부도이아는 인구 3,000명의 소도시다. 학교급식을 받는 학생 수는 140명에 불과하지만 특유의 학교급식체계로 이탈리아에서 유명하다. … 다국적 기업이 운영하는 급식조리센터의 급식에 학생들이 불만을 표출하자, 2005년 학부모들은 협동조합을 결성해 급식센터를 인수했다. 현재 식재료 구입, 주방감독, 식단구성, 만족도 평가 등을 학부모들이 나눠서 맡고 있다. 이탈리아 유기농업협회의 지원을 받는 학부모 협동조합은 식재료의 90%를 유기농으로, 50% 이상을 지역산으로 공급하고 있다. 일주일에 한 번 학부모가 신선한 식재료를 시장에서 구입하고 이에 맞는 식단을 짠다. 지자체는 이 방식을 '지역농업을 뒷받침할' 전략으로 판단하고 별도의 입찰과정 없이 식재료 비용을 지원한다. 이 때문에 지자체는 '이례적인 행정'을 이유로 고발당했지만 법원이 '공익'이 우선한다고 판결함으로써 소송은 마무리됐다."
>
> (모건과 소니노, 2010: 122)

---

9) 이탈리아 사회적협동조합은 사회서비스의 발전에 크게 기여하는 성과를 보여주었다. 2008년 기준으로 사회적협동조합의 수는 13,938개이고, 이중 사회서비스를 제공하는 A유형이 약 8,000개인 것으로 조사되었다. 사회적협동조합이 고용한 노동자수는 장애인 및 취약계층 40,000명을 포함해서 총 317,000명이고, 사회서비스 수혜자는 약 5,000,000명에 이르고 있다(Borzaga & Depedri, 2009: 72–73; Borzaga & Depedri, 2012: 38–40).

3) 사례 2 : 안산 의료복지 사회적협동조합

경기도 안산 의료복지 사회적협동조합(이하 안산 의료사협) 보건의료 및 돌봄 서비스 분야의 대표적인 사회적협동조합으로 지난 2013년 보건의료 분야 최초의 사회적협동조합으로 인가를 받아 설립되었다. 안산 의료사협의 설립은 지난 2000년 설립된 의료생협의 활동으로부터 비롯되었다.[10) 당시 의료생협은 보건의료 분야 사회복지에서 시장화의 문제를 극복하고 공공성을 확보하는 의료복지의 대안으로 평가를 받으면서, 지역의 사회복지에 새로운 모델로 제시되었다. 기존의 공급자 위주의 시장화된 의료체계가 아니라 지역주민이 중심이 되는 이용자 위주의 공공 의료체계로 자리매김했으며, 치료 중심에서 예방 중심으로 운영 방식을 바꿨다. 이에 따라 과거와는 달리 지역에 기반을 둔 조합원 중심의 수준 높은 의료서비스가 제공될 수 있었다. 이처럼 의료생협은 단순한 의료서비스만이 아니라 지역사회에서 건강한 삶을 유지하는 지역의 사회복지 '실천'이라는 가치와 철학을 강하게 지니고 있었다(이해진 · 김철규, 2014).

안산 의료생협은 설립 초기부터 지역사회에서 보건, 의료, 복지 분야의 공익적 가치를 추구하는 지역 활동을 계속해왔다. 2008년부터 시작한 재가케어복지사업 '길동무'는 생활복지 차원에서 돌봄 서비스와 사회적 일자리를 제공하였다. 이주노동자가 많은 안산 지역의 특성을 반영하여 불법체류하는 외국인 노동자에게도 무료 진료를 계속하였다. 2009년에는 지역의 신협이 공간을 제공하고 두레생협과 아이쿱생협이 출자하여 '우리생협치과'를 개원하였다. 그러다가 2012년 9월 "지역사회복지실천의 전망과

10) 1991년 '생명과 환경을 생각하는 안산시민의 모임'에서 시작해 지역의 건강문제를 연구하기 위한 '동의학 민방연구회'가 조직되고, 이 연구회를 통해 만난 10여명의 주부들이 중심이 되어 1996년 의료생협 준비위를 만들었고, 2000년 4월 의료소비자생활협동조합 법인 1호로 등록되었다.

과제"란 토론회를 개최하면서 "지역의 공공성 실현"이라는 역할을 수행할 수 있는 새로운 지역복지 실천조직이 필요하다는 논의에 따라, 2013년 사회적협동조합으로 전환하였다.

안산 의료사협은 현재 새안산 의원(주민건강검진센터), 새안산 한의원, 우리생협치과, 새안산 상록의원, 가정간호사업소, 재가장기요양센터, 꿈꾸는 집(요양원), 노인건강돌봄통합지원센터 등 총 7개의 의료 및 요양시설과 주민건강지원 센터를 운영하고 있다.[11] 새안산 의원(주민건강검진센터)은 조합원을 대상으로 하는 보건의료사업 이외에도 지역사회 취약계층을 대상으로 의료서비스 지원과 방문 진료, 지역보건사업을 함께 전개하고 있다. 우리생협치과는 지역사회의 다문화가정 아동을 지원하고 있다. 노인장기요양보험제도가 도입되면서 지역의 돌봄 체계를 구축하기 위해 설립한 재가요양센터에서는 간호사, 사회복지사, 요양보호사 등 12명의 직원들이 노인 취약계층을 대상으로 방문간호, 방문요양(신체활동지원, 가사활동지원, 정서지원), 방문목욕, 동반이동 등 다양한 재가서비스를 제공하고 있다. '꿈꾸는 집' 노인요양원은 인간 존엄을 기치로 공공의 돌봄 윤리를 실현하기 위해서 입소 노인뿐만 아니라 그들의 가족과 조합원, 자원봉사자가 함께 운영에 참여하는 돌봄 공동체를 만들었다.

안산 의료사협은 지역 전체를 대상으로 하고, 지역주민 모두가 주체가 되는 보건의료 및 돌봄 서비스를 제공하면서 지역사회복지의 실천 주체로 활동하고 있다. 조합의 병원과 의사들이 참여해서 취약계층 무료진료, 방문진료, 건강교실 사업 등 지역사회 건강증진활동을 활발하게 펼치고 있

---

11) 2018년 기준 안산의료사협 조합원은 5,956명이며, 전체 직원 수는 100여 명에 이른다. 조합원 출자금은 11억 9천8백만원, 자산은 27억 2천8백만원이며, 매출총액이 48억 3천4백원, 총 지출액이 47억 9천4백만원으로 잉여금은 4천3십만원 정도이다. 진료 환자 총수는 61,561명이고, 이중에서 조합원 비율은 57.3%에 이른다(안산의료사협 제32차 총회 자료집, 2018).

다. 조합원들이 중심이 되어 시내 동(洞)단위로 34개 마을모임을 조직해서 지역주민들이 자발적으로 자신들이 살고 있는 동네와 이웃의 문제를 찾아서 해결하고 있다. 소규모 마을모임을 통해 지역주민이 복지활동의 주체가 되어 서로 돌보며 협력함으로써 마을을 단위로 하는 건강과 돌봄의 공동체, 마을복지를 실현하고 있다. 안산 의료사협은 건강 친화적인 마을 만들기 운동을 통해 골목 상권 살리기, 이주노동자 문제, 고령화 사회 문제, 교육 문제 등 지역사회의 이슈를 자율적이고 자조적인 방식으로 해결하고 있다는 점에서 공공복지, 민간복지와 구별되는 지역사회복지실천의 또 다른 주체로 활동하고 있었다.

4) 사례 3 : 지역자활센터의 사회적협동조합 전환

2013년 12월 24일 제5차 사회보장위원회에서 확정된 "고용-복지 연계 정책 강화방안"에 따르면, 전국 시・군・구 단위에 설치된 지역자활센터의 기능을 '탈(脫)수급 집중형', '사회서비스 공급형', 그리고 '사회적경제 지원형'으로 다시 설정하도록 되어 있다. 이러한 정책 기조에 따라 2014년 9월부터 전국의 지역자활센터를 대상으로 사회적협동조합으로 전환하도록 지원하는 지역자활센터 유형 다변화사업을 실시하였다. 2014년 10월 5개 지역자활센터가 1차 선정되었고, 2015년 2개, 2017년 2개 지역자활센터가 추가 선정되어 현재까지 9개 센터가 운영 중이다.[12] 정부는 이 센터들을 중심으로 자활사업과 사회적경제를 연결하는 실험을 하고 있다.

12) 2014년에는 남원지역자활센터, 봉화지역자활센터, 마산희망지역자활센터, 시흥작은자리지역자활센터, 제주이어도지역자활센터 등이 선정되었고, 2015년 12월에 안산지역자활센터, 충주지역자활센터, 2017년에 인천부평남부지역자활센터, 포항나눔지역자활센터 등이 추가되어 총 9개 센터가 사회적협동조합 법인으로 운영 중이다.

사회적협동조합으로 유형을 전환한 지역자활센터는 기존 지역자활센터와 비교할 때, 다음과 같은 차별화된 특징이 있었다(지규옥·김홍주, 2018).

첫째, 다양한 구성원이 조합원으로 참여할 수 있다. 사회적협동조합 지역자활센터는 직원, 자원봉사자, 후원자 등의 조합원으로 구성되는 다중이해자 협동조합의 형태를 띤다. 지역자활센터의 종사자는 직원 조합원으로 꼭 참여해야 하며, 법인은 해당 협동조합 여건에 따라 참여 여부를 결정할 수 있다. 자활기업도 법인, 대표자 및 참여자 등이 협동조합 여건에 따라 직원 또는 후원자, 자원봉사자 조합원으로 참여할 수 있다. 지역자활센터는 자활 근로 참여자들이 협동조합 조합원으로 참여할 수 있도록 적극적으로 교육을 실시하고 있다.

둘째, 자산 구조의 변화가 있다. 사회적협동조합으로 전환하면서 지역자활센터 명의의 자산을 공적 자산과 협동조합 자체 자산으로 정리하게 된다. 국가보조금으로 취득한 자산과 비품의 경우, 소유는 국가로 하고, 자활근로사업 위탁 기간 동안 협동조합에 무상으로 임대한다. 반면에 사회적협동조합 출자금, 정부사업 위탁비용, 자활근로 매출액 등으로 취득한 자산 및 비품은 협동조합 소유가 된다. 기관 운영비 구성에도 변화가 있다. 직원 인건비 등 협동조합 운영에 필요한 경비는 조합원 출자금, 정부사업수탁사업비, 그리고 자활근로사업을 통해 발생한 매출액으로 조달할 수 있게 되었다. 자활근로사업을 제외한 기타 정부사업 수탁 및 수익사업을 통해 발생한 매출액도 운영비로 사용할 수 있다.

셋째, 기존의 조건부 수급자의 자활사업 참여는 강제적 성격이 강했기 때문에 탈(脫)빈곤 동기부여나 역량강화에 어려움이 있었다. 오히려 소극적이고 의존적인 삶의 형태를 지속하게 하는 경향이 있었다. 하지만 자발적 참여와 호혜적 관계가 중시되는 사회적협동조합으로의 전환은 자활사업 참여자의 역량을 강화시키고, 탈(脫)빈곤 동기를 부여하는 기회가 되었다. 지역에는 일자리, 돌봄, 지역재생, 커뮤니티 케어의 기회가 많아짐에 따라 수급자의 탈(脫)빈곤 성공률이 높아지는 계기가 되었다.

넷째, 무엇보다도 중요한 것은 정부 지원의 선별적 공공복지 개념에서 벗어나 "사회의 관점에서 재구성된" 보편적 복지 개념을 새롭게 인식하고, 현장에서 직접 실험하고 있다는 것이다. 사회복지란 복지의 주체이자 중심이 사회가 되어야 한다는 의미로 '사회적' 관점에서 복지를 사고해야 함을 뜻한다. 그런데 현재의 공공복지는 국민을 돌보아야 할 대상으로 여기는 시혜주의, 자산이나 소득을 기준으로 대상을 선택하는 선별주의 모델에 입각하고 있다. 따라서 정작 복지의 대상이자 주체인 주민들이 복지체제에서 배제되는 모순을 안고 있다. '사회적' 관점에서 복지모델을 구상한다는 것은 지역의 주민들이 복지의 생산자이자 소비자로서의 지위를 가진다는 것을 의미한다(김신양, 2013: 59). 사회적협동조합의 시작이 그러하듯 지역사회에서 공공성, 호혜성 차원에서 '서로 돌보는 관계망'을 만드는 것이 새로운 차원의 자활사업 목표가 되고 있는 것이다.

4. 소비자생활협동조합과 지역사회복지

1) 커뮤니티 케어와 생협복지

'커뮤니티 케어'란 돌봄이 필요한 사람을 자신이 살던 지역사회에 거주하게 하면서 지역사회와 함께 서로 어울려 살아갈 수 있도록 하는 사회서비스 체계를 말한다. 예컨대 노인이 살던 곳에서 건강한 노후를 보낼 수 있도록 돌봄이 필요한 대상자를 시설이 아닌 자택에 거주하게 하면서 각종 돌봄 서비스를 지원하는 것이다. 노인돌봄의 주체를 의료기관, 요양병원에 한정하지 않고, 지역차원에서 노인돌봄을 할 수 있는 시스템을 구축하는 것이며, 주거와 의료, 요양, 돌봄 서비스를 통합하여 제공하는 것이다.

문재인 정부는 사회서비스의 공공성 확보를 위해서 사회서비스원(院)의 설립과 더불어 2019년부터 사회서비스의 효과성을 높이기 위해서 재가보호 중심의 커뮤니티 케어 사업을 시범적으로 실시하고 있다. 커뮤니티 케어의 추진 전략은 공공과 민간의 거버넌스, 보건의료와 사회복지 서비스의 통합, 시설보호와 재가보호의 네트워킹이며, 이의 이념적 기반은 복지다원주의(welfare pluralism)다. 기존의 중앙정부 중심의 복지공급을 지양하고 비영리단체, 기업, 지방정부, 협동조합 등으로 서비스 제공의 주체를 다원화하려는 것이다. 1980년대 영국 대처정부가 복지다원주의에 주목한 이유는 고령화 인구가 급증하여 노인복지의 중요성이 더욱 커진데다가, 가족・시장・민간 등 세 부문의 공동 책임을 지향하는 커뮤니티 케어가 신자유주의 이념과 잘 맞아 떨어졌기 때문이다(원석조, 2005: 155-156). 이 때문에 정부와 시장의 역할도 중요하지만 새로운 차원의 민간 역할이 중요시되었다. 특히 생협(소비자생활협동조합)[13]의 복지활동인 생협복지가 주목을 받았다.

생협복지는 협동조합이 제공하는 복지활동을 의미하는 것으로, 조합의 공식적인 복지 서비스뿐 아니라 사업 전반에서 이루어지는 비공식적인 복지활동을 포괄하는 개념이다. 조합원 중심으로 조직 문제를 해결하려는

---

13) 1999년 제정된 소비자생활협동조합법에 따르면, 소비자생활협동조합은 소비자들의 자주・자립・자치적인 협동조합 활동을 촉진함으로써 조합원의 소비생활 향상과 국민의 복지 및 생활문화 향상에 이바지하는 조합을 말하며(제1조), 명칭은 생활협동조합 또는 생협을 혼용한다고 한다(제4조).

조합주의 활동에서 벗어나 신뢰와 호혜의 실천을 통해 보편적인 생활상의 위기를 극복하고 조합의 이익을 지역주민과 지역사회와 함께 공유하려는 지역복지운동과 맥락을 같이한다. 생협복지는 사회복지와 사회적경제, 그 중에서도 협동조합과의 연대활동을 중요시한다. 복지환경이 변화하면서 새로운 사회적 위험이 나타나고, 이에 대한 전략적 대응 방안을 모색하는 과정에서 협동조합의 활동 방식이 새롭게 주목을 받게 된 것이다(김홍주·이현진·김철규, 2013).

최근 들어 생협복지를 포함한 사회적경제 영역은 국가와 시장과 더불어 사회서비스 공급의 한 축으로 자리 잡고 있다. 페스토프(Pestoff, 1998)는 자발적 결사체, 협동조합, 비정부기구, 비영리조직의 복지활동을 주목하면서 국가와 시장, 공동체에 더해 시민사회가 새로운 복지 주체로 부각되는 새로운 복지모델을 제시하였다. 특히 사회적경제의 지역사회복지활동을 주목하였다. 국가, 시장, 공동체 영역이 서로 겹치는 부분이 바로 주민들이 지역에서 '당사자' 입장에서 운영하고 이용하는 사회적경제 영역이라는 것이다. 예를 들면 일본의 생협들은 개호보험이라는 공적 보험 제도를 이용해 시장 속에서 영리기업과 나란히 고령자 복지시설을 운영한다(야마가와 아츠시, 2013). 이탈리아의 경우 사회적협동조합은 시장 속에서 취약계층의 돌봄 서비스를 전개한다(Thomas, 2004; Bifulco, Bricocoli, & Monteleone, 2008). 스웨덴은 공공보육의 바우처 서비스를 협동조합이 제공하고 있다.

한국의 생협복지는 공식적인 복지 서비스뿐 아니라 사업 전반에서 이루어지는 비공식적인 돌봄까지 포함하는 포괄적이고 다층적이고 개념이다. 생협복지활동은 일상생활의 상호부조활동에서부터 지역사회를 변화시키는 거시적인 활동까지 폭넓게 이루어지고 있다. 미시적 차원에서는 육아 및 가사지원 서비스에서부터 생활세계 전반에서 이루어지는 돌봄 서비스와 조합원의 생활상에서 필요한 상담서비스까지 제공한다. 거시적 차원에서는 조합원을 넘어 지역사회복지 영역과 제도적 복지를 지원하는 활동과 사회운동 영역으로까지 확대한다. 지역복지 영역에서는 지역경제의 선(善) 순환을 보장할 수 있는 일자리창출과 주택 수급의 문제와 주거환경을 개선하려는 주거복지활동이 포함된다. 최근에는 공간 재구성을 위한 지역재생에도 참여한다. 제도적 복지에 대한 지원 역할도 중요시된다. 방문요양부터 요양물품 대여서비스까지 제공하는 노인복지 서비스, 시설보다 가택에서 보호를 받는 재가보호서비스, 방과 후 돌봄과 교육이 필요한 아동·청소년을 위한 방과 후 돌봄까지 제공하고 있다. 지역복지운동의 주체로서 생협의 역할도 기대되는데, 생태 및 환경과 관련한 사회운동과 먹거리와 대안적 소비를 조직하는 활동, 기타 지역 현안과 관련된 모든 정치·사회운동이 포함된다(이현진·김흥주, 2015: 320-321).

2) 사례 1 : 지역연대의 미학, 울림두레생협

울림두레생협은 2000년도 4월 생활협동조합(생협) 설립을 위한 준비모임을 거쳐 같은 해 11월 '마포두레생협'이라는 명칭으로 사무실을 개소하고 물품공급 사업을 시작하였다. 초기에 마포 생협의 설립에 큰 기여를 했던 조합원들은 1994년 공동육아 협동조합 제1호인 우리어린이집의 회원들이며, 이들이 2001년 이후의 성미산 지키기 지역운동을 주도적으로 이끌었다.

지역연대의 특성을 이해하기 위해서는 설립배경을 먼저 알아야 한다. 1994년 이후 우리어린이집에 이어 '나르는 어린이집'을 설립하였고 아이들이 초등학교에 진학하면서 '도토리'와 '풀잎새 방과 후'가 만들어졌다. 이 과정에서 아이들의 안전을 위해, 건강한 성장을 위해 "안전한 유기농을 먹이자"는 공감대가 형성되어 2001년 2월에 친환경 농산물 물류 중심의 마포두레생협을 설립하였다. 이를 통해 '공동육아'라는 다소 공유되기 어려운 조합원 중심의 활동을 '안전한 먹거리' 제공이라는 매개체로 지역사회 네트워크를 형성함으로써 지역주민과 연대하는 활동으로 전환하기 시작하였다.

마포생협은 지역운동에 적극 참여하면서 지역사회에서 공동체 의식과 환경적 가치를 확산하는데 주도적인 역할을 하였다. 주민들의 생활 터전인 마포 성미산이 서울시 개발 대상이 되자 '성미산 지키기 운동'을 주도하면서 주민들과 연대를 굳건히 하였다. 공동육아 모임과 생협 조합원을 중심으로 성미산을 지키고자 하는 마을 주민 결사체가 형성되어 서명운동, 홍보운동, 마을축제 개최 및 정치적인 운동을 펼쳐나갔다. 강연회와 원산지 답사, 소식지 배포 등을 통해 지역주민들과 네트워크를 구축하였다. 특히 환경적 가치의 확산은 지역운동을 주도하는 이념 기반이 되었다. 생협 산하에 환경위원회를 조직하여 환경 관련 활동을 지속적으로 이어나갔다. 2004년 녹색사회연구소의 도움으로 생태마을 워크숍을 개최하고 생협 환경위원회 소속 구성원들이 모여 '멋진 지렁이'라는 동아리를 결성하였다. 지렁이를 이용하여 음식물 퇴비화, 공동텃밭 등을 진행하고, 주민들의 소통의 공간을 회복하기 위해 한 평 공원 만들기 및 자전거 길 조성 활동에 참여하였다. 이는 공동체 의식과 환경에 관한 가치를 지역사회에 공유하는 역할을 하였으며 조합원과 지역주민의 자발적 참여를 더욱 활성화시키는 계기가 되었다.

성미산 지키기 운동을 거치면서 마포생협에 새로운 변화가 나타났다. 첫째, 남성들이 적극적으로 참여하는 계기가 되었다. 생협 초기에는 공동육아, 먹거리 운동 특성상 주부 참여가 대부분이었으나 지역운동을 거치면서 생협 가치에 동조하는 남성들이 많이 참여하게 되었다. 대표적인 활동이 남성들이 많이 사용하는 차(車)병원 생협의 설립이다. 지역주민들이 만들고 공동 관리하는 카센터로써 2003년 6월 준비모임을 거쳐 2003년 11월에 600명의 조합원 참여로 서비스를 시작했다. 둘째, 지역운동으로 확산되었다. 2003년 11월 설립된 동네부엌은 유기농 식재료를 구매해도 요리할 시간이 없는 도시형 맞벌이 부부를 위해 만들어진 유기농 반찬 전문점으로 요리를 통해 주민들이 연대하고, 지역의 사회적 약자와 밥상을 공유하는 활동을 전개하였다. 생협을 넘어 '성미산 풍물패', '한땀 두레'와 같은 지역주민의 자발적 모임이 확산되었다. 주민들의 다양한 참여로 지역운동이 활성화된 것이다(이현진 · 김흥주, 2015).

2008년 이후 마포생협은 지역의 사회복지에 관심을 가지기 시작하였다. 일본의 생협복지에 주목하면서 생협에 의한 돌봄 서비스 제공의 가능성을 탐색하기 시작하였다. 2008년 현대리서치연구소에 의뢰하여 '돌봄 서비스에 대한 조합원 욕구조사'를 실시한 결과 전체의 81%가 생협의 간병인을 이용하겠으며, 89%가 돌봄 서비스를 이용하겠다고 응답하였다. 이러한 조합원 욕구에 근거하여 2009년에는 노인돌봄을 주요 활동으로 하는 돌봄두레 '어깨동무'를 설립하였다. 전국의 노인장기요양시설 중에서 유일하게 생협이 설립한 시설이었다. 어깨동무는 주로 노인들에 대한 방문요양, 방문목욕, 생활지원 서비스를 제공하였다. 2013년에는 사업 영역을 마포에서 강북지역까지 확장하고, 복지활동을 확산하기 위해 울림두레생협으로 명칭을 변경하였다. 이를 통해 아동 돌봄까지 사업을 확장하였고, 지역의 서비스 연계 체계를 강화하였다. 이런 생협복지활동이 바로 지역주민의 참여와 사회적 자본을 바탕으로 '지역이 중심이 되어(in community)' 복지

서비스를 제공하는 체계(김흥주, 2005: 282)를 만들어가는 과정이다.

3) 사례 2 : 한살림 돌봄공동체

한살림은 사람과 자연, 도시와 농촌이 함께 사는 생명 세상을 만들기 위해 밥상살림, 농업살림, 생명살림 운동을 모토로 1986년 12월 서울에서 설립된 소비자생활협동조합이다. 1989년 '한살림 청주' 이후 23개 회원생협이 창립되었고, 1993년 흙살림 연구소 개소, 1994년 사단법인 '한살림'이 창립되면서 전국의 사업과 운동의 구심점이 되었다. 2000년 2만 조합원에서 2009년에는 20만 조합원, 2017년 6월에는 60만 조합원 시대를 열었다. 2011년 한살림의 물류 사업을 총괄하는 한살림연합이 창립되고, 2014년 안성물류센터가 준공되면서 규모화·효율화의 기반을 다질 수 있었다. 2015년 공익재단법인인 한살림 재단이 창립되고, 2016년부터 한살림 서울을 중심으로 돌봄사업을 펼치면서 생협복지를 새롭게 시작하였다. 2017년 12월 기준으로 전국 조합원 수는 64만 4천 세대, 생산자공동체는 118개, 생산농가는 2,220가구, 생산면적은 4,416만5천m^2, 가공생산지는 170산지, 물품공급액은 4,233억원이다. 전국 회원생협은 23개, 매장은 217개이다(http://www.hansalim.or.kr/?page_id=48097).

한살림은 밥상살림, 농업살림의 모토로 하기 때문에 전통적으로 친환경 농산물 물류 사업에 집중해왔다. 하지만 2007년 총회에서 조합원 복지 증진을 위해 사업 잉여금 5천만원을 복지기금으로 마련하면서 돌봄 분야에 관심을 가지기 시작하였다. 2009년에는 공공의 가치를 실현하기 위해 적립한 복지기금을 사용하여 경기도 광명과 서울 용산에 한살림 지역아동센터를 설립하였다. 2010년에는 '믿을 수 있는 보육'에 대한 조합원 및 사회적 요구로 광명시로부터 시립신촌어린이집을 처음으로 위탁받아 개원하였다. 2012년에는 조합원 의식조사를 통해 돌봄사업에 대한 조합원의 욕구를 확인하였고, 이를 기반으로 2013년 총회에서 돌봄사업이 주요 정책과제로 승인되었다. 2014년에서는 5,900여명의 조합원 대상으로 돌봄 욕구조사를 실시하여 한살림 생협에 적합한 '지역-조합원 협업형' 돌봄 모델을 제시하였다.[14)]

2015년에는 육아의 막막함과 어려움을 나누고 동네 선배 엄마들과 함께 아이를 돌보는 육아사랑방, 내가 사는 마을에서 이웃과 함께 노후를 살아가는 방법을 이야기하는 어르신아카데미 등 지역돌봄강좌를 적극적으로 개설하였다. 이를 통해 생협 특유의 '당사자성'[15)]에 근거하여 돌봄사업의 주체들이 양성되었다. 2016년에서는 지역돌봄강좌에서 양성한 돌봄교사가 엄마 조합원 댁과 지역모임에서 건강하고 따뜻하게 아이를 돌봐주는 아이방문돌봄 서비스를 시작하였다. 또한 보육시설 운영사업으로 2015년 강동구 어린이집 수탁과 더불어 2016년 3월에는 한마을어린이집, 2017년 3월에는 마루어린이집, 그해 9월에는 한그루어린이집을 직접 개원하였다. 이러한 아이돌봄사업과 함께 2017년 1월에는 서울 도봉구에 노인 방문요양을 하는 재가장기요양기관으로 한살림어르신방문돌봄센터를 개소하였다. 이로써 지역을 중심으로 조합원이 중심이 되어 지역에서 아이와 어르신을 돌보는 돌봄공동체가 구성되었다.

---

14) 한살림에서 실시한 2014년 조합원 욕구조사 결과를 요약하면, 지역공동체에서 돌봄의 욕구를 스스로 해결하고자 여성들이 생협 돌봄사업의 주체로 부각되었다. Folbre & England(2002)에 따르면, 돌봄 서비스가 공공재(public goods)이기 때문에 공동의 이익을 위해 공동의 힘으로 실천될 수 있으며, 사회적경제는 여성 주체로 상호 호혜적 관계를 통해 돌봄을 주고받을 수 있어 중요한 역할을 할 수 있다.

15) 자신이 조합원으로서 돌봄의 제공자이자 이용자가 될 수 있다는 의미다. 이 때문에 서비스 이상의 소통 및 정서적 교감, 배려와 신뢰 형성을 가능하게 하고, 이는 서비스 질과 만족도로 연결된다.

한살림 돌봄사업은 10여년의 짧은 역사에도 불구하고 많은 성과가 있었다. 한살림 서울에서 발간한 자료집(2018)에 따르면, 아이방문은 지난 3년 합계 가정방문 제공 270건, 모임지원 제공 155건이 있었으며, 2018년 6월 기준으로 정기 가정방문 돌봄이 월 50건에 달했다. 조합을 돌봄 주체로 양성하는 강좌 수료인원은 지난 3년 합계 203명에 이르렀다. 4개 어린이집을 이용하는 아동 수는 모두 202명이고, 교직원은 40명이다. 어르신 대상으로 방문하여 돌봄 서비스를 제공한 경우가 2017년 1월에서 2018년 6월까지 25명이었으며, 상담건수는 147건이었다. 돌봄 제공자는 총 28명으로 대부분 조합원들이었다.

생협은 지역사회 안에서 조합원의 적극적인 참여를 이끌어낼 수 있으며, 대면 관계에 있는 사람들이 상호 호혜적 관계를 통해 돌봄을 주고받을 수 있어 돌봄공동체를 형성하는 데 유리한 조건을 가지고 있다. 특히 생협의 당사자성은 돌봄 서비스의 효과적인 확산과 실천에 필수적인 성공 요인으로 논의되고 있다(마경희, 2005; 석재은, 2009; 장수정, 2012). 생협 안에서 돌봄 제공자와 대상자의 구분이 없어지며, 생협 조합원들의 이해와 배려 속에서 돌봄 서비스의 제공이 가능하기 때문이다.

한살림 돌봄사업은 생협으로서 조합원의 자발적 참여를 기반으로 조합원 상호 간에, 나아가 조합원과 주민 사이의 공동체를 만들고 있었다. 전국 단위 물류 중심의 생협활동이 탈(脫)지역의 문제가 있었다면, 돌봄공동체 중심의 생협활동은 지역을 주목하고 있었고, 지역 속에서 지역과 더불어 움직이고 있었다. 이것이 가능했던 이유는 두 가지가 있다. 첫째, 조합원들이 조직을 넘어 지역에서 가능한 서비스를 요구하고 있고, 삶의 기반이 되는 지역사회에 적극적으로 참여하려는 의지를 가지고 있었다. 이에 따라 생협이 스스로 지역사회를 향해 자신을 개방하고 그 활동 내용과 범위를 넓히는 데 앞장설 수 있었다. 둘째, 생협의 기능과 의미가 확대되었다. 생협은 지역사회에서 조합원 개개인의 역량을 강화하는 역할뿐만 아니라 지역주민들을 효과적으로 조직(community organization)하는 역할을 수행하고 있다. 이 때문에 한살림 돌봄공동체가 조합원 사이의 돌봄 관계에서 확장하여 지역사회보호의 중심축을 구성할 수 있게 된 것이다.

4) 사례 3 : 일본의 복지클럽 생협

복지클럽 생협은 일본에서 처음으로 시작된 '복지전문' 생협으로 1989년 4월 22일 요코하마시 코호쿠구에서 조합원수 1,020세대로 설립되었다. 1980년대는 일본 생협의 패러다임이 변화하는 시기였다. 1980년대 경제부흥과 함께 생협의 성장이 절정에 달하던 무렵 생협의 규모화에 대한 강한 비판과 함께 일상생활을 새롭게 바꾸어가는 생활정치의 필요성이 제기되었다. 이에 따라 워커즈 콜렉티브(worker's collective)와 노인돌봄을 중심으로 하는 '복지클럽 생협'이 등장하였다. 복지클럽 생협의 활동은 보육, 고령자 수발, 이동 서비스, 장애인 수발, 가사 도우미, 먹거리 교육 등 다양한 영역에서 이루어지며, 비영리의 자발적 복지 서비스 제공을 목표로 한다. 이 때문에 공공복지의 선별주의와 민간복지의 시장화 한계를 보완할 수 있는 새로운 차원의 생협복지로 받아들여지고 있다.

복지클럽의 생협복지를 이해하기 위해서는 생활클럽생협의 생활정치를 이해할 필요가 있다. 일본에는 600여개의 생활협동조합(생협)이 있다. 이 가운데 생활클럽은 시민참여와 생활자치가 활발한 대표적인 생협이다. 1965년 일본의 동경 세타가야구(區)에 살고 있던 이와네 부부가 처음 만들었는데, 이와네 씨는 일본사회당의 청년운동가로서 1960년대 좌파운동의 패배와 좌절을 딛고 지역의 생활정치운동으로서 생협활동을 시작하였다. 이 때문에 다른 생협과는 달리 소비활동을 넘어서 생활정치, 주민자치, 참여복지활동을 강조하였다. 생활클럽은 점포를 갖지 않고 지역에 5~10가구의 반(班)을 조직하여 공동구매와 공동배분의 원칙을 지켜왔다. 이런 지역모임을 통해 조합원과 주민을 조직화하여 하나의 대안적 정치세력으로 키워나갔다. 1980년대에는 사회적 노동의 실현 방식으로서 생산자 협동조합운동을 적극적으로 펼쳤는데, 이때 만든 도시락생산자협동조합 '닌징'이 최초의 워커즈 콜렉티브이다. 1980년대 후반부터는 생활의 논리를 정치의 장에서 실현하기 위해 NET라는 지방의회 대표자 보내기 운동(일명 대리인 운동)[16)]을 활발하게 전개하였다.

이런 생활클럽의 생활정치가 지역사회복지로 확산되는 과정에서 1989년에 복지클럽 생협이 설립되었다. 복지클럽 생협은 마을에 거주하는 주부들이 가족들에게 좋은 먹거리를 제공하겠다는 생각으로 먹거리 중심의 협동조합을 만들면서 시작되었다. 이러한 협동조합이 성장하면서 지역에 적합한 복지모델의 개발로 이어졌다. 지역에서 엄마들이 아이들과 함께 밥을 먹다가, 지역에서 생산하는 좋은 채소를 먹고 싶다는 생각에 로컬푸드 급식서비스를 시작하고, 옆집에 몸이 불편한 어르신과 관계하면서 가사지원 서비스를 제공하였다. 자동차가 없어서 먼 거리 이동이 불편한 몇몇 집의 사정을 보고 이동서비스를 시작하였고, 에어컨 청소 등 어차피 비용을 지불해야 하는 생활지원서비스를 조합원들이 서로 공유하는 복지망(網)을 구축하였다. 이러한 경험을 바탕으로 마을 중심의 커뮤니티 케어를 실현하기 위한 시스템으로서 복지클럽 생협이 만들어진 것이다.

---

16) 동료를 대리인으로 지방의회에 보내자는 운동이다. 대리인을 보낸 생활클럽 생협의 조합원들은 생활의 배후에 감추어진 정치를 끌어냄으로써 '생활의 정치화'를 꾀하고, 대리인은 심의하는 사안들에 생활자의 관점을 투영함으로써 '정치의 생활화'를 꾀한다(한영혜, 2011).

2014년 현재 복지클럽 생협 조합원수는 1만 6천 세대에 이르며, 사업구역은 가나가와현 요코하마시를 중심으로 24개 행정구에 펼쳐져 있다. 출자금은 14억 6,300만엔이고, 사업고는 37억 3,807억엔으로 소비재 사전예약 공동구입이 66.3%를 차지하고, 가사개호 · 보육 · 개호생활용품 구입 등 복지사업이 21.5%, 입주시설 · 데이케어 · 웰빙살롱 등 시설사업이 10.4%를 차지한다. 대부분 생협이 직접 사업을 하지만 일부는 행정의 복지사업을 위탁받아 수행하기도 한다. 개호보험 대응으로 방문개호, 데이서비스, 거택개호지원, 복지용구 대여, 장애인 지원사업을 수행하고 있고, 요코하마시 · 가와사키시 · 가마쿠라시 등의 (무료)배식 서비스를 실시하고 있다(김영란, 2014; 이승언, 2015).

복지클럽 생협은 지역의 특성에 맞게 다양한 복지프로그램의 수요를 조직하고, 그 서비스를 제공하기 위해 조합원들이 워커즈를 만들어서 상호부조적인 관계를 만들어낸다. 여기에서 워커즈의 서비스 제공과 조합원의 서비스 욕구를 매개해 주고 관계를 조직하는 '포인터'의 역할이 매우 중요하다. 지역마다 20대에서 80대까지 연령 구별 없이 다양한 포인터들이 자원봉사로 활동하고 있는데, 이들은 소비재가 오면 조합원들에게 배송하면서 안부도 묻고, 필요한 서비스 확인도 하며, 문제가 발생하면 그 즉시 생협에 알리고 해결방안을 모색한다. 복지클럽의 반(班)제도와 포인터 활동은 생협을 제도적 신뢰가 아니라 관계적 신뢰로 묶어주는 역할을 한다.

복지클럽 생협이 주민들에게 최적의 질 좋은 서비스를 제공할 수 있는 것은 워커즈 콜렉티브(W.co)의 헌신적인 노력이 있기 때문이다. 워커즈는 지역의 생활자, 시민이 가지고 있는 생활기술이나 문화와 경험을 서로 살리며, 스스로가 살고 생활하는 지역사회 안에서 협동하여 일하는, 고용노동이 아닌 완전히 새로운 '일하는 방식'이다. 사업에 필요한 자금은 참가자

전원이 출자하며, 조직 운영 또한 참가자 전원이 상호교대하면서 참가하는 방식으로 운영된다. 2014년 3월 기준으로, 18개 업종, 107단체, 전체 조합원의 19% 정도인 3,500명이 워커즈로 활동하고 있다. 90%가 주부인데, 50~60대가 대부분이다. 이들은 건강할 때 자신보다 나이든 노인들을 돕고, 나중에 자신들이 늙었을 때 똑같은 서비스를 받는다. 거동이 불편한 노인들을 위한 식자재 공동구매, 가사 돌봐주기, 공동으로 식사를 만들어 노인 가정에 배달하기, 치매 예방을 위해 함께 낮 시간 보내기, 그리고 혼자 생활하기가 어려운 노인들의 시설 입주 등 서비스 종류는 18가지나 된다. 복지클럽에서 워커즈의 중요성은 다음 설명에서 잘 알 수 있다.

> "복지클럽생협이 지금 존재할 수 있는 것은, 어떤 우수한 리더가 있어서가 아니라 보통 사람이 할 수 있는 것을 하였기 때문입니다. 장애가 있거나 나이가 들어도 워커즈에서 일하는 사람이 있습니다. 실제 75세가 된 사람이 식사서비스 워커즈에서 일하고 있습니다. 원래 협동조합은 지역에 사는 사람들이 사용하는 생활 수단입니다. 조합원이 필요로 하는 것을 제공하고 그를 위해 조합원은 가능하면 워커즈로 참가해서 서로 도울 수 있는 구조를 만듭니다. 그것이 자신의 장래를 위한 것입니다. 그렇게 자신을 위한 생협을 만들 수 있는 곳이 복지클럽입니다. 내 꿈은 쓰러질 때까지 워커즈를 계속하는 것입니다."
>
> (가요나가 마리코 이사장)[17]

생협은 지역사회 안에서 조합원의 적극적인 참여를 이끌어내는 데 강점을 가지고 있고 대면관계에 있는 사람들이 상호 호혜적 관계를 통해 돌봄을 주고받을 수 있어 돌봄 공동체 형성에 유리하다. 생협에 의한 돌봄 서

17) 일본 코푸뉴스 (2009.9.10).

비스의 확대는 사회적 돌봄 환경을 조성할 수 있다. 일본의 복지클럽 생협의 생활복지는 바로 이러한 사회적 돌봄의 실천모델이다. 공공이나 시장이 하기 힘든 '최적'의 커뮤니티 케어 방식인 것이다. 이런 점에서 지역의 사회복지에서 생협과 같은 사회적경제 조직체의 역할을 다시 한 번 확인할 수 있다.

5. 맺는말 : 지역의 사회복지, 그 가능성에 대하여

2017년 촛불집회의 결과로 등장한 문재인 정부의 지난 2년의 행보를 보면 과거 노무현 참여정부의 세 가지 국정 운영 키워드가 생각난다. 사람중심, 지역중심, 사회 중심. 그중에서도 지역중심의 삶과 '사회적' 복지를 추진하려는 노력이 가장 눈에 띈다. 지역주민들이 시급하게 필요로 하는 복지 서비스를 효율적으로 제공하기에 지역사회가 최적의 단위이며, 사회적경제의 방식을 활용한 서비스 제공이 상대적으로 연대와 호혜의 가치에 적합하기 때문이다.

사실 국가복지는 광대하지만 서비스 효율성이 낮고 주민들의 접근성이 떨어진다. 가정과 친족의 비공식 보호는 친근하지만 계층별 편차가 크고 제도적이지 못하다. 그러나 지역사회는 적절하게 제도적이면서도 적절하게 친근한 서비스를 제공할 수 있고, 적어도 얼굴을 맞대면서 지낼 수 있는 삶의 터전을 만들어낼 수 있다. 사회적경제는 신자유주의 시장경제에서 벗어나 사람 중심의 윤리경제, 지역중심의 선(善)순환 복지를 지향할 수 있다. 지금까지 살펴본 사회적협동조합, 생협복지, 돌봄공동체의 사례들이 이를 잘 보여주고 있다.

문제는 이상과 현실의 차이다. 지역을 희망으로 보고 있지만 여전히 한국 사회는 중앙과 지방의 격차가 너무 크다. 지방분권화는 명분일 뿐 중앙정부의 지배력은 더욱 더 강고해지고 있다. 사회서비스의 효율성을 위해 민영화·시장화를 추진하면서 '사회적' 의미는 약해지고, 경제적 이윤동기가 더욱 강화되고 있으며, 경쟁 또한 심화되고 있다. 생협복지는 협동조합에 참여하는 다중이해관계자들의 갈등 때문에 지역의 돌봄망을 형성하기에 많은 어려움을 느끼고 있다. 공공급식을 비롯한 지방정부의 사회복지는 자치단체의 재정자립도 차이 때문에 오히려 블랙홀 같은 서비스 사각지대가 만들어지고 있다. 재정자립도 꼴찌인 전남에 수급자 비율이 가장 많아 어르신 밥 한 끼 제공하는 경로식당 예산까지 삭감해야 하는 현실이 이를 잘 보여준다.

이유는 단 한 가지, 한국의 시민사회가 너무나 허약하기 때문이다. 시민들의 조직화된 힘으로 기획되고, 생활정치를 통해 강제되지 않은 복지체제는 언제든지 무너질 수 있다. 지난 2008년 집권한 시장경제 중심의 이명박 정부는 천문학적인 4대강 사업 예산을 확보하기 위해 지역복지의 기반을 허약하게 만들었다. 2013년 집권한 박근혜 정부는 태생적으로 시혜적이고 선별적인 복지에만 관심을 가졌다. 2012년 협동조합기본법 제정 이후 어렵게 추진되고 있는 사회적경제 정책 또한 기득권 세력의 반발과 사회적 자본이 빈약하기 때문에 제대로 정착되지 못하고 있다.

사회적경제가 중심이 되는 지역사회복지는 주민의 참여로 시작되고, 연대와 파트너십으로 완성된다. 여기에 실질적인 지방분권, 신뢰와 호혜의 가치, 시민사회의 성숙, 살아 있는 지역조직, 실천가의 적극적인 사회행동이 기반이 되어야 지속가능해진다. 그렇지 않다면 지역중심의 복지체제 구상은 국가복지의 허약성, 정권의 반(反)보수성을 은폐하는 수단이 될 수밖에 없을 것이다. 사회적경제가 중심이 되어 지역의 '사회적' 복지체제가 만들어지기 위해서는 시급하게 해결해야 할 두 가지 과제가 있다.

첫째, 사회적경제 중심의 지역복지가 더욱 활성화되기 위해서는 시민사회의 노력뿐만 아니라 사회복지 학계와 현장의 인식 전환과 연대의 노력이 필요하다. 사회의 변화에 따라 사회적경제 영역의 돌봄 서비스가 확대되고 있지만 여전히 '주변화'되어 있는 것이 사실이다. 사회복지의 학문적·실천적 영역에서 사회적경제 영역에 대한 관심을 가지고 국가, 시장, 사회적경제 영역의 적절한 역할 분담이 이루어질 수 있도록 서로 노력해야 한다.

둘째, 협동조합의 탈(脫)협동화(demutualization)을 경계해야 한다. 탈협동화는 협동조합의 법적 형식이 합자회사나 주식회사 등으로 사유화되는 과정을 뜻한다. 협동조합 연구자 갈러(Z. Galor)에 따르면, 탈협동화의 원인은 조합원의 관심과 참여 부족이다. 협동조합이 탈협동화 노선을 취해도 조합원들은 관심이 없거나 외려 주식회사로 전환을 지지한다는 것이다. 한국 협동조합도 양적 성장에 비해 조합원의 가치와 철학, 공동체 활동 등 질적 성장은 오히려 퇴보하고 있다는 지적이 많다. 이에 대한 근원적 성찰이 있어야 다양한 협동조합이 지역사회복지의 실천 주체로 거듭날 수 있을 것이다.

참고문헌

김영란 (2014). 노인1인가구 돌봄지원을 위한 지역사회 노인돌봄공동체 제안: 노인돌봄협동조합 해외사례를 중심으로. (인터넷자료) 한국여성정책연구원.

김원동 (2013). 협동조합의 사회학. **지역사회학회 추계학술대회자료집**(미간행).

김재엽 (2017). 의료사협의 성공의 원인과 과정분석: 안성 · 인천 · 안산 의료사협을 대상으로. **지역발전연구**, 26(1): 65-115.

김종일 (2012). **지역사회복지론**(개정 신판). 청목출판사.

김흥주 (2005. 지역중심 사회복지체제의 비판적 검토. **농촌사회**, 15(1): 257-288.

김흥주 (2018). 지역의 사회복지와 사회적경제. (한국지역사회학회 춘계학술대회 자료집). **지방분권형 개헌과 지역의 미래**, 1-13.

김흥주 · 이현진 · 김철규 (2013). 생협운동의 변화와 생협복지주의: 울림두레생협을 중심으로. **지역사회학**, 15(1): 187-221.

나카가와 유이치로 (2002). 협동조합 운동의 새로운 조류 - 이탈리아 사회적협동조합과 영국 커뮤니티협동조합을 중심으로-. **한국협동조합연구**, 20(1): 127-135.

마경희 (2005). 사회권으로서 돌봄의 제도화를 위한 대안적 패러다임 모색. **여성과 사회**, 16: 35-66.

모건과 소니노 (2010). **학교급식혁명**. 엄은희 · 추선영 · 허남혁 역. 이후.

보르자가 · 카를로 (2008). 질식에서 재등장으로: 이탈리아 제3섹터의 발전. **세계화 시대의 새로운 복지 - 사회적경제와 제3섹터**. 나눔의 집. (원서: Evers, A. and Laville, J-L. (eds.). (2004). The Third Sector in Europe. Edward Elgar Publishing.)

석재은 (2009). 돌봄 서비스의 사회화와 공공성 확보를 위한 정책과제. **복지동향**, 133: 28-32.

안산의료복지사회적협동조합 (2018). **제32차 정기대의원 총회 자료집**.

야마기와 아츠시 (2012). 지역복지 · 어르신복지와 생협의 역할. **生活協同組合研究**, 4. Vol. 435. (재)아이쿱협동조합연구소 역 (2013). **iCOOP 해외 협동조합 연구동향**, 9-3, 7.

양만재 (2012). 지역사회복지 정체성에 관한 비판적 분석 : '지역사회복지론' 교재의 이론적 지식과 가치 중심으로. **비판사회정책**, 36: 105-151.

에베르스・라빌 (2008). 사회적 기업에 의한 사회서비스: 하이브리드 조직과 시민사회의 기여 가능성 세계화 시대의 새로운 복지-사회적경제와 제3섹터. 나눔의 집.
원석조 (2005). 사회복지개론. 양서원.
이승언 (2015). 살아온 지역 속에서 서로 도우며, 자기답게 살자: 일본 그린코프, 복지클럽 생협 사례. 살림이야기, 37: 22-23.
이재완 (2013). 지방정부의 행정정보공개에 관한 연구: 정보공개와 수용을 중심으로. 서울대학교 행정대학원 박사학위논문(미간행).
이재희・윤민화 (2018). 의료복지사회적협동조합에서의 '일'의 방식. 한국 사회복지행정학, 20(4): 239-273.
이해진 (2015a). 한국의 사회적경제. 지역사회학, 16(1): 135-180.
______ (2015b). 사회적경제와 지역발전. 한국 사회학, 49(5): 77-111.
이해진・김철규 (2014). 지역사회복지의 실천주체로서 사회적협동조합의 의의. 한국지역사회복지학 51: 155-189.
이현진・김흥주 (2015). 생협복지의 의미와 실천 : 서울 울림두레생협 사례분석. 인문사회과학연구. 16(2): 311-351.
임호 (2012). 전환기 지역복지 확충과 혁신이 시급. DBI 포커스, 180: 1-12.
장수정 (2012). 여성주의 관점에서 본 지역 돌봄 공동체 사례 연구: 마포 두레생협 돌봄두레 '어깨동무'를 중심으로. 한국여성학, 29(2): 1-31.
지규옥・김흥주 (2018). 자활사업의 대안적 실험 : 사회적협동조합. 지역사회연구, 26(2): 81-102.
조대엽 (2012). 현대성의 전환과 사회 구성적 공공성의 재구성 : 사회 구성적 공공성의 논리와 미시공공성의 구조. 한국 사회, 13(1): 3-62.
최일섭・이현주 (2006). 지역사회복지론(제2개정판). 서울대학교출판부.
최혁진 (2012). 사회적협동조합을 통한 지역의 사회적경제 실현 전략. (재)지역재단 제22차 지역리더포럼자료집(미간행).
한국 사회복지교육협의회 (2016). 사회복지학 교과목 지침서(미간행).
한살림서울 (2018). 한살림서울 돌봄 안내서-한살림에서 돌봄을 만나요!(미간행).
한상일・이재희 (2018). 사회적경제와 지역발전. 지역발전연구, 27(2): 1-31.
한영혜 (2011). 일본 시민운동에서의 '생활'의 의미. 일본비평, 4: 108-137.
현외성 (2013). 최근 복지논쟁과 한국 복지국가의 진로. 사회과학연구, 22: 256-280.

Amin, Ash (2009). Locating the social economy. pp.3–21 in *The Social Economy: International Perspectives on Economic Solidarity*, edited by Amin, A. New York: Zed Books.

Bifulco, L., Bricocoli, M., & Monteleone, R. (2008). Activation and Local Welfare in Italy: Trends and Issues, *Social Policy & Administration*, 42(2): 143–159.

Borzaga, C. & Depedri, S. (2009). Working for social enterprise: does it make a difference? in Amin, A. (eds.). *The Social Economy: International Perspectives on Economic Solidarity*. Zed Books.

Borazga, C. & Depedri, S. (2012). The Emergence, institutionalization and challenges of social enterprises: the Italian experience, *CIRIEC–España, Revista de Economia Publica, Social y Cooperative*, 75: 35–53.

Evers, A. & Laville, J–L. (eds.). (2004). *The Third Sector in Europe*. Edward Elgar Publishing.

Herbert, K. & Burghard (2007). Genossenschaften und ihre Potenziale fur Innovation, Partizipation und Berschaftigung, Der Beitrag von Genossenschaften zur sozilae Verantwortung, KNi Bericht, 36–38.

Mori, P. A. (2014). Community and cooperation: the evolution of cooperatives towards new models of citizens' democratic participation in public services provision, Euricse Working Paper n. 63|14.

Pestoff, V. A. (1998). *Beyond the Market and State: Social enterprises and civil democracy in a welfare society*. Aldershot: Ashgate.

Thomas, A. (2004). The Rise of Social Cooperatives in Italy, *Voluntas: International Journal of Voluntary and Nonprofit Organization*, 15(3): 243–263.

Tronto, J. (1993). *Moral Boundaries: A political Argument for an Ethic of Care*. New York: Routledge.

chapter **02**

생협운동의 변화와 생협복지주의

울림두레생협을 중심으로

김흥주 이현진

■

1. 머리말

지난 2012년은 UN이 지정한 협동조합의 해였다. 이러한 세계적인 추세에 발 맞춰 한국에서도 2012년 1월 26일 '협동조합기본법'이 제정되었고, 그해 12월 법이 시행되면서 협동조합 설립 붐이 일고 있다. 이 법에 따라 협동조합 설립을 신청한 주요 사례들을 살펴보면, 첫째, 대기업에 비해 상대적으로 경쟁력이 약한 동종의 소상공인이나 전통시장 상인 등이 모여 경쟁력을 확보하기 위한 경제공동체를 설립하고자 하는 경우, 둘째, 퀵서비스 배달기사, 결혼이주여성, 노인 등 사회적 약자들이 모여 사회적 연대를 꾀하는 경우, 셋째, 지역주민들이 모여 생활공동체를 형성하고자 하는 경우 등 다양한 형태가 있다(기획재정부, 2013). 이렇게 협동조합이 주목을 받는 이유는 경제적으로나 사회적으로 약자인 사람들이 국가와 시장에 의존하기보다 그들 스스로의 힘으로 자신이 처한 문제를 해결하고자 하는 의지와 욕구를 그 어느 때보다도 강하게 표출하고 있기 때문이다.

그러나 이렇게 협동조합이 사회적 관심사가 되기 이전부터 자조와 협동정신으로 일상의 문제를 스스로 해결해온 조직이 바로 '생활협동조합'(이하 생협)이다. 생협은 일상생활에서 혼자 해결하기 어려운 공통의 문제를 가진 사람들이 모여 공동의 경제활동과 상호지원을 통해 자신들의 문제를 해결하고자 하는 상호부조조직이다. 초기의 생협활동은 일상생활과 밀접한 먹거리 및 생활용품의 공동구매와 소비를 중심으로 이루어졌다. 그러나 지속적인 경제위기와 급속한 기후변화 및 에너지 위기, 먹거리 및 고용불안 등으로 인해 생활환경이 급속히 악화되자 생협은 이러한 상황에 대처하기 위해 단순한 소비의 문제에서 벗어나 생산, 소비, 생활양식 전반의 문제를 고민하기 시작하였다. 그 결과 생협은 자신들의 다양한 일상문제를 생활자치[1]의 관점에서 해결하기 위한 새로운 조직으로 점차 변화하고 있다.

변화의 핵심은 조합원을 중심에 두고 활동하되 그 범위를 지역으로 확산하고 사업영역을 다양화한다는 데에 있다. 새로운 생협은 생활용품 구매에 국한하지 않고 다양한 사업을 통해 조합원의 자립생활을 지원하고자 한다. 나아가 지역주민들까지 포함하여 그들의 일상 위기를 지역공동체의 연대와 상호부조를 통해 극복하려 한다. 이 과정에서 생협활동에 참여하고 혜택을 공유하는 대상은 같은 욕구를 가지고 있는 지역주민 전체가 된다. 다시 말해 생협활동의 목적은 일차적으로 생협 조합원의 소비활동 향상에 있지만 최근 들어서는 다양한 사업을 통해 조합원의 삶의 질을 개선하고자 하며, 이를 통해 조직의 기반이 되는 지역사회의 공동체성을 높여 나가고자 한다. 바로 이러한 점이 기존에 생협 운영의 중심이었던 '조합원주의'에 비교되는 '생협복지주의'의 모습이라고 할 수 있다.

생협은 서비스의 수혜자에게 낙인을 주지 않으며, 이에 참여하는 누구라도 활동의 주체가 될 수 있고, 스스로의 힘으로 문제를 해결해가는 조직이기 때문에 조합원의 자조(self help)와 협동정신을 최대한으로 존중한다. 이런 점에서 생협은 개인의 존엄성과 자기결정권을 중요시하고 기회의 균등과 사회 연대성을 강조하는 지역사회복지의 가치체계와 이념에 근접한

---

1) 요코다 카쓰미(2004: 327)는 생활협동조합운동을 정치학적 관점에서 살펴보면서 이를 자본과 정치권력에 의해 규정되는 시민사회, 정치사회에 대한 비판적 문제의식과 더불어 생활세계의 협동적 자기조직화를 통해 생활에서부터 정치를 바꿔 나가는 정치민주주의 운동이라 하였다.

조직으로 볼 수 있다(유수현, 2002: 17). 실제로 생협활동은 물품의 공동구매 뿐만 아니라 지역의 주민들과 협의하여 공공 부문의 손이 미치지 못하는 다양한 생활 서비스를 제공함으로써 지역사회복지의 보완적 기능을 수행하고 있다. 이러한 생협의 복지활동은 정부와 같은 공적 영역의 지원에 의존하지 않는다는 점에서 공공부조와 차이가 있으며, 이용자 부담을 강요하지 않는다는 점에서 민간복지와 차이가 있다. 일상생활의 위기를 조합원과 지역주민들의 자발적 힘으로 극복하되 조직화된 협동조합의 서비스체계를 활용함으로써 실현가능성을 높여가는 것이다.[2] 생협복지주의는 이러한 생협의 복지활동을 추진하는 가치체계라고 할 수 있다.

생협복지 연구는 일본에서 많이 이루어지고 있다. 1990년대 개호보험 도입과 함께 돌봄 서비스 제공에 생협이 적극 참여하면서, 생협복지의 개념과 가치, 실천모형에 대한 연구가 많이 이루어졌다.[3] 반면에 한국의 생협복지 연구는 생협의 복지활동 자체가 이제 시작 단계이기 때문에 거의 이루어지지 않고 있다. 이 연구는 이러한 생협복지의 이념과 실천과정을 구체적인 사례를 통해 살펴보고자 한다. 특히 생협복지주의의 등장배경과 이의 구체적인 실현 양상, 그리고 그 과정에서 나타나는 특성들을 집중적으로 살펴보고자 한다. 이를 통해 한국에서의 생협복지의 가능성과 한계도 같이 논의하고자 한다.

이 연구는 이러한 연구문제를 파악하기 위해서 소비자 생협인 울림두레생협(구 마포두레생협)을 사례로 선정하였다. 사례 생협은 서울시 마포구

---

2) 생협은 국가와 시장의 주도에서 벗어나 생활세계의 자율성과 독립성을 높여가며 주체적 시민 형성을 강조한다는 점에서 기존 협동조합과 달리 제3부문의 다양한 가치를 내재하며, 국가와 시장의 완충공간으로 기능할 수 있는 잠재역량을 갖는다(이도형・함요상, 2010: 191).

3) 일본 생협의 위기와 이를 생협복지를 통해 극복하는 과정과 이의 구체적인 사례 연구는 두레지원센터(2012)를 참고하기 바란다.

성산동에 위치한 지역생협으로 두레생협연합회 회원생협이다. 울림두레생협은 성미산 마을이라는 지역적 배경과 성미산 지키기 운동이라는 시민운동을 배경으로 다양한 변화를 경험하였다. 그 결과 조합원을 넘어 지역주민과 함께하는 '지역' 생협으로의 변화가 뚜렷이 나타났으며 '돌봄 두레'와 같은 복지활동을 활발히 전개하였으며, 최근 돌봄사업을 위한 사회적협동조합을 설립하였다. 이 때문에 복지생협으로의 변화 과정과 그 특징을 파악하는 데 가장 적합한 사례라고 판단하였다. 연구를 위한 일차 자료는 핵심 정보제공자(key informants)에 3인[4]에 대한 인터뷰와 참여관찰을 통해 수집하였다. 사례의 개괄적인 이해는 문헌연구를 통해 이루어졌는데, 국내외 생협 연구와 성미산 마을, 울림두레생협을 연구한 학술논문, 보고서, 단행본, 신문 기사, 칼럼 등을 활용하였다. 이러한 자료를 바탕으로 생협의 복지주의 흐름을 파악하고 실천 사례를 살펴보기 위해 사례 연구를 진행하였다.

2. 생협의 변화와 생협복지주의

1) 생협의 특징과 변화

자본주의가 발전하기 전부터 세계 어느 나라에서나 전통적인 농업은 지

4) 사례A(남, 40대 후반)는 돌봄사업과 마을기업 설립을 지원하는 두레지원센터 사무국장으로 활동하고 있고, 사례B(여, 50대 초반)는 현재 돌봄위원회 위원장이며 이사장을 역임하였다. 사례C(여, 40대 초반)는 사회복지사와 특수교사로 활동했던 경험을 살려 돌봄사업 업무를 총괄하고 있다.

역공동체를 기반으로 발전해왔다. 한국의 두레나 계도 생산과 소비, 생활과 문화를 지역 공동체로 묶어준 사례다. 이러한 전통적인 공동체는 자본주의가 발전하고 새로운 임노동 계급이 형성되면서 점차 해체되었다. 이 과정에서 노동자들은 그들의 생활을 개선하고자 같은 어려움을 가진 이들과 협동하고 연대하게 되었으며, 이러한 움직임의 구체적인 실현이 바로 협동조합 설립으로 나타났다. 최초의 성공적인 협동조합은 1844년 영국의 '로치데일 공정선구자조합'으로 알려져 있다. 로치데일 협동조합은 장기간 파업의 실패로 생활에 어려움을 겪고 있던 영국의 해고 노동자들에 의해 만들어졌다. 적정한 가격으로 믿을 수 있는 품질의 생활용품을 공동으로 구매하기 시작하면서 자조 조직으로 발전했으며, 이 협동조합의 성공을 바탕으로 유럽 전역으로 협동조합이 확장되었다. 이후 현재까지 다양한 지역, 계층, 영역에서 협동조합이 설립되고 운영되고 있다(안은미, 2013: 18).

협동조합 중에서도 공동의 힘으로 소비를 조직하고 일상생활의 문제를 해결하고자 조직된 것이 바로 '생활' 협동조합이다. 생협은 자본주의 구조 속에서 개별적으로 시장을 상대했을 때 약자일 수밖에 없는 소비자들이 시장을 상대로 필요한 생활용품을 보다 좋은 조건으로 구매하기 위한 조직이다. 한국에 근대적인 의미의 생협은 1980년대에 등장하였다.[5] 급속한 경제성장으로 물질적 풍요는 이루었지만 환경오염과 농촌의 붕괴, 그리고 이에 따른 먹거리 위험 등 일상생활의 문제가 점차 심각해지는 시점이었다. 이후의 한국 생협의 발전과정은 다음의 세 단계로 구분할 수 있다(정은

---

5) '생협' 이전에 생협의 모태가 되었던 것은 '소비자협동조합(이하 소협)'이다. 소협은 도시지역에 비해 상대적으로 생필품 조달이 어렵거나 값싸게 구입하는 데 어려움을 겪을 수밖에 없는 농촌이나 광산촌에서 먼저 결성되었다(조완형, 2006: 121). 그 후 도시지역의 구판장 형태로 급속히 확산되었지만 현대화 과정을 거치며 조합에 의한 구매동기가 약해지자 그 의미가 퇴색되어 갔다. 1980년대 중후반 일본 생협의 영향을 받아 소비만이 아닌 생활 전반의 협동을 하자는 취지하에 '생협'으로의 전환을 이루었다.

정, 2006; 허남혁, 2009).

1단계는 1990년대 후반 전국단위 물류연합체가 형성되기 이전에 도시지역의 개별 단위생협들이 생산자와 독자적으로 직거래 유통을 하던 시기다. 이때는 친환경 유기농 시장이 형성되기 이전이며, 도농상생의 생명운동 이념을 바탕으로 대면적 신뢰관계하에서 친환경 유기농산물의 직거래와 농촌체험 및 교류가 주로 이루어졌다. 2단계는 친환경 농산물 정부인증제가 시작되면서 친환경 유기농산물 시장이 형성되고 이에 대응하기 위하여 물류연합체가 형성되면서 본격적으로 전국적인 생협 물류가 성장하게 된 시기다. 대략 1997년경부터 2004년까지가 이에 해당되는데, 이때는 유기농업과 생협운동이 제도화의 길을 택하게 되면서 본격적인 대중화와 양적 성장이 이루어졌다. 3단계는 2005년부터 현재에 이르는 시기로 생협의 양적 성장의 위기를 극복할 수 있는 새로운 사업과 가치들이 적극적으로 모색되고 있는 시기다. 특히 먹거리 공동구매에서 벗어나 돌봄 서비스의 공유라는 생활협동을 적극적으로 시도하는 복지적 생협이 새롭게 등장하고 있다.

이러한 발전 과정에서 한국의 생협운동은 크게 세 가지의 특징을 보여주었다(김홍주, 2006: 109-110). 첫째, 직거래운동을 통해 대면적 관계를 회복할 수 있는 가능성을 보여주었다.[6] 생협의 직거래는 경제학적 의미의 교환관계에 한정하는 것이 아니라 의사소통과 이념 공유라는 사회관계의 직거래도 포함된다. 이는 생산자와 소비자의 신뢰구축의 과정이며, 나아가 도농공동체 형성의 과정이다. 둘째, 도시와 농촌, 소비자와 생산자가 파트너로서 사회・경제・문화적 상호작용을 할 수 있는 통로를 만들었다.

6) 정은미(2006: 6)는 생산자에 의한 유기농업 직거래운동이 먼저 일어났고 이런 직거래 운동의 방법으로서 소비자 생협이 생겨난 것이 한국 생협의 특징이라고 하였다. 이는 처음부터 소비자운동에서 직거래 방식이 나타난 일본 및 유럽의 유기농업과 크게 다른 점이다.

"소비자는 생산자의 생활을 책임지고, 생산자는 소비자의 생명을 책임진다"는 한살림의 슬로건이 이를 상징적으로 보여주고 있다. 셋째, 생태 중심의 이념을 도농이 공유함으로써 통합의 접점을 찾을 수 있다는 점이다. 생명운동의 핵심은 '확산'이다. 여기에는 관계의 확산, 생활양식의 확산, 이념의 확산이 포함된다. 사회관계의 확산은 또 다른 측면에서 거리의 축소를 의미한다. 이를테면 소비자와 생산자의 사회적 거리, 공간적 거리의 축소되면서 전통사회의 지역 범주 공동체와는 다른 사회 범주 공동체의 형성이 가능할 수 있다는 것이다.

이와 같은 특징을 바탕으로 생협은 생산자와 소비자가 함께 참여하고 연대하여 안전한 유기농업의 먹거리를 취급함으로써 사회적 신뢰성과 차별성을 확보할 수 있었다.[7] 그러나 이러한 생협의 독점적인 지위는 2000년대 들어 웰빙과 개인 건강에 대한 사회적 관심이 증가하면서 어려움을 겪게 된다. 안전하고 건강에 좋은 먹거리에 대한 사회적 관심은 생협의 성장을 부추기는 요인이 되기도 했지만 동시에 친환경 농산물시장에 대규모 자본과 유통이 들어오기 시작하면서 생협의 위기를 초래하는 요인이 되기도 하였다.

여기에 덧붙여 최근 들어 심각해지는 인구사회학적 문제들이 생협의 변화를 부추기고 있다. 저출산·고령화, 다문화와 사회갈등 등 사회 문제는 더욱 다양해지고 있지만 이에 대한 정부의 대처는 한계가 있다. 특히 취약계층의 다양한 복지욕구를 공적인 복지 서비스 제공만으로는 해결하기 어려운 상황에 이르렀다. 이 때문에 최근까지 복지 민영화 전략을 통해 시장에서 해결하려는 움직임이 지속되고 있다. 복지 서비스를 시장에서 구매

7) 유기농업은 농사기법으로만 존재하는 것이 아니라 자연과 사람, 생산자와 소비자를 서로 잇게 하고, 나아가 생명 중시에 바탕을 둔 새로운 공동체를 이루어가려는 운동차원에서 이루어진다(조경만, 1998: 120).

할 수 있다는 것은 합리적인 측면에서 유용해 보이지만 그러한 복지 서비스를 누구나 쉽게 이용할 수 있는 것은 아니다. 이윤추구가 목적인 조직에 의해 제공되는 복지 서비스는 높은 비용, 무분별한 경쟁으로 오히려 효과적이지 못한 문제점이 발생하기 때문이다. 이런 상황에서 국가와 시장이 제공하는 복지 서비스가 생애 전반에 걸쳐 맞닥뜨리는 개인의 개성과 생활 상태에 따른 다양한 요구까지 섬세하게 충족시켜 줄 것을 기대하기는 어렵다(박제선, 2011: 34). 이렇듯 국가와 시장, 양쪽 시스템을 놓고 어떤 쪽을 선택해야 할지를 주저하고 있는 상황에 놓인 많은 사람들은 국가와 시장이 아닌 다른 대안이 필요하다고 느꼈다. 특히 사회 전체의 구조적인 문제보다는 일상의 문제, 즉 돌봄·문화·생태·교육 등 생활세계의 문제를 해결할 대안을 요구하고 있다. 대안을 찾는 일은 비화폐적이고 비관료적인 동기에서 영위될 때 충분한 가치가 생성되고 발현될 수 있다(김찬호, 2011: 14). 이와 같은 생활에 밀착된 모든 공동체적 문제의 해결수단으로 비영리조직[8)]에 대한 기대가 높아지고 있다.

이러한 상황 변화에 따라 생협도 새로운 변화를 시도하게 되었다. 이전의 생협활동이 먹거리 등 생활용품을 공유하는 차원에서 이루어졌다면, 최근에는 물품의 공유를 넘어 조합원 욕구에 맞는 다양한 서비스 제공과 지역사회 돌봄으로 그 패러다임이 전환되고 있다. 생협이 가지고 있는 시스템과 인프라, 가치를 바탕으로 다양한 사람과 그들이 가진 문제를 공유하고 해결할 수 있도록 보다 적극적으로 움직이기 시작한 것이다.

---

8) 이것은 복지 공급이라고 하는 시점에서 사회시스템을 '정부', '시장', '커뮤니티'라고 하는 3가지 차원에서 비영리조직의 위치를 나타냄으로써 분명해진다. 각각의 복지 공급 주체는 공적과 민간, 영리와 비영리, 공식과 비공식의 축에 의해 구분되며, 이때 비영리조직은 그 중앙에 위치하게 된다(황인섭, 2004: 1579). 이는 비영리 단체, 비영리 섹터(박현숙, 2006), 제3 섹터(이도형·함요상, 2010), 사회적경제 등 다양한 용어로 논의되고 있다

최근 생협의 변화는 다음과 같은 세 가지의 흐름을 가지고 있다. 첫째, 주체의 변화다. 생협의 주체는 주로 전업 주부인 여성이었다. 그러나 도시화·개인화가 진행됨에 따라 1인 가구가 더욱 증가하고, 경제 위기와 여권 신장에 따라 여성의 사회 진출이 활발해지자 가정을 중심으로 생활을 담당하는 주체가 사라지게 되었다. 반면 그에 따라 다양한 생활상의 문제와 욕구를 가진 사람들이 증가하게 되었다. 이에 따라 개개인들이 생협을 통해 얻고자 하는 목적도 매우 다양해졌다. 생협을 생활재의 소비와 구매와 같은 경제적인 측면이나 사회 변화를 위한 운동의 측면, 일자리 창출과 취업의 장으로 여기기도 하고 취약계층을 위한 복지 서비스 제공을 그 목적으로 하기도 한다. 그러나 이들은 시장경제와 상품경제로부터 내몰린 사람들이고 동시에 시장경제와 상품경제로부터 의식적으로 스스로를 부분적으로 혹은 전체적으로 이탈하였다는 공통점을 갖는다. 생협의 새로운 주체는 개인의 삶을 주체적으로 의식하고 행동하고자 하는 모든 이들을 포괄한다.

둘째, 영역의 변화다. 생협의 영역은 의식적으로는 생활 전반이었지만 실제로는 유기농산물 소비 영역에 머물러 있었다. 하지만 최근의 생협은 복지주의 이념을 기반으로 그 활동 영역을 노동·육아·교육·문화·돌봄·복지 등 사회서비스 전반으로 확대하고 있다. 이런 복지적 생협이 활동하는 영역은 바로 '지역사회(community)'이다. 기존의 먹거리 중심의 생협운동에 있어서 지역은 운동의 대상인 경우가 많았다. 지역은 안전한 먹거리에 대한 공감대를 넓히는 곳이었고, 공감하는 사람을 조합원으로 끌어들이는 곳이었다. 그리고 먹거리나 그 밖의 생존을 위협하는 지역의 여러 문제들에 대해 문제를 제기하는 대상에 불과하였다. 이러한 제한적인 지역 인식은 생협이 가지는 근원적 한계라기보다는 생산 기반을 갖추지 못한 대도시에서 먹거리 영역의 활동을 해야 하는 도시 소비자 중심의 생협이기 때문에 나타나는 문제였다. 최근의 복지적 생협은 먹거리 외의 다양한 사업과 서비스를 제공하고 있다. 이때 지역은 더 이상 운동의 대상이 아닌 운동의 무대로 전환하게 된다. 지역이라는 무대 위에서 다양한 운동과 사업의 실험이 공연될 것이고 그 실험의 성과가 지역으로 환원된다는 것이다(조완형, 2006: 126).

셋째, 가치의 변화다. 이전의 생협은 주로 사용가치로서 그 경제적 가치를 발현시켜 왔다. 이에 따라 교환가치에 의해 움직이는 시장에 대한 대안으로써 시장경제로부터 소외된 이들의 경제적인 연합의 성격이 강했다. 하지만 새로운 사회·경제 환경의 등장으로 생협의 지향 가치가 매우 폭넓어지고 있다. 기존의 경제적 목적을 위한 교환가치와 사용가치 중심에서 각 개인으로부터 출발하여 전체를 통합하는 생명가치, 더불어 잘 살 수 있도록 관계를 중시하는 복지적 가치까지 포괄하고 있다. 최근 들어 생협은 개인의 주체성을 발현하는 것에서부터 시작하여 이웃과 사회의 관계를 의식하고, 자연과 환경을 느끼며 노동·복지·교육과 같은 생활상의 모든 활동이 개별 주체 안에서 하나로 통합되는 복지가치를 존중하고 이를 구현해나가는 데 중점을 두고 있다.

2) 생협복지주의의 특징과 실현조건

최근의 생협 변화와 새로운 활동은 무엇보다도 생협복지주의에 기반하고 있다. 생협복지주의란 기존 조합원 중심으로 특정한 문제를 해결하는 조직 활동에서 벗어나 신뢰와 호혜의 실천을 통해 보편적인 생활상의 위기를 극복하고, 생협의 이익을 지역주민과 지역사회와 함께 공유하고자 하는 생협의 새로운 가치이다. 이러한 가치를 바탕으로 생협이 실시하는 복지 서비스와 복지활동에 대해 쿄고쿠 다카노부(京極高宣, 2002)는 '생협복지'라는 개념으로 설명한다. 그는 생협복지를 '자발적 복지 서비스 공급 시스템'이면서도 공공적 복지 서비스와 시장적 복지 서비스의 일부분을 포괄한다고 하였다. 이러한 생협복지의 활동은 일상적인 상호부조활동에서부터 생활기반을 만드는 활동까지 폭넓게 이루어질 수 있다.

생협복지주의는 19세기 협동조합 초기의 복지이념과 맞닿아 있지만 구체적인 내용은 일본 생협의 변화과정에서 만들어졌다. 1980년대 경제 부흥과 함께 생협의 성장이 절정에 달하던 무렵 생협의 규모화에 대한 강한 비판과 함께 '일상생활을 새롭게 바꾸어가는 운동'의 필요성이 제기되었다. 이에 따라 워커즈 콜렉티브[9]와 노인돌봄을 중심으로 하는 '복지클럽 생협'이 등장하였다. 복지클럽 생협은 기업과 공권력으로부터 자립한 시민이 상호 부조를 통해 호혜관계를 형성하고 그 관계 맺음을 통해 생활상의 문제를 서로 해결하고자 하는 복지적 생협의 특성을 지니고 있다. 복지클럽 생협의 활동은 보육, 고령자 수발, 이동 서비스, 장애인 수발, 가사 도우미, 먹거리 교육 등 다양한 영역에서 이루어지고 있으며, 최근에는 공공과 시장의 한계를 보완할 수 있는 복지체계로 받아들여지고 있다(박현숙, 2007: 275-276). 이러한 생협복지주의는 다음과 같은 세 가지 특징을 가지고 있다.

(1) 참여형 복지의 실천

참여형 복지는 "인간은 타자(他者)에 대해서 도움이 될 수 있을 뿐 아니

9) 19세기 산업혁명 속에 생겨난 워커즈 콜렉티브는 노동자의 실업문제 그리고 관리되는 노동으로부터 자유를 갈구하는 노동자들에 의해 생겨났다. 워커즈 콜렉티브는 고용하고 고용되는 관계가 아닌 일하는 멤버가 함께 출자하고 사업주가 되는 일종의 협동조합의 일종이라 할 수 있다(박현숙, 2007: 288).

라 자기 생활 방식을 스스로 구상하고 결정하며 주체적으로 살아갈 수 있다"는 신념을 전제로 한다(요코다 카쓰미, 2004: 226). 자신의 운명을 국가 및 정부에만 의존하는 것이 아니라 자신의 힘으로 개척하려고 하는 적극적인 활동이 참여형 복지의 실천이다. 생협은 조합원의 참여를 기반으로 조직이 운영되기 때문에 참여형 복지를 실현하는 데 매우 적합한 조직이다. 생협에서 전개되는 복지 서비스는 조합원이 참가하여 비용을 만들고 이용자의 필요를 충족하는 사업을 펼치기 때문에 이용자가 곧 조합원인 경우가 대부분이다. 이렇게 이용자와 사업 주체가 동일하기 때문에 생협이 제공하는 복지 서비스는 공급자 중심의 일방적인 서비스 제공이 아니라 같은 조합원 입장에서 이루어진다(김형미, 2011: 40). 자신이 복지 서비스의 수혜자가 될 수 있다는 '당사자성'은 생협에서 제공하는 복지 서비스가 곧 내가 받게 될 서비스라는 인식을 공유하는 데 중요한 요인으로 작용한다. 따라서 생협에서 제공되는 복지 서비스는 금액으로 환산할 수 있는 서비스 이상의 소통 및 정서적 교감, 배려와 신뢰의 형성을 가능하게 하고, 이는 곧 서비스의 질로 연결된다. 또한 서로 같은 조합원이라는 동질성은 복지 서비스의 공정한 지불과 대가에 대해 서로 합의할 수 있는 기반을 만들어준다. 참여형 복지 시스템은 복지 서비스를 직접 교환하고 그 가치도 직접 이전하는 것이 가능하기 때문에 복지 서비스를 제공받기 위한 간접비용을 절약할 수 있다. 이 때문에 합리적인 비용으로 보다 수준 높은 서비스를 제공할 수 있다(요코다 카쓰미, 2004: 232). 또한 참여형 복지는 '맞춤형 복지'의 특성을 가지고 있다. 조합원이 필요로 하는 곳에 집중하여 생협의 재원을 투자, 분배하되 조합원의 변화와 다양성에 맞추어 낡은 서비스는 종결하고 새로운 서비스를 개발하여 제공할 수 있기 때문이다. 따라서 생협의 복지 서비스는 환경적응성이 높으며 지속가능한 특징을 가진다. 이러한 참여형 복지를 실현할 수 있기 위해서는 생협에 대한 주민 참여가 활발해야 하며 조합원 및 지역주민들의 문제와 욕구를 반영할 수 있는 의사소통이 원활해야 하고, 이를 통한 민주적인 의사결정이 가능해야 한다.

(2) 사회적 돌봄과 전문 서비스의 제공

인간은 누구나 태어난 후 영·유아기나 죽음을 맞기 전의 노인기, 혹은 질환이나 장애가 있을 때 다른 사람의 돌봄 없이는 생존하거나 살아갈 수 없는 절대적인 의존을 경험한다. 사회 역시 돌봄 관계가 없으면 지속되기 어렵다(Kittay, 1999). 인간과 사회가 지속가능하려면 돌봄은 필수적인 사회 행위인 것이다. 그럼에도 저출산·고령화 및 가구구조의 변화와 노동구조의 변화, 여권신장 등 급속한 사회 변화로 인해 기존의 사적 돌봄의 관계가 지속되기 어려운 '돌봄의 위기'가 확산되고 있다(마경희, 2005: 35; 김정원·이순아, 2009: 28). 코로나19와 같은 팬데믹 상황에서 이 돌봄의 위기는 더욱 분명하게 드러나고 있다. 이제 더 이상 돌봄은 '집구석' 문제로 치부하기엔 그 한계에 다다른 것이다.

이에 따라 "돌봄 서비스를 누가 제공해야 하는가?" 하는 서비스 주체에 대한 논의가 쟁점으로 부각되고 있다. 대부분의 논의는 돌봄의 사회화 주체로서 정부와 시장을 주목하고 있다(임정기·석재은, 2007). 돌봄 서비스는 기본적으로 대인 서비스로서의 성격을 지니므로 유연성과 관계성이 중시될 수밖에 없다. 정부의 서비스는 공급자 중심이어서 경직되기 쉽다. 이 때문에 민간 부분이 주목받기도 하지만, 김정원·이순아(2009)의 연구에서 밝히는 바와 같이 돌봄 서비스의 민영화는 서비스 공급자들의 과도한 경쟁을 유발하고 효율성을 지나치게 강조하기 때문에 서비스의 질을 저하시키고 돌봄 욕구를 충족시키지 못하는 문제가 있다.

돌봄 서비스의 주체 논의는 무엇보다도 '돌봄(caring)'의 특성을 주시해야 한다. 인간은 추상적으로 그리고 타자와 독립적으로 존재하는 것이 아니라 정체성과 사회적 지위, 욕구 등 모든 것들이 상호작용에 의해 형성되는 존재다. 인간은 처음부터 관계적 존재인 것이다(Hankivsky, 2004: 32). 돌봄은 인간의 관계성을 바탕으로 하기에 보다 윤리적인 관점에서 접근이 이루어져야 한다.[10] 폴브르와 잉글랜드(Folbre & England, 2002)에 따르면, 돌봄은 돌봄 수혜자에게 직접적인 혜택을 줄 뿐 아니라 그 수혜자 이외에 사회의 다른 구성원, 더 나아가 사회 전체에 간접적인 혜택을 준다. 돌봄 그 자체가 사회의 공공재(public goods)라는 것이다. 이는 돌봄 서비스가 공적인 영역에서 다루어질 수 있다는 것과 공동의 이익을 위해 공동의 힘으로 실천될 수 있다는 것을 알려준다(석재은, 2009: 29). 이러한 돌봄의 특성을 고려했을 때 정부 서비스는 이용자와 관계 형성이 어렵다는 점에서, 그리고 시장은 공공의 의미가 훼손될 수 있다는 점에서 한계가 있다.

최근 들어 이러한 한계를 보완할 수 있는 돌봄 서비스 주체로 생협이 주목을 받고 있다. 생협은 지역사회 안에서 조합원의 적극적인 참여를 이끌어낼 수 있으며, 대면 관계에 있는 사람들이 상호 호혜적 관계를 통해 돌봄을 주고받을 수 있어 돌봄공동체를 형성하는 데 유리한 조건을 가지고 있다(조한혜정, 2006). 특히 생협의 당사자성은 돌봄 서비스의 효과적인 확산과 실천에 필수적인 성공 요인으로 논의되고 있다(마경희, 2005; 황수정, 2008; 석재은, 2009; 장수정, 2012; 남찬섭, 2012). 생협 안에서 돌봄 제공자와 대상자의 구분이 없어지며, 생협 조합원들의 이해와 배려 속에서 돌봄 서

---

10) 트론토(Tronto, 1993: 178)는 이를 '공공의 돌봄 윤리(public ethic of care)'로 개념화한다. 돌봄 윤리는 일상 돌봄에 공공의 가치를 부여하고 이렇게 변화된 가치가 제도에 반영될 수 있도록 강력한 정치적 노력을 기울일 때, 사회정의와 맞먹는 중요성을 가질 수 있다는 것이다.

비스의 제공이 가능하기 때문이다. 이는 지역사회보호(community care)[11]의 유용한 수단이 될 수 있다는 점에서도 보다 건강한 지역사회를 만들어가는 데 기여할 수 있을 것이다.

돌봄 서비스 이외에도 생협은 보육, 의료, 주택, 교육과 같은 전문 서비스를 제공하는 데 적합한 조직이다. 생협은 특정 전문가에 의해 일방적으로 서비스를 제공하기보다는 조합원 각자의 강점, 능력, 장점을 발휘해 '나로부터 타인에게 도움을 주고, 타인으로부터 내가 도움받을 수 있는' 구조로 되어 있다. 때문에 관계성과 호혜성에 기반하고 있는 전문 서비스 제공이 가능하다. 생협은 이와 같이 지역주민이 필요로 하는 전문 서비스를 협동조직의 강점을 활용하여 지역 내에서 제공하는 데 매우 중요한 역할을 하고 있다(김찬호, 2011: 16).

(3) 지역사회에 대한 기여

생협복지에서 서비스의 대상이자 서비스 주체로 가장 주목을 받고 있는 것이 바로 지역이다. 이때 생협과 지역사회의 유기적인 관계 형성이 무엇보다도 중요하다. 기존의 생협이 조합원의 이익을 중심에 두고 활동하였다면 최근의 복지적 생협은 적극적으로 자신을 개방하고 다양한 시민단체 등과 연계하여 활동하면서 지역사회와 밀접한 관계를 맺고 있다. 이러한 변화의 이념적 근거는 1995년 ICA 맨체스터 기념대회에서 채택된 협동조합의 정체

11) 국가에 의해 제공되는 보호서비스는 제한적이고 시혜적으로 이루어져 복지 대상자의 접근을 어렵게 하고 그마저도 사각지대가 존재하여 실질적인 보호가 이루어지지 못하는 문제가 있다. 영리를 추구하는 민간조직에 의해 제공되는 보호 서비스는 높은 가격으로 인해 모든 대상자가 선택할 수 없고 과도한 경쟁으로 오히려 복지 서비스의 효과성이 떨어질 수 있다는 근본적인 한계를 가진다. 반면 보호가 필요한 사람들이 자신이 살고 있는 지역사회 안에서 사회적 연결망과 주민의 자발적 참여를 통해 복지 서비스를 제공받을 수 있다. 사회적 보호의 한 형태인 지역사회보호(community care)는 보다 건강하고 효과적인 복지 서비스를 제공할 수 있는 한 방법이라 할 수 있다.

성에 관한 ICA 성명 중에서 "협동조합은 조합원이 승인하는 정책에 따라 지역사회의 지속가능한 발전을 위해 활동한다"고 명시한 제7원칙이다.

그러나 생협은 조합원이라는 멤버십으로 제한된 공익 조직으로 출발하였기 때문에 지역사회와의 관계형성과 기여하기가 쉽지 않다. 더구나 1990년대 후반 이후 물류연합 활동이 중심이 되면서 생협활동 태반이 전국적인 규모에서 이루어졌기 때문에 지역 활동은 침체될 수밖에 없었다. 조직 특성도 지역 활동을 어렵게 하는 요인이다. 생협 조직은 조합원의 민주적인 참가를 중시하고 있지만 대부분의 경우 소수 대의제 민주주의를 축으로 한 극히 계층적인 조직이다(후지이 아츠시, 2006: 71). 따라서 지역 조합원에 의해 지역사회에 뿌리내린 활동이 활발히 이루어진다 해도 그것이 생협 조직 전체의 움직임으로 일체화되고 촉진되는 일은 어렵다. 이런 상황에서도 최근의 생협활동은 지역을 주목하고 있고, 지역 속에서 지역과 더불어 움직이고 있다. 이것이 가능했던 이유는 두 가지가 있다.

첫째, 조합원들의 욕구가 다양해졌다. 최근의 환경변화에 따라 조합원들은 조직을 넘어 지역에서 가능한 서비스를 요구하고 있고, 삶의 기반이 되는 지역사회에 적극적으로 참여하려는 의지를 가지게 되었다. 이에 따라 생협이 스스로 지역사회를 향해 자신을 개방하고 그 활동 내용과 범위를 넓히는 데 앞장서게 된 것이다.

둘째, 협동조합의 기능과 의미가 확대되었다. 협동조합의 지역사회 기여의 의미와 역할은 크게 두 가지 차원으로 볼 수 있다. 그 하나가 국가와 시장의 손길이 미치지 못한 곳에서 '보완적 역할'을 하는 것이라면, 다른 하나는 국가와 시장의 논리가 작동하는 곳에서 협동조합이 가진 가치와 협동으로 새로운 영역을 만들어나가는 '대안적 역할'이 있다. 이렇게 본다면 협동조합의 지역사회 기여는 조직 차원의 활동 프로그램의 수준을 넘어서는 의미를 담고 있다(정규호, 2011: 51-52). 대안적 지역사회 발전은 지역경제의 활성화를 목표로 만들어진 사회적 일자리와 서비스 및 경제활동과 지역주민에 의한 생활정치가 함께 이루어질 때 비로소 가능하다. 따라서 생협은 지역사회 내의 개개인의 역량을 강화하는 역할뿐 아니라 지역주민들을 효과적으로 조직(community organization)[12]하는 역할을 수행할 수 있어야 한다.

3. 울림두레생협의 역사와 현황

1) 역사

울림두레생협은 2000년도 4월 생협 설립을 위한 준비모임을 거쳐 같은 해 11월 '마포두레생협'이라는 명칭으로 사무실을 개소하고 물품공급 사업을 시작하였다. 초기 사례 생협의 설립에 큰 기여를 했던 조합원들은 1994년 공동육아 협동조합 제1호인 우리어린이집의 회원들이며, 이들이 2001년 이후의 성미산 지키기 지역운동의 핵심 주체들이다(www.mapocoop.intro_03.php). 사례 생협의 특징을 알기 위해서는 만들어지게 된 배경을 이해할 필요가 있다. 1994년 이후 우리어린이집에 이어 '나르는 어린이집'을 설립하였고 아이들이 초등학교에 진학하면서 '도토리'와 '풀잎새 방과 후'가 만들어졌다.

12) 지역사회 조직(community organization)은 지역사회복지실천의 핵심 구성요소로써 지역사회에서 주민이 주체가 되어 지역의 실정에 따라 주민의 복지를 증진시키고, 지역사회의 욕구충족을 위하여 조직활동을 통해서 지역사회의 단결 및 통합을 꾀하는 과정이다(Ross, 1967: 40-41).

이러한 과정을 겪으면서 지역 차원에서 어떻게 아이들에게 바람직한 환경을 조성할 수 있을까에 대해 고민하던 중 아이들의 안전한 먹거리를 위해 "안전한 유기농을 먹이자"는 공감대가 형성되었다. 이 일환으로 유기농 먹거리를 공동구매하여 공동 소비하는 생활협동조합을 만들기로 결정하였다. 그 결과로 2001년 2월에 창립총회를 열고 본격적인 활동을 펼쳤다(이홍택, 2012: 64). 이 당시 사례 생협은 '공동육아'라는 다소 공유되기 어려운 조합원들의 이익과 조합의 가치를 먹거리라는 매개체로 지역사회 네트워크를 형성함으로써 지역사회 속에서 지역주민들과 관련된 정보를 제공하고 공유하는 중추 역할을 하였다.

울림두레생협은 지역운동에 적극 참여하면서 지역사회에서 공동체의식과 환경적 가치를 확산하는데 주도적인 역할을 하게 되었다. 지역주민들의 생활터전인 성미산이 서울시의 개발대상이 되자 지역주민들은 '성미산 지키기 운동'을 펼치며 단결하게 된다. 공동육아 모임과 마포두레생협을 중심으로 성미산을 지키고자 하는 마을 주민 결사체가 형성되어 서명운동, 홍보운동, 마을축제 개최 및 정치적인 운동을 펼쳐나갔다.[13] 강연회와 원산지 답사, 소식지 배포 등을 통해 지역주민들과 네트워크를 구축하였다. 특히 환경적 가치의 확산은 지역운동을 주도하는 이념 기반이 되었다. 생협 산하에 환경위원회를 조직하여 환경 관련 활동을 지속적으로 이어나갔다. 2004년 녹색사회연구소의 도움으로 생태마을 워크숍을 개최하고 생협 환경위원회 소속 구성원들이 모여 '멋진 지렁이'라는 동아리를 결성하였다. 멋진 지렁이는 지렁이를 이용하여 음식물퇴비화, 공동텃밭 등을 진행하고, 주민들의 소통의 공간을 회복하기 위해 한 평 공원 만들기 및 자

---

13) 성미산마을 주민들의 '성미산 지키기 운동'에 대한 자세한 내용은 성미산대책위(2003), 한주희(2008), 유창복(2009), 김정욱(2010) 등의 보고서와 논문을 참고하기 바란다.

전거 길 조성 활동에 참여하였다. 이는 공동체 의식과 환경에 관한 가치를 지역사회에 공유하는 역할을 하였으며 조합원과 지역주민의 자발적 참여를 더욱 활성화시키는 계기가 되었다(김정욱, 2010: 63).

성미산 지키기 운동을 거치면서 마포두레생협에 새로운 변화가 나타났다. 첫째, 남성들의 적극적인 참여가 이루어졌다. 초기에는 다른 생협과 마찬가지로 성미산 마을의 공동육아 모임이나 사례 생협에는 여성들의 참여가 대부분이었다. 그러나 성미산 지키기 운동을 치러내면서 남성들이 많이 참여하게 되었는데, 대표적으로 '성미산 차병원 생활협동조합'(이하 차병원)을 설립하게 된 것이다. 차병원은 지역주민들이 만들고 공동 관리하는 카센터로써 2003년 6월 준비모임을 거쳐 2003년 11월 600명의 조합원 바탕으로 서비스를 시작했다. 둘째, 생협의 유기농 식료품 판매에서 확장된 '동네부엌'이 생겨난 것이다. 동네부엌은 유기농 식료품을 구매해도 요리할 시간이 없는 도시형 맞벌이 부부를 위해 만들어진 유기농 반찬전문점으로 2002년 1월 60여 가구의 회원제 운영을 시작으로 2003년 11월 출자금 4500만원을 바탕으로 가게를 열었다. 동네부엌은 대안학교 및 마을 꿈터와 같은 마을 네트워크를 적극 활용하였으며 인터넷 게시판을 활용하여 조리법을 강의하는 등의 활동이 이루어졌다(한주희, 2008; 42). 그 밖에도 '성미산 풍물패', '한땀두레'와 같은 지역주민들의 모임이 이루어졌다. 주민들의 다양한 의견과 욕구를 바탕으로 생협의 변화가 확산된 것이다.

2000년대 후반에는 사례 생협이 또 다른 변화를 꾀하게 된다. 일본의 생협복지를 주목하면서 생협에 의한 돌봄 서비스 제공의 가능성을 탐색하고 실천모델을 만들어낸 것이다. 2008년 마포두레생협은 현대리서치연구소에 의뢰하여 '돌봄 서비스에 대한 조합원 욕구조사'를 실시한 결과 총 132명의 응답자 중 간병인 이용 의향의 약 81%가, 돌봄 두레 이용 의향의 약 89%가 있다고 응답하였다. 이러한 욕구에 충족하기 위해 사례 생협은 2009년 노인 돌봄을 주요 활동으로 하는 돌봄 두레 '어깨동무'를 설립하였다. 이는 전국의 노인장기요양기관 중 유일하게 생협에서 지역 조합원과 함께 준비하여 만든 시설이다. 어깨동무는 노인들에 대한 방문요양, 방문목욕, 생활지원서비스를 담당하고 있다. 더불어 아동 돌봄을 연계하고 있으며 대인서비스를 또 다른 생활재의 개념으로 전환하여 더욱 다양한 서비스를 제공할 수 있는 가능성을 만들어 가고 있다(장수정, 2012: 13-14). 2019년에는 돌봄사업을 사회적협동조합 방식으로 실시하기 위하여 '울림두레돌봄사회적협동조합'을 설립하였다. 이처럼 사례 생협은 최근 들어 그간 쌓아온 지역의 사회적 자본을 바탕으로 '지역사회에서의(in community) 복지체계'(김흥주, 2005: 282)를 확립하고자 생협복지활동에 많은 노력을 기울이고 있다.

2) 현황

울림두레생협은 두레생협연합회에 소속된 서울시 마포의 지역생협이다. 10여 년 간 '마포두레소비자생활협동조합'이라는 명칭으로 운영해 오다가 2013년 3월 대의원 총회를 통해 공식 명칭을 '울림두레소비자생활협동조합'으로 변경하였다. 사업 영역이 마포지역에서 강북지역까지 확장되어 기존의 마포생협 명칭으로는 모든 조합원을 아우를 수 없다는 판단하에 "마음을 두드려 세상을 깨운다"라는 울림 가치를 명칭에 담으면서 사업 내용과 범위를 확장하고자 한 것이다.

사례 생협의 조직 구조는 사무국, 매장(그루터기), 위원회로 구분할 수 있다. 사무국은 생활용품의 공급부터 홍보, 주문 등 생협의 운영과 관련된 모든 사항을 담당하고 있다. 사무국과 사업팀, 총무팀, 조직지원팀으로 구성되어 있으며 조합의 형편에 맞게 부서편제와 업무분담을 실시하여 조합원 실무운영을 원활히 할 수 있도록 지원하고 있다. '그루터기'라고 불리는 매장은 성산점, 용강점, 신내점, 북가좌점, 망원점이 있으며 그루터기에는 조합원활동가들이 매장운영 및 관리, 조합원 응대 등 생협활동에 가장 핵심적인 역할을 담당하고 있다. 사례 생협에서는 참여 희망자 또는 추천에 의해 선발된 조합원들을 중심으로 생활재, 돌봄, 홍보, 식생활교육, 급식위원회를 구성하여 운영하고 있다.

각 위원회는 회의비 정도의 활동비용만 지원되며 모두 자원봉사로 이루어지고 있다. 각 위원회는 월별 회의를 개최하여 생활재 검토, 홍보소식지 작성, 식품안전 관련 회의 등 다양한 활동을 추진하고 있다. 의사의 결정은 총회와 이사회로 구분하여 운영하고 있는데 모든 조합원들로 구성되는 총회(또는 대의원대회)는 운영방침과 사업계획, 임원선출 등 조합운영의 기본사항을 결정하는 역할을 한다. 이사회는 조합원들의 대표인 5~15인의 이사로 이루어졌으며 조합운영에 실질적으로 필요한 사항을 결정, 집행한다. 이상의 조직 구성을 도식화하면 〈그림 2-1〉과 같다.

사례 생협은 2001년 설립 이후 약 20여 년 동안 꾸준하게 성장하고 있다. 초기 40명의 조합원에 약 3,000만원의 출자금으로 시작하였으나 최근에는 서울 강북지역을 사업 범위로 확장하면서 조합원 수는 2010년 5,147명에서 2019년 11,434명으로 증가하였고, 매장 수도 서울 강북지역에 5개 매장을 운영하고 있다. 성미산 마을공동체 조직에서 가장 큰 규모로 성장한 것이다.

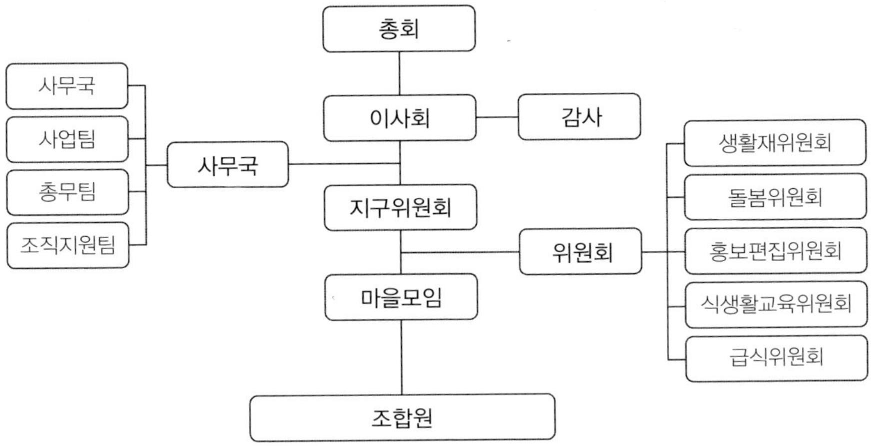

〈그림 2-1〉 울림두레생협 조직도

출처: 울림두레생협 홈페이지 (http://www.mapocoop.org/intro 04.php)

울림두레생협은 먹거리라는 매개체로 지역사회에 네트워크를 형성함으로써 지역사회 및 환경과 관련된 정보를 공유하는 중추 역할을 하고 있다. 생협활동을 통해 형성된 지역사회의 네트워크는 지속적인 상호작용을 통해 또 다른 관심사를 공유하고 신뢰 관계를 형성함으로써 다양한 활동을 지속적으로 실시하고 있다. 다음은 사례 생협의 활동 중에서 생협복지주의 이념에 비교적 적합한 사업 내용을 중심으로 그 특성과 함의를 살펴보고자 한다.

4. 생협복지 실천 사례 분석

1) 복지활동

울림두레생협은 생협에서의 생활재라는 개념을 먹거리와 생활용품을 넘어 일상생활에서 이루어질 수 있는 대인서비스를 또 다른 생활재의 개념으로 확장하고자 노력해 왔다. 이러한 노력의 결과 울림두레생협의 돌봄사업이라는 독자적인 활동을 실현해 가고 있다. 울림두레생협에서 돌봄사업이란 조합원들이 주체가 되어 일상적으로 서로 돕고 보살피는 돌봄의 관계망 만들기라고 정의할 수 있다. 이러한 돌봄사업은 울림두레생협의 창립 초기부터 중요한 활동 의제였는데 이러한 아젠다는 생협활동을 전개하는 과정에서 지역사회의 문제와 조합원의 요구에 따라 변화, 확장되었다.

창립초기에는 공동육아협동조합의 조합원을 중심으로 한 육아돌봄과 이를 위한 마을공동체만들기가 중요한 담론이었다면 성미산지키기운동 과정에서는 지역과의 상생을 위한 '지역생명운동'을 핵심 의제로 하여 활동을 전개했다. 이 과정에서 핵심 주체와 참여 범위가 소모임 중심에서 마을, 그리고 지역단위로 확장되어가는 것을 볼 수 있다. 2000년대 후반에는 생협 조합원 규모가 확대됨에 따라 조합원을 주체로 인식하고 조합원 주권 실현을 목표로 생협활동 전반에 조합원이 참여할 수 있는 다양한 방안을 모색하였다. 사무국와 매장(그루터기)에 조합원 참여를 확대하였고 조합원들의 다양한 모임과 돌봄활동을 장려하여 조합원 참여와 자치를 실천하였다.

한편 2010년을 전후로 하여 '돌봄'을 제2생활제로 개념화하며 돌봄사업을 생협의 주요 사업으로 전개하였다. 돌봄사업을 위한 마을위원회를 조직하고 2009년 돌봄을 위한 일공동체인 돌봄두레 '어깨동무'를 설립한다. 이후 2019년까지 약 10년간 생협조직을 중심으로 한 돌봄사업을 진행하였다. 2019년 조합원의 증가, 매장 확대, 돌봄사업에 대한 지역사회의 수요 증가 등을 바탕으로 생협 차원에서 진행하던 돌봄사업을 사회적협동조합으로 전환하여 '울림두레돌봄사회적협동조합'을 설립하였다. 지난 10여 년간 울림두레생협의 돌봄사업이 조합원 중심의 공익(共益)이었다면 사회적협동조합으로의 전환은 조합원주의를 넘어 돌봄의 관계망을 지역사회 전체로 확대하여 공익(公益)을 실현할 수 있는 기반을 구축한 것이다.

〈표 2-1〉 울림두레 돌봄활동 전개과정

구분	2001~2003	2004~2006	2007~2010	2011~2015	2016~2020
핵심 내용	2001년 창립	2006년 비전모임	2010년 10가지 계획	2013년 울림두레	2017년 조합원 1만명
돌봄 아젠다	마을을 만드는 생협	지역생명운동	조합원주권	제2생활제 '돌봄'	지역돌봄 관계망
핵심 주체	소모임	마을모임	조합원사무국, 품수다	마을위원회	울림두레돌봄 사회적협동조합
지역범위	공동육아협동조합 조합원	성미산마을/마포	서울 강북: 마포 서부 및 동부, 중랑	마포 서부, 동부, 중랑, 서대문	지구/네트워크

출처: 2020 마포사회적경제네트워크 돌봄 포럼 '협동조합의 지역운동과 커뮤니티케어' 발표자료.

2) 돌봄활동 : 사회적협동조합

(1) 현황

울림두레생협은 2019년 3월 30일 창립총회를 개최하여 돌봄활동을 위한 사회적경제조직의 설립을 의결하였고, 그 해 7월에 사회적협동조합으로 인가받았다. 임원으로는 이사장 1인과 이사 4인, 감사 1인으로 구성되었다. 조합원은 생산자 조합원 3명, 소비자 조합원 9명, 직원 조합원 3명, 후원자 조합원 11명 등 총 26명으로 구성되었다. 직원 조합원을 포함하여 총 종사자는 32명인데, 사회적협동조합의 운영 조건에 맞추어 사회적 취약 계층 10명을 고용하였다. 조합의 설립 등기를 위한 출자금은 7,700,000원이며, 2019년 매출 총액은 18,203,820원이다(울림두레돌봄 사회적협동조합, 2020). 방문요양, 방문목욕과 같은 노인돌봄사업과 일상생활의 돌봄활동으로 생활응원사업을 실시하고, 돌봄활동을 지원하기 위하여 지역사회 돌봄 욕구를 파악하고 돌봄 관계망 구성을 위해 상담 사업을 진행하고 있다.

(2) 사업

① 노인돌봄사업

노인돌봄사업은 고령화 사회 속에서 야기되는 문제들을 생협 차원에서 해소하기 위해 지난 2009년 돌봄 두레[14]인 어깨동무를 설립하면서부터 시작되었다. 어깨동무는 노인장기요양보험법에 의해 설립된 장기요양기관으로써, 일차적으로 장기요양등급판정을 받고 서비스를 신청한 노인에게 방문요양 서비스를 제공하였다. 그 후 10여 년 간 생협 조합원 중심으로 돌봄 서비스를 제공하다가, 2019년 지역사회 주민 전체에게 돌봄 서비스를 제공하고, 돌봄에서 나아가 다양한 지역조직화 사업을 수행하기 위해 사회적협동조합으로 전환하였다. 현재 지역 어르신 30여명을 대상으로 신체활동 및 일상생활, 개인활동 지원과 같은 방문요양서비스와 방문목욕서비

14) 두레는 마을기업과 같은 일공동체를 지칭하는 울림두레생협 용어다. 돌봄 두레는 일하는 사람들이 스스로 출자·경영하는 협동조합으로서 공동으로 소유하고 협동적으로 노동하며 민주적으로 운영하는 돌봄사업체를 뜻한다.

스 등 장기요양사업을 실시하고 있다.

〈표 2-2〉 울림두레돌봄 사회적협동조합의 돌봄사업 현황

구분	지원 내용	이용대상	비용
방문요양 서비스	• 요양보호사가 어르신 댁으로 방문하여 지원하는 서비스 • 화장실 도움, 구강관리, 식사 도움, 체위변경, 취사, 청소, 외출 동행, 일상 업무 대행, 말벗, 격려, 생활상담, 의사소통, 인지자극활동, 일상생활 함께 하기 등	• 장기요양등급 인정을 받으신 분 • 거동불편고령자, 치매, 중풍, 파킨슨 등의 노인성 질환자	한 달 약 15만원 (1일 3시간 기준)
방문목욕 서비스	• 요양보호사 2명이 어르신 댁으로 방문하여 목욕서비스 제공	• 장기요양등급 인정을 받으신 분	1회 비용 약 6,500원

장기요양사업뿐 아니라 지역의 노인들이 지역 안에서 그들의 문제와 욕구를 해결하고 건강한 노후생활을 할 수 있도록 지원하기 위해 다양한 노력을 펼치고 있다. 이용자를 위한 상담 및 비(非)급여 생활지원 서비스, 나들이 및 고령자 모임을 추진하면서 노인 복지활동을 지속적으로 펼치고 있다. 특히 돌봄사업의 일환으로 진행되어 오던 다양한 강좌들을 엮어 2017년부터 지역사회 어르신들의 치매 예방 및 여가활동을 위한 프로그램을 실시하는 '미니데이케어센터'를 운영하고 있다. 미니데이케어는 월 4회 3시간 정도 마을회관에 모여 어르신들의 건강 증진을 위한 체조와 바이탈 체크, 치매 예방 프로그램, 식사 및 간식을 제공하는 프로그램으로 구성되어 있다. 도움이 필요한 지역사회 어르신이라면 누구나 참여할 수 있고 비용은 무료이다. 이러한 활동을 통해 치매 등 노인성 질환을 예방하고 어르신의 사회적 고립감 등을 해소할 수 있어 다양한 노인 문제를 사전에 예방할 수 있는 효과가 있다.

사회적 가치 실현에 적합한 의식 있는 요양보호사 양성을 위해서도 노

력하고 있다. 특히 조합원의 일자리 창출과 질 높은 돌봄 서비스 제공 차원에서 조합원들에게 요양보호사 자격을 취득하도록 지원하고 있다. 요양보호사 자격증 취득을 위한 내부 교육, 자격 취득을 위한 교육비 등을 지원하고 있다.

② 생활응원사업

생활응원사업은 초기 돌봄사업을 구상할 때부터 시도해 오던 조합원 간의 품앗이 활동[15]을 더욱 구체화한 사업이다. 일상생활의 소소한 어려움을 생협 내에서 조합원과의 관계를 통해 해결하고자 하는 것이 이 사업의 목적이다. 2012년 시범사업을 시작으로 2013년 생활응원사업을 담당하는 코디네이터를 두면서 더욱 확대되어 실시되고 있다. 아동의 등·하굣길 도움 및 방과 후 아이 돌봄, 장보기, 가사활동 등 생활 속에 어려움을 해결하고자 하는 조합원이 생협에 도움을 신청하면 그러한 활동을 도와줄 수 있는 조합원이 자신의 품을 팔아 생활응원자가 되는 시스템이다. 이러한 활동은 소정의 이용료와 교통비를 지급하는 유상의 상호부조활동으로 이웃을 돌보는 활동을 하면서도 소정의 보상을 받을 수 있어 생활응원참여가 보다 적극적으로 이루질 수 있도록 했다.

생활응원은 지속적으로 이루어지는 활동과 단기적으로 이루어지는 활동 등 다양하다. 생활응원 활동은 주로 아이 돌봄과 가사지원으로 이루어지고 있다. 아이 돌봄 요청이 전체 생활응원 신청의 90%를 이루고 있다. 단기적인 돌봄은 100% 연결되고 있으나 지속적인 돌봄활동으로 이어지는 경우는 70% 정도로 나타나고 있다.

15) 온라인 품앗이 시스템인 '선물', 두루장터, 품강좌, 품수다 등 오프라인 품앗이 활동 등을 말한다. 이러한 활동에 대한 논의는 제4장 2절에서 구체화한다.

〈표 2-3〉 생활응원사업 종류 및 내용

종류	내용	시간당 비용
아이돌봄	개인(1:1)	10,800원 2시간 이상 일시, 지속, 긴급
	등하원	12,000원
	단체(3명 이상)	12,000원 모임, 행사 등
가사돌봄	정기가사	12,000원 주 1회 이상 3시간 이상
	일시가사	13,000원
	통합가사	13,000원 청소+반찬 4시간 이상
	대청소	15,000원 3시간 이상 2명
성인돌봄		12,000원 일시, 지속, 긴급
반려견돌봄		12,000원 일시, 지속, 긴급 기본 1시간

출처: 2020 마포사회적경제네트워크 돌봄포럼 '협동조합의 지역운동과 커뮤니티케어' 발표자료.

③ 육아사랑방

육아사랑방은 "엄마도 아이도 행복한 육아"를 지향하는 육아지원 프로그램이다. 이 모임을 통해 협동조합 방식의 공동육아를 함께 고민하고 사회적 고립감으로부터 벗어나 엄마도 아이도 이웃과 만나 관계를 맺을 수 있는 기회를 만들고자 하였다. 활동 내용은 강좌 프로그램과 참여 조합원의 품앗이로 이루어지는 활동으로 구성되어 있다. 2012년 시범사업을 시작으로 2019년 제8기 육아사랑방이 성황리에 이루어졌다. 지구별로 마포서부지구, 서대문지구, 마포동부지구의 육아사랑방이 운영되고 있다. 육아사랑방모임은 엄마도 아이도 행복한 육아를 지원하기 위해 모임 시 아이돌봄 선생님이 함께한다. 엄마들이 강좌 프로그램에 참여하면 아이돌봄 선생님이 아이들을 돌보기도 하고 엄마와 아이가 함께 참여하는 프로그램을 진행하기도 한다. 일 년에 6개월 정도 사업이 진행되고 월 2회, 4시간씩 프로그램이 진행된다. 강좌는 아동에 대한 이해, 아동 놀이 및 육아 방법, 식생활, 건강 등 다양하게 이루어지고 있으며 브런치 만들기, 아이와 함께 영화 보기, 육아 공감 수다 등 다양한 공감대를 형성할 수 있는 조합원 참여 프로그램으로 진행된다.

육아사랑방 프로그램이 종료된 후에도 육아사랑방활동에 참여했던 조합원을 중심으로 소모임이 만들어져 다양한 조합원 모임[16]으로 연결되고 있다. 육아사랑방은 단순히 육아하는 부모와 아이에 대한 단편적인 돌봄뿐 아니라 영유아 돌봄이라는 공통된 상황을 바탕으로 관계를 맺고 소통하며 서로의 돌봄 필요를 확인하고 돌봄의 관계망을 만들어가는 함께 돌봄의 출발이 된다는 점에서 중요하다.

④ 돌봄 상담 및 교육 사업

돌봄과 관련 정보가 필요한 지역사회 주민에게 돌봄 상담을 진행하고 있다. 기관 내 사회복지사가 상주하며 장기요양제도와 관련하여 인정 신청, 치매 진단 등에 대한 내용, 어르신 건강상태와 예측상황 등에 대한 상담, 어르신 개별 상황에 대한 맞춤 상담도 진행한다. 또한 가족이나 주변

16) 2012년 육아사랑방의 후속모임은 소모임으로 발전되어 총 6개의 소모임(보글보글 행복맘, 맛있는 육아, 털봉이네, 책과 노는 여자들, 영어, 1기 반장 모임)이 운영되었다(울림두레생협, 2014a: 42).

에 도움이 필요한 이들에게 지역 자원을 연결하거나 복지 정보를 안내하고 있다. 2020년에는 코로나19로 인해 함께 모이는 활동이 어려워지자 매장(그루터기)을 중심으로 '찾아가는 복지상담소'를 운영하였다. 홈페이지를 통해 일정을 공지하고 개별 사례가 있거나 상담이 필요한 이들의 예약을 받아 사회복지사가 직접 그루터기를 방문하여 상담을 진행하였다. 복지제도와 이용가능한 복지 서비스를 안내하거나 부모님 돌봄과 관련된 상담, 코로나로 인해 소외된 이웃과의 소통 등 활동을 진행하였다. 이러한 돌봄 상담을 통해 돌봄에 대한 정보를 나누고 소통하는 것뿐 아니라 돌봄 사각지대에 놓인 이들을 발견하고 지원할 수 있는 지역사회 돌봄 그물망 역할을 한다.

울림두레돌봄 사회적협동조합은 생협 및 사협 구성원뿐 아니라 지역사회 주민을 대상으로 한 다양한 교육사업을 적극적으로 진행한다. 요양보호사, 돌봄활동가 등 전문인력을 양성하기 위한 돌봄활동가 양성과정, 생활응원 양성과정과 같은 교육과 지원, 활동가 및 조합원과 함께하는 공부모임, 책모임 등을 꾸준히 운영하며 '작가와의 만남'이나 '북콘서트', '다큐멘터리 상영회'와 같은 프로그램을 기획하여 조합원들의 관심과 참여를 높였다. 조합원뿐 아니라 지역사회 주민이라면 누구나 참여할 수 있는 시민강좌를 열어 돌봄, 먹거리, 환경을 주제로 지역사회 교육도 꾸준히 진행하고 있다. 이러한 교육활동을 돌봄의 철학, 방법, 기술을 익히는 전문화 노력뿐 아니라 일하는 사람의 성장과 서비스를 제공받는 사람도 감동할 수 있는 돌봄 관계망을 만드는 데 필수적인 노력으로 인식하고 있다.

⑤ 돌봄 기금

울림두레생협은 돌봄 문화의 확산과 돌봄 서비스를 제공하는 종사자 육성을 뒷받침하기 위해 2011년부터 돌봄 기금을 조성해 오고 있다. 2019년 43,021,735원의 기금이 조성되었다. 이 중 천원기금은 매달 천 원씩 정기적으로 후원하는 것으로 2019년 기준 1,144명의 조합원이 참여하여 약 2,800만원의 기금을 조성하였다. 이는 전체 조합원의 약 11%가 참여한 것으로 생협 조합원의 풀뿌리 모금의 성과라 할 수 있다. 특별기금은 조합원, 생협운동 관계자, 탈퇴조합원, 요양보호사 등에 의해 단기로 조성되는 기금이다. 돌봄생활재기금은 1회용 유기농생리대, 해늘김, 영양고춧가루 등 일부 생활재에 5~10%에 해당하는 금액을 조성하는 것을 말한다.

이렇게 조성된 기금은 돌봄 문화를 정착하고 돌봄의 관계망을 조성하는 데 활용되고 있다. 활동가 양성하고 돌봄 문화를 확산하는 데 필요한 비용을 지원한다. 취약계층 지원사업도 이루어지는데, 마을위원회 및 지역기관의 협조로 청소년 교복, 어린이 교육비, 지역아동센터 간식, 어르신 식사지원 활동 등에 기금을 사용하였다. 2020년에는 코로나19로 인한 돌봄 문제가 심각해지며 돌봄 공백이 발생하자 지역사회 돌봄 필요에 응답하고자 돌봄 기금을 활용하여 미취학 유아와 초등학생을 위한 '긴급 돌봄'을 시행하였다. 장기적으로는 지역밀착형 다기능 돌봄 센터(데이케어 센터) 건립을 목표로 기금을 적립하고 있다.

3) 생협복지활동의 특성

(1) 주민참여와 자치활동

울림두레생협의 조합원이 생협에 가입하는 이유는 각자 다양하지만 그 목적은 생협의 생활재 구매인 경우가 많다. 이러한 조합원을 소비조합원이라 부르는데 생활재 구매 활동에만 참여하는 조합원이 전체 조합원의 70%에 이른다.[17] 조합원의 적극적인 참여를 이끌어내기 위해서는 생협의 사상과 역할을 이해하고 스스로 주인의식을 가진 조합원을 길러낼 수 있는 학습이나 활동이 필요하다. 사례 생협은 초기부터 조합원의 참여와 권익을 실현하기 위해 많은 노력을 하고 있으며, 이러한 노력이 사회적 돌봄을 지역으로 확산시킬 수 있는 기반이 되고 있었다. 참여와 자치활동은 다음과 같은 방식으로 이루어졌다.

첫째, 주문상담실을 적극 활용하고 있었다. 주문상담실은 먹거리를 비롯한 생활재 조직과 교환이 생협의 기본적인 사업이라는 원칙을 바탕으로 생활재에 대한 조합원의 적극적인 의견을 받아들이고 반영하는 곳으로, 생활재를 매개로 조합원과의 관계와 의견이 모이는 곳이다. 사례 생협은 조합원의 생활재에 대한 의견과 참여를 불만이나 클레임으로만 보지 않고 해결해야 할 의견, 조직발전을 위한 자치활동으로 인식하였다.

> "지금 제가 하고 있는 일은 생협의 주문상담실 책임활동가예요. 어떨 때는 텔레마케터같기도 하고 고객센터에서 모든 욕을 먹는 상담원같기도 하지만 제가 드리고 싶은 말씀은 '조합원님께 배운다.'는 거예요. 정말 많은 걸 배웁니다. 저한테 아주 집요하게 질문 하나를 주시는데 그 순간에는 너무도 난감하지만 그걸로 인해서 그 생활재를 다시 한 번 보게 되고 온갖 자료들을 찾아보게 되거든요."
>
> (두레지원센터, 2013a: 88)

---

17) 2011년 울림두레생협에서 표본으로 모집된 600명의 조합원을 대상으로 실시한 조합원 의식조사의 결과에 따르면 '생협 가입동기'로 '안전한 먹거리를 구매하기 위해서'라고 답한 조합원이 전체의 86.1%로 가장 높았다. 생협에 참여해본 활동을 묻는 질문에는 전체의 69.4%가 '생활재 구매활동에만 참여'라고 답하였다.

둘째, 지역 단위의 마을위원회 활동을 적극적으로 장려하였다. 사례 생협은 마포구와 중랑구, 서대문구에 따로 떨어져 있는 연합조직 성격을 지니고 있다.[18] 때문에 보다 밀도 높은 조합원 참여를 위해 각 지구별로 마을위원회를 조직하여 자체적인 활동을 펼쳐나갔다. 복지사업이 생협의 사무국, 직원에 의해 기획되고 시행되는 것이 아니라 각 지역에 존재하는 조합원들이 모여 자치적인 회의를 하고 마을 모임과 행사, 그리고 교육을 통해 이루어지도록 한 것이다. 마을에 따라 다양한 조합원 교육 및 생산지 참여, 축제와 같은 자치활동이 이루어졌다. 마을위원회를 중심으로 하는 마을 활동은 개별적으로 분산되어 있던 저마다의 필요와 욕구를 모으는 역할을 하였다. 주문 상담실이 생활재와 관련된 조합원의 필요와 욕구를 개진하고 그 의견들을 조직 운영에 반영하는 데 핵심적인 역할을 하고 있다면, 마을위원회는 조합원의 일상적인 필요와 욕구를 이야기하고 지혜를 모으는 창구라고 할 수 있었다.

셋째, 민주적인 의사소통과 투명한 의사결정을 지켜나갔다. 생협의 의사소통 강점은 일상적인 모임과 활동을 통해 일상적인 대화를 나누고, 아주 작은 의견도 거리낌 없이 서로 교환한다는 것이다. 일상의 의견은 소소해보일 수 있으나 생활에 밀접하게 관련되고 실천적이라는 점에 자치활동의 근간이 된다. 의사결정 또한 비교적 투명하고, 민주적인 방식으로 이뤄지고 있었다. 최근 들어 규모가 커지면서 조합원 총회보다 이사회나 대의원 회의에서 의사결정이 이뤄지는 경우가 많았지만 그 과정이 투명하게 공개되고, 대의원이 조합원 이해 중심으로 활동을 하기 때문에 다른 기관, 특히 공급자 중심의 사회복지와 사뭇 달랐다.

18) 생활재를 판매하는 매장은 마포 서부지구에 성산점, 마포 동부지구에 용강점, 중랑지구에 신내점, 그리고 서대문지구에 북가좌점이 있다.

"생협에서 하고 있는 게 종합복지관에서 하는 그런 형태를 띠고 있어요. 그런데 중요한 건 관에서 추진하는 것과 생협에서 추진하는 것의 다른 점이 생협은 지역복지에 가깝고 실질적으로 필요에 의해 만들어진다는 거예요. 복지관은 대상자의 욕구를 파악한다고는 하지만 사실 한정적이고 그 욕구 조사도 노인복지관에 오신 분들을 대상으로만 이루어지기 때문에 지역의 삶과는 동떨어진 부분이 많아요. 어르신들이 문제라고 생각하는 것만 반영되고…. (중략) 또 복지관에서는 지침이 나오면 딱 그것만 하고 더 만들어내는 일은 실무적으로 하지 않으려고 하는 경향이 있어요. 너무 일이 많기 때문에…. 그래서 밑에서부터 만들려 하기보다 위에서 '이거 하자.' 하고 정하는 것들이 많죠. 그런데 여기(생협)에서는 클라이언트라고 하죠, 복지에서는… 여기서는 조합원, 조합원들 입에서 나온 말들이 제가 실행할 것들이 되는 거예요. 원래는 사회복지사인 제 머리, 제 입에서 나온 이야기를 딱딱딱 짜놓고 모집하고 실행하고 평가하는게 평소 일인데…. 여기는 아니죠. 조합원의 대화에서부터 출발해요, 모든 건…." (사례C)

넷째, 사업평가와 피드백도 조합원 중심으로 이루어졌다. 생협에서 이루어지는 복지활동에 대한 평가는 숫자만으로 이루어지지 않는다. 대상자가 실질적으로 만족했는지, 생활에 도움이 되었는지, 그 활동과 교육을 통해 어떤 것을 배우고 느꼈는지 등의 평가는 의사소통의 과정에서 이뤄지고, 이 결과를 반영하여 개선방안이 논의되었다. 여기에는 홈페이지 게시판을 적극 활용하고 있었는데, 사업 후기와 의견 교환 과정에서 평가와 피드백이 이루어지고 있었다.

(2) 사회적 돌봄의 실천

최근 들어 출산과 양육, 노인부양이라는 새로운 사회적 위험이 확산되고 있지만 공공복지나 시장복지가 이에 효율적으로 대응하지 못하자 협동조합과 같은 자치적 복지활동이 주목을 받고 있다. 울림두레생협도 조합원들의 복지욕구가 증가하게 되자 사회적 돌봄사업을 적극적으로 실시하고 있다. 공공복지의 시혜적이고 비효율적인 서비스 제공 문제와 민간복지의 차별적이고 배제적인 서비스 제공 문제를 극복하고자 자발적이고 호혜적으로 이루어지는 공동체 복지를 실현하고자 한 것이다. 이를 위해 사례 생협은 2008년에 두레지원센터를 설립하여 돌봄사업과 두레활동을 지원하는 것을 시작으로 10여 년 동안 돌봄사업을 진행해 왔다. 생협을 통한 돌봄사업이 조합을 중심으로 한 생협복지의 미시적 접근이었다면 2019년 사회적협동조합을 설립하면서 조합을 넘어 지역사회로 그 돌봄관계망을 확산하는 보다 적극적인 사회적 돌봄의 실현이 가능해지게 된 것이다. 이제 울림두레돌봄사협은 울림두레생협과 엄밀히 분리된 조직이지만 사협과 생협이 결코 별개의 조직이라 할 수 없다. 울림두레돌봄사협의 돌봄 관계망은 기초는 생협의 다양한 지역사회 활동에서부터 시작하기 때문이다.

돌봄사업 연계망의 기본 구조는 다음의 〈그림 2-2〉와 같다. 일차적으로 생협은 먹거리와 생활재 구매활동을 통해 지역사회의 주민 관계망을 형성한다. 조합원을 중심으로 이루어지는 소모임과 생협조직 활동으로 연결되는 다양한 지역사회 조직들의 관계맺음을 통해 지역사회 주민 관계망을 더욱 넓힐 수 있다. 이러한 관계망이 지역사회 돌봄 관계망의 기본이 된다. 이차적으로 생협이 전개해온 돌봄활동과 울림두레돌봄사협의 활동을 통해 돌봄 서비스를 조직하고 실현한다. 돌봄이 필요한 사람과 돌봄을 제공할 수 있는 사람들 간의 상호작용을 통해 일생생활 속 상호 돌봄을 실천한다. 지역사회 주민들이 참여할 수 있도록 돌봄사협은 필요한 교육을 진행하고 플랫폼으로서의 역할을 하며 돌봄에 필요한 자원을 조직한다. 주민의 일상적 참여가 호혜적 상호 돌봄의 핵심이다. 특별한 돌봄이 필요한 단계에서는 전문 인력에 의한 지속적 돌봄이 이루어진다. 현재는 방문요양사업과 서울시 돌봄 SOS 사업의 일환으로 제공하는 일시재가서비스 등 재가서비스를 중심으로 이루어지지만 향후 건립 목표인 데이케어센터 등을 통한 시설서비스도 제공할 수 있을 것이다.

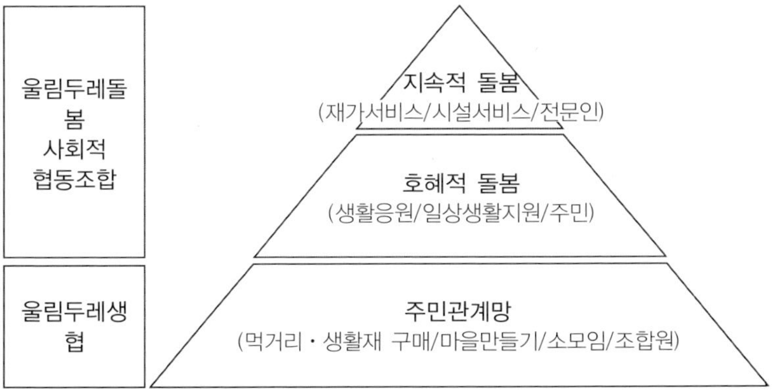

〈그림 2-2〉 울림두레생협 돌봄사업의 기본 구조

출처: 2020 마포사회적경제네트워크 돌봄 포럼 '협동조합의 지역운동과 커뮤니티케어' 발표자료.

울림두레돌봄 사회적협동조합은 전문적인 복지 서비스를 조합원 및 지역사회 구성원들에 의해 제공함으로써 지역사회보호를 실천하는 비영리 법인이다. 이전에는 생협의 대표적인 돌봄 두레였던 '어깨동무'가 있다. 과거 어깨동무는 지나치게 영리 목적으로 운영되는 노인요양기관과는 달리 지역사회의 돌봄 욕구를 우선적으로 해소하고자 돌봄 기회를 제공하고 질 높은 서비스를 제공하였다. 이용자 중심의 서비스 제공이 가능하며, 이 때문에 서비스 효율성과 만족도도 높았다. 사실 상대적으로 수가가 적은 단기 보호의 경우 일반 노인장기요양기관에서는 서비스 제공을 매우 꺼린다. 그러나 어깨동무는 이용자로부터 얻을 수 있는 수가나 이익을 생각하기 전에 제공할 수 있는 서비스를 우선 생각한다. 다음 사례에서처럼 여러 명의 요양보호사가 돌아가면서 서비스를 제공하기 때문에 돌봄의 사각지대가 거의 없는 편이다. 이용자를 먼저 생각하는 생협복지이기에 가능하다.

> "얼마 전에 몸이 불편한 시어머니가 시골에서 올라와 우리 집에서 한 동안 머물게 되었다. 나도 일을 해야 해서 하루 종일 수발을 들 형편이 아니었다. 다른 요양기관에서는 장기케어를 선호해 우리처럼 단기간 케어는 꺼려하는데 어깨동무가 흔쾌히 맡아주어서 어머님 말벗도 해드리고 덕분에 나도 마음 편히 일을 할 수 있었다." (두레지원센터, 2013b: 8)

> "단기간 친족방문의 경우 다른 기관은 꺼리는 것이 사실이다. 다행이 어깨동무는 두레원끼리 상호부조하는 관계가 잘 형성되어 있다. 서로 형편이 맞을 때 어르신 케어를 대신해 주는 것이 자연스럽다. 이번 케이스도 세 분이 교대로 맡아주셔서 서비스 누락 없이 케어에 들어갈 수 있었다. 어깨동무를 지탱하고 있는 두레원들의 힘인 것 같다. 그 힘의 바탕에 생협정신이 있어 가능한 것 같다." (두레지원센터, 2013b: 9)

그러나 생협 조직에서 돌봄사업을 운영하는 것은 쉽지 않은 일이었다. 10년 전 어깨동무를 설립할 때만 해도 돌봄에 대한 필요와 요청이 지금만큼 높지 않았다. 조합원의 요구와 참여가 활동의 바탕인 생협에서 돌봄사업에 대한 조합원의 동의와 참여를 이끌어내는 일이 쉽지 않았다. 매년 총회마다 돌봄사업에 대한 의구심이 드러났다. 노인돌봄 등 돌봄사업에서 지속적으로 적자가 났기 때문이다.

> "2009년부터 어깨동무를 만들었는데, 정말 안 됐었어요. 꽤 오랫동안 정말 안 돼 가지고 이걸 해야 하나 말아야 하나 매년 말이 많았어요. 사람들이 꼭 이걸 필요로 하는 거 같지도 않고, 필요하다고 해도 여기를(어깨동무) 선택하지도 않는 것 같고. 고민을 많이 했는데 최근 들어는 많이 안정된 것 같습니다. 이게 돌봄사협을 만든 큰 요인 중 하나인 것 같아요. 아, 가능하겠구나." (2020 마포사회적경제센터 돌봄포럼 자료집)

돌봄사업을 진행하는 10여 년 동안 노인돌봄에 대한 사회적 문제는 좀처럼 나아지지 않았고 돌봄의 필요와 욕구는 더욱 분명해졌다. 시간이 흘러 생협 내에서도 돌봄에 대한 필요를 자신이나 부모님을 통해 직접적으로 경험하면서 돌봄사업에 대한 긍정적인 평가가 이루어졌다. 조합원이 직접 요양보호사 자격을 취득하는 사례가 많아졌고 돌봄 서비스에 대한 문의도 늘었다. 돌봄사업에 대한 의구심이 '내게 내일 필요한 돌봄'을 줄 수 있는 곳이라는 믿음으로 교차되는 시점이었다.

> "10년간을 조합원들이 지켜온 거거든요. 많은 적자들이 있었고 계속적으로 돌봄활동가를 양성하기 위해서 조합원들이 계속적으로 밀어주셨잖아요. 그래서 지금이 있는 거고 사협을 새롭게 시작할 수 있는 거고… (돌봄사업 초반에) 생협은 안전한 먹거리 중심이 아니냐 하는 의견이 많았어요. 지나고 보니 세상이 이렇게 많이 바뀌었다 싶어요. 그때만 해도 고령화사회 준비해야 한다고 공부도 많이 하고 했었거든요. 그런데도 당장 내 삶에서 만나지지 않는 문제여서 조합원들이 크게 공감을 못해주셨는데 지금은 조합원들 상담과 문의가 정말 많아지고 있어요. 당장 저부터도 그렇고 조합원들도 주변에 어르신, 동료들로부터 건강이나 어려운 문제들 만나게 되잖아요. 그런데 좀 더 믿을 수 있는 곳이 있고, 안심하면서 상담하고 끝까지 이해와 상관없이 옆에 있어 주는 생협이나 사협이 있다는 것이 참 소중하고 지역의

자산이구나 생각을 했습니다."[19]

울림두레생협이 지역사회 내에서 쌓아온 신뢰와 연대는 사협의 사회적 돌봄 실천에 밑거름이 되었다. 돌봄은 사람과 사람 사이의 관계를 통해 이루어지며 이 과정에서 신뢰는 돌봄활동에 가장 필수적인 윤리적 가치이다. 뿐만 아니라 환경을 아끼고 배려하고자 하는 마음, 삶의 지속가능성에 대한 고민, 자기돌봄과 타인을 이해하고자 하는 노력 등 생협활동 과정에서 나타나는 다양한 가치들은 돌봄 윤리의 가치와 그 맥이 닿아 있다.

돌봄 노동자에 대한 문제도 중요하게 다루었다. 예컨대 직접 서비스 제공하는 요양보호사의 처우 문제에 있어 가장 적극적으로 개선하려 노력하였다. 요양보호사에 대한 임금 처우 노력은 시장에서 돌봄 노동이 저평가되는 사회현상을 개선하고자 노력했다는 점에서 매우 의미 있는 일이다. 또한 돌봄 문제를 돌봄 수혜자뿐만 아니라 돌봄 제공자에 대한 문제로까지 확장시켜 관심을 가지고 개선하려 했다는 점에서, 나아가 임금 등의 처우 개선에 대한 노력뿐만 아니라 요양보호사 스스로의 성장을 도모하고, 주변 사람들과 관계를 형성할 수 있도록 정서적 지원에도 노력하고 있다는 점에서 넓은 의미의 '돌봄의 사회화'를 실천하고 있다고 평가할 수 있었다.

"초기에 우리가 생각했던 것은 두레원들이 자기 스스로 일도 결정하고 거기서 나온 수익도 자기들이 결정해서 분배해서 나눠가지는 것이었어요. 제일 먼저 정했던 게 임금부분이었는데 그 당시 초기에는 시간당 8천원으로 정했어요. 그때 평균 요양보호사 시급이 6천원 정도 하던 때예요. 그걸 보면 굉장히 높은 수준이었던 거죠." (사례A)

---

19) 마포FM (2019.11.20). 〈송덕호의 마포 속으로〉 '사회적경제 친구 찾기' 코너 발췌.

"이용자와 요양사가 많은 센터들은 요양사들이 모이는 것을 좋아하지 않아요. 왜냐하면 모이면 요구하게 되는 것들이 생기거든요. 그런데 저희는 요양사의 매월 모임이나 직무 교육도 계속 해오고 있어요. 그런 걸 통해서 두레원의 단합과 협동을 끌어내려고 노력해요. 두레원이 자신과 자신이 서비스 하고 있는 어르신들의 이야기를 많이 할 수 있고 공유할 수 있게 노력하는 거죠. 또 두레원들이 아셔야 하는 부분들은 그 자리를 통해 다 공개해요. 우리 수입과 지출, 어떻게 운영되는지도 다 공개해요. 되도록 저를 매개로 하는 것보다 직접적으로 요양사, 보호자, 어르신들이 서로 소통할 수 있게 하려고 노력하는 거죠." (사례C)

사례 생협은 사회적 돌봄의 실천뿐만 아니라 조합원 서로가 서로를 돌보는 육아사랑방과 생활응원사업을 통해 돌봄 관계망의 확장에도 많은 노력을 기울이고 있었다. 육아사랑방은 지역의 기관을 활용하여 육아 중인 어머니와 아이들이 고립감에서 벗어나 이웃과 만나고 관계를 맺을 수 있는 호혜적 활동의 장이다. 이는 아이들을 위한 모임이 아니다. 물론 아이들을 대상으로 하는 교육과 활동이 이루어지기도 하지만 궁극적으로는 육아를 담당하는 엄마들의 어려움을 해결하고 관계를 맺을 수 있도록 지원하는 모임이다. 육아를 담당하면서 생기는 정서적·사회적 어려움을 스스로 관계를 맺어가며 해결할 수 있게 하고 또 바람직한 육아활동이 무엇일지 경험하고 관련된 정보를 공유하며 엄마와 아이를 서로가 돌보는 돌봄의 관계망을 만들어 가는 것이다.

"육아사랑방은 원래 생협 2층에 위치해 있었어요. 하지만 건물이 오래되기도 하고 공간이 좁다 보니 엄마와 아이들이 함께 생활하기엔 조금 불편함이 있었죠. 그러던 중 정부에서 공동체에 대한 지원활동이 있음을 알게 됐고 몇몇 엄마들이 모여 알아보고 준비한 끝에 지원금을 받게 됐습니다. 지금은 '꿈꾸는 도서관'이라는 이름으로 좀 더 넓은 곳에서 좀 더 다양한 활동으로 엄마들과 교류하고 있어요." (울림두레생협, 2014: 11)

생활응원사업은 조합원들의 다양한 일상생활 속의 소소한 어려움을 해결하기 위해 시작되었다. 서로가 서로를 보살피는 돌봄 관계망을 생활과 밀접한 영역에서 활성화시키기 위해서였다. 생활응원을 통해 이루어지는 활동은 주로 아이 돌봄이 전체 활동의 90% 정도로 대부분을 차지한다. 생협을 통해 만나는 이들에 대한 신뢰가 있기에 가능한 일이다. 그러나 이 밖에 가사활동이나 생활에 필요한 기타 활동에 대한 지원 요청과 활동은 미미하다. 가사활동을 요청하는 이에게도 자신의 가사 환경을 타인에게 공개하는 것이 부담이고 한편으로 가사활동을 지원하고자 하는 응원자도 타인의 집에서 가사 일을 한다는 것을 꺼리기 때문이다. 가사활동에 대한 사회적 인식이 아직도 매우 낮은 것에 기인한 현상이다. 그럼에도 생협에서는 생활응원 강좌, 정리정돈전문가를 양성하기 위한 정리코디네이터, 아이 돌봄활동가 양성과정 등 홍보 및 교육활동을 실시하고 있다. 이를 통해 돌봄노동에 대한 인식을 높이고 개개인의 전문성을 발견하고 발전시켜 보다 질 높은 서비스를 제공할 수 있도록 노력하고 있다. 이러한 조합원 상호간에 돌봄 서비스를 나누는 것은 '지역의 필요를 지역 안에서 해결'하는 진정한 의미의 지역사회보호라고 할 수 있었다.

(3) 지역연대와 복지활동

1995년 ICA 원칙 중 제4원칙인 '자립과 자치'가 다른 비영리조직과는 다른 생협활동만의 강점을 분명히 한 것이라면, 제7원칙인 '지역사회에 대한 관심'은 협동조합과 지역사회와의 관계에 대한 원칙으로 지역사회를 생태적으로 지속가능한 사회로 만들어가기 위한 협동조합의 역할을 특별히 강조한 것이다. 특히 생협은 생활단위를 바탕으로 조합원이 모이고 조합원의 소비가 조직되면서 만들어진 조직이기 때문에 지역사회와의 관계는 더욱 중요하다.

사례 생협은 지역주민들의 필요에 의해 사업이 이루어지고, 주민의 참여가 늘어나면서 조직이 확대되는 전형적인 지역 생협으로서의 모습을 보여주었다. 사례 생협은 1990년대 중반 몇몇 뜻이 맞는 사람들이 모여 공동육아 어린이집을 운영하면서부터 시작되었다. 아이들이 성장하여 그 활동 범위가 지역사회로 넓어지게 되자 어른들의 관심사가 지역사회 전반으로 확대되었다. 바람직한 지역 환경 조성을 고민하다 주민들이 손쉽게 이용할 수 있으면서 더 많은 주민들이 관심을 가질 수 있을 만한 사업으로 먹거리를 공동 구매하고 소비하는 네트워크인 생활협동조합을 만들게 된 것이다. 결국 생협은 공동육아 과정에서 쌓아온 가치를 먹거리라는 보다 보편적인 매개체를 통해 지역사회에 확장시키는 역할을 한 것이다. 생협을 둘러싼 시대적 환경이 변함에 따라 주체들의 생활상의 요구와 활동이 변화되고 그 변화들을 생협 내의 기존의 구조로는 수렴할 수 없게 되자 다른 다양한 사업들이 생겨나게 되었다. 그 활동 범위도 조합에서 지역으로 더욱 확장되어가는 것이다. 돌봄사업도 마찬가지이다. 지금까지는 조합원을 중심으로 한 사업을 해왔지만 지역의 돌봄이 필요한 노인들을 대상을 생협의 사업 대상에 포함하는 것은 지역에 열린 조직을 지향하고 있는 것이다.

다른 측면에서 사례 생협은 지역의 사회적·경제적 선순환 구조를 만들어가고자 노력했다. 조합원의 필요와 욕구를 해결하기 위해서는 점차적으로 생협의 울타리를 넘어 지역사회 전체가 문제를 문제로 인식하고 이를 해결하기 위해 유기적으로 움직일 수 있을 때 비로소 가능하다고 인식한 것이다.

> "한 지역사회가 온전히 성장하기 위해서는 지역의 주부들이 중심이 되어야 하는데 이 전업주부들이 살아남을 수 있는 구조는 사라져 가는 거예요. 한편으로는 이건 노동의 소외이기도 하고 가사노동의 사회화라는 이름으로 오히려 여성들을 옥죄는 것이 되어버렸어요. 한편으로는 돌봄노동도 수행해야 하고 또 한편으로는 전업주부로 자리에 있어야 할 사람들이 생계를 위해 임금노동도 병행해야 하고 이중고가 되어버린 거예요. (…) 아이들에게 좋은 먹거리를 만들어 주고 생협의 좋은 식재료를 가지고 집에서 식구들에게 제공해줄 수 있는 사람이 없어지는 거예요. 이건 생협 입장에서도 아주 문제가 돼요. 생협이 안전한 먹거리를 제공하고 또 그런 문화나 교육을 전파하는 곳인데 각 집안에 그걸 받아줄 핵심이 없어지게 되는 거예요. 이건 사회적으로도 굉장히 심각한 문제인데 가장 근본적으로 중요하다고 생각되는 부분을 중요하게 인식하고 중요하게 유지할 수 있도록 시스템을 만드는 게 필요하다고 생각한 거예요." (사례B)

사례 생협이 일공동체인 두레를 조직하고자 했던 것도 지역사회의 선순환을 고민하면서부터였다. 두레는 지역주민들이 지역에 필요한 재화와 서비스를 제공하는 비영리사업체이다. 사례 생협은 2008년 설립한 두레지원센터를 통해 두레를 조직하고, 이렇게 조직된 두레를 다양하게 지원하였다. 두레가 가지는 사회적 의의는 무엇보다도 지역주민의 일자리 창출에 기여함은 물론 고용문제를 해결하고, 지역에 필요한 재화와 서비스를 지역에서 생산하고 소비하여 지역사회 내의 생산과 소비의 선순환 구조를 만들어가는 데 있다. 사례 생협의 두레지원센터에서 지원하는 일공동체는 손바느질 수공예품을 제작하고 판매하는 한땀두레, 마을의 재활용품을 지역화폐와 연계하여 마을에 판매하는 되살림두레, 노인장기요양사업을 실시하는 돌봄두레 어깨동무, 천연비누 및 생활용품을 제작하고 판매하는 비누두레 등 4개가 있다.

또한 사례 생협은 지역활동에 필요한 자원을 서로 공유하고 나누기 위해 지역의 다른 단체 및 기관과의 연대에 적극적으로 임하고 있다. 2013년 5월에는 지역의 돌봄 주체들과 사업체, 주민들이 참여한 '마포지역돌봄포럼'을 개최하여, 서로가 서로에게 어떤 도움이 되고 어떤 도움을 받을 수 있을지를 생각해 보고 공유하는 시간을 가졌다. 이 밖에도 보다 조직적인 돌봄활동 네트워크를 구축하기 위해 지역의 협동조합 연대조직인 '마포사회적경제네트워크'에 참여하였다. 2020년 12월에는 마포사회적경제네트워크의 주최로 '협동조합의 지역운동과 커뮤니티케어'를 주제로 한 돌봄포럼을 진행하였다. 울림두레생협의 돌봄사업을 정리하고 새롭게 진행하는 돌봄사협에 대한 내용과 의의를 정리하는 시간이었다. 이러한 포럼과 네트워크를 통해 그간 지역에 산재해 있던 협동조직들이 더욱 협력하고 연대하여 지역사회 내에서 지역의 필요를 해결할 수 있는 복지 커뮤니티를 형성할 수 있었다.

이러한 통합돌봄체계 구축을 위해 마포 의료복지 사회적협동조합, 지역 내 돌봄기관, 서울시 돌봄 SOS 사업 등을 통해 지역의 연대와 협력을 이끌어내고 있다. 2012년 창립총회를 한 마포의료생협은 2014년 사회적협동조합으로 전환하고 2018년 기존 마포의료생협 의원을 '무지개 의원'으로 개명하여 운영하고 있다. 건강아카데미나 1인 중장년층 보건복지돌봄 통합지원 사업과 같은 돌봄사업을 통해 건강한 공동체를 만들어가는 데 협력하고 있다. 또한 울림두레 돌봄 사회적협동조합은 서울시 돌봄 SOS 사업의 마포구 서비스 기관으로 긴급 돌봄 서비스를 제공하고 있다. 지역의 65세 이상 어르신과 장애인을 대상으로 하며 일시재가서비스, 이동지원, 주거편의, 식사지원 등 돌봄 서비스를 제공한다. 울림두레생협과 돌봄사협이 구축해온 인력과 조직, 자원을 지역사회 돌봄 확산에 적극 활용하는 것이다. 이처럼 다양한 지역자원의 연대와 협력을 통해 커뮤니티케어를 실천할 기반을 마련하고 있다.

5. 맺음말

건강한 먹거리, 즉 유기농 먹거리의 소비를 중심으로 시작된 생협은 보다 포괄적인 생활문화운동으로 진화하였으며, 새로운 도시 공동체의 모델로 성장하고 있다. 이 연구는 한국 대안 먹거리 운동의 하나인 생활협동조합을 생협 복지주의의 관점에서 검토하고, 사례 연구를 통해 특성을 규명하고자 한 것이다. 먼저 사례에서 나타난 생협복지주의적인 특징을 살펴보면 다음과 같다.

울림두레생협의 조합원들은 생협 내에서의 조합원 소모임, 위원회 활동 등에 적극적으로 참여함으로써 스스로 관계를 만들어가고 이러한 과정에서 자신의 삶을 주체적으로 인식하게 되었다. 또한 조합원의 의견을 최대한 수용하고 반영하는 의사결정 구조를 통해 조합원이 추구하는 활동을 전개해 나가고 있었다. 또한 사회적 돌봄과 전문 서비스를 제공하기 위해 많은 고민을 하며 여러 가지 노력을 하고 있었다. 서비스 생활재인 '선물'과 지역사회 구성원들을 통해 조성된 돌봄 기금으로 돌봄의 관계망을 확보하고자 노력하고 있으며, 돌봄 두레와 공동육아와 같은 전문 서비스가 일상적인 돌봄의 빈틈을 메우는 역할을 하고 있었다. 마지막으로 성미산 마을이라는 지역적 특색을 배경으로 사례 생협은 지역사회와 밀접한 관계를 맺고 있었다. 지역에 밀착된 생협의 인프라를 적극 활용하여 지역주민들을 효과적으로 조직하면서 사회적·경제적인 발전을 이루고 있었다. 이러한 특징을 바탕으로 울림두레생협을 통해 살펴본 생협 복지실천의 의의를 살펴보고자 한다.

첫째, 지역사회 돌봄 관계망을 통한 사회적 돌봄 실현의 가능성을 높이고 있다는 것이다. 다른 지역 생협과 비교했을 때 성미산 마을 속의 울림두레생협은 지역주민들의 활발한 참여가 돋보임에도 불구하고 여전히 일부를 제외하면 조합에 가입해야만 활동에 참여할 수 있는 조합원주의적인 모습과 소수의 핵심적인 주민들에 의해 생협과 성미산 마을공동체가 유지되고 있다는 점을 확인할 수 있었다. 그러나 생협은 기본적으로 조합원의 참여와 이익을 배제하고 사업을 운영할 수 없는 조직임을 감안할 때 무조건적인 지역사회 개방과 불특정 다수를 위한 복지사업의 진행 등은 현실적으로 어려운 부분이며 생협 안에서 충분히 검토하고 고려되어야 할 몫이다.

특히 이러한 부분이 생협 안에서 돌봄사업을 진행하는 데 큰 어려움으로 작용하였다. 하지만 울림두레생협은 10여 년 간 진행해 온 돌봄사업에 대한 노하우와 인력, 조직운영의 경험을 생협 내에서만 공유하지 않고 이를 사회적협동조합으로 전환하면서 지역사회화 공존할 수 있는 전략을 찾고 있다. 생협을 통해 지속가능한 환경과 삶을 위한 먹거리와 생활재의 생산과 소비를 통해 자기돌봄과 환경돌봄을 실천하고 돌봄사협을 통해 사람과 사람 사이에 이루어지는 관계돌봄을 실천하며 사회적 돌봄을 위한 지역사회 생태계를 조성하고자 노력하고 있었다.

둘째, 국가와 시장이 제공하는 복지 서비스의 대안으로써 주목할 만하다. 사회적경제가 국가와 시장의 논리에 대한 대안으로 부각되면서 복지활동, 특히 돌봄 서비스를 제공하는 협동조합이 우후죽순 늘어나고 있다. 조직은 대안적인 방법을 통해 갖추었지만 사업 내용과 노동자에 대한 처우는 크게 달라지지 않았다. 현실적인 운영형태는 국가와 시장의 시스템에서 완전히 벗어나지 못하고 있다는 것이다. 여전히 노인돌봄은 '노인장기요양보험법'에 의거한 노인장기요양기관의 형식으로 진행되며 동법에 따라 국가 지원 및 평가를 받는다. 또한 같은 지역 내의 노인요양기관 및 시설과의 경쟁에서 자유로울 수 없으며 사업의 존속을 위한 안정적인 재정과 지속적인 인적 자원 확보에 어려움이 존재한다. 그럼에도 울림두레돌봄사회적협동조합의 활동이 기대되는 것은 탄탄한 지역사회의 연대와 협력을 바탕으로 신뢰를 구축하고 있으며 생협이 활동가와 조합원, 지역사회 주민을 대상으로 돌봄에 대한 교육과 프로그램을 적극적으로 진행함으로써 돌봄 가치를 확산하고자 노력하고 있기 때문이다.

기존의 사회복지가 국가와 시장의 논리를 중심으로 이루어졌다면 새로운 사회복지는 공공성을 중심으로 그 축이 옮겨지고 있다. 생협의 가치 또한 이전보다도 훨씬 더 공공과 운동의 의미가 강해지고 있다. 생협이 이러한 변화를 의식하며 새로운 주체에 대해 끊임없이 발견하고 그 주체들의 욕구와 의견에 민감하게 반응한다면 "일인은 만인을, 만인은 일인을 위한" 생협복지주의의 실천이 가능할 것이다.

참고문헌

기획재정부 (2013). 협동조합기본법 시행 100일: 새로운 협동조합시대 활짝. 기획재정부 보도자료.

김정욱 (2009). 지역사회의 사회적 가치 형성과정에서 자발적 결사체의 역할에 관한 연구: 성미산 마을 사례를 중심으로. 서울시립대학교 도시행정학과 석사학위논문(미간행).

김정원 · 이순아 (2009). 돌봄 서비스의 시장화에 대한 사례 연구: 전북지역을 중심으로. **지역사회연구**, 17(2): 27-49.

김찬호 (2011). 지속가능한 지역사회와 협동조합. **생협평론**, 5: 7-19.

김형미 (2011). 협동조합운동과 복지. **생협평론**, 4: 32-42.

김흥주 (2005). 지역중심 사회복지체제의 비판적 검토. 농촌사회, 15(1): 257-288.

______ (2006). 생협 생산자의 존재형태와 대안농산물체계의 모색 - 두레생협 생산자회를 중심으로 -. **농촌사회**, 16(1): 95-142.

김흥주 · 이현진 · 김철규 (2013). 생협운동의 변화와 생협복지주의 : 울림두레생협을 중심으로. **지역사회학**, 15(1), 지역사회복지학회.

김희강 (2016). 돌봄국가: 복지국가의 새로운 지평. **정부학연구**, 22(1): 5-30.

남찬섭 (2012). 공공성과 인정의 정치, 그리고 돌봄의 윤리. **한국 사회**, 13(1): 87-122.

두레지원센터 (2013a). 2013 두레지원센터 돌봄포럼 : 생협의 길을 묻다.

두레지원센터 (2013b). 돌봄문화제 토크 콘서트 '틈새엿보기' 대화록.

마경희 (2005). 사회권으로서 돌봄의 제도화를 위한 대안적 패러다임 모색. **여성과 사회**, 16: 35-66.

박제선 (2011). 지역사회에서, 생활인이, 만들어가는 소박한 복지: 여성민우회생협 연합회 협동복지사업. **생협평론**, 5: 33-38.

박현숙 (2006). 일본생활협동조합의 과제와 전망. **한국협동조합연구**, 23(2): 79-100.

박현숙 (2007). 일본 복지클럽 생활협동조합의 발전과 워커즈 콜렉티브의 역할. **한국협동조합연구**, 25(2): 271-295.

석재은 (2009). 돌봄 서비스의 사회화와 공공성 확보를 위한 정책과제. **복지동향**, 133: 28-32.

안은미 (2013). '사람중심' 협동조합 시대 열린다. 월간 한국노총, 490: 18-19.
에베르스・라빌 (2008). 사회적 기업에 의한 사회서비스: 하이브리드 조직과 시민사회의 기여 가능성. 세계화 시대의 새로운 복지 - 사회적경제와 제3섹터. 나눔의 집.
요코다 카쓰미 (2004). 어리석은 나라의 부드러우면서도 강한 시민. 나일경 역. 논형.
울림두레생협 (2014). 울림두레. 봄호.
유수현 (2002). 의료생활협동조합활동의 전개와 지역사회복지적 의미. 복지동향, 49(3): 14-18.
유창복 (2009). 도심 속 마을공동체운동의 형성과 전개에 대한 사례 연구: 성미산 사람들의 '마을하기'. 성공회대학교 NGO대학원 석사학위논문.
이도형・함요상 (2010). 제3부문의 가치 발견과 활성화 전략: 생활협동조합을 중심으로. 정부학연구, 16(1): 181-214.
이홍택 (2012). 커뮤니티 비즈니스의 성장과정에 대한 분석: 서울특별시 마포구 성미산 마을을 사례로. 강원대학교 석사학위논문(미간행).
임정기・석재은 (2007). 돌봄 서비스정책, 좋은 일자리・공공성 강화로 갈 것인가? 돌봄서비스 관련 정책토론회.
장수정 (2012). 여성주의 관점에서 본 지역 돌봄 공동체 사례 연구: 마포 두레생협 돌봄두레 '어깨동무'를 중심으로. 한국여성학, 29(2): 1-31.
정규호 (2011). 지속가능한 지역사회 만들기와 한 살림의 '지역살림운동'. 생협평론, 5: 50-61.
정은미 (2007). 한국 생활협동조합의 특성. 농촌경제, 29(3): 1-18.
조경만 (1997). 유기농업의 생태 및 경제과정을 통해서 본 사회자연체계의 이상과 현실. 서울대 인류학과 박사학위논문(미간행).
조완형 (2006). 생협운동의 최근동향과 대응과제. 한국협동조합연구, 24(1): 115-135.
조한혜정 (2006). 가족에서 학교로 학교에서 마을로. 또하나의문화.
한주희 (2008). 근린조직을 통한 좋은 거버넌스의 실현: 성미산 사례를 중심으로. 경희대학교 석사학위논문(미간행).
황수정 (2008). 공공부문 돌봄 서비스 제공현황 및 과제. 한국장애인 고용공단 고용개발원 편. 2008년 하반기 수시과제 자료집, 49-62.
황인섭 (2004). 의료생활협동조합의 비영리조직성 및 특징에 관한 연구. 산업경제연구, 17(4): 1569-1591.

후지이 아츠시 (2006). 지역사회에 개방된 생활협동조합. 일본 21세기코프연구센터 편. **생협 인프라의 사회적 활용과 그 미래**. 한국생협연합회 역. 푸른나무. pp.69-87.

England, P. & Nancy, F. (2002). Care, Inequality, and Policy. In Francesca M. Cancian, Demie Kurz, Andrew S. London, Rebecca Reviere and Mary C. Tuominen, (eds). *Child Care and Inequality: Rethinking Carework for Children and Youth*. New York: Routledge.

Fisher, B. & Tronto, J. (1991). Toward a feminist theory of care, in E. Abel and M. Nelson (eds) *Cricles of care: Work and Identity in Women's Lines*. State University of New York Press. Albany, NY.

Hankivsky, O. (2004). *Social Policy and the Ethic of Care*. UBC Press.

Kittay, Eva F. (1999). *Love's Labor*. New York: Academic Press.

Ross, M. (1967). *Community Organization*. New York: Harper & Brothers.

京極高宣 (2002). 生協福祉の挑戦. コープ出版.

두레지원센터 (2008). 돌봄 서비스에 대한 조합원 욕구조사. 두레지원센터 내부자료.

두레지원센터 (2010). 두레지원센터의 발자취. 두레지원센터 내부자료.

두레지원센터 (2012). 일본생협의 사례를 통해서 본 생협복지. 두레지원센터 내부자료.

두레지원센터 (2013). 2013 두레지원센터 돌봄포럼 : 생협의 길을 묻다.

두레지원센터 (2013). 돌봄문화제 토크 콘서트 '틈새엿보기' 대화록.

울림두레돌봄사회적협동조합 (2020). 사회적협동조합결산보고서_울림두레돌봄사협. 협동조합 경영공시 자료.

울림두레생협 (2014). **울림두레. 봄호**.

울림두레생협 (2014). 울림두레소비자생활협동조합 제13차 정기대의원 총회.

울림두레생협 홈페이지 www.mapocoop.org

협동조합 홈페이지 www.coop.go.kr/COOP

경향신문 (2013.1.2). 내 건강부터 챙기려 찾았던 의료생협서 위로받을 수 있다는 것에 감동.

한겨레신문 (2012.1.12). 육아품앗이・노인돌봄... 보폭 넓히는 '생협복지'.

chapter 03
자활사업의 대안적 실험 : 사회적협동조합

김흥주 지규옥

■

1. 머리말

최근 들어 한국 정부는 공공복지의 한계와 민간복지의 시장화로 인해 발생하는 서비스 양극화 문제와 사회적 일자리 창출에 전략적으로 대응하기 위해 사회적경제를 적극적으로 활용하고 있다. 유럽에서는 이미 오래전부터 국가와 시장경제로부터 배제된 소외계층이 대안적 경제에 대한 모색을 통해 자본주의 사회의 구조화된 빈곤에서 벗어나려는 노력을 해왔다. 이 과정에서 사회적 유용성을 내포한 일자리 창출과 관련한 사회적 합의를 도출할 수 있었다. 그 결과, 1990년대 중반 이후에는 유럽연합 차원에서 사회적 일자리 창출과 관련한 다양한 정책을 확대하고 있다(이인재, 2006: 12). 그 대표적 방식이 사회적경제 부문의 사회적기업과 사회적협동조합 등을 법제화하여 활성화하는 것이다.

한국도 대표적 탈빈곤 정책인 자활사업을 통해 사회적 일자리 창출 노력을 꾸준히 이어오고 있다. 최근 자활사업은 고용과 복지를 연계하기 위한 방안으로 자활 인프라 개편을 모색하고 있다. 이에 따라 2014년 9월부터 지역자활센터 유형 다변화사업을 실시하고 있는데, 그 핵심이 지역자활센터를 사회적협동조합 방식으로 운영하는 것이다. 2014년 10월 5개 지역자활센터가 1차 선정되었고, 2015년 2개, 2017년 2개 지역자활센터가 추가 선정되어 현재까지 운영 중이다.[1] 이 센터들을 중심으로 정부는 자활사업과 사회적경제를 연결하는 실험을 하고 있다.

이처럼 자활사업에서 지역자활센터의 유형을 다양화하는 방안으로 사회적경제 모델이 부각되고 있지만, 이에 대한 학술적 연구는 미진한 수준이다. 중앙자활센터가 시범사업에 대한 중간점검 차원에서 지난 2016년 11월 “유형 다변화 시범사업 성과공유 간담회”를 진행하였고, 농촌형 지역자활센터의 사회적협동조합 전환을 제시한 주수원(2014)의 연구가 있을 뿐이다. 물론 자활사업의 방향성이나 지역자활센터의 새로운 운영에 대한 논의는 지속적으로 이루어져 왔다. 신명호・김홍일(2002)은 자활사업 대상자를 중심으로 생산공동체를 시도해 볼 것을 제안하고 있다. 이 연구는 자활사업의 대안으로 생산공동체를 주목했다는 점에서 기존의 연구와 차별점이 있다. 사회투자지원재단(2012)과 김정원(2012)은 자활사업의 대안으로 협동조합 모형을 주목하였다. 나아가 김정원 등(2013)의 연구는 자활사업의 제도개선 방안으로 사회적경제 개발전략을 제시하였다. 노대명 등(2013)도 지역자활센터를 사회적경제 지원조직으로 개편하는 방안을 강구할 필요가 있다고 제안하고 있다. 이러한 선행 연구들이 기반이 되어 2014년부터 지역자활센터의 유형을 다양화하는 실험이 진행될 수 있었던 것이다.

자활사업에서 사회적경제 모델을 적용하는 시범사업이 시작된 지 4년차에 접어들었다. 지금쯤은 시범사업에 대한 정책적 모니터링과 피드백 단계를 넘어 이의 실현가능성과 지속가능성에 대한 학술적 연구가 필요한 시점이다. 그렇기 때문에 자활사업이 제도화된 이래 20여 년이라는 짧지 않은 시간 동안 유지해 오던 기존의 지역자활센터를 사회적협동조합으로

---

1) 2014년에는 남원지역자활센터, 봉화지역자활센터, 마산희망지역자활센터, 시흥작은자리지역자활센터, 제주이어도지역자활센터 등이 선정되었고, 2015년 12월에 안산지역자활센터, 충주지역자활센터, 2017년에 인천부평남부지역자활센터, 포항나눔지역자활센터 등이 추가되어 총 9개 센터가 사회적협동조합 법인으로 운영 중이다.

전환하게 된 배경과 그 과정을 살펴보는 것은 매우 중요한 의미가 있다. 이 과정에서 자활정책과 제도, 자활사업 실천현장의 모습을 확인할 수 있기 때문이다. 자활사업에 대한 선행연구들이 자활사업의 역사(신명호·김홍일, 2002; 김수영, 2006; 한국지역자활센터협회, 2010; 엄태영, 2013), 정책과 제도적 측면(노대명, 2002; 신동면, 2003; 신명호, 2007; 김정원·이문국·전세나, 2013)에서의 대안을 모색하는데 초점을 맞추고 있다면, 이 연구는 지역자활센터가 구체적으로 어떤 제도적 장치 속에 존재하는지 그러한 장치들이 상호 결합되어 어떻게 사회적협동조합을 만들어 나가는지, 그 실제의 경험을 살펴보고자 한다. 기초생활수급자와 차상위계층의 자립·자활을 목표로 하는 지역자활센터의 입장에 서서 관련 제도가 자활 현장 구성원들의 일상생활 속에서 상호작용하는 방식을 탐색해 보는 것은 시범사업 모니터링 단계에서 의미 있는 연구라고 생각한다.

이에 이 연구에서는 유형 다변화 시범사업 중인 지역자활센터가 사회적협동조합을 어떻게 준비해서 운영하고 있는지를 보다 역동적이고 실제적으로 묘사해 보고자 한다. 이를 토대로 타 지역자활센터의 운영 방식과 어떠한 차이가 있는지도 세밀하게 탐색해 보고자 한다. 특히 자활사업의 패러다임 전환이라는 커다란 틀 속에서 지역자활센터의 사회적협동조합 전환이 향후 자활사업의 안정적 운영에 어떤 의미를 가질지 면밀히 검토해 보고자 한다. 이러한 연구목적을 달성하기 위해 이 연구가 던지는 질문은 '지역자활센터는 왜 사회적협동조합으로 전환하고자 하였는가'와 '사회적협동조합 지역자활센터는 제도적 관계 안에서 어떻게 조직되고 운영되어 왔는가?'이다. 이러한 연구문제를 좀 더 구체적으로 살펴보기 위해 첫째, 사회적협동조합 지역자활센터가 어떻게 준비되어 운영되고 있는지를 현장의 목소리를 통해 기술한다. 둘째, 사회적협동조합 지역자활센터와 기존 지역자활센터와의 차별성을 탐구하여 사회적협동조합 지역자활센터의 생태계 조성을 위한 과제를 제시한다.

2. 자활사업의 대안 모색과 사회적협동조합

1) 자활사업의 위기와 대안 모색

자활사업은 2000년 제도화 이후 18년이 경과하면서 사업규모와 예산 측면에서 획기적으로 성장하였다.[2] 이러한 양적 성장에도 불구하고 자활사업에 대한 평가는 여전히 비판적이다. 자활사업의 원래 목적인 수급자들의 탈빈곤 확률이 기대보다 높지 않아 사업의 효과성에 대한 회의가 여전하며, 수급자를 제도 내에 머무르게 함으로써 오히려 복지의존성을 키우기도 한다는 것이다. 이러한 부정적 평가 때문에, 정부는 꾸준히 새로운 방식의 자활사업을 도입해 왔다. 이는 자활사업의 정책 목표와 밀접하게 연결되어 있다.

2000년대 후반 들어 자활사업의 목표는 자활공동체 창업에서 취업과 창업률의 제고로 변화하게 된다. 2008년 이명박 정부는 '일을 통한 복지'(welfare to work)를 정책 기조로 하면서 성과관리형 시범사업을 도입하고, 취업과 창업과 같은 사회적 일자리 창출을 자활사업 목표로 제시하였다. 이와 더불어 2013년 근로빈곤층취업우선지원사업(이하 '취업우선지원사

---

2) 2000년 20개소로 출발하였던 자활후견기관이 2018년 현재 249개소로 확대되었으며, 예산도 2001년 924억 원에서 2018년 4,708여억 원으로 5배 정도 확대되었다(보건복지부, 2018).

업')을[3] 시행하면서 조건부 수급자 의뢰 권한을 시·군·구에서 고용센터로 이관하였다. 진단회의를 통해 70% 이상의 대상자가 취업가능자로 판정되어 취업성공패키지에 참여하게 되며, 나머지 30% 정도는 지자체 이관자로 지정되어 시·군·구 기초지자체에 재의뢰된다. 지자체에 재의뢰된 대상자 중 상당수가 지역자활센터에 배정되고 있다.

이렇게 취업우선지원사업이 강화되면서, 지역자활센터는 자활근로사업 참여자의 확보가 어렵게 되고, 설령 참여한다 하더라도 이들의 근로능력이 현저히 감소하여 좋은 성과를 얻기가 어려워졌다. 자활사업의 토대인 지역자활센터가 위기를 맞게 된 것이다(상종열·김병인, 2014). 자활근로 참여자 수나 근로능력 감소의 문제는 국민기초생활보장법 개정과도 맞닿아 있다. 2014년 개정된 맞춤형 개별급여체계에서는 생계급여 수급자만이 조건부수급자로 분류된다. 여기에서 자활사업 참여의 조건이 부과되는 조건부수급자의 수가 감소할 것으로 예상되며, 이는 지역자활센터 자활근로사업 대상자의 감소로 이어지고 있다(이승호 외, 2016). 결과적으로 자활사업이 고용노동부의 일자리 창출 정책과 맞물리면서, 지역자활센터는 자활근로사업 참여자 확보에 어려움을 겪고 있으며, 근로능력이나 근로동기가 낮은 참여자 증가로 성과를 내는 것이 어려워지고 있다. 이러한 이유로 자활사업의 새로운 변화를 모색해야 한다는 목소리가 커지고 있다(한국지역자활센터협회, 2016).

최근 들어 자활사업의 대안적 모델로 주목받고 있는 것이 바로 '사회적경제' 모델이다. 사회적경제는 사회적으로 취약한 계층의 사회통합과 새로운 복지 서비스 제공 등의 사회적 목적을 실현하기 위해 시민사회가 주도

3) 취업우선지원사업은 자활사업이 자활근로 비중이 높고 일반 노동시장으로의 취업이 저조하다는 평가에 따라 2013년 9월부터 근로빈곤층을 대상으로 시행되었으며, 2014년 5월 전국 126개 시·군·구로 확대되었다(길현종 외, 2015).

적으로 진행하는 경제활동을 의미한다(장원봉, 2006). 정부도 지역자활센터 유형 다변화 시범사업을 통해 사회적경제 모델에 대한 대안적 실험을 시도하고 있다. 2013년 12월 24일 제5차 사회보장위원회에서 확정된 '고용-복지 연계정책 강화방안'에 의하면, 자활사업은 그 기조가 현행 보조금 지원방식에서 성과에 따른 보상방식으로 개편되었다. 지역자활센터의 기능을 탈수급 집중형, 사회서비스 공급형, 사회적경제 지원형 등으로 재설정하고, 형태도 사회적 기업이나 사회적협동조합 등으로 단계적 전환을 한다는 것이다. 또한 시·군·구 복수 설치 지역을 중심으로 통·폐합 등을 통해 지역자활센터 및 자활사업단의 적정 규모화를 추진하겠다는 것이다. 결국 정부의 정책 목표는 지역자활센터의 새로운 대안을 정부지원 중심의 센터가 아니라 민간참여 중심의 사회적경제 모델에서 찾고 있다. 이를 통해 빈곤주민에게 자활 동기를 부여하고, 주인의식을 고취하여, 지속가능한 자활의 가능성을 찾고자 한 것이다.

2) 자활사업과 사회적협동조합

1996년 시행된 시범 자활사업의 토대는 생산공동체, 즉 노동자생산협동조합이었다. 이 시기만 해도 자활사업의 비전을 협동조합에 두고 있었다. 생산공동체를 국가복지의 대안모델로 소개하였던 권순원(1993)은 협동조합운동이 우리 실정에 적합한 빈곤대책 모형이라고 보았다. 그는 일할 수 있는 능력이 있는 빈민들에게 적합한 일자리와 환경을 마련해 주면서 자조·자립할 수 있도록 자극을 주는 협동조합운동에 대해 정부가 재정적 지원을 해야 한다고 주장하였다(권순원, 1993: 66-85). 이후 2000년을 전후해서 사회적협동조합이라는 개념이 제시되기 시작한다.[4] 이것은 외환위기 시절 시민단체들이 직접 뛰어든 일자리 창출사업을 배경으로 한다. 이들은 자활공동체를 만들어내려는 지역자활센터들의 활동을 참조해서 노동시장에 진입하기 어려운 취약계층이 참여하고, 정부나 사회기금에 의한 지원으로 진행되는 노동조직을 만들고자 하였다. 일각에서는 이를 사회적 협동조합 모델로 규정하기도 했는데 이 흐름은 사회적 일자리를 거쳐 사회적기업으로 이어지게 된다. 자활사업이 국민기초생활보장법 제정과 함께 제도화되면서 협동조합에 대한 고민은 약화되기 시작했다. 그렇지만 자활기업에는 여전히 협동조합운동의 흔적이 제도의 영역과 문화의 영역에 남아 있다. 제도의 영역에는 창업 시 정관 작성과 공동창업이라는 형식, 그리고 공동체라는 명칭으로 남아 있으며, 문화의 영역에는 창업 시 출자를 하도록 하거나 민주적 의사결정을 바탕으로 운영될 수 있는 방안을 정관에 반영하거나 하는 것들이다(김정원, 2012: 71).

이러한 역사적 배경 속에서 협동조합 모델을 자활사업의 대안으로 제시하고 있는 연구들이 있다. 사회투자지원재단(2012)과 김정원(2012), 노대명 등(2013), 그리고 주수원(2014)의 연구가 그것이다. 사회투자지원재단(2012)은 자활공동체들이 협동조합으로의 전환에 관해서 어떤 생각과 계획을 갖고 있는지, 협동조합으로 전환할 의사가 있다면 어떤 준비와 지원이 필요한지를 파악하여 순조롭게 협동조합으로 전환할 수 있는 방안을 모색

---

4) 사회적협동조합은 1991년 이탈리아에서 처음으로 법제화되었지만 흐름은 그 이전부터 있었다. 1970년대 이탈리아 복지체계의 위기와 청년실업의 증가, 여성의 노동시장 참여 확대는 사회서비스 수요를 증대시켰다. 이러한 상황에서 시민들의 자발적 참여와 사회운동에 기반을 둔 협동조합을 통한 사회서비스가 이루어졌다. 이들은 공공복지로부터 소외된 취약 계층의 욕구를 지역에서 "사회적으로" 충족시킴으로써 새로운 협동조합의 가능성을 제시하였다. 이렇게 조합원들에게만 혜택을 제공하는 게 아니라 사회적 공익을 위해 주민 모두에게 서비스를 제공하는 협동조합을 1991년 "사회적협동조합"(법률 481)으로 제도화하였다(보르자가, 2008: 82). 이탈리아의 사회적협동조합은 사회서비스를 통한 사회복지의 실현과 고용을 통한 사회통합이라는 두 가지 핵심목적을 실현하기 위해, 사회복지 서비스와 교육 서비스를 제공하는 A유형과 사회적 약자의 노동시장 통합을 제공하는 B유형으로 제도화되어 있다(Borzaga & Galera, 2012: 94-95).

하였다. 김정원(2012)도 경기지역의 자활공동체를 대상으로 자활공동체의 협동조합으로의 전환가능성을 검토하여 그 한계와 향후 과제를 제시하였다. 연구 결과, 협동조합으로의 전환은 지속적인 생존이 가능한 경제적 성취를 이루었고 협동조합적인 운영 문화가 어느 정도 자리잡고 있으며, 구성원들의 협동조합에 대한 동의가 높은 자활공동체에서 가능하다고 보았다. 협동조합은 자활근로사업 단계에서부터 준비할 필요가 있으며, 이들을 위한 생태계 조성에 정부가 관심을 보여야 함을 과제로 제시하였다. 노대명 등(2013)은 사회적경제 기업들이 취업연계를 위한 민간공급자로 전락하기보다 지역사회에서 지속가능한 일자리를 창출할 수 있도록 지원정책을 재구조화해야 할 필요성이 있다고 주장한다. 이에 따라 자활근로사업단과 자활기업을 사회적경제 기업으로 육성하기 위한 지원조직인 사회적경제 지원센터를 설치하는 방안을 제시하면서 지역자활센터의 자발적 참여를 유인해야 한다는 것이다. 주수원(2014)은 자활사업의 사회적협동조합 전환에 대한 연구를 통해 농어촌 자활센터가 기존의 고용 중심의 복지에서 벗어나 농어촌 복지정책과 연계하여 복지의 중심 역할을 수행하는 방향으로 센터 기능을 전환할 필요성을 제기하였다. 여기서 주목한 것이 사회적협동조합 모델이었다. 주수원(2014)은 농어촌 지역자활센터가 사회적협동조합으로 전환하는 경로를 지역순환생산형 모델, 공공서비스 제공 모델, 그리고 사회적경제 허브 모델 등 세 가지로 유형화하였다.[5] 이들 연구

5) 지역순환생산형 모델의 사례로는 남원지역자활센터의 음식물 재활용사업을 제시하였다. 공공서비스 제공 모델로는 프랑스의 다중이해관계자 협동조합인 사회적협동조합을 예로 들었다. 기존 지역자활센터가 사회적협동조합으로 전환되어 자활사업 이외의 다양한 복지 서비스 제공 및 공공서비스 사업을 수행하는 방식이다. 마지막으로 사회적경제 허브 모델은 캐나다의 농촌지역 재활성화 모델인 지역개발협동조합(Regional Development Corporation)을 대표적 사례로 볼 수 있다. 이 경우 지역자활센터가 농촌에서 협동조합 및 사회적경제 지원센터 역할을 할 수 있다. 전북 완주군의 커뮤니티비즈니스센터 사례에서처럼 지역자활센터가 지역의 다양한 사회적경제 자원을 결합시키고, 지자체의 정책 및 기업의 사회적 책임경영과 연계된 자원을 연계하는 허브 역할을 수행

는 공통적으로 자활사업의 방향성을 사회적경제 영역에서 찾으면서 현행 자활사업 정책의 변화가 필요함을 강조하고 있다.

이 연구에서는 1기 시범사업에 선정된 5개 지역자활센터 중에서 남원지역자활센터, 마산희망지역자활센터, 시흥작은자리지역자활센터를 사례로 지역자활센터가 사회적협동조합으로 전환해 가는 과정이 어떤 제도적 장치 속에 존재하는지, 그러한 장치들이 상호 결합되어 어떻게 그들의 행동과 반응을 발생시키는지 그 실제 모습을 그려 보고자 한다.

3. 연구방법

1) 질적 사례 연구

이 연구는 유형 다변화 시범사업 중인 지역자활센터가 사회적협동조합을 어떻게 준비해서 운영하고 있는지를 보다 역동적이고 실제적으로 이해하고, 이를 토대로 타 지역자활센터의 운영 방식과 어떠한 차이가 있는지, 그리고 지역자활센터의 사회적협동조합 전환이 향후 자활사업의 안정적 운영에 어떤 의미를 가질지를 살펴보기 위해 질적 사례 연구방법을 활용하였다. 이 연구의 특성상 통계분석에 의한 계량적 접근으로는 연구 목적을 달성하는 데 한계가 있다고 판단하였다. 질적 사례 연구는 실생활에서 벌어지는 현재의 현상에 대해 조사하는 실증적인 연구로서 실생활의 현상

한다는 것이다.

을 깊게 이해하기 위해서 주요 정황조건들에 대한 이해가 필요할 경우 사용한다(Yin, 2005: 45). 질적 연구의 이론과 방법은 고정된 이론적·방법론적 개념에 기초하지 않는다. 질적 연구 분야에서 나타나는 논쟁과 실천은 다양한 이론적 접근과 거기에서 파생되는 다양한 방법과 관련된다. 대표적인 이론적 접근방법으로 첫 번째는 주관적인 관점에 주목하는 것이다. 두 번째는 상호행위의 형성과 진행에 초점을 맞추는 것이다. 세 번째는 사회 현장과 행위의 배후에 숨겨진 의미에 주목하여 이것을 재구성하는 것이다(Uwe Flick, 2009: 32).

이 연구에서는 지역자활센터의 사회적협동조합 전환 배경과 사업 및 운영상의 변화를 분석하기 위해 위의 세 가지 이론적 접근방법을 모두 적용하였다. 첫째, 주관적인 관점에 주목하기 위해 심층면접을 활용하였다. 주요 자료제공자(key informant)에 해당하는 지역자활센터장을 대상으로 심층면접을 진행하여 사회적협동조합 전환과 관련한 실제적 상황을 파악하였다. 둘째, 지역자활센터가 사회적협동조합으로 전환하는 과정에서 자활정책과 제도, 자활사업 실천현장 간의 상호작용에 초점을 맞추어 살펴보았다. 셋째, 지역자활센터의 사회적협동조합 전환 배경에 숨겨진 자활사업의 제도적 역설과 은폐된 책임 담론을 살펴보았다.

2) 연구 사례와 연구 참여자

이 연구의 사례는 2014년 10월 지역자활센터 유형 다변화 시범사업에 1차 선정된 5개 지역자활센터 중 남원지역자활센터, 시흥작은자리지역자활센터, 마산희망지역자활센터를 대상으로 하였다. 사례 센터를 선정한 이유는 보건복지부가 시범사업을 시행하면서 제시한 지역자활센터의 세 가지 유형인 탈수급 집중형, 사회서비스 공급형, 사회적경제 지원형에 유사한 성격을 지니고 있기 때문이다. 남원지역자활센터는 2000년 8월에 설립된 이래 남은 음식물 재활용사업을 기반으로 자원순환형 지역사회를 구축하는 지역순환 생산형 모델의 대표적 사례이면서 사회적경제 지원형에 가깝다. 2001년 7월 설립한 마산희망지역자활센터는 돌봄 서비스를 중심으로 하는 공공서비스 제공 모델의 성격을 가지고 있는 사회서비스 공급형에 해당한다. 마지막으로 시흥작은자리지역자활센터는 "주민 스스로 만들어가고, 협동과 연대로 어우러지며, 사회적 약자가 살맛나게 살아가는 지역공동체"를 지향하면서 지역 나눔을 비전으로 수립하고 있는 사회적경제 지원형의 성격을 지닌다. 이상의 사례 센터들의 사회적협동조합 전환 배경과 운영 경험을 살펴보고자 각 사례 센터의 센터장을 연구 참여자로 선정하였다.

연구 참여자의 현황을 정리하면 〈표 3-1〉과 같다.

〈표 3-1〉 연구 참여자 현황

구분	성별	나이	근무 경력	비고
A	남	60대	18년	센터 설립부터 근무
B	여	40대	6년	
C	여	50대	18년	센터 설립부터 근무

3) 자료수집 및 분석방법

이 연구의 자료는 연구 참여자와의 인터뷰 자료와 사례 센터들의 총회자료집, 센터 소식지, 시범사업 신청사업계획서 및 홈페이지 자료 등을 활용하였다. 가장 주된 자료수집 방법은 심층면접이다. 이 연구가 지역자활센터가 사회적협동조합 법인으로 전환하게 된 배경과 그 과정에 대한 실제적 모습을 살펴보고자 하는 데 목적이 있기 때문에 전환의 핵심 주체였던 센터장들을 핵심 정보제공자(key informants)로 선정하였다. 지역자활센터장은 자활사업 운영을 총괄하는 위치에 있기 때문에 자활사업에 대한 인지도나 제도에 대한 경험이 가장 풍부하다. 그렇기 때문에 센터장들이 미시적 사회관계 안에서 제도와의 상호 역동적 관계를 보다 깊이 있고 풍부한 정보를 제공해 줄 수 있다고 판단하였다. 대면 인터뷰 이전에 시범사업 참여 센터 정기회의에 참석하여 연구에 대한 소개를 하고 협조 요청을 하였다. 인터뷰는 2016년 11월부터 12월까지 사례 센터를 방문하여 실시하였으며, 각 120분에서 150분 정도 소요되었다.

자료의 분석에 있어 연구자의 학문적 성향이나 재량에 의해 과학적 분석이 어렵게 되지 않도록 하기 위해 충분한 자료를 근거로 분석과 해석을 하고자 노력하였다. 이를 위해 연구 참여자와의 인터뷰 내용을 전사하여 주관성을 배제하였으며, 수차례의 정독을 통해 사례 센터의 사회적협동조합 전환 경험을 과학적으로 분석하고자 하였다.

4) 연구의 엄격성

이 연구에서는 연구의 엄격성을 확보하기 위해 두 가지 방법을 사용하였다.

첫째, 이 연구에서는 삼각측정(triangulation)과 동료보고를 이용하였다. 삼각측정을 위해 연구자는 현장기록, 면접 및 문서기록 등과 같은 다양한 자료를 비교 분석하였고, 자활사업 실무 경험이 있는 동료들의 조언 등을 통해 공통적인 범주나 중심 주제를 발견하기 위한 분석을 진행하였다. 또한 연구에 참여하지 않은 동료들에게 연구 분석 내용에 대한 검토를 요청하였다. 동료집단은 자활사업 실무 및 연구경력이 20년과 5년인 현장 전문가들이다.

둘째, 연구의 타당성은 현장에서 오랜 시간을 참여자와 함께 보내면서 만들어진 연구물, 참여자에 대한 연구자의 신뢰성에 의해 확보된다. 연구자는 연구의 타당성을 높이기 위해 현장의 목소리를 녹취하여 기록하였으며, 불분명한 내용은 문헌자료와 전자자료 등을 통해 확인하였다. 또한 연구자가 수행한 분석 내용을 동료 연구자와 논의하면서 타당하지 않은 부분을 수정하고 보완하였다. 더불어 텍스트 확보를 위해 최선의 노력을 기울였고, 텍스트를 활용한 면접으로 연구 참여자의 제도에 대한 경험을 세밀하게 끌어냈다.

이외에 이 연구는 연구의 윤리성을 확보하기 위해 전북대학교 연구윤리위원회의 승인 과정을 거쳐 진행되었다.

4. 사회적협동조합 지역자활센터 전환 사례

1) 사회적협동조합 전환 배경

(1) 자활사업에 대한 위기의식

지역자활센터 성과평가에 영향을 미치는 중요한 요인 중의 하나가 자활사업의 정책 목표이다. 2009년 성과관리형 시범사업과 2013년 취업지원사업을 통해 자활사업의 정책 목표가 취업률 제고에 맞춰지면서 지역자활센터도 그 영향을 받기 시작한다. 취업이 가능한 대상자를 취업지원사업으로 우선 배정하는 정책은 지역자활센터에게 심각한 타격을 안겨 주었다. 참여자의 노동능력 저하와 수 감소 문제로 인해 지역자활센터는 자활사업의 방향을 새로 설정해야 하는 위기상황에 직면한다.

> "2012년 이후에 노동부 패키지 사업이 강화되면서 대상자를 수급자나 차상위 가리지 않고 우선 취업 상담을 받게 하는 제도가 들어와요. 들어오면서 실제로 자활센터에 오는 사람들은 일반 노동시장에 도저히 진입할 수 없는 사람들이, 노골적으로 2014년 이후에는 아주 확실하고…" (사례A)

지역자활센터들이 "어떻게 이런 사람들을 데리고 자활사업의 성과를 내라고 하느냐? 말도 안 된다"(사례A)고 항의를 했지만 복지부는 별다른 방법을 내놓지 못하였다. 일반적으로 자활사업은 수익 창출과 참여자의 취업·창업률로 대변되는 자활성과에 대한 과도한 압박을 받고 있다. 그럼에도 실제 자활현장에서는 이러한 성과를 내는 것이 점차 어려워지고 있다. 사회적 "보호가 필요한"(사례C) 취약계층을 주요 대상자로 하는 현행 자활사업하에서 지역자활센터는 정체성의 혼란 상태에 놓여 있다. 지역자활센터의 위기 상황은 곧 참여자의 위기 상황으로 연결될 수밖에 없다. 실제로 자활현장에서는 센터들이 평가에 대비하기 위해 "참여주민들에게 반강제적으로 이렇게 해라 저렇게 해라 하고, 거의 나가지도 못하는 사람들을 (자활기업이나 취업 등으로) 내쫓아야 되는 상황이(사례B)" 벌어지고 있다. 결국, 현행 자활정책은 지역자활센터뿐만 아니라 참여자에게도 위협일 수 있다.

복지부도 지역자활센터의 위기 상황에 대해서는 어느 정도 인지하고 있지만 "효율성이 떨어지는 자활사업에 예산을 투입한다는 점에서 예산부처로부터 항상 약점"(사례A)이 잡혀 있는 상황이다. 이러한 예산 문제는 복지부가 지역자활센터 유형 다변화 시범사업을 구상하면서 중요히게 고려했던 부분이기도 하다. 실제로 보건복지부는 지역자활센터가 사회적협동조합으로 전환한 이후 운영비 지원에 다운슬라이딩 방식을 도입하였다. 시범사업 5년 동안 50%의 운영비를 감축하는 대신에 수익금을 자율적으로 활용할 수 있게 한 것이다.

> "기관운영지원비를 줄이는 대신에 다른 사업 영역을 넓혀가라. 센터가. 우리가 보조금을 줄여 내면서 할 수 있는 일 중에 있을 것 같다. 이렇게 해서 시범사업을 추진하게 되는 하나의 다른 이유가 있고. … "운영 보조금, 직원들 인건비를 1년에 10%씩 다운 슬라이딩하겠습니다. 그래서 5년 간 시범사업을 하면서 50%까지 줄여보는 결과를 보겠습니다." (사례A)

이러한 운영비 지원 방식이 지역자활센터가 시범사업에 접근하는 데 장애요소가 되기도 하지만, 한편으로는 사례 센터들로 하여금 자활사업의 위기 상황에서 "다른 길을 모색해 보는 것도 좋겠다."(사례B)는 내부적 합의를 이끌어내도록 하였다.

(2) 지역자활센터의 위기 : 통폐합 논의 및 법인과의 문제

2000년 후반부터 지속적으로 제기되었던 복수 지역자활센터의 통폐합 이야기도 사회적협동조합 전환의 또 다른 요인으로 작동하였다. 센터 통폐합은 참여자 수의 감소로 인해 가속화될 가능성이 높다. 실제로 2015년 국민기초생활보장법 개정 이후 다수의 지역자활센터가 참여자 감소를 경험하고 있다. 가시화되는 센터 통폐합 논의는 지역자활센터를 위축시키기에 충분했고, 새로운 대안 모색의 움직임을 부추기는 결과를 낳았다.

> "정부정책이 그 당시에 자활이 3개가 있으면 1개로 통폐합되는 부분도 있어서…." (사례B)

> "OO구에는 지역자활센터가 2개가 있었거든요. … 예전부터 한 개로 통합하는 게 좋지 않냐? 라는 얘기들이 그 내부에서 나왔거든요. 그렇다 보니까 지역자활센터 입장에서는 법인이 안 한다라고 하면 아마도 계속 유지되기보다는 통합이 될 가능성이 높다는 게…." (사례C)

통폐합에 대한 위기의식은 사례 센터들이 조직을 되돌아보는 계기가 되었다. 자활사업을 통해 자활·자립을 시도하였던 조직들이 여전히 센터에 의존하는 상황에서 이들을 위해서라도 지역자활센터가 유지되어야 한다는 의견이 압도적이었다. 이 상황에서 사례센터들은 "수지타산, 뭐 이런 고민 없이, 복지부가 이 사업을 안 하겠다고 해도 우리끼리 한 번 해보자."(사례C)라는 생각으로 협동조합 전환에 대해 치열하게 내부 논의를 거쳤다.

> "자활을 통해서 나갔던 사회적 기업들이 독립도 못하고 있으니까. 저거를 통합해서 넘기는 것보다는 돌봄을 좀 묶으면 사업적인 가능성이 있지 않을까? 그렇게 해서라도 계속 여기에 지역자활센터로 있는 것이 필요하다고 하는 것이 내부의 의견이어서 … "우리는 이걸 선택해서 하자"라고 하면서 주요하게 생각했던 것은 사업단이 돈이 될 것인가 안 될 것인가 보다 여기 구성원들이, 여기 실무자들이 정말 같이 한 배를 탈래? 말래? 라고 하는 것

을 굉장히 많이 치열하게 고민했었어요. 그래서 실제로 자활사업을 안 한다고 생각했을 때 우리가 할 수 있는 일, 협동조합이 할 수 있는 일이 무얼까? 이런 것들을 두고도. 우리가 보수나 이런 것들이 하나도 없다고 했을 때도. 이런 거에 대한 자체적인 팀워크에 대한 진단? 그런 것을 2014년도 창립하기 전에." (사례C)

여기에 덧붙여 모법인과의 관계도 사회적협동조합 전환의 주요 요인이었다. 시민사회단체인 모법인이 자활사업의 정체성에 회의를 느끼면서 지역자활센터를 반납하고자 했던 사례 센터의 경우는 사회적협동조합 전환이 생존을 위한 돌파구일 수밖에 없었다.

"전환하게 된 주요인은 법인이 이 사업을 못하겠다고 2014년도 총회에서 결정했어요. 1년만 하고 연말에 반납한다는 걸로. (법인은) 이 사업을 바라보는 시각이 달랐어요. 지역자활센터라고 하는 것을 법인에서 10년 정도 진행하면서 정체성의 문제도 좀 모호하고." (사례C)

조직의 생존을 위한 결정이었기 때문에 사례 센터는 지역의 다른 센터들의 공식적 입장에 반하는데도 불구하고 사회적협동조합 전환을 단행하였다.

(3) 사회적협동조합을 통한 자활사업의 대안 모색

센터에 따라 일정 정도의 차이는 있겠지만, 사례 센터들이 사회적협동조합으로 전환하는 데는 자활사업에 대한 위기의식이 공통 요인으로 작용하였다. 위기 상황을 타개하기 위한 대안으로 사회적협동조합을 통해 자활사업의 또 다른 가능성을 모색해 보고자 하는 노력들이 다양한 방식으로 표출되었다. 특히, 전적으로 정부 보조금에 의존해야 하는 기존의 자활사업 운영 방식에 대한 정책적 문제제기가 시작되었다.

> "다른 길을 모색해 보는 것도 좋겠다. 그리고 보조금 제도에서 탈피하지 않으면 결국에는 우리는 그 틀에서 머무를 수밖에 없는데, 보조금에서 탈피하는 거에 있어서 다른 지역자활센터 같은 경우는 문제제기를 많이 했던 부분이에요." (사례B)

사례 센터들은 "잘만 한다면 그것보다 더 큰 것들을 줄 수 있는 상황이 될 수 있다는 생각"(사례B)으로 불확실한 미래에 도전한 것이다. 무모한 도전일 수 있는 이러한 결정을 할 수 있었던 배경에는 당시의 사회적 상황과 센터의 성향이 중요하게 작용하였다. 2012년 협동조합기본법이 시행되면서 협동조합에 대한 논의가 무르익고 있었고, B센터의 경우는 지역에서 빈민운동을 시작하여 주민운동을 지속적으로 펼치고 있는 모법인의 영향을 받기도 했다. 지역주민이 중심이 되는 새로운 일자리를 만들어낸다는 측면에서 자활사업의 대안을 모색한 것이다. 이는 자활사업의 모체라고 할 수 있는 생산공동체를 조직하던 당시의 목적과도 일맥상통한다. 결국, 사회적협동조합 전환은 이전부터 준비해온 '협동조합 자활모형'을 실험할 수 있는 계기가 되었다.

> "자활의 한계를 벗어나기 위해서는 우리가 새로운 모색을 해야 되는데, 이것이 기존에 신규사업 아이템을 새롭게 개발하는 수준이 아니라 새로운 일자리를 창출하는 것이라든가 뭐 이런 부분에 대한 거시적인 부분이 정책과 딱 맞아 떨어진 부분이 있었던 것 같아요. 그리고 2대 관장님이 중앙자활에 계실 때, '자활이 새로운 부문의 모색을 사회적협동조합을 만들어서 자활

자체로 사업을 추진하고 우리 일자리를 만들어 낼 수 있는 출구를 마련해야 한다.'… 사회적협동조합에서 이걸 하게 된다면 자체 사업이라고 얘기할 수 있는 직접 사업을 할 수 있는 거고, 우리 선생님들이 근로능력이 미약한 것은 누구든지 알고 있는 우리니까 그야말로 약간 견인하면서 가는 거죠."

(사례B)

사례 센터들은 사회적협동조합을 통해 지역주민이 주체가 되는 생활 공동체를 건설하고자 하는 꿈을 꾼 것이고, 이것은 함께하는 사람들이 있었기에 가능했던 과정이었다.

2) 사회적협동조합 전환 이후 사업 및 운영

(1) 보건복지부와 지역자활센터의 협력적 거버넌스

지역자활센터가 사회적협동조합으로 전환한 이후에도 시범사업 운영 기관들은 보건복지부와 지속적으로 사회적협동조합 운영에 대한 논의를 진행하였다. 지역자활센터에 대한 정체성을 어떻게 가지고 갈 것인가부터 어떻게 하면 사회적협동조합을 보다 효율적으로 운영할 것인가에 대한 합의과정이 필요했다. 시범사업 운영을 위해 자활사업 지침을 개정하는 것에서부터 사회적협동조합 법인격을 가진 후에도 사회복지시설로서의 정체성을 유지할 수 있는 방법 등에 대한 논의가 지속적으로 이루어졌다.

"2015년에는 복지부와 여러 가지 협의되는 과정에서 굉장히 모호한 것들이 있었어요. 예를 들어 사회복지시설이냐? 아니냐? 이것 때문에 할래? 말래? 로 또 1년을 끌었던 거예요. 막판에 2015년 3월에 인가가 나고도 복지부와

15년도에 계속 얘기했던 것은 시설 유지성이었거든요." (사례C)

"복지부가 … '그거는 이렇게 하면 좋겠니? 저렇게 하면 좋겠니?' 하고 논의하는 과정에서 저희한테 지침을 개정하는데 같이 참여하게끔 했었죠. "아 이렇게 하면 우리가 좀 더 사회적협동조합을 힘들지 않게, 더 익숙하게, 아니면 위험부담이 덜하게라도 끌고 갈 수 있겠다"는 생각하면서 지침을 조금씩 같이 개정하고." (사례B)

결국, 사회적협동조합 전환 시범사업은 보건복지부와 지역자활센터의 협력적 거버넌스 과정을 통해 탄생했다. 보건복지부와의 지속적인 논의 과정을 거치면서 사례 센터들은 사회적협동조합으로 "나가길 잘했다는 생각"(사례B)을 하기에 이른다.

(2) 자산 구조

지역자활센터의 자산 구조는 국가와 지자체에서 받는 보조금과 사업단 매출액, 그리고 매출적립금 등의 공적 자산으로 이루어진다. 그중에서 정부 보조금이 지역자활센터 운영비의 대부분을 차지한다. 정부 보조금은 사업 목적이 명확하게 정해져 있고, 이월시 반납해야 하는 자산이기 때문에 지역자활센터 운영의 자율성을 보장하기는 어렵다. 사회적협동조합으로 전환하면서 지역자활센터 명의의 자산을 공적 자산과 협동조합 자체 자산으로 분리하여 운영하고 있다. 기존에 정부 보조금으로 취득한 자산과 비품의 경우, 소유는 정부로 하고 자활근로사업 위탁 기간 동안 협동조합에 무상 임대하는 방식으로 전환하였다. 사회적협동조합 전환 이후에도 자활근로사업 수행을 위해 사업비로 취득한 자산 및 비품은 위탁 종료 시

국가 및 지자체로 반납해야 한다. 반면에 사회적협동조합의 출자금, 정부사업위탁사업비, 자활근로 매출액 등으로 취득한 자산 및 비품은 협동조합 소유가 된다.

그래서 사회적협동조합 전환 이후 지역자활센터가 벌어들이는 수익금이 사실상 그들의 자체 자산이 되는 것이다. 사회적협동조합으로 전환한 지역자활센터에 따라 자산 현황이 차이가 있을 수 있지만, "매년 조금씩 늘어서 안정적이기 때문에 출자금에 손 댈 가능성이 거의 없는"(사례B) 상태가 되었다. 이렇게 안정적인 수익구조를 확보할 수 있었던 가장 큰 요인은 센터가 "자활근로에 버금가는 자체사업을 운영"(사례B)할 수 있었기 때문이다. 정부위탁사업이 대표적이다. 그런데 "이러한 정부위탁사업은 정치적"(사례B)이어서 정세의 변화에 민감하므로 항상 대안을 마련해야 한다는 불안감이 존재한다. 또한 지역 내 다른 사회복지시설과의 갈등상황이 만들어지기도 한다. 이에 사례 센터는 그들의 사업 영역과 다른 틈새시장을 발굴하기 위한 노력을 기울이고 있다. 문제는 자활사업 참여자들이 할 수 있는 업종은 단순 제조업 등으로 제한적인데다 판로 확보에 대한 부담 때문에 쉽지 않다는 것이다.

이상에서 보았듯이 지역자활센터가 사회적협동조합으로 전환하여 운영하는 시기에 지역자활센터는 변화된 운영 방식과 자산 구조, 그리고 보장기관과의 협력적 거버넌스를 형성하는 것을 매개로 조직화되었다. 이를 위해 지역자활센터는 자체 수익사업을 개발하여 자본 안정성을 확보하고, 조직 내 활동 인력에 대한 다양한 교육을 진행하는 등의 활동을 하였다. 그 결과, 사회적협동조합으로 전환한 지역자활센터는 새로운 사업 개발을 통해 일자리를 창출함으로써 안정적 수익구조를 만드는 데 일정 부분 가능성을 확인하고 있다.

(3) 구성원들의 인식과 태도

사회적협동조합은 다중이해관계자 협동조합 방식이기 때문에 조합원의 구성도 센터장, 실무자, 참여자, 후원자, 자원봉사자 등으로 다양하다. 이들이 조합에 가입하기 위해서는 출자금을 납부해야 한다. 그런데 자활사업 참여자들의 경우는 "출자금을 많이 내는 것을 꺼려하는 부분이"(사례B) 있었다. 이들에게 10만원의 출자금은 적은 금액이 아닐뿐더러 "없어질 지도 모르는"(사례B) 불안한 돈이기도 하다. 이러한 이유로 자활사업 참여자의 조합원 가입률은 상대적으로 저조하다. 실제로 사회적협동조합으로 전환한 초기에 중앙자활센터로부터 받는 과정에서 "참여주민이 조합원으로 들어오는 것을 안 했으면 좋겠다"라는 제안을 받기도 했다. 그 이유는 사회적협동조합이 1인 1표의 원칙을 가지고 있는데, 이것이 "사람이 좋을 때에는 좋은데, 그렇지 않을 경우에는 더 힘들게 돌아갈"(사례B) 것을 우려했기 때문이었다. 그렇게 1년을 운영하면서 2016년에 참여자들에게 조합원 가입을 제안했다. 그런데 참여자들은 별 반응을 보이지 않았다. 참여자들은 "내 월급 받으면 되는 거지"(사례B) 굳이 협동조합 가입의 필요를 느끼지 못하고 있었다. 지역자활센터가 분기별로 참여자들에게 매출액을 보고할 때조차도 별 관심을 보이지 않았다. 이러한 무관심은 센터 직원들도 마찬가지이다.

> "아직 협동조합 운영 방식에 저희가 익숙하지는 않아요. 주어진 자율성이라든가 조합원들의 조합에 대한 사고라든가 그리고 주민들이 협동조합을 바라보는 시선이라든가. "난 상관없어, 우리 기관이 사협(사회적협동조합) 자활이든 그냥 자활이든" 아무런 하등의 변동된 사항이 없는 거예요. … "기관이 어떻게 돌아가고 돈을 잘 벌게 내가 노력해야 되겠다"라고 하는 부분

은 되게 어렵고. 그렇기 때문에 작년 한 해 저희가 평가를 했었는데 사업체이자 결사체인 사회적협동조합에서 그냥 사업체만 남고 결사체는 사실 그렇게 딱히 찾아볼 수가 없었다. 그런데 이 사업체에서도 직원인 주인이 있고 직원이 아닌 주인이 있더라, 그런 얘기를 제가 하죠. 주민들뿐만 아니라 직원들마저도 그래요. 그냥 관장님이 하라고 하니까 하는 거고 고민이 깊지 않고…." (사례B)

사회적협동조합으로 전환한 이후에도 직원이나 참여자들의 센터에 대한 인식과 태도에는 큰 변화가 없었다. 오히려 사회적협동조합이 사회적 가치 추구보다는 수익을 창출해야 하는 사업체로서의 기능에 경도되고 있는 모습이다. 사례 센터들은 구성원들의 인식과 태도를 변화시키기 위해 사회적협동조합 전환 준비기부터 협동조합과 사회적경제에 대한 교육을 정기적으로 진행해 왔다. 그 결과, 참여자의 리더그룹은 지역에 나가 협동조합으로 운영되는 지역자활센터에 대해 소개할 수 있는 정도의 수준을 갖추게 되었다. 그렇지만 다수의 참여자들은 여전히 "나는 그냥 여기 머물렀다가 내 월급 받고 일 하라는 대로 하고 가면 돼"(사례B)라는 생각을 가지고 있다.

사회적협동조합 전환에 대한 실무자들의 반응은 상반되어 나타난다. 먼저, 사회복지시설을 포기하고 사회적협동조합으로 전환하는 것에 대한 갈등이다. 지역자활센터는 근로 능력이 있는 저소득층이 빈곤으로부터 스스로 벗어날 수 있도록 각종 서비스를 지원 및 제공하는 사회복지시설로 규정된다(한국지역자활센터협회, 2018). 반면에, 사회적협동조합은 「협동조합기본법」에 근거한 법인격을 취득하였기 때문에 사회복지시설이나 사회복지법인과 구별된다. 그렇기 때문에 사회적협동조합 전환과 함께 센터 실무자들은 사회복지직으로서의 경력이 단절되게 된다. 실제 이러한 갈등 때문에 이직을 하거나 고려하는 경우도 발생하였다.

> "협동조합으로 가자고 다 했는데 나중에 보니까 사회복지시설이 안 된대. 이렇게 하니까 직원들 내에서 동요하는 몇 명이 생기는 거예요. … 사회복지시설이 아니어서 경력이 인정되지 않으니까 떠나가는 조합원들도 있었고. 그래서 저희는 잡지 못하는 거죠. … 한 다리만 걸쳐 놓았다가 어느 순간 떠날 수 있는 직원들도 몇 명 있어요." (사례B)

반면에, 사회적협동조합 전환에 따른 사업의 자율성이 확대되었다는 점에 긍정적인 실무자들도 있다. 일반 지역자활센터의 사업 내용은 보건복지부 지침의 범위 내로 제한되어 있으며, 그마저도 보장기관의 담당 공무원 해석에 의존해야 하는 경우도 비일비재하다. 센터의 실무자들은 "하나의 사업단을 운영하는 팀장이지만, 결국에는 사장이 되어서 일하는(사례B)" 것과 같은 업무의 압박을 느낀다. 그럼에도 그에 대한 정부의 보상은 전무하다. 그런데 사회적협동조합은 다르다. 가장 대표적인 것이 자율적으로 활용할 수 있는 재원이 생겼다는 것이다. 지침에 의하면, 사회적협동조합은 자활근로사업단에서 발생하는 매출적립금의 50%를 운영비로 쓸 수 있도록 하고 있다. 운영비를 업무 성과에 대한 인센티브 제공과 사업에 재투자할 수 있다는 점은 실무자들에게 상당히 매력적인 부분이었다. 그 결과, 지역자활센터의 직원과 조합원들은 좀 더 많은 운영비를 확보하기 위해 자발적인 모습을 보이기 시작했다. 시나브로 사회적협동조합 방식에 적응하고 있는 것이다. 사례 센터들은 사회적협동조합을 운영하면서 '사람'에 대한 중요성을 확인한 것에 대해 "지역자활센터가 가진 묘한 힘"이라고 자평했다.

3) 사회적협동조합 전환 이후의 변화

사회적협동조합이 사업 및 운영 면에서 어느 정도 가능성을 확인하였다고는 하지만, 이를 일반화하는 것은 무리이다. 센터 운영 시 고려해야 하는 개별 조건이나 상황 등이 여전히 존재한다. 이를 사회적협동조합 전환 및 운영 과정에서의 변화를 통해 확인해 보고자 한다. 이 과정에서 사회적협동조합 센터와 일반 지역자활센터와의 차이점을 확인하여 사회적협동조합 전환이 자활사업 생태계에 미치는 영향도 파악할 수 있다. 사회적협동조합 전환 이후 사례 센터들이 체감하고 있는 변화를 긍정적·부정적 측면으로 정리하면 다음과 같다.

먼저, 사회적협동조합 전환에 대한 긍정적 측면은 재원 활용의 자율성과 행정절차의 편의성을 들 수 있다. 첫째, 지역자활센터의 재원을 융통성 있게 활용할 수 있다는 점은 기존의 지역자활센터 운영 방식과 가장 차별화되는 요인이다. 예를 들어, 공간 마련을 위한 비용 처리 과정에 여유가 생겼다. 일반적으로 지역자활센터가 사업 공간을 마련하기 위해서는 지자체에 사업계획서를 제출하고 자활기금을 대출받아야 한다. 최대 7천만 원까지 대출을 받을 수 있는데, 이를 위해서 지자체는 전세권 설정을 한 임대계약서를 요구한다. 현실적으로 이 논리 자체가 모순이다. 전세권 설정은 임대계약을 한 후 받을 수 있음에도 불구하고, 계약금을 대출해 주면서 계약 이후에 나오는 서류를 요구하는 것이다. 이 상황에서 자활기금을 대출받기 위해 지역자활센터는 편법을 쓰는 등의 무리를 하고 있다. 그런데 사회적협동조합에서는 자기 자본을 활용해 임대계약을 한 후 전세권을 설정해 지자체에 제출한 후, 자활기금을 대출받을 수 있게 된 것이다. 시간에 쫓길 필요도, 무리수를 둘 필요도 없어진 것이다. 지역자활센터에서 창업한 자활기업이나 사회적기업이 이런 경우에 처했을 때 여유 자금을 대여해 줄 수도 있다. 더불어 직원이나 참여자에게 인센티브를 줄 수 있다는 점도 긍정적 요인이다.

둘째, 행정 절차도 이전에 비해 간소화되었다. 기존 지역자활센터가 사업 내용이나 운영 방식을 변경할 때에는 모법인과 지자체의 승인을 거쳐야 했다면, 사회적협동조합은 이런 절차가 대폭 간소화되었다. 모법인 승인 절차는 기관에 따라 다소 차이가 있을 수 있지만, 지자체 보고 및 승인 절차는 대부분 생략되었다. 대신 사회적협동조합 총회를 통한 의사결정구조를 따르고 있다.

다음으로 사회적협동조합 전환에 따른 부정적 요인은 크게 네 가지로 정리할 수 있다.

첫째, 사회적협동조합 지역자활센터가 지고 있는 가장 큰 부담은 사업개발에 대한 것이다. 사례 센터들은 자활사업을 통한 비즈니스 모델 개발부터 판로 개척에 이르기까지 다양한 고민을 하고 있다. 자활사업 참여자의 근로능력은 지역 간 차이가 존재한다. 도시지역 지역자활센터 참여자는 "제조업에 적당한 근로능력을 가지고"(사례B) 있지만, 농촌지역 참여자는 또 다를 수 있다. 참여자의 이런 특성을 고려하여 사업을 개발하는 것이 쉽지 않으며, 강도가 높은 창업의 경우는 참여자들이 운영하는 데 한계가 있다. 그래서 사례 센터들은 자활 참여자가 아닌 노동능력이 있는 일반인을 고용하여 사업을 할 수 있는 돌봄사업에 중점을 두거나, 아예 노동강도가 낮은 지자체 용역사업 등을 개발하고 있다.

둘째, 자활사업 참여자의 근로능력 저하 문제가 심각하다. 이는 취업우선지원사업 시행과 2014년 국민기초생활보장법 개정 이후 사실상 모든 지역자활센터가 겪고 있는 문제이기도 하다. 특히, 사회적협동조합 지역자활센터의 경우 운영비가 다운슬라이딩되는 상황에서 매출액을 올리기 위해서는 참여자의 근로능력이 매우 중요한 변수가 된다. 사례 센터들은 사업 운영의 자율성과 그에 대한 재원을 확보할 능력을 갖추면서 "자활근로사업에 투자를 하고 싶어도 일을 할 사람이 없다"(사례C)는 현실적 장벽에 가로막혀 있다. 참여자의 근로능력 저하와 함께 참여자 수 감소 상황에서 "자활근로사업을 계속 위탁받을 수 있는 방법을 찾아야 되는"(사례B) 것이다. 이 과정에서 지역자활센터는 딜레마에 빠진다. 참여자들의 조건이 보호가 필요한 사회복지 서비스 대상자이다 보니 "매출보다는 사람 중심의 복지 프로그램"(사례C)에 치우칠 수밖에 없다. 매출액을 높이기 위해서는 "실제로 사람들을 선별해야 되는"(사례C) 상황이다. 이러한 딜레마를 극복하기 위한 방안에 대해 사례 센터들이 함께 고민하고 토론을 했지만 여전히 결론을 내리지 못하고 있다.

셋째, 직원들의 행정 업무 부담이 늘어났다. 사업 운영 방식에 대한 행정절차는 간소화되었음에도 서류 작성 등의 행정 업무는 증가하였다. 일반 지역자활센터가 보조금 사업에 대한 서류만 제출하는 반면에, 사례 센터들은 보조금 사업과 사회적협동조합 서류를 분리해서 보장기관에 제출해야 하는 번거로움이 생겼다. 또한, 사회적협동조합은 공익법인에 해당하기 때문에 「공익법인의 설립·운영에 관한 법률」에 근거해 재산신고부터 공무원윤리기준에 관한 교육도 받아야 하는 부담도 늘었다.

마지막으로, 자활사업 담당 공무원의 사회적협동조합 지역자활센터에 대한 인식 부족의 문제이다. 사회적협동조합 지역자활센터는 일반 지역자활센터와 "지침이 다르고, 해석하는 것도 다르기"(사례B) 때문에 담당자는 두 개의 지침을 숙지해야 한다. 게다가 사회적협동조합 지침은 「협동조합기본법」의 사회적협동조합 규정과 「국민기초생활보장법」의 자활지원사업

지침을 중첩해 적용하기 때문에 더 복잡하다. 일반 지역자활센터와 사회적협동조합 지역자활센터가 한 지역에 운영되는 경우는 후자가 상대적으로 불리한 평가를 받을 수 있다.

이상에서 살펴본 바와 같이 사례 센터들은 사회적협동조합으로 전환한 이후 다양한 변화를 경험하고 있다. 변화에 따른 긍정적 요인은 자활사업의 대안적 실험으로서의 사회적협동조합 전환에 대한 매력적 요인이 될 수 있다. 문제는 사회적협동조합 전환에 대한 향후 과제로 남는 부정적 요인이다. 이를 해소하기 위해서는 자활사업이 현재 처해 있는 상황에 대한 객관적이고 실제적인 분석이 선행되어야 한다. 지역자활센터가 사회적협동조합 법인격을 인가받았다고 해도 자활사업의 수행 주체라는 본래의 정체성은 변하지 않는다. 사회적협동조합 전환이 자활사업의 대안적 역할을 담당하기 위해서는 자활사업의 제반 문제를 해결하는 것이 무엇보다 중요하다는 것이다. 이를 위해서는 현행 자활정책하에서 지역자활센터가 어떻게 존재하고 있으며, 자활정책과 어떻게 상호작용하고 있는지에 대한 논의가 우선 필요하다. 이 연구에서는 사회적협동조합 지역자활센터의 생태계를 조정하기 위한 과제를 자활정책 속에 존재하는 자활성과 담론의 역설과 지역자활센터에 부여되어 있는 은폐된 '책임' 담론 속에서 그 실마리를 찾아보고자 한다.

5. 사회적협동조합 지역자활센터의 생태계 조성을 위한 과제

1) 자활성과 담론의 역설 극복

자활사업의 정책 목표는 자활사업의 방향성을 결정하는 핵심적인 제도적 담론이다. 2000년 국민기초생활보장법이 시행되면서 기초생활수급자와 저소득계층의 자활·자립을 촉진하기 위한 목적으로 자활지원사업이 시행된다. 당시 자활사업의 정책 목표는 생산공동체 방식의 자활공동체 창업을 지원하는 것이었다. 보건복지부의 자활사업은 창업지원전략에, 노동부의 자활사업은 취업지원전략에 초점이 맞춰져 있었다. 보건복지부의 자활사업 정책 목표가 취업지원전략으로 바뀌게 된 것은 이명박 정부 들어서부터이다. '자활지원사업 내실화 방안'의 일환으로 성과관리형 시범사업을 도입하면서 자활사업의 정책 목표인 탈수급에 취업률까지 추가된 것이다. 여기에 노동부 취업성공패키지사업이 확대되면서 자활정책은 취업우선전략으로 빠르게 재편된다. 문제는 취업우선지원전략이 '비취업대상'을 참여대상으로 하는 자활사업과는 배치되는 경향이 있다는 점이다(상종열·김병인, 2014: 15-16). 자활정책의 변화를 가져온 또 하나의 요인은 2014년 12월 단행된 국민기초생활보장제도 개편이다. 국민기초생활보장급여의 개별급여화를 통해 공공부조제도의 사각지대를 줄이고, 기존의 통합급여체계의 문제로 지적된 탈수급을 방해하는 요인을 최소화한다는 것이다(이승호 등, 2016: 208). 이에 따라 조건부수급자의 범위가 축소되면서 자활사업의 의무참여대상이 감소하게 된다. 또한, 조건부수급자의 기준선이 하향조정됨으로써 자활사업 참여자의 근로능력을 비롯한 제반 조건이 더 취약해지고 있다.

이러한 자활정책과 제적도 요인으로 인해 지역자활센터는 참여자의 수적 감소와 현저히 낮아진 근로능력을 체감하고 있음에도 정부의 정책 목표는 여전히 취업률 제고에 맞춰져 있다. 지역자활센터는 '취업률 제고'라는 제도적 담론 속에서 현실적으로 근로가 불가능하다고 판단되는 참여자들을 데리고 사업단을 운영하여 목표 매출액을 달성해야 하고, 나아가 취업을 지원해야 하는 자기모순에 빠지게 된다. 여기에 덧붙여 사회적협동조합은 매년 다운슬라이딩되는 운영비를 확보해야 하는 추가 부담을 안고 있다. 이 역설은 지역자활센터의 성과평가 지표에도 여실히 드러난다. 참여자의 취업률과 창업률이 주요 지표로 설정되어 있는 성과평가 결과에 따라 운영비에 대한 인센티브를 지급하기 때문에 지역자활센터는 평가를 소홀히 할 수 없는 입장이다. 이런 경우 지역자활센터는 성과평가 지표에 근거해서 사업을 운영할 확률이 높아진다. 평가기준을 충족하는 데만 급급한 '밀어내기식' 취업과 창업은 결과적으로 유지율이 높을 수 없기 때문에 참여자의 근로의지를 더 하락시키는 악순환에 빠지게 된다.

지역자활센터들은 이 상황을 극복하기 위한 대안을 모색하는 과정에서 사회적경제를 활용한 자활사업을 구상하고 있던 정부와 손을 잡는다. 지역자활센터가 선택한 사회적협동조합 전환 또한 사회적 일자리 창출을 목표의 한 축으로 하고 있다는 점에서 완전한 대안이 될 수는 없다. 자활사업의 지속적이고 안정적 생태계를 조성하기 위해서는 참여자의 수적 감소와 근로능력 저하 문제를 해결하기 위한 방안, 경제적 자활에 치중하는 성과평가 지표 보완 등 제도적 장치의 보완이 선결되어야 한다. 그런 후에야 비로소 사회적협동조합 전환이 기존의 지역자활센터가 운영하는 자활정책의 역설을 극복하기 위한 대안적 가치를 지닐 수 있을 것이다.

2) 지역자활센터에 부여되어 있는 은폐된 '책임' 해소

자활성과 담론의 역설은 자활사업을 통해 '취업률 제고'를 달성하기가 현실적으로 어렵다는 것이다. 그럼에도 지역자활센터는 참여자의 취업과 창업률을 높이기 위해 고군분투하고 있다. 과연 그 책임을 지역자활센터에 전가하는 것이 합당한가?

자활사업은 국민기초생활보장법에 근거해 운영되고 있는 공공부조제도이자 수급자에게 근로 기회를 제공함으로써 자활을 촉진하는 노동정책이기도 하다. 헌법에도 명시되어 있듯이 공공부조의 책임은 국가에 있다.[6] 국가는 자활사업의 보장기관으로 자활사업의 운영을 지역자활센터에 위탁하여 시행하고 있다. 그런데 자활정책을 비롯한 공공정책에 작동하는 다양한 텍스트들이 만들어내는 '탈수급 및 취업률 하락'은 지역자활센터의 부담을 가중시키고 있다. 탈수급과 취업률을 하락시키는 다양한 정책과 제도가 만들어내는 특성으로 인해 지역자활센터는 항상 저평가를 경험한다. 이는 결국 제도적 텍스트들이 만들어내는 '책임' 때문이다. 자활정책에서 탈수급 및 취업률 제고 담론은 명시적이고 가시화되어 있다. 그럼에도 지역자활센터의 '책임'에 관한 담론은 지역자활센터가 경험하고 있는 조건과는 무관하게 간접적이고 암묵적이어서 '은폐'되어 있다. 지역자활센터들이 위기의식을 느끼고 대안을 모색해가는 노력은 제도적 텍스트들을 둘러

6) 헌법 제34조에 따르면, 1항에서 "모든 국민은 인간다운 생활을 할 권리를 가진다"라고 명시함으로써 국민의 생존권을 규정하고 있고, 2항에서 "국가는 사회보장·사회복지의 증진에 노력할 의무를 진다"는 국가 책임을 명시하고 있다.

싸고 있는 유무형의 '책임'을 내면화한 결과이다. 대표적으로 참여자의 특성 변화를 들 수 있다. 참여자의 근로능력 저하와 참여자 수의 감소는 지역자활센터가 조절할 수 있는 영역 밖에 존재한다. 오히려 이러한 특성의 참여자로 인해 지역자활센터는 제대로 된 사업을 운영하는데 한계를 경험한다. 그에 대한 책임은 오롯이 지역자활센터가 안고 가야 하는 것이다.

> "예를 들어 돈 1억이 있어서 우리 자활근로사업단에서 수세식으로 하고 있는 음식 사업단이 있다 치면, 거기를 자동시스템으로 바꾸고 싶어요. 바꿔서 환경도 개선하고 싶고 2개 생산하던 것을 10개 생산하면 좋겠다는 생각이 드는데 쉽게 손을 대지 못한 게 수용할 수 있는 정도의 사람이 안 오는 거예요. 그래서 투자했는데 음식을 할 만한 사람이 없으면 그것을 어떻게 하나 이런 생각…." (사례C)

사실상 노동을 하기가 어려운 '비취업대상자'를 지역자활센터에 의뢰하여 취업이나 창업을 시키라는 것은 모순이다. 정부가 기초생활을 보장해야 하는 대상을 지역자활센터에 책임으로 넘기고, 해마다 성과를 평가한다. 지역자활센터는 그 책임을 내면화하면서 울며 겨자 먹기로 밀어내기식 취업/창업을 유도하고 있다. 이러한 악순환은 법이나 규정, 지침 등에 정해진 제도적 제한 때문에 지역자활센터 입장에서는 무기력하게 순응할 수밖에 없다.

이러한 조건에서 자활정책의 목표를 달성하기 위한 새로운 방안으로 정부는 사회적협동조합에 주목한 것이다. 사회적협동조합 전환을 선택한 지역자활센터들은 기존에 지역자활센터가 내면화하고 있었던 '책임'에 대한 고민이 더욱 깊어지고 있다. 해마다 다운슬라이딩되는 운영비를 확보하기 위해서 자체 수익구조를 만들어 나가야 하는 지역자활센터 입장에서는 사회적협동조합 운영에 대해 전적으로 책임을 져야 하는 부담이 가중되었다. 또한, 사회적협동조합 본연의 가치와 원칙을 암묵적으로 무시해야 하는 정체성의 혼돈의 딜레마에 빠지기도 한다. 현행 자활정책은 사회적협동조합의 강점을 살리기보다 근로빈곤층에게 일자리를 제공하는 여러 공급기관 중 하나로 간주하고, 정부지원을 매개로 이들 조직을 통제하려는 경향을 보이고 있다(노대명 외, 2013: 9). 이는 사회적협동조합 전환이 지역자활센터의 또 다른 '책임'을 내면화해야만 하는 부담으로 작동함을 의미한다. 이러한 부담의 근원은 사회적협동조합 지역자활센터에서 찾기보다는 직접적이든 혹은 간접적이든 제도적 문제에서 찾아야 한다. 문제에 답이 있다. 사회적협동조합 지역자활센터의 안정적인 생태계를 조성하기 위해서는 내면화된 '책임'의 부담 해소를 통해 사회적협동조합으로서의 정체성을 유지할 수 있도록 해야 한다.

6. 결론

이 연구는 질적 사례 연구방법을 활용하여 유형 다변화 시범사업 중인 지역자활센터가 사회적협동조합을 어떻게 준비해서 운영하고 있는지를 보다 역동적이고 실제적으로 이해하고, 이를 토대로 타 지역자활센터의 운영 방식과 어떠한 차이가 있는지, 살펴보는 것을 목적으로 하였다. 특히 자활사업의 패러다임 전환이라는 커다란 틀 속에서 향후 사회적협동조합 지역자활센터의 안정적 생태계를 조성하기 위한 과제는 무엇인지 검토하였다. 먼저, 사회적협동조합 전환 준비와 운영, 그리고 타 지역자활센터와의 차이점을 사회적협동조합 전환 배경, 전환 이후 사업 및 운영, 그 과정에서의 변화로 구분하여 요약하면 다음과 같다.

첫째, 지역자활센터의 사회적협동조합 전환 배경은 자활사업의 정체성에 대한 위기의식, 지역자활센터 통폐합 논의 및 모법인과의 문제, 사회적협동조합을 통한 자활사업의 대안 모색 등이다. 자활사업의 정체성 위기는 참여자의 근로능력 저하에 따른 정책 목표 달성의 어려움에서 시작된다. 정부의 취업우선지원사업 확대로 자활사업 참여자의 특성이 변화되면서 지역자활센터의 위기의식은 고조된다. 노동능력이 저하된 참여자들이 증가하면서 자활근로사업의 매출액이나 탈수급률을 높이는 것이 사실상 어려워지고, 지역자활센터들은 정체성의 위기를 겪고 있다. 정체성의 문제는 모법인의 지역자활센터 반납 논의까지 이어지기도 한다. 더불어 자활사업 참여자의 수가 감소하면서 지역자활센터의 통폐합 논의로 이어지고 있는 상황이다. 이러한 상황에서 지역자활센터는 정부 보조금에 의존하는 기존의 자활사업 운영 방식에서 탈피해 '협동조합형 자활모형'을 실험하기로 결정하고 사회적협동조합 전환을 단행한다.

둘째, 사회적협동조합 전환 이후 사업 및 운영이다. 이는 일반 지역자활센터와 차별화되는 요인이기도 하다. 사례 센터들은 사회적협동조합으로 전환 및 운영 과정에서 지속적으로 보건복지부와 협력적 거버넌스를 유지해왔다. 이는 자활사업을 사회적경제 방식으로 처음 운영하는 보건복지부의 입장에서도 불가피한 상황이었다고 할 수 있다. 사회적협동조합 전환 이후 가장 큰 변화는 자산 구조의 변화이다. 사례 센터들의 자산 구조는 공적 자산과 협동조합 자체 자산으로 분리하여 운영하고 있다. 자체 수익사업을 개발하여 자본 안정성을 확보하고, 일자리를 창출하는데 일정 부분 가능성을 확인하고 있는 중이다. 사회적협동조합 전환에 대한 구성원들의 인식은 상대적으로 낮은 편이었으며, 소극적인 태도를 보이고 있다. 구성원의 인식과 태도는 사례 센터들 간에도 차이가 존재하는데, 사회적협동조합 전환 배경과 관련이 있다. 모법인의 지역자활센터 반납 결정에 대한 대안으로 사회적협동조합을 선택한 사례 센터의 경우는 직원들의 인식과 태도 수준이 매우 높았다. 그럼에도 참여자들의 사회적협동조합 전환에 대한 인식과 태도는 모든 센터가 낮은 수준이었다.

셋째, 사회적협동조합 전환 이후 운영상의 변화를 긍정적·부정적 요인으로 나누어 보면, 긍정적 요인으로는 재원 활용의 자율성과 행정절차의 편의성을 들 수 있다. 반면에 부정적 요인으로는 사업개발에 대한 부담과 참여자의 노동능력 저하 문제, 직원들의 행정 업무 부담 증가, 그리고 담당 공무원의 사회적협동조합 지역자활센터에 대한 인식 부족에 따른 불이익 문제 등이 대표적이다.

이상의 연구 결과를 바탕으로 사회적협동조합 지역자활센터의 생태계 조성을 위한 과제를 제시하였다. 먼저, 자활정책의 자활성과 담론이 내포하는 역설을 극복해야 한다. 자활사업의 정책 목표는 자활사업의 방향성을 결정하는 핵심적인 제도적 담론이다. 지역자활센터는 '취업률 제고'라는 제도적 담론 속에서 현실적으로 근로가 불가능하다고 판단되는 참여자들을 데리고 사업단을 운영하여 목표 매출액을 달성해야 하고, 나아가 취업을 지원해야 하는 자기모순에 빠져 있다. 이 역설은 지역자활센터의 성과평가 지표에도 여실히 드러난다. 지역자활센터는 성과평가 지표에 근거해서 사업을 운영할 확률이 높아진다. 이러한 역설적 상황을 극복하기 위해 사례 센터들은 사회적협동조합으로 전환하는 모험을 시도하였으나 이 또한 사회적 일자리 창출을 목표의 한 축으로 하고 있다는 점에서 완전한 대안이 될 수는 없다. 즉, 자활정책과 제도적 성격의 변화가 전제되지 않는 상황에서 지역자활센터의 노력만으로는 한계가 있다는 것이다. 자활사업의 지속적이고 안정적 생태계를 조성하기 위해서는 참여자의 수적 감소와 근로능력 저하 문제를 해결하기 위한 방안, 경제적 자활에 치중하는 성과평가 지표 보완 등 자활정책을 비롯한 다양한 제도적 장치들의 보완이 선결되어야 한다.

다음으로, 지역자활센터에 부여되어 있는 은폐된 '책임'을 해소시켜야 한다. 자활사업은 국민기초생활보장법에 근거해 운영되고 있는 공공부조 제도이자 수급자에게 근로 기회를 제공함으로써 자활을 촉진하는 노동정책이기도 하다. 국가의 공공부조 책임을 위탁 수행하는 지역자활센터들은 자활정책이라는 제도적 텍스트에 의해 탈수급 및 취업률 제고에 대한 '책임'을 진다. '책임'에 관한 담론은 지역자활센터가 경험하고 있는 조건과는 무관하게 간접적이고 암묵적이어서 은폐되어 있다. 노동이 어려운 대상자를 지역자활센터에 의뢰하여 취업이나 창업률을 높이라는 암묵적 압력이 은폐되어 있는 것이다. 지역자활센터들이 위기의식을 느끼고 대안을 모색해가는 노력은 제도적 텍스트들을 둘러싸고 있는 유무형의 '책임'을 내면화한 결과이다. 자활사업의 주무부처인 보건복지부도 이 역설적 상황에 대해 공감하면서 대안으로 지역자활센터를 사회적협동조합으로 전환하여 운영하는 방안을 제시하였다. 문제는 이러한 시도의 이면에는 자활사업에 대한 부담을 지역자활센터에 전가시키기 위한 목적이 은폐되어 있다는 사실이다. 이러한 관점에서 볼 때, 지역자활센터의 낮은 성과는 센터의 능력 문제 이전에 정책적·제도적 텍스트들의 상호작용의 결과이다. 이는 기존의 연구 결과들과 차이를 보인다. 기존 연구들은 자활사업의 성과를 참여자의 특성, 사회적 자본, 인식과 태도, 정신건강, 사례관리 특성, 그리고 사회적 배제 등 개인적·사회적 요인과 영향이 있다고 설명하지만(이상록, 2003; 박정호, 2010; 권신영, 2012; 백학영·김경휘, 2013; 박재민 외, 2014), 이 연구에서는 자활정책과 관련 지침, 제도 등과 같은 다양한 제도적 텍스트들이 더 중요한 요인임을 보여주고 있다. 결국, 자활사업의 안정적이고 지속적인 생태계를 조성하기 위해서는 이러한 제도적·정책적 고려가 반드시 필요하다.

이 연구는 지역자활센터 유형 다변화 시범사업에 대한 중간 점검의 기초작업이라는 점에서 의미가 있다. 특히 자활사업에 대한 사회적경제 모델의 적용 과정을 지역자활센터 입장에서 검토해 봤다는 점에서 의미가 있다. 하지만 시범사업이 시작된 2014년에 선정된 5개 센터 중에서 3개 센터만을 사례로 분석했기 때문에 연구 결과를 일반화하기에는 한계를 가질 수밖에 없다. 또한, 이 연구에서는 지역자활센터의 사회적협동조합 전환 과정을 주도한 센터장을 중심으로 면접을 진행했기 때문에 실무자와 참여자의 목소리를 담아내지 못한 점도 한계로 남는다. 향후 다른 환경의 시범사업 센터와의 비교연구와 실무자와 참여자의 경험을 중심으로 하는 추가 연구가 이루어지기를 기대한다.

참고문헌

권순원 (1993). 빈곤대책의 재조명: 협동조합을 통한 탈빈곤운동의 활성화를 중심으로. **한국개발연구**, 15(2): 65-87.

권신영 (2012). 빈곤여성가구주의 사회적 배제가 자활성과에 미치는 영향연구. 경북대학교 대학원 사회복지학과 박사학위논문(미간행).

김수영 (2006). 사회운동의 사회복지제도화 과정과 결과에 대한 연구: 민관협력 자활사업의 역사를 중심으로. 서울대학교 대학원 사회복지학과 석사학위논문(미간행).

김정원 (2012). 협동조합적 자활공동체 운영모형 개발에 관한 연구. **협동조합 네트워크**, 57: 96-124.

김정원 (2012). 자활공동체의 협동조합으로의 전환 가능성에 대한 연구. **지역사회연구**, 20(2): 67-89.

김정원・이문국・전세나 (2013). 자활사업 제도개선 방안: 사회적경제 개발전략을 중심으로. **비판사회정책**, 38: 7-44.

길현종・이병희・이정희・이현주 (2015). 근로빈곤층 취업우선지원사업 성과 평가 및 개선 방안. 고용노동부.

노대명 (2002). 한국 자활사업의 평가와 전망. **동향과 전망**, 53: 62-99.

노대명・김신양・원일 (2013). **자활사업의 사회적경제 연계 등 다변화 방안 연구**. 한국보건사회연구원.

박정호 (2010). 자활사업 참여자의 특성과 자활성과. **사회복지연구**, 41(3): 163-184.

박재민・유태균・최수영 (2014). 자활사업 참여자의 정신건강이 자활성과에 미치는 영향. **사회복지정책**, 41(4): 125-146.

백학영・김경휘 (2013). 지역자활센터 사례관리 특성이 자활성과에 미치는 영향. **한국 사회복지행정학**, 15(4): 29-60.

상종열・김병인 (2014). **근로빈곤층 취업우선지원사업 모니터링 결과 보고서**. 한국지역자활센터협회 부설 자활정책연구소.

신동면 (2003). 자활사업에 대한 평가와 발전방안. **한국행정학회 춘계학술대회 자료집**, 561-579.

신명호・김홍일 (2002). 생산공동체운동의 역사와 자활지원사업. **동향과 전망**, 53: 6-37.

신명호 (2007). 근로연계복지제도로서 우리나라 자활사업의 특징. **도시와 빈곤**, 84: 69-90.

엄태영 (2013). 한국 자활사업의 과거, 현재 그리고 미래 조망. **한국 사회복지조사연구**, 36: 357-386.

이상록 (2003). 자활사업에 대한 자활사업 참여자의 인식과 태도가 자활사업의 성과에 미치는 영향. **사회복지연구**, 21: 105-136.

이승호・조성은・백학영・한경훈 (2016). 국민기초생활보장법개정에 따른 자활사업 참여자 규모와 특성 변화 추정. **한국 사회복지행정학**, 18(2): 207-233.

이인재 (2014). 사회적기업 생태계 활성화 방안. **사회적경제의 이해와 전망**. 아르케.

장원봉 (2006). **사회적경제의 이론과 실제**. 나눔의 집.

주수원 (2014). 지역자활센터의 사회적협동조합 전환에 대한 고찰. **협동조합 네트워크**, 65: 129-149.

Borzaga, C., & Galera, G. (2012). The concept and practice of social enterprise: lessons from the Italian Experience, *International Review of Social Research*, 2(2): 85-102.

Smith, D. E. (2002). Institutional ethnography, pp. 17-52, in Qualitative Research in Action, edited by May, T. London・Thousand Oaks・New Delhi: Sage Pub.

Uwe Flick (2009). *An Introduction to Qualitative Research*. 임은미・최금진・최인호・허문경・홍경화 역 (2009). **질적연구방법**. 한울.

Yin, Robert. K. (2009). *Case study research : design and methods*. 서아영・신경식 역 (2005). **사례 연구방법**. 한경사.

보건복지부 (2016). 2017년 자활사업안내.

사회투자지원재단 (2012). 자활사업 협동조합 모형 개발 및 발전방안 연구.

한국지역자활센터 (2010). 자활사업 15년, 협회창립 10주년 기념 백서: 자활운동의 역사와 철학.

한국지역자활센터협회 (2016). 자활지원정책의 개선방안에 관한 연구.

chapter **04**

공동자원을 활용한 농촌 마을만들기

제주 하례1리의 효돈천 생태관광

김자경 최현

1. 서론

신자유주의로 인한 지구적 위기에 생존이 위협을 받고 있다. 이를 해결하기 위해 지역사회 그리고 마을이 대안의 공간으로 부상하고 있다. 지역과 마을을 대안으로 제시하는 연구가 상당히 진척됐다(황주석, 2005; 구도완, 2009; 조돈문 등, 2011; 부산대학교 한국민족문화연구소 편, 2013; 쥬베르트·드레거 편, 2018). 하지만 산업혁명과 자본주의는 일터와 삶터를 분리했다. 일터와 삶터가 분리됨에 따라 마을에서 살면서 마을에서 살지 않는 사람들이 생겨난다. 대표적인 것이 이른바 베드타운이다. 마을에서 잠만 자고 생업이 있는 곳에서 시간의 대부분을 지내다 보면, 마을 안에서 교류는 있을 수가 없다. 일터와 삶터의 분리는 도시에서만이 아니라 농촌에서도 일어났다.

자본주의의 발전에 따라 농촌은 세계 식량 체제 속에서 대도시 시장을 목표로 시장 경쟁력 있는 환금작물을 주로 재배하고 있다. 농기계와 화학비료의 보급은 농촌의 상호부조를 약화시키고 농업이 임노동에 의존하도록 바꿨다. 이제는 이주노동자가 없이는 농업이 굴러가지 않게 됐다. 농촌에는 일터와 삶터가 함께 있는 것처럼 보이지만 실거주지는 읍내나 시내에 두고 농장으로 출퇴근하는 경우도 많이 있다. 농촌에서도 일터와 삶터의 분리가 나타나게 되니 농촌에서도 주민들의 교류가 약해지기 마련이다. 어떤 농촌이든 공동체 활성화의 문제에 직면하고 있다. 어느 지역의 농촌을 살펴보아도 마을만들기 사업을 추진하지 않는 마을은 거의 없는 듯하다.

농촌지역의 위기를 극복하기 위해 새로운 돌파구를 찾게 마련이다. 최근 마을관련 연구에서 새롭게 대두되고 있는 개념이 공동자원이다. 공동자원을 활용하여 자연과 마을이 함께 발전할 수 있다는 가능성을 제시하고 있는 마을만들기의 사례 연구가 많아지고 있다. 같은 농촌지역이라 할지라도 마을별로 느끼는 위기의식이나 과제는 매우 다양하다.

이에 본 논문은 공동자원론의 시각에서 제주의 농촌마을인 서귀포시 남원읍 하례1리의 마을만들기를 살펴보고자 한다. 하례1리의 과제는 무엇이며, 이를 해결해 나가는 과정에서 공동자원으로서 효돈천과 마을사람들의 관계맺음에 대해 검토하고자 한다. 이 논문은 공동자원을 활용한 마을만들기에 관한 사례 연구로서, 마을만들기의 이론적·정책적 지평을 넓히려는 시도다.

2. 이론적 논의

1) 문제의식

국가가 농촌 개발을 하는 하향식 지역개발사업은 유럽이나 다른 나라에서도 그 역사가 오래됐다. 하향식 농촌 개발은 외부투자에 의존하게 되고, 지역주민의 참여가 제한되는 사례가 많아 민주적이지 못하다는 평가를 얻었다. 또한 지역주민이 바라는 일자리를 창출하는 사례도 적고, 사업 비용이 제대로 지역주민들을 위해 사용되는지에 대해서도 불투명하다(우즈,

2014: 176-179).

한국의 경우도 하향식 지역개발사업이 주를 이뤘으나 2000년대 들어서면서 달라지기 시작했다. 당시 주요한 사업들은 행정자치부 주관의 2001년 아름마을가꾸기사업, 농림부 주관의 2002년 전통테마마을사업, 녹색농촌체험마을사업, 2004년 마을종합개발사업 등이다. 이 사업들은 주민들이 스스로 사업계획을 수립하고, 정부는 마을공동사업에만 지원하는 특징이 있다(김정원, 2008: 10). 일부 농촌 마을(화천 토고미 마을, 이천 부래미 마을 등)에서는 자발적인 마을 사람들의 활동이 활성화되면서 성과가 나타나기 시작했다. 그렇지만 임경수(2015)가 지적하는 바와 같이, 경제적 관점을 중심으로 정책지원이 되었기 때문에 기존의 마을공동체 정신이 훼손되는 부정적인 영향이 나타난 것도 사실이다. 이와 더불어 주민들의 기획력이 부족한 곳은 민간 컨설팅 업자가 대거 참여하게 됐다.[1] 사업의 기획단계에서부터 민간 컨설팅 업자와 함께 해야 사업이 지원되는 경우도 존재한다. 결국 이러한 사업들은 민간 컨설팅 업자의 시장이 됐다. 사업 내용은 주로 마을 단위로 묶은 지역의 개발을 통해 소득을 높이고 인구를 유지하는 것에 초점을 맞추는 경우가 대부분이다. 사업이 하향식에서 상향식으로 바뀌었지만, 사업 내용이 여전히 하드웨어 중심인 것은 비판의 여지가 크다.

지금껏 수많은 농촌의 지역개발사업이 추진돼 왔지만 농촌지역의 노령화와 인구감소 문제를 해결하지 못했다. 불안정하고 낮은 농산물 가격으

1) 제주의 경우 풍력발전을 통해 마을만들기를 추진할 수 있는 여러 마을들이 있으나, 기획력이 부족해서 민간 기업에게 사업을 맡기고 지대 수익을 얻는 데 만족하는 경우가 대부분이다(김동주, 2016). 마을만들기를 기획할 능력이 부족한 정도가 아니라 아예 추진할 능력이 없는 경우도 많다. 그런 마을들은 공동목장을 골프장이나 리조트 용지로 팔아버리는 경우도 많다. 120여 개에 달하던 마을 공동목장이 40여 개로 줄어든 것은 고령화와 인구격감으로 많은 마을들이 마을만들기를 추진할 능력조차 가지고 있지 못하다는 것을 보여준다(강만익, 2016).

로 인한 낮은 농가소득, 증가하는 농가부채, 농촌의 일자리 부족, 의료시설, 복지시설, 문화공간의 부족 등으로 인해 농촌 인구는 감소하고 있으며, 인구의 고령화가 심화되고 있다. 신자유주의의 위기로 인해 지역과 마을에 희망을 가져보지만, 농촌지역과 마을의 위기는 심화되고 있는 것이 현실이다.

2) 일본 마을만들기의 시초 오이타현의 과거와 현재

한국에서 지역개발사업을 추진할 때 중요하게 사용하고 있는 마을만들기란 단어는 잘 알려져 있다시피 일본에서 들어왔다.[2] 김미영(2009)은 일본의 마을만들기 역사를 분석하면서, 그 기원은 1960년대 오키나와(沖縄)현을 중심으로 출발한 '시마오코시(島おこし) 운동[3]'에서 출발한다고 보고 있다. 이에 대한 주장을 구체적으로 뒷받침하는 논거가 존재한다. 오카자키(岡崎昌之, 2016)는 전국정촌회(全国町村会) 칼럼에서 다음과 같이 설명하였다. 우선 '오코시'라는 말은 1981년 1월부터 6년간에 걸쳐 오키나와 현의 각 지역에서 개최된 '오키나와 시마오코시 연구교류회의(沖縄シマおこし研究交流会議)'에서 유래했다고 한다. 이 연구교류회의는 오키나와의 부속섬(이시가키(石垣), 이리오모테(西表) 등)과 오키나와 본섬, 그리고 홋카이도(北海道), 에히메(愛媛), 오이타(大分)현 등의 본토에서 마을만들기를 담당하고 있는 사람들과 오키나와 현지인들이 서로 논의하고 경험을 교류하는 모임

---

2) 일본의 마치즈쿠리 개념을 소개한 이는 1997년 김찬호라 알려져 있으며, 한국에서 마을만들기의 기원은 도시 빈민지역이나 재개발지역에서 전개되었던 철거반대 운동 등에서 단초를 찾기도 한다(박수진・나주몽, 2015: 36).

3) 시마오코시는 섬(시마, 島)을 일으켜 세운다 또는 활성화한다(오코시, おこし)는 뜻이다.

이었다. 이 연구교류회의를 진행했던 당시에 '마치즈쿠리(まちづくり)'라는 말이 오키나와에서는 통하지 않았다고 한다. 그래서 '마치즈쿠리'란 외부에 의존하지 않고 지역의 가치를 최대한 살려서 자립적으로 미래를 내다보는 것으로 설명을 하니, 오키나와(그 중 아에야마(八重山))에서는 이를 '시마오코시'라 부른다고 했다. 당시 본토의 자본이 오키나와에 들어와 토지를 독점적으로 구입해 가는 것에 저항하고, 스스로 지역 만들기를 진행해 나가는 것이 핵심이었다. '오코시', 즉 일어서기란 뜻은 위기를 깨달은 사람이 주위에 알리고 지역의 본연의 모습을 지켜나가기 위해 행동으로 옮긴다고 하는 의미가 담겨 있다. 이 개념이 일본 본토로 확산돼 마을만들기, 즉 '무라오코시'라고 사용한 사람들이 오이타현의 사람들이었다. 오이타현에서는 무라오코시를 '1촌1품'으로 바꿔 사용했다. 이후 마을만들기의 사례들을 보면 무라오코시는 농촌마을, 마치즈쿠리는 도시마을로 구분해서 사용하는 경우도 보인다.

오키나와의 섬에서 출발한 '시마오코시'는 오이타현의 '무라오코시'인 1촌1품 운동으로 전국적으로 알려지기 시작하면서, 마을만들기는 일본에서도 전국 각지로 확산됐다. 한국 역시 이것을 그대로 받아들여 각종 정책에 활용하고 있다. 따라서 오이타현의 1촌1품 운동이 현재 어떻게 되었는가를 살펴보는 것은 유의미하다. 또한 일본에서 펼쳐진 마을만들기의 경험에서 무엇을 간과했는가에 대해서는 오카다(2016)의 비판이 매우 중요하다.

오이타현의 마을만들기 운동은 히라마츠 모리히코 도지사가 당선되면서 1979년 4월부터 시작하였으며[4], 2003년 4월 히라마츠 도지사가 은퇴하면서 막을 내리게 됐다. 새 도지사가 당선되면서 도청 내의 1촌1품 운동 추

---

4) 오이타현의 1촌1품 운동에 대해서는 이 운동을 직접 추진한 당시 오이타현의 도지사 히라마츠 모리히코의 저서를 번역한 『지방화시대의 새로운 사고』를 참고하기 바란다.

진실이 폐지되었고, 업무는 다른 부서로 분산돼 이관됐다. 이후 오이타현에서는 마을만들기의 방향으로 '지산지소(地産地消)', 즉 지역 농산물을 지역에서 소비하는 로컬푸드 운동으로 전환하여 '도요노쿠니 쇼쿠사이(豊の国食彩)'를 슬로건으로 마을만들기 운동을 전개하고 있다.[5)]

오카다(2016)는 일본뿐만 아니라 국제적으로도 주목을 받았던 1촌1품 운동의 중요한 문제점을 다음과 같이 지적했다. 첫째, 지역경제의 균형발전이라는 측면에서 볼 때 몇 개 기업의 판매액이 1촌1품 운동의 전체 판매액을 주도하는 문제이다. 특히 2개의 유명한 보리소주업체가 전체 매출액의 대부분을 차지했는데, 이 기업들의 발전이 지역경제와 마을만들기에 얼마나 이바지했는가는 의문이라는 것이다. 곧 지역 내에 연관 산업도 없으며, 관련된 생산자와 주민의 수가 많지도 않아 지역 경제와 주민생활에 지속가능한 발전으로 이어지지 않았다. 그 결과 정주인구도 증가하지 않았다. 둘째, 1촌1품 운동은 지역의 특산물에 초점을 맞추어 그것을 대도시에 대량으로 판매했다. 그러나 시장출하량이 어느 정도 증가하다가 한계를 맞이하게 됐다. 그 이유는 농산물의 산지 간 경쟁이 심화되고, 수입농산물이 증가하자 이에 따라 시장가격이 하락하게 되고, 고령화의 진행으로 농업 후계자가 부족하게 되는 등 다양한 어려움이 복합적으로 존재했다. 곧 대도시 시장에 지나치게 의존한 결과인 셈이다. 셋째, 마을만들기 주체로 농협과 기초자치단체가 연대를 했는데 행정구역의 합병으로 인해 행정구역과 농협의 영업구역이 달라지면서 어려움이 발생했다(오카다, 2016: 164-178). 행정구역의 합병 문제는 둘째로 치더라도, 오이타현의 마을만들기 운동에서 얻을 수 있는 교훈은 농가소득을 올리는 것에만 집중해서 대도시 시장에 지

---

5) 도요노쿠니(豊の国)는 오이타현의 옛 이름이며, 쇼쿠사이(食彩)는 다채로운 먹거리를 뜻한다. 즉 오이타의 다채로운 먹거리로 해석할 수 있다.

역 특산물을 더 많이 판매하는 데에 몰두하고 지역 내 경제순환을 만들지 못했다는 점이다(오카다, 2016: 179). 따라서 마을만들기는 단순한 소득증대 사업으로 수렴해서는 안 되며, 지역의 특색을 살리면서 경제적, 사회적, 문화적, 생태적 발전을 통해 주민들의 삶의 질을 보장하는 방향으로 추진돼야 함을 강조할 수 있다(박진도, 2011: 7).

3) 마을만들기와 공동자원론

기존 마을만들기 사업에 대한 반성에서 출발한 연구들은 마을만들기의 패러다임에 대한 전환을 요구하고 있다. 마을만들기는 곧 '사람만들기'이며, '공동체적 의식 만들기'이다(전동진・황정현, 2014: 53). 실제로 마을만들기 연구 동향을 살펴보면 '사람'에 중점을 둔 연구들이 증가하고 있다(정석・김택규, 2015). 이는 마을만들기를 추진하면서 주민과 다른 주체 간의 갈등으로 인해 이해관계를 조정하고 협력하는 방안을 모색하면서 마을공동체를 형성하는 것이 중요한 과제로 대두되기 때문이다. 여성, 귀농인, 활동가 등 특정한 주민에 초점을 두거나, 소통과 협력 및 갈등 과정에 중점을 둔 연구들이 시도되고 있는 것으로 나타났다. 정석・김택규(2015)는 사람 중심의 연구가 증가하고 있으나 정태적인 연구에 머물고 있다고 지적하고 있다. 시간이 흐름에 따라 참여 주체들 사이의 관계, 마을공동체가 형성되는 과정 등을 분석한 동태적 연구가 상대적으로 적다는 것이다.

다음으로 마을만들기와 사회자본에 관한 연구도 상당수 진행되고 있다(김기홍, 2006; 이경원, 2014; 임경수, 2015; 박수진・나주몽, 2015; 정기석, 2017). 사회자본에 중점을 둔 연구에서는 주로 마을 내 신뢰와 네트워크를 강조하고 있다. 정기석(2017)이 지적한 바와 같이 농촌마을의 사회자본은 이해하기 어려운 특성이 존재한다. 두레와 계 등 전통적 사회자본이 존재하지만, 농촌 마을에서도 다소 흔적만 남아 있는 경우가 다반사이며, 일제 식민지나 개발독재에 의해 만들어진 사회자본도 혼재하기 때문이다. 본 연구의 사례 지역인 제주 하례1리 마을의 조직 구조(그림 4-2 참조)를 살펴보더라도 어촌계와 개발위원회, 새마을지도자가 공존하고 있음을 확인할 수 있다. 농촌 마을에서 마을만들기를 추진할 때 이들이 기득권을 주장할지, 열린 자세로 새로운 사회자본을 형성할지에 성패가 달렸다고 할 수 있다(정기석, 2017: 58).

최근 들어 마을만들기 연구에 새로운 키워드가 등장하기 시작했다. 바로 공동자원(commons)이다. 공동자원은 일종의 마을자원이다. 마을사람들은 과거로부터 공동자원을 함께 이용하고 보전하며 생계와 생활을 이어왔다. 제주에서는 마을공동어장, 마을공동목장, 곶자왈 숲, 공동식수인 용천수 등 자연자원이 다수이지만 저수지와 수로 같은 인공자원도 존재한다.[6] 최현・김선필(2016)은 제주 가시리 마을이 마을공동목장이라는 지역의 공동자원을 재발견하여, 이를 마을만들기에 전략적으로 활용해 주민들의 소득을 높이며 유대를 강화하고 새로운 공동자원(복지회관, 문화 공간 등)을 형성한 사례를 분석했다. 공동자원을 활용한 마을만들기 전략이 주목받는 이유는 이 전략이 마을 주민들 사이의 연대뿐만 아니라 주민들과 자연의 유대를 강화함으로써 마을뿐만 아니라 주변 자연의 지속가능성도 높이기 때문이다.

정영신(2017)은 공동자원과 마을주민들의 관계를 단절시킨 요인으로 시장이나 국가를 지목하고, 동백동산을 이용한 생태관광을 통해 제주 선흘리 마을사람들과 동백동산이 새로운 관계가 형성되는 과정을 밝혔다. 이

---

6) 공동자원의 정의를 둘러싼 논쟁은 최현(2016; 2019), CHOE & YUN(2017)을 참조하시오.

연구는 마을 자체보다는 공동자원인 생태환경과 마을사람들 관계를 재구축한 과정에 초점을 맞추지만, 그 과정이 마을만들기의 한 측면이라는 사실을 부정할 수 없다. 김자경(2019)은 마을에서 공동자원이 새롭게 만들어지는 과정을 분석했다. 제주 행원리는 반농반어의 마을로 농가 및 어가 수익이 감소하고 있는 가운데, 마을의 새로운 수익원을 찾기 위해 바람에 주목했다. 마을 내 풍력발전법인을 만들어 바람을 마을의 공동자원으로서 운영하고 있는 사례다. 여기서도 자연자원인 바람의 혜택은 주민들의 생태적 감수성에 긍정적인 영향을 미치는 것으로 나타났다.

이러한 연구들은 공동자원과 마을의 관계에 초점을 두고 있다. 홍성태(2017)는 공동자원을 마을의 물질적 기반으로 본다. 과거 공동자원은 마을 생계의 핵심 기반이었다. 마을공동목장이나 마을공동어장은 농업과 어업을 영위하기 위해 공동으로 이용하고 관리했던 자원이다(Kim, 2018). 그러나 공동자원의 이용가치가 하락함에 따라 거의 관리하지 않고 방치한 경우가 대부분이었다. 가시리의 마을공동목장, 선흘1리의 동백동산이 그러했으며, 행원리의 바람은 농사일을 어렵게 하는 고난의 상징이었다. 그러나 마을사람들이 이러한 공동자원을 새롭게 인식하기 시작하면서, 다시 공동자원과 관계를 맺고 공동의 부를 창출하기 시작한 것이다. 지금까지 공동자원을 활용한 마을만들기 연구는 이렇게 창출된 공동의 부 또는 재화를 공동자원론적 마을만들기의 핵심으로 간주했다. 그러나 가시리와 선흘1리의 비교 연구(Choe & Lee, 2018)에서 알 수 있듯이 공동의 부 창출에는 성공했지만 마을공동체 강화와 인구 증가에 실패한 사례도 있다.

앞서 살펴보았듯이 일본에서도 소득의 창출 측면에서는 성공했으나, 외부의 인구 유입이나 자연과의 공존 등 장기적인 지속가능성을 확보하기 위해 필요한 조건을 확보하지 못하는 문제가 나타났다. 한국의 경우 제주

뿐만 아니라 전국적으로 마을만들기 지원사업이 시행되면서 여러 마을 공동시설들이 설치됐지만 대부분 지원사업이 끝난 후 방치됐고(이성용·오은석, 2019), 심지어 마을 유지 몇몇의 그 시설을 팔아먹기도 했다(최충일, 2016). 따라서 마을 공동시설 확대나 소득증대 등을 통해 젊은 사람들을 마을에 불러들임으로써 농촌 마을만들기에 성공할 수 있다는 사고방식은 공동자원을 활용한 마을만들기 과정에서도 장애로 작용할 수 있다. 이러한 문제를 지적하기 위해 우리는 수익증대에는 별로 관심이 없이 시작했지만, 마을주민들의 유대를 강화하고 자부심을 높였을 뿐만 아니라 마을주민과 자연의 유대도 형성한 마을만들기 사례에 관심을 가지게 됐다. 이에 다음 절에서는 하례1리와 공동자원(효돈천)의 관계맺기를 중심으로 공동자원을 활용한 마을만들기 사례를 살펴보고자 한다. 한편 본 논문은 하례1리 마을 현황과 효돈천의 이용에 관해서는 문헌조사를 중심으로 정리하였으며, 마을의 구조와 생태관광에 관련한 내용은 하례1리의 핵심 인물 인터뷰를 중심으로 정리하고 분석하였다.

3. 효돈천의 기억을 품은 하례1리 마을의 변동

1) 기록 속의 가마귀ᄆᆞ루, 현재의 하례리 마을 현황

하례리는 제주특별자치도 서귀포시 남원읍의 서쪽에 위치한 마을이다. 서귀포시와 남원읍의 경계인 효돈천은 하례리의 서쪽에 있다. 효돈천을 사이에 두고 서귀포시 상효동, 신효동, 하효동과 남원읍 하례1·2리가 접해 있다(그림 4-1 참조). 제주 지도를 보면 대부분의 마을들이 한라산을 중심으로 중산간 지대를 거쳐 해안까지 부챗살 모양으로 길게 형성돼 있다. 밭농사와 어업을 동시에 영위하면서 마을의 생계를 책임지기에 무척 유리한 마을의 분할방식인 것이다. 지도를 보면 알 수 있듯이 하례리 역시 한라산에서 해안까지 길게 마을이 이어져 있음을 확인할 수 있다. 하례리는 예전에는 가마귀ᄆᆞ루(烏旨里), 호촌리(狐村里), 하례촌(下禮村)이라고 불렸으며, 고인돌 유적이 존재하고, 석기 유물들이 발견돼 선사시대부터 사람들이 살아 왔던 것으로 추정된다(양동욱 등, 2016: 118; 하례리마을회, 1999: 28).

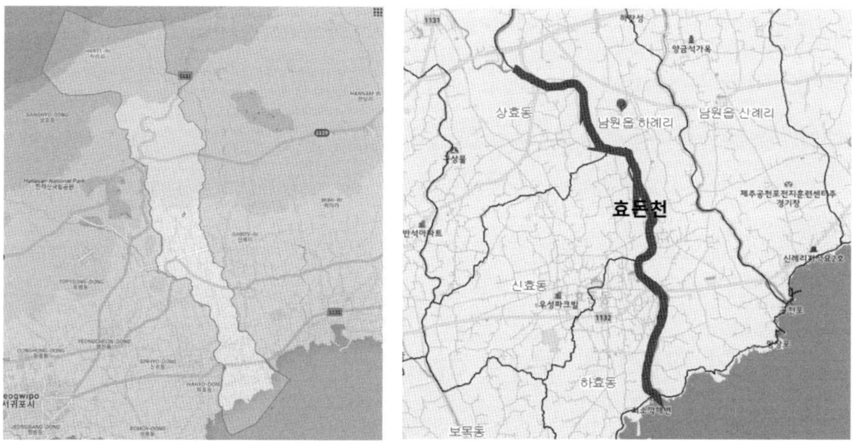

〈그림 4-1〉 남원읍 하례리의 위치와 효돈천

출처: 구글지도와 제주특별자치도 공간 포털 (http://gis.jeju.go.kr/bm/index.do#)

하례리에 대한 기록이 등장한 것은 고려 말 충렬왕 26년(1300년) 당시 탐라를 14개의 현으로 나누었고, 그 중 호촌현(狐村縣)이 되면서부터다(강순석 등, 2001: 262). 고려시대부터 호촌현 지역이었으나, 조선시대에 들어와 영조 26년(1750년)에 이 동네에 사는 대표 7호가 모여 새로운 마을을 만들었고, 이때 오지리(烏旨里, 제주어로 가마귀ᄆᆞ루)가 됐다. 순조 13년(1813년) 오지리(烏旨里)를 오지리(梧旨里)로 변경했다가, 고종 12년(1875년)에 오지리가 하례촌(下禮村)으로 불렸다. 일제 식민지 시대인 1914년 하례촌은 하례리(下禮里)로 개명됐다. 1965년 하례리는 하류 측의 하례1리와 상류 측의 하례2리로 행정분리되어 오늘에 이르고 있다(하례리마을회, 1999: 50). 본 논문에서는 생태관광[7]이나, 신례리, 하효동, 상효동, 신효동 같은 이웃마을과의 관계 등 하례1리와 2리 모두에 관계된 문제를 다룰 때는 통틀어 하례리를 다루지만 마을의사 결정구조, 생태관광 진행 방식, 생태관광의 영향 등을 다룰 때는 하례1리에 초점을 맞출 것이다. 아래에서 좀 더 설명하겠지만 하례1리가 인구도 2배가량 많고 생태관광의 중심이기 때문이다.

〈표 4-1〉 하례리 마을 인구 현황

	인구합	남	여	세대수
하례1리	1,133	569	564	495
하례2리	542	292	250	230

출처: 하례1리는 리사무소 내부자료(2018년 기준).
하례2리는 제주도 (http://www.jeju.go.kr/vill/harye2/intro/about.htm)

하례리의 인구 현황은 〈표 4-1〉과 같다. 인구구성에 특이한 점은 하례1리는 외지인 비율이 약 10% 정도로 매우 적은 편이며, 하례2리는 절반 정도가 외지인이라고 한다. 과거 하례1리에는 18개의 자연마을이 있었으며, 당시 마을 인구는 1,800여명까지 증가했던 시기였다. 현재는 마을 인구가

7) 하례1리와 2리가 함께 하례리생태관광마을협의체를 구성했기 때문에 생태관광 전반에 대해 설명할 때는 하례리로 표기하고자 한다.

감소하여 자연마을을 12개의 반으로 구성했다. 하례1리는 남원읍(17개리로 구성)에서 6번째로 큰 마을이다. 한편 2018년 기준 마을 내 유권자 수는 980명이다.[8] 〈그림 4-2〉는 하례1리 마을의 조직 현황을 보여주는 것이다. 이것을 보면 하례1리 마을의 독특한 의사결정구조와 함께 마을 임원을 어떻게 길러내는지 알 수 있다.

마을의 의사결정구조를 살펴보면, 마을총회가 최종 의사결정 기구다. 이장은 마을총회를 소집하는 등 마을 운영 전반에 대해 책임을 진다. 이장의 임기는 2년이며 이장은 마을총회에서 선출한다.[9] 개발위원 6명은 마을총회에서 선출하며, 노인회장, 부녀회장, 청년회장은 당연직 개발위원이다. 이장을 포함한 개발위원회는 하례1리 운영의 실행기관이며 중요한 의사결정은 이 단위에서 사전에 논의된다. 새마을지도자는 마을의 민원을 수집하거나 마을회의록을 작성하는 총무역할을 한다.[10] 새마을지도자도 마을총회에서 선출되는데, 새마을지도자가 되기 위해서는 청년회 활동을 하면서 일정 정도 경험과 실력을 인정받아 청년회장이 되어 경력을 쌓아야 한다. 새마을지도자로 어느 정도 경력을 쌓으면 이장 후보로 인식된다. 하례1리의 주요 일꾼이나 임원은 이와 같이 단계적으로 마을 일에 대한 경험을 쌓으며 성장한다. 하례1리를 구성하는 자연마을은 12개의 반(상동은 1~5반, 하동은 6~12반)으로 나뉜다.

---

8) 2019년 8월 16일 하례1리 이장님 인터뷰.

9) 현재 하례1리 이장님은 생태관광마을 사업을 유치하고 임기 2년을 마쳤으나, 사업의 연속 문제로 연임돼 마을 내에서는 1년만 일하는 것으로 합의본 상황이다(하례1리 이장님 인터뷰, 2019.8.16).

10) 제주의 다른 마을과 비교했을 때 하례1리의 특징은 이장의 역할을 보조하고 마을의 실질적인 살림을 담당하는 총무의 역할을 새마을지도자에게 부여하고 있다는 점이다. 따라서 새마을지도자는 자연마을의 대표인 반장들과 상시적으로 소통하며 마을의 민원을 수집하게 된다. 대부분 마을들은 사무장에게 이 역할을 맡기고 있는 편이다. 하례1리에서 사무장은 마을의 행정만을 담당한다.

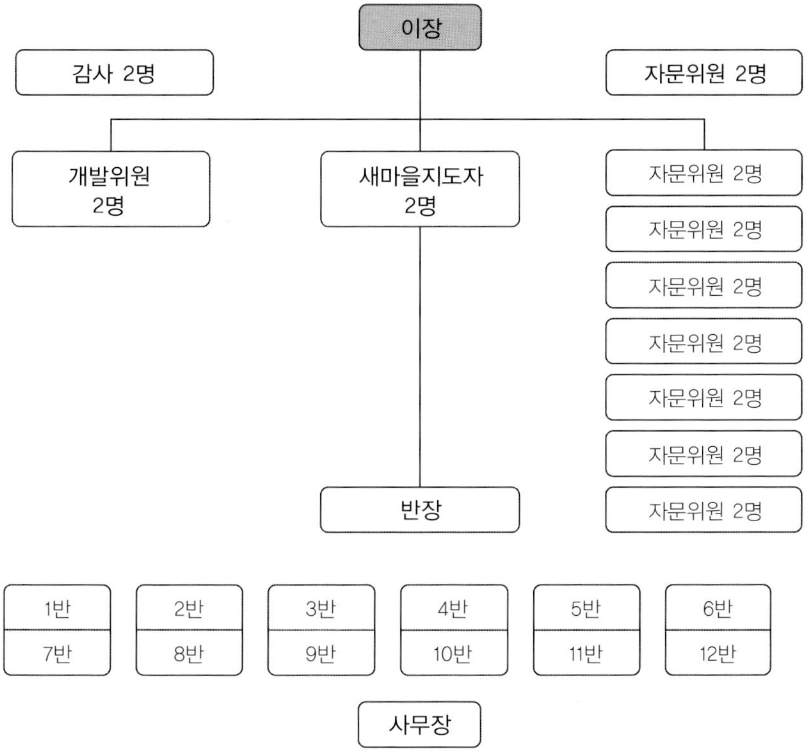

〈그림 4-2〉 하례1리의 마을 조직현황

출처: 하례1리 마을회 내부자료.

상동 및 하동영농회장은 농사정보를 마을사람들에게 공유하는 역할을 한다. 제주의 다른 마을들은 대개 영농회장을 마을의 의사결정구조에 참여시키지 않는다. 오히려 마을공동목장조합장과 어촌계장을 마을의 의사결정구조에 참여시키는 것이 일반적이다.[11] 과거 제주의 주민 생활에는 공동목장과 바다가 매우 중요했기 때문이다. 제주는 화산섬이기 때문에 씨뿌리기 전에 말과 소로 땅을 밟아주지 않으면 싹이 트지 않아 말과 소가

---

11) 제주 마을의 의사결정구조에 관한 연구는 김자경(2019)을 참조하기 바란다.

반드시 필요했다. 이른바 '진압농법'이 필수적이었던 것이다. 따라서 말이나 소의 먹이가 필요하므로 마을공동목장이 반드시 필요했다. 또 대부분의 마을이 바다와 접해 있고 바다에서 다양한 먹을거리를 얻을 수 있었기 때문에 어촌계 역시 중요한 역할을 했다. 이 때문에 마을공동목장과 마을공동어장의 책임자는 마을 내 의사결정에 있어 중요한 역할을 했고 이것이 현재까지 이어져 내려온 경우가 많다. 그러나 하례1리의 경우 환금작물인 감귤이 도입되면서 대부분의 세대가 감귤농사를 지어 높은 소득을 얻게 됐다. 이렇게 감귤농사가 마을 경제의 중심이 되면서 상동 및 하동 영농회장이 마을의 의사결정구조에 들어온 것으로 보인다. 하례1리의 경우 오히려 마을공동목장조합은 분리돼 마을의 의사결정구조에서 빠져 있다. 어촌계는 마을의 의사결정에 참여한다. 이와 같이 제주 농촌마을의 의사결정구조를 비교해 보면, 마을의 경제활동구조에 따라 의사결정구조에 차이가 있다는 것을 알 수 있다. 또 하례1리의 의사결정구조에 들어가 있는 독특한 직책이 또 하나 있는데, 바로 문고 회장이다. 문고는 하례1리 새마을 작은도서관을 지칭한다. 도서관장이 마을의 최고 의사결정구조에 참여한다는 것은 하례1리가 매우 높은 교육열과 문화적 욕구를 가지고 있다는 것을 보여준다(양기훈, 2016).

이와 같이 마을의 현황을 살펴볼 때, 마을 내 의사결정구조를 우선적으로 파악하는 이유는 마을의 자치구조를 살펴보기 위함이다. 이장은 행정에서 임명하지만 실제로는 마을총회에서 직접 선출된다. 이장은 덕망을 얻어 풀뿌리 민주주의 제도를 통해 선출돼야 하며, 자치와 자율의 구조를 통해 마을 권력이 만들어진다. 물론 일제 강점기 시대에 마을 권력은 일제가 마을 외부에서 식민 지배를 위해 부여한 권력이었으며, 미군정과 군사독재시대에도 정도에는 차이가 있었지만 중앙 권력의 연장이었다. 아직까지도 마을 내 강력한 의사결정권을 가지는 개발위원회나 새마을지도자의 존재가 그 흔적을 말한다. 그러나 마을에는 다양한 여러 조직들이 존재한다. 과거에는 다양한 '계'의 명칭으로 불렸을 조직, 즉 일제 강점기 이전 시대부터 계속 유지되어 온 어촌계가 이에 해당한다.

이와 같이 어촌계나 개발위원회와 같은 신구의 다양한 조직들이 서로 충돌하지 않고 마을 의사결정구조 안에 들어왔다. 이 다양한 조직들이 원활한 소통을 함으로써 마을 자치의 힘을 키우게 되는 것이다. 이 경우 외부에서 개발압력이 강하게 들어온다 하더라도 마을 내 소통을 통하여 흔들리지 않고 마을공동체를 유지할 수 있다. 또한 공동자원을 비롯한 마을 자산의 공동관리를 기반으로 하는 소통이야 말로 가장 강력한 사회자본의 하나로 작동하게 될 것이다. 하례1리의 경우도 여러 자생단체뿐만 아니라 시대의 변화에 따라 행정의 요구에 따라 만들어진 개발위원회, 새마을지도자 등도 마을의사결정구조 안으로 들어왔다. 마을에서 결정해야 할 중요한 사업은 마을총회의 안건으로 올라오고 총회의 승인을 거쳐 추진된다. 마을의 공동체성은 이와 같이 마을의 의사결정구조를 통해 간접적으로 확인할 수 있다. 하례1리는 마을총회가 원활하게 이뤄지고 있는데, 이를 통해 하례1리의 공동체성도 비교적 강하다는 것을 확인할 수 있다.

2) 효돈천 또는 내창, 생활 속의 공동자원

하례리에는 중요한 공동자원인 효돈천이 있다. 효돈천은 한라산 서남서벽과 남동쪽에서 각각 발원한 하천줄기가 많은 지류를 모아 영천오름 부근에서 합류한 뒤 쉬오름의 동쪽을 돌아 내려오다 예촌망(망오름)을 지나 '쇠소깍'에 이르러 바다로 나가는 형태의 하천이다(강순석 등, 2001: 15). 한라산에서 바다로 이어지는 하천인만큼 한라산 남쪽(산남, 서귀포)지역의 최대 하천이다.

효돈천은 하례리 마을지 『下禮마을-가마귀ᄆᆞ루』에는 '효례천'으로 기록돼 있어, 하례리 사람들은 오래전부터 '효례천'으로 불러왔음을 알 수 있다(하례리마을회, 1999: 23). 1936년 일제는 '조선하천령'을 통해 전국의 하천 길이와 명칭을 정했다. 효돈천은 이에 따르면 '제주도 서귀면 상효리 1467번지~바다'까지에 해당한다. 1962년 '조선하천령'은 폐지되고 '하천법'이 제정됐다. 1981년 '하천법'이 개정되면서 건설부장관의 권한 일부가 도지사나 지방국토관리청장에게 위임됐다(양동욱 등, 2016: 143). 이후 1982년 제주도지사가 효돈천을 준용하천으로 고시하였고 공식적인 명칭이 됐다(강순석 등, 2001: 25).

제주도 내 대부분의 하천은 건천인데, 효돈천 역시 대부분의 구간에 물이 항상 흐르지 않는 건천이다. 따라서 하천 바닥으로 내려가 보면, 용암이 흘러 굳은 거대한 바위(조면암)가 여기 저기 펼쳐져 있거나 암벽등반이 가능할 정도의 큰 바위들이 하천가에 우뚝 서 있다. 이러한 독특한 풍경은 마치 협곡을 연상시킨다. 이 협곡과 같은 건천은 "집중호우 시에 고지대인 상류에서 형성된 대량의 물을 하류인 바다로 급속하게 운반시켜 주는 배수로의 역할을 수행하는 것"이다(강순석 등, 2001: 159).

하례리 사람들은 효돈천을 통칭 '내창'이라고 한다. 내창은 제주어로 하천이라는 뜻이다. 비가 오면 효돈천의 물이 갑자기 불어 급류가 바다까지 흘러내리는데 이를 '내친다' 또는 '내터진다'고 표현한다. 30여 년 전만 해도 효돈천에 비가 와서 내가 터지면 15일 정도는 물이 항상 고여 있었다. 그러나 현재는 3일 정도 지나면 효돈천의 고인 물이 사라질 정도로 수량이 적어졌다. 아이들이 효돈천에서 놀다 보면 크고 작은 사고가 발생했는데,

특히 내터질 때는 익사사고가 종종 있었다. 하례리에서는 비가 내리지 않아도 한라산에 검은 구름이 낀 것을 보면 어르신들이 내터진다고 경고하며 아이들을 귀가시키곤 했다.[12)]

효돈천의 물은 인근 마을의 중요한 식수원이었다. 효돈천 곳곳에 용천수가 나오는 물웅덩이가 있는데, '긴소', '웃소', '댁물', '남내소' 등은 효돈천 인근 마을사람들이 식수로 사용했던 곳이다. 현재 하례1리 이장(1953년생)은 초등학교 때 효돈천 내 '댁물'이라는 곳에 허벅을 지고 물을 길으러 다닌 경험이 있었다고 회상했다. 특히 '남내소'는 지금도 연중 내내 물이 마르지 않는 매우 깊은 곳이다(양동욱 등, 2016: 42; 강순석 등, 2001: 35).

효돈천에 허벅을 지고 물을 길으러 다녔던 당시, 식수로 이용되었던 곳은 깨끗하게 보존하기 위해 신성시했다. 식수로 사용하는 물은 목욕이나 빨래를 금지했고, 이는 불문율이었다. 또한 제사를 지내거나 경조사가 있을 때는 많은 물이 필요하여 며칠 전부터 물을 저장해 놓는다. 그러나 갑자기 초상을 치러야 할 경우 급하게 많은 물이 필요했다. 이때는 마을 사람들이 허벅에 물을 길어다 주었는데, 이러한 풍습은 '물부조'라고 한다(양동욱 등, 2016: 42-45).

한편 허벅을 이고 물을 길으러 다니기에는 너무 힘들고 불편하여 마을 사람들이 효돈천 내에 수도사업을 자발적으로 진행하기도 했다. 1927년 효돈천 내 돈내코에서 120여 미터를 거슬러 올라가면 취수장이 있었는데, 이곳에서 물을 사용했던 5개 마을이 협동하여 용수개발사업을 추진했었다. 당시 신효, 하효, 동상효, 서상효, 토평 등 5개 마을이 모여 상수도조합을 결성했다. 한 가구당 소 한 마리 값 정도를 염출하면서 공사비를 모았다. 1930년대 초 완공된 돈내코 취수장은 주민들의 자발적으로 만든 사

12) 하례1리 이장님 인터뷰(2019.8.16).

업이었으며, 1960년대 초까지 사용됐다. 돈내코 취수장에서 각 마을로 물을 보내면 동네별로 설치된 물탱크에 저장됐다. 마을사람들은 멀리까지 가지 않고서도 동네 안에 있는 물탱크의 물을 받아 바로 사용할 수 있었다. 이런 물 공급은 해방 후 1960년대 초까지 이루어졌다(강순석 등, 2001: 86). 하례리에서는 1965년 12월 간이상수도가 개통됐다. 13개소에 공용 수도꼭지를 설치하여 이웃들이 함께 사용할 수 있게 된 것이다(하례리마을회, 1999: 140).

효돈천은 식수뿐만 아니라 생활에 필요한 여러 가지를 하례리 사람들에게 제공했다. 효돈천은 하례리 사람들의 삶의 터전이자 공동자원이었다는 것이 몇몇 주민들의 이야기를 통해 확인된다.

> "이 냇가가 우리한테 주는 것이 엄청나게 많지. 일반 생활권에서 옛날에는 음료, 목욕, 빨래, 그 다음 가축 물 먹이는 거. 그 다음에 이 주위에서 얻어지는 이런 땔감, 우리가 먹을거리, 여러 가지 우리에게 상당한 도움을 많이 줬지."
> 강00(45년생), 황00(48년생)(양동욱 등, 2016: 10)

3) 삶의 변동, 단절된 공동자원

효돈천은 예로부터 하례리 마을 사람들의 삶의 터전이었다. 댁물과 오개물은 식수를 제공했으며, 허벅과 물부조 문화를 남겼다. 댁물 인근에서 빨래를 했으며, 빨래터는 동시에 마을의 문제를 논의하는 공론장이기도 했다. 아이들은 하루 종일 내창에서 놀면서 물놀이도 하고 목욕도 했다. 인적이 비교적 뜸한 곳은 연애장소도 됐다(양동욱 등, 2016: 42-60). 그러나 집집마다 수도가 설치되고, 욕실이 정비되고, 세탁기가 들어오면서 효돈천은 일상생활과 조금씩 멀어지게 됐다.

공동자원은 마을 주민들 모두의 삶과 밀접한 관계를 맺고 있어 주민들에 의해 공동으로 이용될 수밖에 없기 때문에 마을공동체는 공동자원의 관리 과정에서 다양한 공동체 문화를 창출했다. 그러나 공동자원에 의존할 필요가 줄어들면서 그와 관련된 문화 역시 기억 속 추억으로 남게 됐다. 그리고 상수도 개발에 따라 효돈천의 수량도 줄어들었다. 예전에는 물이 잘 고였던 예기소의 물이 말라가는 것을 체감하고 있으며, 그 이유는 상수도를 사용하기 위해 지하수를 개발하는 것으로 인식하고 있다는 것이 주민 강 모 씨의 이야기를 통해 나타난다.

> "~근데 거기(예기소)가 물이 잘 안 고이는 거 같고 그거를 왜 느끼느냐면 저 고살리 가면 그 위에 가면 물 나오면 그 물통에서 물 맞으면서 놀아도 났었거든(놀기도 했거든)? 그게 없어진 게 어느 날엔가 지하수들 팠잖아, 물들이 다 그 줄로 가버렸는지 그 위에 나는 물은 안 나 버리더라고. 그렇지 않으면 고살리 위에 가서는 참 닭도 삶아 먹고이, 그러면서 즐겁게 놀고 찬물에서 놀고 거기서 물도 맞고 그랬는데 그게 이 지하수가 개발되면서 그게 없어져 버렸어."
>
> 강00(60년생)(양동욱 등, 2016: 29)

하례리는 제주의 여느 마을과 마찬가지로 농사를 지으면서 지금까지 생업을 이어나가고 있다. 특이한 점은 효돈천의 물을 이용하는 산업인 제지업, 석제업 등도 활발했던 것이다. 효돈천 남내소 하류지점에 '한지내콤'이라는 지명이 이를 증명한다. 닥나무를 심어 종이를 만드는데, 작은 소는 세척장으로 이용하고 넓은 바위는 건조대가 됐다. 종이제조는 일제 강점기 때 일본에서 대량 생산된 종이가 들어오면서 사양길에 접어들었다(강순석 등, 2001: 37; 하례리마을회, 1999: 150).

석제업은 묘비를 만들거나 기념비, 공적비 등을 만드는데 제주에 3~4곳이 존재했다. 그 중 한 곳이 하례리 걸서악 인근의 '소안밭'이다. 걸서악 서쪽 벽 냇가가 비석제조 장소였다. 제주에서는 드물게 존재했던 채석장이었다고 한다. 또한 효돈천의 바위들은 생활용구와 건축용 자재로 사용되기도 했다(강순석 등, 2001: 44; 하례리마을회, 1999: 150).

한편 감귤나무가 도입되기 이전의 하례리에서는 주로 고구마, 콩, 참깨, 맥주보리 등 밭작물을 재배했다. 또한 일제 강점기 이전에는 제사상에 올리거나 약재로 사용하기 위해 당유자나 하귤 등 재래종 귤을 한두 그루 재배했었다. 하례리는 일본에 거주하는 친인척들에게 감귤나무 묘목을 받아서 시작한 경우가 많았고, 1970년대에 들어서는 거의 모든 집에 감귤나무를 심었다. 1980년대에 들어서는 해발 200미터 이하의 모든 밭은 감귤원으로 조성되었다. 하례리를 시작으로 제주도 전 지역에 감귤 재배가 확산되면서, 감귤은 제주의 주요 산업으로 변화했다. 하례리는 감귤로 인해 전국에서도 상당히 높은 농업소득을 올리게 됐다(양동욱 등, 2016: 102-111; 하례리마을회, 1999: 151-157). 현재는 제주도 전역에서 감귤이 재배되지만, 1970년대까지 감귤의 북방한계선은 서귀포시 지역이었다. 특히 하례리는 제주에서도 겨울철에도 눈이 내리지 않고 포근한 지역으로 기후와 토질 등 자연환경이 감귤생육에 적합하기 때문에 집집마다 감귤농사를 지어 고소득을 올릴 수 있게 됐다.

소를 이용하여 생활에 필요한 곡식이나 채소를 재배하는 농업에서 환금작물인 감귤을 재배하는 농업으로 옮겨가면서 마을이 점차 변화하기 시작했다. 소가 농사에 필요 없게 되면서 마을공동목장의 중요도는 하락했다. 밭 돌담 울타리에 심어졌던 동백나무 등이 베어지고 감귤나무를 보호하기 위해 방풍림인 삼나무가 심어졌다. 삼나무가 빠르게 자라면서 멀리 바닷

가가 보였던 시야가 가려지게 됐다. 온 마을에 같은 감귤나무가 심어지자 병충해 확산도 한 순간이 되자 농약 사용량이 증가했다. 효돈천이 비록 건천이라도 물이 고인 곳이 많아서 개구리 소리도 들렸고, 반딧불이도 있었지만, 감귤재배로 인해 농약 사용량이 증가하면서 이제는 개구리 소리, 반딧불이가 사라졌다는 것이 주민 허 모 씨의 이야기를 통해 나타난다.

> "~개구리도 개체수가 상당히 적어지면서 그런 소리가 많이 안 들린 거. 어떻든 그건 이제 이디가 이제 감귤과수원 지대다 보니 농약을 많이 하면서 빗물에 농약이 하천으로 이제… 쓸려 그쪽으로 내려가면서 아마 그런 그… 자연적으로 뭐로 해서 개구리나 모든 게… 그런 그 철새. 이런 부분도 개체수가 줄어들어가지고 그만큼 이제… 자연에서 나는 소리가 적어지지 않았는가 하고. 또, 우리 지역엔 예전에는 반딧불이 상당히 많이 났었는데 요즘에는 반딧불이 보기가 극히 어려운 쪽으로 된 부분이고. 게, 여기는 건천이지만은 건천 그 주변이 좀 습한 쪽에가 상당히 많아가지고 예전엔 반딧불이 상당히 많았었는데 아마 그런 그 농약의 사용으로 해가지고 그런 부분이 상당히 이제… 줄어들지 않았는가. 난 그렇게 생각해."
>
> 허00(56년생)(양동욱 등, 2016: 25)

하례리 마을의 농업구조가 감귤을 중심으로 한 환금작물로 바뀌면서 마을의 풍경과 자연환경도 바뀌게 된 것이다(양동욱 등, 1999: 110). 이와 더불어 노동력의 동원 방식도 바뀌게 됐다. 밭작물 중심이었을 때는 품앗이와 비슷한 노동력 교환인 수눌음이 번성했다. 그러나 감귤의 생산면적이 증가하면서 수확량이 많아지고 노동력이 필요한 시기가 대부분의 마을에 겹치면서 수눌음은 어려워지고, '놉'이라는 임금노동의 형태가 증가했다. 점차 '놉'을 구하는 것도 어려워지자 현재는 주로 용역업체를 이용하기도 한다(양동욱 등, 2016: 111). 농업노동력은 품앗이에서 임금노동으로 완전히 바뀌었다. 수눌음이라고 하는 일종의 사회자본이 사라지게 된 것이다.

하례1리 농업이 생계지향에서 시장지향으로 이행하면서 생태계, 마을경관, 인간관계도 변화했다. 변화의 양상은 자연과 인간의 관계 단절, 인간과 인간의 관계 단절로 설명된다. 폴라니 식으로 정리하면, 감귤농업으로 인해 시장경제가 하례리 마을 속으로 완전히 침투했다. 이에 따라 하례1리에서 상호부조, 품앗이 등의 공동노동, 교환노동 등 과거 호혜적 경제 활동이 사라지고, 그 자리를 임노동 같은 시장경제 활동이 차지했다. 시장경제 체제가 농촌 마을 깊숙이 파고 들어오자 효돈천을 공동자원으로 관리하던 전통은 사라졌다. 농가들의 교류는 줄어들고 농장주는 개별적 경영인으로서 의사결정을 하고 있다. 하례1리에는 4개의 작목반이 있는데 감귤이 주요 수입원이 되면서 작목반의 역할과 위상은 매우 커졌다. 그러나 작목반은 경제적 효율성을 위해 조직된 것으로 과거처럼 공동활동을 위해 조직된 것이 아니다. 곧 농자재의 공동구매, 감귤의 공동판매 등을 통해 생산비 절감과 유통의 효율성을 위한 조직인 것이다.

하례리의 농업구조가 감귤로 바뀌면서 농업소득이 증가하고 생활수준이 좋아졌다. 반면에 다양한 관계의 변화가 분명해졌다. 앞서 상수도 보급으로 효도천이라는 자연과 주민의 유대가 약화되었고, 감귤산업으로 마을사람들이 수눌던(상부상조하던) 문화가 사라지고 마을사람들 사이의 유대가 약화됐던 것이다. 농촌마을 안에서도 일터와 삶터가 멀어진 현상이 나타난 것이다. 효돈천과 하례1리 마을사람들의 단절은 효돈천 하류에 쓰레기 투기 문제로 나타났다(강순석 등, 2001: 23).

4. 효돈천, 다시 공동자원으로 마을 중심에 서다

1) 마을의 과제, 생태관광 도입 배경

하례1리 마을의 주요 경제 산업은 농업, 그 중에서도 감귤이다. 그러나 남원읍 내에서 보면 상대적으로 농지 면적이 작아, 주로 신흥이나 중문 쪽의 다른 마을에 있는 감귤 하우스를 경영하는 주민도 상당수 있다. 하례1리의 경우 마을 재산도 그리 많지 않은 편이다. 마을공동목장은 마을회의 것이 아니라 마을에서 독립한 마을목장조합의 것으로 목장조합은 150여 명의 주민으로 구성돼 있다. 최근 들어 관광지로 유명세를 타고 있는 쇠소깍의 경우 하례리와 하효동의 생활영역이어서 공동으로 관리하는 영역이나 주로 하효동 사람들이 주로 이용하고 있다. 그래도 하례1리 청년들은 마을 구성원으로서 정체성을 유지하고자 하는 마음이 강해서, 청년회 3~40명 정도가 남원읍 체육대회에 참가한다. 하례1리 마을에서는 여느 농어촌 마을처럼 고령화가 진전되고 있지만, 겨울철에도 눈이 오지 않을 정도로 포근한 기후와 더불어 감귤을 재배하는 기술이 뛰어나 주민 소득이 제주도 안에서도 비교적 높다. 때문에 하례1리는 1차산업 중심의 마을이지만, 청년의 비중이 다른 마을보다 비교적 높은 편이다.

따라서 하례1리 마을의 과제는 경제활성화를 통해 마을 소득을 높이는 것이 아니었다. 오히려 하례1리 주민들이 느끼는 문제는 서귀포 지역 내에서 마을의 지명도가 낮다는 것이었다.[13] 또한 하례1리 마을 사람들은 효돈천에 대해 삶과 생계에서 단절되었지만 추억의 단절은 없으며, 다른 마을

13) ㈜생태관광 윤00 대표 인터뷰(2019.7.22), 하례1리 이장님 인터뷰(2019.8.16)에 의함.

을 견학하면서 자신의 마을과 효돈천에 대해 자랑스러워했다. 한편 효돈천은 1965년 천연보호지역(천연기념물 182호, 한라산 천연보호구역)으로 지정되었으며, 2002년에는 유네스코 생물권보전지역의 핵심지역으로 선정됐다(제주특별자치도 세계유산본부, 2020). 2014년 12월에는 효돈천과 하례마을이 공모를 통해 환경부 생태관광마을로 선정됐다. 하례리는 생물권보전지역 사무국의 제안을 계기로 생태마을로 선정 공모에 참여했다. 하례1리와 2리가 함께 생태마을협의회를 구성하여 추진하고 있다.[14)]

마을 사업은 본래 전임 이장의 사업을 후임 이장이 연속적으로 받지 않으면 사업의 진행이 어렵게 된다. 그리고 마을의 의사결정에서 중요한 역할을 하고 있는 개발위원회를 설득하여 동의를 구하는 것도 어려운 일이다. 특히 생태마을 사업에 대한 내용을 충분히 숙지하지 않은 상태에서 신청했을 경우, 이후 마을 사업을 추진하는 과정에서 여러 가지 문제들이 나타나기 마련이다. 하례리의 경우 생태마을을 신청할 당시 사업의 내용을 제대로 숙지하지 않은 상태였다. 그래서 2014년 4월에는 주민역량강화 프로그램을 먼저 시작했다. 우선 하례1리와 2리의 주민을 중심으로 협의회를 구성했으며, 서귀포시 녹색환경과 담당 공무원도 협의회에 참석한다. 분기별로 회의를 하는데 현재까지 이어지고 있다. 이 협의회에서 중요한 역할을 담당했던 총무는 현재 ㈜생태관광의 대표인 윤00이다. 윤 대표는 2014~2016년까지 협의체 총무를 맡아 협의회를 운영했는데, 외부인이지만 생태관광의 전문가로서 참가했다. 현재는 자원봉사자로 마을과 지속적

---

14) 하례리의 경우 2리 이장님이 1리 이장님을 설득하여 함께 신청했으나, 현재는 주로 1리를 중심으로 추진하고 있는 상황이다. 하례2리의 경우 생태마을 추진에 대한 반발이 심했는데 효돈천이 천연보호구역으로 지정되면서 재산권 행사가 상당히 저해되었기 때문에, 생태관광마을을 추진하게 되면 마찬가지 우려가 반복될 것이라고 하는 생각이 강했기 때문이라고 추측된다(㈜생태관광 대표 윤00 인터뷰, 2019.8.16).

인 관계를 이어나가고 있다. 하례리에서 ㈜생태관광은 지역 코디네이터 역할을 했던 것이다.

윤 대표는 앞서 설명한 바와 같이 하례리의 특징을 '청년 비중 높음, 효돈천의 존재, 마을 지명도의 낮음'이라는 요소로 파악하여 마을 활동의 주요 파트너를 청년회로 삼아, 이들을 중심으로 다양한 프로그램을 개발했다. 그것이 효돈천 트레킹과 고살리 숲 해설이다. 이런 활동의 결과로 하례리는 농림축산식품부가 주최하는 2017년 제4회 행복마을만들기 콘테스트에서 경관·환경부문에서 수상을 했다. 수상의 이유는 마을 프로그램 자체가 청년을 중심으로 전개되었기 때문이라고 판단된다. 앞으로의 마을 과제는 마을의 고령자를 중심으로 한 프로그램 개발에 있다.

2) 생태관광마을 추진 경과

하례1리 마을은 생태관광마을 이전에 다양한 마을 사업을 추진했다. 다른 여느 마을처럼 외자 유치의 관점에서 영어마을 유치, 태풍센터 유치, 전지훈련장 유치 등 여러 가지 시도가 있었는데 모두 실패했다.[15] 마을 사람들의 찬반양론이 충돌했기 때문인데, 마을 외부 조직의 시설물 유치를 중심으로 하는 사업이어서 마을 사람들이 주도적으로 참여할 수 없어 주민 동의를 끌어내기 어려웠던 것으로 판단된다.

생태관광을 추진하는 데는 ㈜생태관광의 윤 대표가 상당한 역할을 했다. 마을을 돌아다니면서 사람들을 만나 생태관광에 대한 설득을 하면서 소통을 추진해 왔다. 마을의 자원을 함께 탐색하고, 효돈천에 대한 가치를

15) 하례1리 이장님 인터뷰(2019.8.16).

새롭게 인식하여 트레킹에 관한 교육을 함께 받았다. 결국 〈표 4-3〉과 같이 마을의 중장기 발전방향을 수립하여 마을 총회에서 인준을 받았다. 그러나 마을 총회를 거쳐 생태관광 마을 비전을 수립했지만, 생태관광의 특성상 조용한 마을 안까지 관광객이 들어오게 할 수밖에 없었다. 마을 안길에 관광객이 증가하고 쓰레기가 쌓이자 생태관광마을 사업에 소극적으로 반대하는 사람들도 생겨났다.

〈표 4-3〉 하례1리 마을 중장기 발전방향

비전	자연과 문화와 사람이 느리게 어우르는 마을 생태관광마을 하례1리		
목표	효돈천 생태가치 확산	주민공공서비스 강화	주민생업의 안정화
전략 계획	하천의 원시생명력 회복과 체험	주민공동체 활성화 및 복지 증진	새로운 농업소득 개발
	↓	↓	↓
	• 효돈천 트레킹 코스개발 • 효돈천 스토리(전설) 찾기 • 효돈천 환경모니터링 • 생태계 복원활동	• 주민이 행복한 축제운영 • 주민 여가문화 아카이브 구축 • 주민역량강화 교육 • 사회적협동조합 운영 • 생태해설사 주민교육	• 생태관광지 효돈천과 하례1리 감귤브랜드 개발 • 특산물 판매장 운영 • 감귤활용상품 발굴 • 마을공방을 이용한 기념품 제작

출처: 하례1리 마을회 자료.

하지만 전반적으로 생태관광에 대한 마을 주민들의 인식은 좋아지고 있는 것으로 보인다. 마을 사람들의 생태관광에 대한 인식이 좋아진 중요한 계기는 2017년 행복마을만들기 콘테스트를 준비였다.[16] 그동안 생태관광 추진의 중심축이었던 효돈천 트레킹은 아무래도 마을 내 청년층을 중심으로 진행되어 왔다. 그동안 생태관광에 미온적이었던 마을사람들이 함께

16) 하례1리 이장님 인터뷰(2019.8.16).

무엇인가 준비를 해 본다는 경험이 필요한 시점이었다. 마을 주민 50~60명이 3개월 동안 함께 연습해서 제주도 예선에서 우승한 후 전국대회에 나가 동상을 받은 것이다. 이 준비 과정 속에서 마을 주민들이 단합해 나가고 있다는 것을 실감했으며, 생태관광에 대한 인식도 점차 변화해 나가고 있다. 생태관광이 마을 주민들에게 소득이 되지 않지만 보람이 되는 것이다. ㈜생태관광 윤 대표와 호흡을 맞춰온 청년들은 이전부터 이러한 것을 느끼고 있었다.

> "훼손되지 않은 자연이 얼마나 많은 혜택을 후손들이 누릴 수 있도록 했습니까. 다행스러운 일이라고 생각합니다. 고부가가치 생태체험관광으로 농외소득 기반을 형성할 수 있다는 결과를 가져온 것이지요. 조상 대대로 가꿔온 마을 자원을 생태프로그램을 통하여 사업성 있는 마을공동체 자산으로 성장시킬 것입니다." (한라일보, 2016.1.19)

현재 하례리생태관광마을협의체는 24명으로 구성돼 있는데, 여러 가지 사업을 추진하고 있다. 제주시에는 곶자왈 숲 동백동산으로 유명한 선흘리에 생태관광마을센터가 있는데, 협의체 주도로 마을 총회에서 하례1리에도 생태관광지원센터를 유치하도록 하는 합의를 이끌어냈다.[17] 기존의 외부기관 시설 유치와는 전혀 다른 것이다. 또한 생태관광마을 지정을 계기로 2018년에는 농촌체험휴양마을도 선정되어, 2019년 예비마을이 되고 2020년 본격적으로 이 사업도 시작된다. 감자체험농장, 농촌밥상 등의 프로그램을 준비 중이다. 하지만 협의체가 가장 역점을 두고 있는 것은 마을의 '사람'을 기르는 일이다. 트레킹해설사(10명), 환경교사(9명), 감귤점빵

17) 현재 생태관광지원센터는 걸서악 부근의 마을 땅에 국비 8억, 도비 8억을 들여 만들고 있다.

팀(5명) 등 인재양성을 하고 있는데 생태관광마을로 지정돼 받고 있는 예산이 끊겨도 계속 운영해 나갈 수 있게 준비 중이다.[18]

효돈천 내창트레킹의 경우 관광객 5명당 1명의 해설사가 들어간다. 이들은 응급구조 등 안전교육을 매년 받고 있다. 환경교사는 마을의 식생조사 등 다양한 활동을 하며 하례초등학교에서 환경교육을 하고 있다. 감귤점빵은 원래 부녀회 사업인데 부녀회 회원들이 상당히 바쁘다 보니, 보다 안정적으로 활동하기 위해 부녀회 회원 중 5명으로 협동조합을 설립하였고, 현재는 사회적 기업으로 인증받았다. 감귤점빵에서는 감귤을 이용하고 막걸리로 발효시키는 상웨빵을 만든다. 하례1리에는 방앗간과 떡집이 사라져 제사상에 올리기 위해 인근 마을에 가서 떡을 사오곤 했는데, 감귤점빵이 생기면서 이제는 감귤 상웨빵이 마을사람들의 제사상에 대신 올라가고 있다. 또한 남원읍내 노인회 경로잔치 등에 가서 나눔도 하면서 홍보하고 있다.

한편 주민참여 예산을 신청하여 무단투기를 방지하기 위해 CCTV를 설치했다. 주민환경감시단을 운영하고 있으며, 농협에서 트럭을 지원받아 감시활동에 사용하고 있다. 효돈천에 쓰레기를 무단으로 투기하는 것을 막기 위해 마을 주민들이 함께 노력하고 있다. 매달 마지막 주 일요일에 내창 청소의 날을 정해 상류에서 흘러나온 쓰레기를 마을 주민들이 함께 청소하고 있다. 그 밖에도 하천과 마을사람들의 관계를 다시 연결시키기 위해 다양한 행사를 준비했다. 2016년부터 시작한 '에코파티'와 2014년부터 시작한 '내창 끝에 뭐 이싱고!' 등의 이벤트가 대표적이다. 마을 주민들이 주도적으로 참여하여 준비를 하고 있으며 특히 제주도민의 참여를 적

18) 하례1리는 생태관광마을에 2015~2017년에 이어 2018~2020년까지 재지정되었다. 따라서 2021년부터는 재정지원을 받지 못한다.

극적으로 유도하는 모습이 보였다.

에코파티는 제주관광공사와 하례리생태관광마을협의회가 공동으로 주관하는 행사로 마을단위로 관광상품을 준비하고 시행해 보는데 상당한 역할을 했다. 현재는 제주의 12개 마을이 참가한다. 웰컴 티파티, 메인 행사-트레킹(하천길 코스, 고살리숲길 코스), 바릇잡이(소라 채취 체험), 지역주민 공연, 로컬푸드 시식의 순으로 마을의 사정에 맞추어 다양하게 진행되고 있다. 에코투어는 하례마을의 연례행사가 됐다. 에코투어에 참가했던 사람들에게 나누어 주었던 감귤빵이 앞에서 언급했던 '하례점빵'이라는 마을 협동조합을 낳았던 것이다. 에코파티에 제주도민의 참여가 높아지면서 하례리 생태관광에 대한 인지도가 높아지고 있으며, 하례1리의 지명도 역시 높아지고 있다.

3) 전환의 시작, 효돈천과 하례1리 마을사람들의 관계 맺기

생태관광마을을 추진하면서 하례1리 사람들은 마을의 자원에 대해 조사했고, 그 결과로『하례리 내창소리』라는 책을 펴냈다. 이 책의 구성은 1장 큰내에 대한 향수, 2장 하례마을 생명스토리, 3장 효돈천(효례천) 역사와 자연해설이다. 그 구성에서도 확인할 수 있듯이 효돈천이 이 책의 중심 소재다. 특히 청년들이 효돈천에 대한 마을 어른들의 기억을 정리한 부분이 인상적이다. 이를 통해 생계와 단절되면서 삶과도 단절됐던 효돈천이 기억을 통해 다시 현재의 삶과 새롭게 친밀한 관계를 맺기 시작한다. 효돈천은 생태관광을 매개로 다시 마을의 공동자원이 되고 있는 것이다.

〈그림 4-4〉는 하례리 생태관광지도이다. 효돈천 트레킹은 평소에 경험하기 어려운 체험코스이다. 절벽과 같은 효돈천 기슭을 타고 내려가고 강

바닥의 크고 작은 바위를 넘어야 하기 때문이다. 트레킹 코스를 따라 가다 보면 저마다 사연을 간직한 긴소, 웃소, 댁물, 남내소 등 크고 작은 소(沼)들을 만날 수 있다.

〈그림 4-4〉 하례리 생태관광지도

효돈천을 중심으로 한 생태관광을 계기로 하례1리 마을에서는 또 다른 관계의 변화가 나타났다. 하례초등학교는 2017년에 제주도교육청에 의해 건강생태학교로 지정됐다. 이에 하례1리 주민들이 환경교사가 돼 하례초 학생들에게 효돈천과 하례1리의 환경교육을 한다. 동네의 누구 엄마, 누구 아빠가 '선생님'으로 아이들을 가르치기 시작한 것이다.

“처음에는 쑥스럽고 호칭의 혼돈이 있었지만 이제는 어디에서 만나도 반갑게 인사하고 안부를 묻고 도움을 요청하는 풍경이 마을 안에 새로 만들어졌다. 새로운 관계가 형성돼 학교에만 있었던 선생님을 마을 곳곳에서 만나니 마을이 아이들의 놀이터학교가 된 듯하다. 아이들은 환경교사들을 친근하고 편안하게 여긴다. 그렇다 보니 환경교사들이 주기적으로 학습하는 공간인 이 사무소는 아이들의 쉼터가 되기도 한다. 하례1리 사무소는 연중 문이 열려 있는, 어린이에서부터 어르신들까지 즐겨 찾는 그야말로 모두의 공간이 되고 있다. 환경교사인 주민들에게도 변화의 바람이 일고 있다. 마을의 미래세대를 함께 키운다는 자부심과 책임감에 수업준비가 철저하다. 월 1회 진행되는 수업을 위해 주민인 환경교육팀장의 지도 아래 수업계획서를 작성하고, 예비수업을 통해 검증을 받고, 자원 모니터링하고, 수업 이후 함께 평가회도 갖는다. 모두 감귤농업을 병행하고 있는지라 각자의 사정을 고려해 시간을 만들고 리사무소에서 함께 수업을 준비한다. 이런 과정을 통해 환경교사들이 서로를 이해하고 존중하게 되며 함께하고 있다는 연대감이 형성된다.” (한라일보, 2018.3.29, 필자 일부 수정)

그리고 마을사람들에 대한 호칭 변화는 새로운 지속가능성의 희망을 보여주고 있다. 하례1리에서 생태선생님의 등장은 “가족 차원의 친밀권을 넘어서 지역 차원에서 새로운 유대관계”(가시이, 2009: 316)가 탄생한 작은 사례라 할 수 있다. 이들은 단순하게 마을 일을 위해 자원봉사를 하는 것이 아니다. 이들은 감귤 이외의 생산을 담당하는 것이다. 일터와 삶터의 간극을 좁히는 과정이기도 하다. 생업과 일상, 경제 활동과 문화 활동이 마을 안에서 함께 어우러지기 시작한 것이다.

하례1리의 생태관광마을 사업은 소득 사업이 아니라 마을공동체 사업이 되었고, 이는 효돈천과 마을 사이의 관계, 마을 사람들 사이의 관계가 변화하면서 나타난 결과라 할 수 있다. 또한 하례1리 마을만들기 사업은 생태관광 프로그램을 개발하는 데 그친 것이 아니라 마을을 운영하는 방식과 목적을 전환하는 데까지 나아갔다는 점에서 그 뛰어남을 확인할 수 있다. 감귤로 인해 소득이 좋은 마을에서 기존의 방식대로 감귤을 중심으로 마을 운영을 하는 것이 아니라, 효돈천을 재인식하고 생태마을을 비전으로 마을을 운영한 것이다. 즉 일터와 삶터, 경제생활과 문화생활의 모순을 줄이고 주민들과 함께 자연의 지속가능한 관리를 지향하는 생태전환을 모색하기 시작했다고 평가할 수 있다. 생태관광은 효돈천 트레킹을 통해서, 에코투어 프로그램을 단순한 상품으로 만들지 않고, 효돈천을 하례1리 마을 사람들 모두의 것, 공동자원으로 만들어내고 있기 때문이다. 이런 지향이 공동자원론적 생태관광의 특징이라 할 수 있을 것이다.

> "마을공동체를 활성화하기 위한 생태관광은 주민이 효돈천의 가치와 효용을 인식하는 데 있다. '가까이 하면 알게 되고 알게 되면 사랑하게 된다'고 했다. 효돈천의 가치를 알고 사랑하게 하는 일, 사랑하는 대상이 있는 마을을 사랑하게 되는 것은 당연지사다. 최근에 주민들이 마을을 사랑할 수밖에 없는 이유를 찾고, 함께 할 수 있는 공간을 만들고, 함께 책임지는 가치 있는 일련의 활동을 통해 자연스럽게 마을공동체는 활성화될 것이다."
>
> (한라일보, 2018.3.29.)

한편 또 하나의 작은 변화가 감지된다. 효돈천 트레킹 프로그램 이전에는 그다지 마을 소모임이 활발하지 않았고 교류도 적었다. 오직 돈벌이와 직결되어 있는 감귤작목반만 활성화됐다. 하지만 감귤작목반은 엄격한 규칙에 따라 운영됐고, 비용 절감을 위해 농자재를 공동으로 구매하고, 감귤을 공동으로 판매하는 등의 경제활동만을 했다. 농업기술을 공유하거나 감귤 수확을 서로 돕기 위한 교류 등은 거의 없었다. 그런데 생태관광을 통해 마을에서 주민들이 새로운 즐거움을 찾고, 다양한 친교를 나누기 시작했다. 이에 따라 마을 구성원의 소속감이 강화되면서 서로 협력하기 시작했다.

> "집안 이야기도 하고, 농법 같은 것도 공유하는 거지요. 심지어는 작년에 태풍 때 마을에 한 분이 하우스가 무너진 거예요. 근데 그때 다 모여서, 하우스 복원을 했어요. 이렇게 공동체가 회복되는 일도 생기는 거예요."
>
> (㈜생태관광 대표 윤00 인터뷰, 2017.5.29.)

임노동이 확대되면서 마을 사람들이 무언가를 함께 했던 경험이 사라지고 서로에 대해 관심도 기울이지 않게 됐으나, 소통을 통해 다시 서로를 돌보기 시작한 것이다. 효돈천 트레킹을 계기로 무언가를 함께 하는 경험을 나누게 됐다. 이제 효돈천은 다시 하례1리 마을 사람들이 함께 누리고 함께 지키는 공동자원이 됐다. 결국 생태관광도 삶의 터전을 가꾸어 나가는 도구다. 삶의 터전을 마을사람들이 함께 만들어나가는 경험은 공동체적 연대를 강화하고 내외부의 도전 속에서 마을의 복원력과 지속가능성을 강화하는 커다란 자산으로 작동한다.

주민과 농업경영인 사이에서 공동자원인 효돈천을 활용한 생태관광은 주민들이 경제적 존재에서 정치적·문화적 존재로 성장할 수 있는 발판이 됐다. 농업경영인으로 협력하면서, 마을의 의사결정에 참여하고, 생태교사로서 학생들에게 존경받는 경험을 하게 된 것은 중요한 사건이다. 비록 작은 일손도움일지라도 단순히 농업경영인에 그치는 것이 아니라 하례1리의 주민으로서 거듭나는 계기가 된 것이 확실하기 때문이다.

5. 결론

신자유주의로 인한 폐해와 농촌의 급격한 노령화 인구감소로 인해 지역과 마을을 활성화하는 것이 대안으로 부각되면서 다양한 마을만들기 사업이 추진되고 있다. 특히 농촌마을은 여러 위기 속에서 오늘을 이어가고 있다. 여러 정부부처에서 각종 마을만들기 사업을 추진하고 있으며, 추진방식의 변화도 보이고 있지만 여전히 비판의 여지가 많다. 일본에서 마을만들기 운동이 한국에 소개되면서 마을만들기는 다양한 이론을 중심으로 전개되고 있다. 최근에는 공동자원을 중심으로 한 마을만들기 연구가 새롭게 등장하고 있다. 공동자원론의 시각에서 마을만들기의 핵심은 마을사람들과 공동자원의 관계맺기에 있다. 과거에는 생존을 위해 필요했으며, 생활 속에 있었던 공동자원은 현재를 살아가는 사람들에게는 가치를 인정받지 못하고 방치되었다. 과거에 주민들이 함께 의지하고 지켰던 생활의 보고인 숲, 하천, 바다 등 자연의 공동자원이 주민들의 생활과 유리되면서 농업·산업폐기물을 유기하는 쓰레기장이 되거나 개발업자의 먹잇감이 됐다. 자연을 농촌 마을의 공동자원으로 재정립하는 시도인 공동자원을 활용한 마을만들기는 농촌 살리기이면서 동시에 자연의 지속가능성을 확보하는 과정이다.

하례1리는 감귤농업으로 제주도 내에서도 상대적으로 부유한 농촌마을이지만, 대도시와 소득경쟁을 할 수는 없다. 따라서 여느 농촌마을처럼 소득을 올려 이주자를 끌어들이고 마을 위상을 높이는 마을 정책은 일찌감치 포기했다. 하례1리 마을사람들은 농촌에서 안정적인 소득을 올리면서 주민들의 자존감을 높이기 위해 마을의 인지도를 올리는 것을 목표로 마을만들기를 진행했다. 따라서 하례1리의 마을만들기를 기존의 마을만들기 관점에서 평가하면 실패한 사업으로 평가하기 쉽다. 하지만 하례1리는 효돈천이라는 자연자원을 공동으로 관리하는 과정에 주민들을 참여시킴으로써 주민들의 유대를 강화하고, 주민들의 자치능력을 고양시키는 성과를 낳았다. 뿐만 아니라 생태관광을 통해 지역주민이 효돈천과 새로운 유대관계를 형성함으로써 주민들이 환경보존의 중요성을 깨닫고 지속가능한 삶의 방식을 택하도록 만드는 변화를 가져왔다. 즉 하례1리는 공동자원(효돈천)이 주민들에게 가져오는 수익에 구애됨 없이 참여, 연대, 생태적 감수성 향상의 매개가 되고 있음을 확인할 수 있었다.

마을공동체가 지속되기 위해서는 마을이 공동으로 관리하는 경제적 토대가 필요하다. 하례1리의 사례를 통해서 알 수 있듯이 효돈천 같은 자연의 공동자원은 마을이 지속되는 한 언제나 공동관리를 통해 마을의 경제적 토대로 활용될 수 있다. 하지만 공동자원을 경제적으로만 활용한다면 결국 그것은 상품으로 팔리거나 지속가능성을 잃고 파괴될 수 있다. 그렇게 되면 마을공동체도 지속되기 어렵고, 지속된다고 해도 기껏해야 각자의 이익을 위해 지속되기 때문에 각자의 이익을 위해 언제든 해체될 수 있다. 하지만 하례1리는 앞에서 살펴보았듯이 자연의 공동자원을 경제적으로만 활용하는 것이 아니라, 주민들이 공동자원을 함께 관리하면서 민주적 자치 역량을 키우고, 문화적 자부심과 생태적 감수성을 길렀다. 하례1리는 공동자원과 다양한 사회자본을 발전시킴으로써 개인을 뛰어넘는 공동체적·생태적 요소를 축적했고 이것이 마을과 자연의 지속가능성을 확대했다. 공동자원을 마을만들기 자산으로 활용한 경험으로 축적된 주민들의 역량은 마을이 위험사회에서 지혜롭게 살아나가는 바탕이 될 것이다. 공동자원론의 관점에서 보는 마을만들기의 중요성은 여기에 있다.

참고문헌

가시이 히로유키 (2009). 커뮤니티 워크를 통한 지역 만들기. **지역살림운동의 길을 찾아서.** 모심과살림연구소 역. 모심과살림연구소. pp.295-322.

강만익 (2019). 근현대 제주도 마을공동목장의 변화 양상. **제주사회의 변동과 공동자원.** 최현 등 편저. 진인진. pp.127-177.

강순석・김찬수・김완병・정세호・강만생・좌혜경・강문규・강시영 (2001). **제주생명의 원류/하천과 계곡② 효돈천.** 한라일보사.

구도완 (2009). **마을에서 세상을 바꾸는 사람들.** 창비.

김기홍 (2006). 농촌 '마을' 사회자본 탐구를 위한 이론의 구성. **농촌사회,** 16(1): 7-42.

김동주 (2016). 제주도 바람의 자본화에 저항하는 풍력자원 공유화운동. **공동자원의 섬 제주1: 땅, 물, 바람.** 최현 등 편저. 진인진. pp.442-482.

김미영 (2009). 일본의 '마을 만들기' 실천전략에 관한 고찰. 마을만들기 어떻게 할 것인가. **민속연구,** 18: 151-177. 안동대학교 한국학연구원 민속학연구소.

김자경 (2019). 공동자원을 둘러싼 마을의 의사결정구조와 공동관리: 제주 행원리 사례를 중심으로. **ECO,** 23(1): 55-74.

김정원 (2008). 농촌형 사회적 일자리에 대한 사례 연구. **지역사회연구,** 16(2): 3-28.

박수진・나주몽 (2015). 마을만들기 사업이 사회적 자본 형성에 미치는 영향에 관한 연구 -매개효과 분석을 중심으로. **도시행정학보,** 28(4): 31-51.

박진도 (2011). **순환과 공생의 지역만들기.** 교우사.

부산대학교 한국민족문화연구소 편 (2013). **지역에서 행복을 찾다.** 소명출판.

양동욱・윤순희・정희종・전용문・김명준 (2016). **하례리 내창소리.** 하례리생태관광마을협의체(비매품).

오카다 도모히로 (2016). **지역 만들기의 정치경제학.** 양준호・김우영 역. 한울아카데미.

우즈・마이클 (2014). 현대 촌락지리학, 권상철・박경환・부혜진・전종한・정희선・조아라 역. 시그마프레스.

이경원 (2014). 지역공동체 강화를 위한 사회적 자본의 육성. **제주발전포럼,** 51: 3-16.

이노우에 마고토 (2014). **공동자원론의 도전,** 최현・정영신・김자경 역. 경인문화사.

이성용·오은석 (2019). 서귀포시에 적합한 마을만들기 추진체계 수립. 정책연구 2019-04. 제주연구원.

임경수 (2015). 마을 만들기와 사회적경제. 환경논총, 55: 26-34.

전동진·황정현 (2014). 마을 만들기 운동과 패러다임 전환. 현대유럽철학연구, 35: 31-70.

정기석 (2017). 마을 만들기 방법론의 현실적인 문제점과 방안-농촌공동체 재생을 위한 사회적 자본의 개발·활용 전략 중심. 한국농촌건축학회 춘계학술발표대회 자료집, pp. 57-77.

정석·김택규 (2015). 국내 '마을 만들기' 연구동향과 '사람'에 중점을 둔 연구의 특성 분석. 한국도시설계학회지 도시설계, 16(5): 123-138.

정영신 (2017). 커먼즈와 커뮤니티 관계의 역사적 변동-제주도 선흘리 마을과 선흘곶 동백동산 관계를 사례로. 로컬리티 인문학, 17: 119-163.

조돈문·배성인·장진호 편 (2011). 위기의 한국 사회, 대안은 지역이다. 메이데이.

코샤 쥬베르트·레일라 드레거 (2018). 세계 생태마을 네트워크. 넥스트젠 코리아 에듀케이션 역. 열매하나.

최현 (2016). 공동자원이란 무엇인가?. 공동자원의 섬 제주1: 땅, 물, 바람. 최현 등 편저. 진인진. pp.23-40.

____ (2017). 선흘1리 마을만들기와 공동자원의 지속가능성. ECO, 19(2): 41-69.

____ (2019). 공동자원의 새로운 정의와 제주의 공동자원. ECO, 23(1): 7-33.

최현·김선필 (2016). 공동자원의 지속가능성과 마을만들기 전략. 공간과사회, 26(4): 267-295.

하례리마을회 (1998). 下禮마을-가마귀ᄆᆞ루.(비매품).

황주석 (2005). 마을이 보인다 사람이 보인다. 모심과 살림연구소.

홍성태 (2017). 마을의 복귀와 위기 : 공동체와 공동재, 그리고 민주주의. 최현·정영신·윤여일 편저. 제주의 마을과 공동자원. 진인진. pp.310-331.

히라마츠 모리히코 (1993). 지방화시대의 새로운 사고. 한국정보문화센터(비매품).

Choe, Hyun & Jae-Sub Lee (2018). A Comparative Study on Two Ways of Community Building with Different Commons Ownership Modes: Focusing on the cases of Gasi-ri and Seonheul-1-ri, *Development and Society*, 47(2): 211-236.

Choe, Hyun & Sun-Jin Yun (2017). Revisiting the Concept of Common-pool Resources: Beyond Ostrom, *Development and Society*, 46(1): 113-129.

Kim, Ja-Kyung (2018). Sunureum as a Traditional Commoning in Jeju: Reinterpretation of Jeju's Livestock Culture., *Development and Society*, 47(2): 195-210.

양기훈 (2016.1.19). 〈양기훈의 제주마을탐방 73〉 서귀포시 남원읍 하례1리. 한라일보. http://www.ihalla.com/read.php3?aid=1453129200527214289, (2019.11.15. 인출)

윤순희 (2018.3.29). 풍요의 영등신과 '함께'의 가치. 한라일보. http://www.ihalla.com/read.php3?aid=1522249200590503099 (2019.11.15. 인출)

제주특별자치도 세계유산본부 (2020). 생물권보전지역이란?. 제주도 생물권보전지역 홈페이지, http://www.jeju.go.kr/jibr/biosphere/information.html (2020.3.24. 인출)

최충일 (2016.11.9). 백종원에 마을회관 판 돈 일부 주민 나눠… 제주 해안도로 마을 시끌. 중앙일보. http://news.jtbc.joins.com/article/article.aspx?news_id=NB11351713 (2020.3.24. 인출)

岡崎昌之 (2016.5.16). シマおこし. 全国町村会 칼럼. https://www.zck.or.jp/site/column-article/4933.html (2020.3.1. 인출)

chapter **05**

먹거리 커먼즈와 먹거리정책의 공공성

이해진

■

1. 문제제기 - 먹거리는 상품인가? 공공재인가?

이 글에서는 커먼즈(commons) 개념을 중심으로 먹거리정책과 운동의 대안적 방향을 모색한다. 먹거리정책의 근간인 먹거리는 상품인 것만이 아니라 공공재 또는 커먼즈라는 공공성을 포함한다는 문제제기를 바탕으로 먹거리정책 패러다임의 전환을 제안하고자 한다.

2008년 세계 식량위기가 발생한 이후에 먹거리정책이 전 세계적으로 확산되기 시작했다. 영국, 캐나다, 이탈리아 등에서 국가 및 지역 단위의 먹거리정책 또는 먹거리계획/전략이 실행되고 있다(김종안 · 길청순 · 김오열 · 정천섭, 2018: 70-73). 이러한 세계적인 흐름을 반영해서 2015년 전 세계 150여 개의 도시는 밀라노도시먹거리정책협약(Milan urban food policy pact)을 체결하였다. 먹거리정책은 산업적 세계농식품체계가 초래한 신자유주의적 상품화와 불평등에 맞서 건강, 사회, 환경의 지속가능성을 확보하고, 먹거리 기본권과 먹거리 정의가 보장된 지역먹거리체계를 형성하는 목표를 갖는다(랭 · 발링 · 캐러허, 2012).

이러한 세계적 맥락과 함께 국내에서도 로컬푸드운동과 학교급식운동의 성과를 배경으로 최근 들어 먹거리정책이 도입되기 시작했다(윤병선 · 송원규, 2018: 1141-1144). 문재인정부와 농림축산식품부는 2018년부터 국가 및 지역단위 먹거리정책을 수립하는 푸드플랜 사업을 처음으로 추진하기 시작했다. 그러나 현재 진행 중인 푸드플랜은 어떤 먹거리를 지향하는지에 대한 정체성이 부족하다는 점이 지적되고 있다(송원규, 2019). 먹거리정책의 정당성과 필요성의 근거가 되는 공공 먹거리에 대한 가치 인식과 이론적 담론들이 미흡한 것이다. 먹거리정책이 담고 있는 먹거리의 의미와 가치를 우선적으로 정립할 필요성이 제기된다.

따라서 이 연구는 먹거리정책의 기본 관점과 방향을 제시하기 위해서 먹거리를 과연 무엇으로 볼 것인가란 질문에서부터 출발한다. 먹거리의 의미를 어떻게 규정하고, 어떤 먹거리를 지향하는가에 따라서 먹거리정책의 방향이 결정되기 때문이다. 먹거리를 기존 방식처럼 산업적 관점이나 상품으로만 간주할 것인지, 아니면 먹거리를 인간의 존엄한 생존과 지속가능성에 필수적인 기본권의 관점에서 볼 것인지에 따라 먹거리정책의 공공성이 좌우된다. 이 글에서는 먹거리의 다차원적이고 공익적인 가치를 중심으로 먹거리의 의미를 규정하고 이를 먹거리정책의 공공성의 토대로 삼을 것을 제안한다. 푸드플랜을 포함한 먹거리정책은 먹거리가 기본권이고 공공재라는 관점에서 먹거리 대중의 필요와 먹거리 문제를 해결하려는 접근방식을 선택할 필요가 있다.

그러나 현실에서 대부분의 사람들은 먹거리를 상품이라고 생각한다. 초국적 농식품기업과 자본이 탄생시킨 종자, GMO, 가공식품, 음료, 사료 등은 상품화된 먹거리의 대표적 사례들이다. 자본주의 먹거리체계에서 먹거리 생산기반은 자본에 포섭되고 먹거리는 교환가치를 중심으로 이윤 창출과 자본축적의 수단으로 변형된다. 산업화된 세계 먹거리체계는 먹거리를 상품화하면서 자본의 이윤 이외의 공적 가치들을 배제한다. 먹거리의 공익적 가치를 시장경제의 교환 논리로 환원시키는 것이다. 시장의 논리에 갇힌 상품화된 먹거리는 먹거리 문제를 소비주의와 개인 문제로 치환시키며 먹거리를 둘러싼 사회 문제들을 가려버린다. 먹거리 문제의 개인화는 먹거리 대중들이 먹거리의 다차원적 가치와 먹거리 불평등에 무관심하게 만든다. 자본주의의 사적 소유와 신자유주의 먹거리체제가 빚어낸 상품으로서의 먹거리 이데올로기에 포섭된 소비 대중들은 먹거리와 농(農)의 공적 가치를 점점 더 망각하게 된다. 이러한 상품 먹거리 인식이 바로 먹거리정책의 공공성을 가로막는 걸림돌이 된다. 따라서 먹거리정책의 공공성을 위해 선결되어야 할 과제는 먹거리 상품의 문제틀을 공공성의 문제틀로 전환하는 것이다. 대중들로 하여금 먹거리를 공공성이란 관점에서 인식시키기 위해서는 먹거리가 갖고 있는 다원적인 사회적 가치를 의미화하는 먹거리 개념의 재구성이 요구된다. 따라서 먹거리정책의 공공성을 구축하기 위한 이념적 기초 작업으로서 기본권과 공공성의 관점에서 먹거리를 정의하는 이론적 토대를 마련할 필요성이 제기된다.

이러한 문제 설정에 따라 이 글에서는 최근에 자본주의 시장과 국가의 상품화와 사유화를 비판하는 대안 담론으로 등장한 커먼즈(commons) 개념과 커먼즈로서의 먹거리 논의에 주목한다(오스트롬, 2010; 라인보우, 2012; 최현, 2013; 페데리치, 2013; 볼리어, 2015; 정영신, 2016; 김자경, 2017; 최현·정영신·윤여일, 2017; Vivero-Pol·Ferrando·Schutter·Mattei, 2019). 커먼즈로서의 먹거리 개념은 상품으로서의 먹거리만이 아닌 공공재와 같은 먹거리의 다원적 의미와 가치를 부각시킴으로써 먹거리정책의 이념과 방향을 정립하는 이론적 실천적 자원으로 활용될 수 있다. 이를 바탕으로 본 연구는 커먼즈로서의 먹거리를 복원하고 창출하는 공공의 과정이 먹거리정책의 이념이자 방향이 되어야 한다는 주장을 제기하고자 한다.

요컨대, 이 연구의 목적은 먹거리의 다차원성과 먹거리 커먼즈 개념을 중심으로 먹거리정책의 방향을 제시하는 것이다. 먹거리 커먼즈를 형성하는데 국가의 공공정책이 어떤 역할을 할 수 있는지를 살펴보려고 한다(볼리어, 2015: 64). 또한 커먼즈 개념이 현실의 먹거리정책을 평가하고 방향을 제시하는 분석지표로 활용가능한지를 검토하고자 한다. 이를 위해 본 연구에서는 먼저 커먼즈에 관한 이론적 논의를 활용하여 먹거리 커먼즈 개념을 도출한 뒤, 이로부터 먹거리정책을 평가하는 분석틀을 구성하고, 이를 적용하여 충북 청주시 먹거리정책의 현황과 과제를 비판적으로 검토한다. 결론에서는 먹거리 커먼즈를 생성하는 지역먹거리체계를 구축하기 위한 먹거리정책의 방향과 전략들을 제시한다.

2. 먹거리 커먼즈란 무엇인가?

1) 먹거리 커먼즈

앞의 문제제기와 같이 먹거리정책이 공공조달과 같은 방식으로 공공성을 담보하기 위해서는 사유재가 아닌 공공재로서의 먹거리라는 물질적, 이념적 기반이 요구된다. 이를 위해 이 장에서는 커먼즈로서의 먹거리 개념을 구성하기 위한 이론적 자원들을 살펴본다. 커먼즈(commons) 개념은 공동자원, 공동체, 사회적 규칙의 세 차원이 통합된 전체를 의미한다(볼리어, 2015: 김자경, 2017; 정남영, 2017). 커먼즈는 물리적・무형적 자원만이 아니라 그러한 자원을 관리하는데 사용되는 공동체의 사회적 관행, 가치, 제도, 규칙들, 그리고 공동체로 구성된다(볼리어, 2016). 공동자원론의 학문적 기초를 닦은 오스트롬(E. Ostrom)은 경제학적 관점에서 공동자원을 배제불가능성과 경합성(감소성)을 갖는 재화로 설명했다(오스트롬, 2010; 최현, 2013). 자원의 속성을 중심으로 접근한 오스트롬의 공동자원론을 비판하면서, 최현 등(2015)은 공동자원을 "잠재적 사용자를 배제하는 것이 사회적으로 용인되지 않고, 한 주체의 사용량 증대가 다른 사용자의 사용가능한 양을 감소시키는 자연자원이나 인공시설"로 개념화하고, 이를 정의나 공정성을 위해 기존의 상품화되고 사유화된 공동자원을 복원시키는 운동의 논거로 제시하였다(최현 · 따이싱셩, 2015: 183).

커먼즈는 자연자원만이 아니라 자연과 분리될 수 없는 인간의 사회적 관계와 실천도 포함한다(라인보우, 2012). 커먼즈는 공동의 것을 생산하는 실천 과정을 통해 사회적으로 구성되는 생활양식으로 강조된다(볼리어, 2015; 페데리치, 2013; 정영신, 2016). 이러한 집합적인 실천과 활동을 통해 커먼즈를 창출하는 과정을 커머닝(commoning)이라고 부른다. 커머닝은 필요한 자원조달을 탈상품화해서 모두가 향유할 수 있게 만드는 과정으로서(볼리어, 2016), 더 구체적으로는 공유된 자원을 관리하는 데 필요한 상호지원, 갈등, 협상, 소통, 실험 행동을 가리킨다(김자경, 2017: 96). 이와 같은 커먼즈 논의는 자본주의적 국가와 신자유주의에 저항하는 전환 운동의 이론적 자원으로 활용된다(김자경, 2017: 94). 자본주의는 공동체가 공동으로 소유하고 관리하던 자원들과 공통부(commonwealth)에 울타리를 치고(enclosing) 사유화하는 방식으로 착취와 축적을 이루며 발전했다(Magdoff & Tokar, 2010; Vivero-Pol, 2017d; 폴라니, 2009; 네그리 · 하트, 2014), 이에 대응하여 커먼즈는 대안근대를 구축하는 실천 전략이자 지역의 자급과 자치를 복원하는 재지역화의 방안으로 제시되고 있다(정남영, 2015). 커먼즈론은 국가와 시장의 지배로 환원되지 않는 사회의 영역에서 지속가능성의 관점을 제시하는 새로운 접근방식이다(김자경, 2017: 91).

그런데 먹거리와 커먼즈를 연결시키는 과정에서 기존의 커먼즈 이론은 몇 가지 문제점을 드러낸다. 오스트롬식의 커먼즈 논의는 경제학적 관점에 치우쳐 먹거리를 자원의 속성으로만 한정한 한계를 지닌다. 또한, 합리적 선택이라는 경제학적 공리에 의존하기 때문에 정치나 권력에 대한 고려와 갈등의 문제를 제대로 다루지 못한다(볼리어, 2015: 63). 이러한 문제점은 먹거리가 역사적이고 사회적으로 구성되는 측면을 간과한 데서 비롯된 것이다. 특히 먹거리를 상품-사유재로만 간주해서 그 외의 다차원적인 속성을 주목하지 못한 것으로 보인다. 공동자원론을 촉발시킨 오스트롬은 먹거리를 타인의 사용을 배제하는 게 가능한 사유재로 분류했다(오스트롬, 2010; 최현, 2013; 최현·따이싱셩, 2015). 그러나 앞서 소개한 최현·따이싱셩(2015)의 주장처럼 배제불가능성을 자원의 속성만이 아니라 사회적으로 규정되는 것으로 본다면, 먹거리는 사유재가 아니라 인간의 생존에 필수적인 기본권과 정의라는 사회적 가치에 입각한 배제불가능한 공공재로 볼 수 있다. 먹거리는 인간의 생존을 위한 필수재이자 기본권으로서 공동체의 관계망 속에서 공동생산과 관리를 통해 만들어지며, 타인의 사용을 배제하는 것이 사회적으로 용납되지 않는 공동자원으로서의 성격도 지니고 있기 때문이다. 한국에서 2011년부터 제도화된 무상급식(학교급식)에서의 먹거리가 대표적인 예이다.

모든 먹거리가 상품은 아니다. 물론, 모든 먹거리가 공공재나 커먼즈인 것도 아니다. 어떤 먹거리는 사회적 관계 속에서 구성되는 의미와 실천의 조합에 따라서 커먼즈가 될 수 있다. 먹거리 영역은 공동체와 공적 체계의 집합적 제도적 실천에 의해 공동자원을 복원하는 것뿐만 아니라 이전에 없던 새로운 커먼즈를 창출할 수 있다. 왜냐하면 먹거리는 다원적 의미와 사회적 가치를 지니며 생산에서 소비에 이르는 변형의 과정을 포함하고 있기 때문이다. 먹거리는 안전, 건강, 환경, 농업 농촌, 복지, 문화, 교육, 경제와 밀접한 관계를 갖는다. 어떤 먹거리인가라는 문제는 먹거리의 생산에서 소비에 이르는 과정에서 사회적으로 어떻게 생산되고 사용되고 규정되느냐에 따라 다르게 나타날 수 있다. 먹거리는 사유재인 것만이 아니라 사회적 관계와 실천에 의해 공유 가능한 공공 먹거리가 될 수 있다.

〈그림 5-1〉은 이러한 먹거리의 다원성을 보여준다. 시장에서 거래되고 이윤 추구의 대상이 되는 상품으로서의 먹거리만이 아니라, 공공재, 인권, 재생자원, 문화, 생존에 필수적인 재화로서의 먹거리들이 있다. 상품이 아닌 커먼즈, 공동자원으로서의 먹거리가 존재하는 것이다. 어떤 먹거리는 상품이고, 어떤 먹거리는 커먼즈라는 점에서 먹거리는 다원적 속성을 갖는다. 예를 들어, 자립과 순환에 기초한 지역먹거리체계에서 먹거리는 커먼즈로서의 성격이 강조된다. 먹거리 관련 지식과 재화들을 공동생산하고 공유하면서 지역 내에서 상호 연결된 개인들의 집합적 실천을 통해 생산, 분배, 소비가 이루어지는 체계이다. 이렇게 생산된 먹거리는 커먼즈다(Vivero-Pol, 2017d: 39).

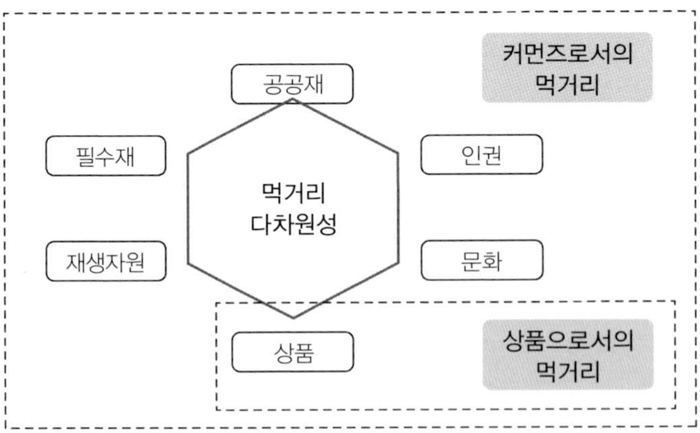

〈그림 5-1〉 먹거리의 다양성과 커먼즈

출처: Vivero-Pol (2017a). p.6.

<그림 5-1>에서 보듯이 커먼즈와 공공재(public goods)는 구분된다. 공공재는 누구나 사용가능하지만, 커먼즈는 관리의 책임을 져야만 사용할 수 있다. 커먼즈는 사회제도와 규범을 강조하지만, 공공재는 국가와 정부의 제도화된 정책과 더 깊이 관련된다. 커먼즈는 시민사회 영역의 집합적 실천을 핵심 요소로 하는데 반해, 공공재는 국가의 역할을 중시한다. 공공재는 주로 시장 공급이 아닌 정부의 공공투자의 필요성에 의해 만들어진다(최현·따이싱셩, 2015: 180). 공공재와 커먼즈의 관계에서 유의할 점은 커먼즈의 요소가 빠져 버리면 공공재는 국가에 의해 독점되거나 시민의 참여가 무시될 위험이 있다는 것이다(Vivero-Pol, 2017d: 38). 다른 한편, <그림 5-1>이 보여주는 것처럼 공공재는 커먼즈의 다원적 의미 요소 중의 하나이기 때문에 공공재는 커먼즈이기도 하다. 이 글에서는 공공재를 커먼즈의 하나로 보고 주로 먹거리정책과 관련해서 논의할 때는 공공재라는 표현을 병행해서 사용하기로 한다.

먹거리의 다원적 속성에 대한 분석을 바탕으로 비베로-폴(Vivero-Pol, 2017d: 46)은 커먼즈로서의 먹거리 개념을 제안한다. 그에 따르면, 먹거리 커먼즈는 ① 물질적 비물질적 공동자원, ② 그러한 자원들을 공유하고 가꾸는 공동체, ③ 먹거리를 생산, 가공, 소비하는데 사용되는 커머닝의 집합적 실천들, ④ 지속가능성과 같은 규범적 담론과 가치를 포함한 목적 등으로 구성된다. 이를 요약하면, 먹거리 커먼즈의 핵심 요소는 ① 공동자원으로서의 먹거리와 ② 먹거리 공동체 및 실천, ③ 이와 관련된 목적과 규범의 세 차원으로 재분류할 수 있다. 세 차원을 구체적으로 살펴보면 다음과 같다.

첫째, '공동자원으로서의 먹거리'는 교환과 이윤을 목적으로 생산-소비되는 상품이 아닌 먹거리를 가리킨다. 앞서 <그림 5-1>에서 언급한 바와 같이, 공공재 먹거리, 생존과 생명과 인권을 위해 필수적인 먹거리, 재생자원, 문화적 기능을 하는 먹거리 등이 있다. 예컨대, 생산 공동체가 물과 토지와 농기구를 공동으로 관리하고, 오랜 경험을 통해 축적한 농경 지식과 공동생산을 통해 만들어진 먹거리인 씨앗은 과연 누구의 것인가? 그것은 상품으로 개인이나 기업이 전유하는 사유재가 될 수 없다. 씨앗은 농경 공동체의 공동생산과 관리의 실천을 통해 축적된 공동자원이라는 점에서 먹거리 커먼즈라 할 수 있다. 또한, 농업 지식이나 요리법, 먹거리시민위원회 제도와 같은 비물질적 공동자원도 존재한다.

둘째, '먹거리 공동체와 실천'은 먹거리 공동체가 공동생산, 공동노동, 공유소비와 같이 커머닝의 집합적인 실천을 하는 것을 의미한다. 먹거리 커먼즈의 핵심에는 삶에 필수적인 공동자원을 관리하는 공동체가 있다(Vivero-Pol, 2017d: 38). 커먼즈는 농민들이 씨앗을 선별하는 일처럼 이해당사자 공동체가 직접 관리하고 돌볼 때만이 커먼즈의 지속성이 보장된다(솔론・아기똥・아잠・벨트란, 2018: 105). 비시장성, 비국가성의 맥락에서 공동체가 만든 먹거리 커먼즈의 형성은 시민사회와 풀뿌리조직의 자발적 실천에 기초한다. 먹거리 커먼즈의 공동체적 실천은 공동생산과 관리의 방식을 통해 생산자와 소비자의 연대와 풀뿌리조직과 농민과 시민의 민주적 참여로 나타난다. 나아가 공적(公的) 영역과 사적(私的) 영역과 구분되는 공공(共公)의 시민성에 바탕을 둔 새로운 거버넌스를 구축한다. 토착 공동체나 소농 중심의 먹거리 운동을 통해 공동자원을 탈취하는 신자유주의에 저항하는 실천으로 존재하기도 한다(Vivero-Pol, 2017a: 187). 로컬푸드의 공동농장, 사회적농업의 협업농장도 먹거리 공동체의 사회적 실천의 사례이다.

셋째, 공동체의 실천에 내재된 '목적과 규범'은 먹거리 공동체가 집합적 실천을 통해 공동자원으로서의 먹거리를 생산-소비하는 과정에 내재된 가치지향, 담론, 규범을 포함한다. 예컨대, 인간 생존에 필요한 공공재와 같은 공동자원으로서의 먹거리는 인권에 기초한 먹거리보장과 정의를 지향하는 사회적 규범을 담고 있다. 비베로-폴은 이를 먹거리 커먼즈의 도덕적 정당성의 차원으로 본다(Vivero-Pol, 2017d: 46-47). 이와 같은 먹거리 커먼즈의 목적과 규범에는 커먼즈가 공동체의 평등한 접근과 사용 및 지속가능성에 특별한 관심을 두고 자원을 공동으로 관리하면서 생성되는 것처럼(Bollier, 2016), 공공성, 형평성, 지속가능성을 핵심 규범으로 삼고 있다고 할 수 있다. 먹거리 공공성은 좁게는 국가와 같은 공적 영역의 먹거리 자원의 재분배를 의미하며, 넓게는 기본적 재화에 대한 평등한 접근성과 비시장적 원리에 따른 자원배분의 강화를 모두 포함하는 것으로 볼 수 있다. 먹거리는 인간의 생존과 기본권에 필수적이란 점에서 공공성의 규범을 포함한다. 이처럼 먹거리 커먼즈는 권리를 포함한다는 점에서 대안먹거리운동의 먹거리 주권이나 먹거리 시민권과 연결될 수 있다(이해진·김선업·김흥주, 2015). 또한, 커먼즈 개념 안에는 이미 공동자원에 대한 평등한 접근을 보장하는 형평성의 원리가 내재해 있는 것처럼, 먹거리 커먼즈도 먹거리 빈곤과 불평등을 해소하는 먹거리보장의 형평성을 함축한다. 먹거리 지속가능성은 먹거리 생산과 소비의 안정적 보장, 농업·농촌·농민의 사회경제적 지속가능성과 생물다양성과 생태적 지속가능성을 의미한다.

이러한 먹거리 커먼즈의 구성 요소들을 조합해서 먹거리 커먼즈 개념을 구성할 수 있다. 먹거리 커먼즈 개념은 공동자원으로서 먹거리, 공동체의 실천, 사회적 목적과 규범 등의 세 가지 요소로 구성된다. 이러한 요소들은 먹거리 자체의 다차원적 속성과 그러한 먹거리를 생산하고 관리하는데 관여된 공동체의 집합적 실천과 제도 및 규범을 포함한다. 이를 종합하여 이 글에서 먹거리 커먼즈는 공동체가 생산하고, 관리하고, 공유하는 집합적 실천을 통해 복원하거나 새롭게 창출한 커먼즈(공동자원)로서의 먹거리와 그와 관련된 커머닝에 내재된 사회적 목표, 규범, 담론, 제도의 관계망의 총체로 정의한다.

커먼즈로서의 먹거리는 기본적으로 생산방식에 의해 결정된다. 그러나 먹거리 생산에서 소비에 이르는 먹거리체계 전반에서 먹거리는 커먼즈가 될 수도 있다. 생산기반과 생산과정이 커먼즈 형성에서 중요하지만 생산단계 이후의 가공, 유통, 소비, 폐기의 과정에서도 커먼즈가 만들어질 수 있는 것이다. 먹거리 커먼즈 개념은 공동자원으로서의 먹거리뿐만 아니라 그것을 생산하고 관리하는 집합적 실천과 목표 이념으로 구성된다는 점에서 먹거리 자체도 커먼즈이고, 먹거리 생산체계도 커먼즈가 될 수 있다 (Pettenati, Toldo, & Ferrando, 2019).

한편, 먹거리 커먼즈는 기존의 대안먹거리운동과 유사한 성격을 갖는다. 먹거리 커먼즈 개념은 산업적 먹거리체계의 상품화와 신자유주의 기업식량체제(corporate food regime)의 시장화에 반대하며 대안먹거리체계를 지향한다는 점에서 대안먹거리운동과 일치한다. 그러나 대안먹거리운동과 먹거리 커먼즈의 차이의 관계를 설정하면 다음과 같다.

첫째, 먹거리 커먼즈 개념은 대안먹거리운동의 유물론적 토대를 제공하며, 운동의 이론적 지평과 실천적 방향을 확장시키는 역할을 한다고 볼 수 있다. 먹거리 커먼즈는 신자유주의 식량체제를 비판하고 대안을 구성하는 구체적인 논거와 물적 토대를 제공한다. 먹거리 커먼즈는 먹거리가 이윤창출의 수단이 아니라 생존과 인권과 문화와 삶의 질과 공공성을 위해 필요한 기본재라는 점을 분명하게 밝힘으로써 상품-화폐의 시장 논리로 점철된 현재의 산업화된 세계 먹거리체계를 비판하는 물질적 논거를 제공한다. 커먼즈로서의 먹거리는 상품이 아닌 비시장적 교환과 호혜로 만들어지는 먹거리를 복원하고 창출함으로써 대안먹거리운동의 근거, 정당성, 목표를 제공한다. 또한 최근의 대안먹거리운동이 주목하고 있는 공공조달의 물적 토대로 공동자원으로서의 먹거리 개념이 기여할 수 있다.

둘째, 최근 대안먹거리운동 진영에서 먹거리 공공성과 공공조달을 강조하는 흐름이 형성되고 있는데(윤병선·송원규, 2018; Alkon & Guthman, 2017), 커먼즈 개념은 공공조달이나 공공급식의 이론적 근거로 활용될 수 있다. 국가에 저항하는 기존 먹거리운동과 다르게 국가의 공적 체계와 거버넌스를 활용하여 먹거리의 공공 기반을 확장하려는 이론적 모색에 도움이 될 수 있다.

셋째, 따라서 커먼즈 개념이 비아캄페시나의 식량주권운동을 강화하는데 기여할 수 있다는 논의처럼(Rosset & Val, 2019; Holt-Giménez & Lammeren, 2019), 먹거리 커먼즈 개념은 기존의 먹거리보장(food security), 먹거리 주권(food sovereignty), 먹거리 시민권(food citizenship), 먹거리 불평등(food inequality)과 먹거리정의(food justice)와 먹거리 민주주의(food democracy) 등의 대안먹거리운동(alternative food movement or network)과 결합된 대안적인 실천 전략에 새로운 상상력을 불어넣는다. 따라서 커먼즈로서의 먹거리 개념을 구성함으로써 대안먹거리운동은 공공성이나 공공재와 같은 개념을 사용하여 운동의 이념적 기반과 정당성을 확립하고, 상품먹거리체계의 전환을 위한 구체적인 목표와 실천 전략을 제공할 것으로 기대된다.

이상의 정의에 따른 먹거리 커먼즈의 사례는 다양한 곳에서 찾을 수 있다. 먼저 먹거리 생산 측면에서 살펴보면, 씨앗(종자)은 대표적인 먹거리 커먼즈의 사례이다(볼리어, 2015; 정남영, 2015; Ruivenkamp, 2017). 쌀,

콩, 사과 등의 토착 종자나 지역먹거리는 자본주의 기업의 인클로저 대상으로 상품화되었다는 점에서(볼리어, 2015: 84-89), 생물다양성의 기초가 되는 토종씨앗과 그와 관련된 토착지식, 여성 소농, 공동체를 복원하고 생산하는 언니네텃밭(김효정, 2011)의 실천들은 먹거리 커먼즈의 대표적인 사례가 된다. 로컬푸드와 CSA(공동체지원농업), 슬로푸드와 같은 대안먹거리 운동도 먹거리 생산에서 협동노동과 자주관리의 책임과 규칙을 지키며 지속성을 확보하기 위한 목적으로 공동자원을 생산하는 공동체의 실천이란 점에서 먹거리 커먼즈의 예로 볼 수 있다(볼리어, 2015: 14; 정남영, 2015; Fonte & Cucco, 2019; Pazaitis & Bauwens, 2019). 먹거리 커먼즈의 사례는 유통과 소비의 측면에서도 살펴볼 수 있다. 대표적인 예가 학교급식 제도이다. 학교급식에서 먹거리는 단순한 상품이 아닌 공공재를 공급하고 사용하는 공동체적 실천과 관계가 배태되어 있다는 점에서 먹거리 커먼즈가 된다. 학생 누구에게나 건강하고 안전한 먹거리를 먹을 수 있도록 먹거리 기본권을 보장하는 무상급식에서 먹거리는 상품이 아니라 공공재이고 커먼즈다.

2010년 지방선거와 2011년 서울시 주민투표의 쟁점이었던 무상급식은 먹거리 커먼즈의 특성을 보여준 역사적 경험 사례이다. 무상급식 논쟁에서 시민들은 먹거리를 기본권과 정의, 건강, 복지를 실현하는 공공재로 인식하게 되었다. 먹거리가 구매력에 의해 소비되는 상품이 아니라 공공성의 가치를 지향하는 공동자원이고, 이를 실현하기 위해 정부의 공적 지원과 학교 및 시민공동체의 투쟁과 참여의 집합적 실천을 통해 먹거리의 사회화를 가능하게 했다는 점에서 커먼즈로서의 먹거리를 구축하였다고 볼 수 있다.

이 외에도 농촌과 도시에서의 마을 공동식사(박경철, 2019), 공유부엌,

협동농장, 농민시장(김원동, 2017)도 먹거리를 공동으로 생산, 가공하고 자치적으로 관리하며 공동자원으로서의 먹거리를 창출한다는 점에서 먹거리 커먼즈로 볼 수 있다. 나아가 서울시의 먹거리시민위원회와 같은 시민거버넌스와 서울시먹거리조례 및 먹거리마스터플랜 같은 법과 제도도 먹거리 커먼즈에 포함시킬 수 있다(김흥주, 2014; 서울시, 2017; 윤병선・송원규, 2018).

이러한 먹거리 커먼즈의 사례에서 커먼즈로서의 먹거리가 갖는 차별적인 특성을 파악할 수 있다. 먹거리 커먼즈는 과거의 전통적인 것을 복원하는 것이 아니라, 공동체에 의해 새롭게 발명되는 것이기도 하다는 점이다. 볼리어의 주장처럼(2015: 34), “원래부터 정해진 커먼즈 목록 같은 것은 없다. 공동체가 공정한 접근성과 이용, 지속가능성을 목적으로 공동으로 관리하는 것이 좋겠다고 결정하면 언제든 커먼즈는 만들어질 수 있다.” 먹거리는 다른 자원과 달리 고정된 재화가 아니라 생산, 가공, 유통, 소비, 폐기라는 일련의 연관 과정을 포함하기 때문에 개별 과정에 개입되는 커머닝의 실천에 따라 상품이 될 수도 있고 커먼즈가 될 수도 있다. 이미 생산수단이 시장화되고 교환을 목적으로 생산되었더라도, 학교급식과 같이 상품 판매나 이윤이 목적이 아니라 사회적 목적을 위해 공동관리를 통해 집합적이고 공평한 소비를 하는 공공재로서의 먹거리로 전환된 경우에는 커먼즈로서의 먹거리로 볼 수 있다.

또 다른 특징으로 커머닝은 권력과 갈등의 정치적 요소를 포함하고 있다는 점이다. 무상급식의 갈등에서 보듯이, 커먼즈로서의 먹거리는 상품-사유화와 기득권 권력에 대한 공동체의 저항과 담론 투쟁을 통해 쟁취되는 것이다. 이러한 먹거리의 특성과 권력과 갈등의 정치적 차원들은 기존의 커먼즈 논의들이 크게 주목하지 못했던 지점으로 보인다.

2) 먹거리 커먼즈와 먹거리정책

먹거리정책은 먹거리 커먼즈를 창출하는 공공의 제도적 과정으로 정의할 수 있다. 먹거리 커먼즈를 복원하고 생성시키는 과정(커머닝)은 농업 농촌의 지속가능한 생산(농생태학), 새로운 거버넌스의 집합적 실천(먹거리 민주주의), 생산자와 소비자의 연대에 기초한 먹거리체계에 대한 통제력(먹거리주권)을 확보하기 위한 대안먹거리운동과 대안적 먹거리정책을 재구성하는데 기여한다(Vivero-Pol, 2014d: 47). 먹거리정책의 목적은 건강, 환경, 사회를 통합적으로 증진시키기 위함인데, 먹거리 빈곤과 불평등의 해결을 공공재의 관점에서 접근함으로써, 먹거리를 보편적 권리로 이해하고 상업화를 변화시키는 데 기여할 수 있다(랭・발링・캐러허, 2012: 401). 캐나다 토론토시 등 서구의 먹거리정책들도 먹거리 불평등을 해소하고 공공성과 지속가능성을 확대하는 데 주력하고 있다. 밀라노 먹거리정책협약도 사회경제적 평등을 위한 정책으로 학교급식과 공공조달(public procurement)의 재정립, 사회연대경제 활동의 촉진과 지원, 풀뿌리활동(공동체텃밭, 식당) 지원과 네트워킹을 실천 과제로 제시한다.[1] 이처럼 오늘날 시장화, 상품화

---

1) 밀라노 도시먹거리협약의 주요 내용은 다음과 같다(문은숙・손창우・문진영, 2017). ① 도시는 지속가능한 먹거리체계(sustainable urban food system)와 건강한 식생활을 위한 전략적 역할을 수행해야 한다. ② 오늘날 세계먹거리체계는 적절하고 안전하고 지역적이고 다양하고 공정하고 건강하고 영양이 풍부한 먹거리에 대한 접근성을 모든 사람에게 영속적으로 보장하지 못하고 있다. ③ 가족농과 소농이 도시와 지역을 먹여 살리고, 농촌과 도시, 생산자와 소비자를 연결하며, 회복력 있고 공정하며 지속가능한 먹거리체계를 유지하는 데 기여하고 있다. ④ 먹거리정책은 빈곤, 건강, 복지, 산업, 에너지, 교육, 재난대비 같은 다양한 도시 정책들과 밀접하게 연관되므로, 포괄적이고 통합적인 접근방식이 필수적이다. ⑤ 시민사회와 민간부문이 지속가능한 먹거리 체계를 위한 혁신을 통해서 인권 기반의 포용적인 도시 먹거리정책을 구축하는 역할을 해야 한다. 이러한 공통의 인식을 바탕으로 밀라노협약은 먹거리정책을 실행하기 위한 6개 분야, ① 거버넌스, ② 지속가능한 식생활과 영양, ③ 사회경제적 평등, ④ 먹거리 생산, ⑤ 먹거리 공급, ⑥ 먹거리 폐기에서 37개 세부 실행과제를 제시하였다(문은숙 외, 2017: 21).

된 먹거리체계가 초래한 먹거리 건강, 정의, 복지, 생태의 문제들을 공공성의 차원에서 해결해야 할 임무가 국가와 자치정부와 같은 공공 영역에 주어져 있는 상황에서, 공공재와 커먼즈를 통해 시민들의 기본권과 필요를 충족하는 먹거리정책의 필요성이 대두되는 것이다. 이 점이 바로 커먼즈 개념을 먹거리정책의 이념으로 도입해야 할 이유 중의 하나라고 할 수 있다.

커먼즈 이론은 국가와 정책을 재구성하는 데 기여한다. 먹거리의 상품화에 공조하는 신자유주의적 시장 국가와 대조적으로 '파트너 국가'는 시민들의 참여 민주주의를 바탕으로 커먼즈를 활성화시킬 수 있다(바우웬스·코스타키스, 2018). 커먼즈 기반의 먹거리체계는 세금을 통한 먹거리의 공정한 분배와 집합적 거버넌스를 통해 가능하다(Pazaitis & Bauwens, 2019). 국가는 다양한 필요를 충족시키는 커먼즈 기반을 확대하는 역할로 전환할 필요가 있다(볼리어, 2016). 이러한 국가와 도시정부의 역할은 커먼즈 개념에 기초한 먹거리정책을 통해 구현될 수 있다. 커먼즈로서의 먹거리 개념과 먹거리체계의 재구성은 공공성과 정의, 지속가능성을 회복시키는 방향으로 먹거리정책의 전환을 가져올 수 있는 것이다.

먹거리정책은 우선 먹거리가 내 문제이고 취약계층의 문제인 우리 공통의 사회 문제라는 먹거리 문제틀의 사회화를 선결조건으로 한다. 먹거리 정의와 불평등의 문제는 정치적이고 사회적인 문제이다. 먹거리 불평등은 먹거리의 비민주적이고 불공정한 배분, 탈정치화된 개인들의 무관심, 이익갈등과 권력관계로 인해 사회적으로 구성되는 문제라고 할 수 있다. 먹거리 문제를 사회 문제로 인식하는 문제틀을 바탕으로 먹거리 문제를 해결하고 대안적인 먹거리체계를 구축하기 위해서 먹거리정책이 요구된다. 먹거리 문제의 사회화와 먹거리정책 전환을 위해서는 먹거리가 상품이 아니라 기본권이고 공공재이며 공유 가능한 사회적 자원이라는 인식 및 조건이 확산될 필요가 있는데, 먹거리 커먼즈 개념이 이러한 요건을 충족시켜 준다.

런던, 암스테르담, 뉴욕, 그리고 최근의 서울시의 먹거리정책에서 중요한 특징은 시민사회의 적극적 참여에 기반을 둔 민관 거버넌스와 이를 중심으로 공공 먹거리의 공적 조달에 주력한다는 점이다(윤병선·송원규, 2018). 먹거리정책의 근간이라 할 수 있는 공공조달과 공공 먹거리는 바로 커먼즈로서의 먹거리 개념을 통해 정의되고 발전될 수 있다는 점에서 먹거리 커먼즈 개념은 먹거리정책을 구성하는 이론적 토대를 제공한다. 커먼즈로서 먹거리생산체계의 재구성은 농정의 전체적인 방향을 재설정하고, 먹거리 관련 법안들도 재구성하게 한다는 점에서 커먼즈로서 먹거리는 농정의 전환을 꾀하는 중요한 개념이 될 수 있다.

이런 맥락에서 먹거리 커먼즈 개념은 먹거리정책의 정당성, 기본 이념, 방향성을 정립하는데 유용하게 적용될 수 있다. 첫째, 먹거리 커먼즈 개념은 먹거리가 시민의 생존에 필수적인 자원이고 기본권이라는 점에서 먹거리정책을 실행해야 하는 정당성을 부여한다. 둘째, 먹거리 커먼즈 개념은 공공성, 형평성, 지속가능성과 같은 먹거리정책의 기본 이념을 제공한다. 셋째, 먹거리정책은 먹거리 커먼즈 개념을 기초로 먹거리 공공성, 정의, 지속가능성을 추구하며 공동체의 자발적인 실천과 공적(共的) 거버넌스의 협력을 통해 공공재의 창출과 대안적 지역먹거리체계를 구축한다는 구체적인 정책 목표를 설정할 수 있게 된다. 따라서 먹거리정책은 먹거리가 상품이 아니라 공공재를 포함한 커먼즈라는 시각에서 기본 방향에 대한 접근이 이루어지는 것이 바람직하다.

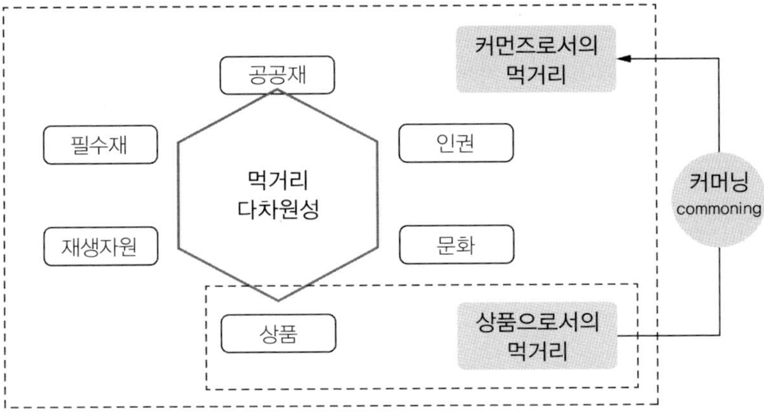

〈그림 5-2〉 먹거리 커머닝과 먹거리정책

출처: Vivero-Pol (2017a). p.6에서 응용.

이상의 논의를 종합해서 본 연구는 먹거리 커먼즈를 복원하고 창출하는 것을 먹거리정책의 정의와 목표로 설정할 것을 제안한다. 〈그림 5-2〉는 이처럼 먹거리 커먼즈를 창출하는 과정이 먹거리정책의 이념이자 방향이 되어야 한다는 주장을 표현한 것이다. 먹거리 커머닝(food commoning)은 상품으로서의 먹거리를 커먼스로서의 먹거리로 복원하거나 새롭게 창출하는 과정이라는 접근방식을 담고 있다. 먹거리정책은 상품 먹거리를 공공재, 필수재, 기본권 등의 커먼즈 먹거리로 대체하거나 전환시키는 변형의 과정이거나 공유 가능한 먹거리나 먹거리체계를 창안하는 실천 과정임을 보여준다. 이는 탈상품화와 탈시장화, 재커머닝화, 그리고 새로운 커먼즈를 창조하는 과정을 포함한다(Pettenati, Toldo, & Ferrando, 2019).[2)]

2) 이는 상품으로서의 먹거리의 존재를 완전히 부정하는 것이 아니라, 어떤 먹거리는 상품이고, 어떤 먹거리는 비상품의 커먼즈이기도 한데, 상품으로 생산되고 소비되었던 먹거리가 공공재와 같은 커먼즈로서의 먹거리로 전환하는 것이 가능하다는 점을 강조하는 것으로 커머닝 개념을 사용한다. 나아가 공정한 시장을 넘어서, 비시장 또는 반시장의 가치를 함축하는 먹거리를 커먼즈로서의 먹거리로 이해하는 것이다.

먹거리정책은 먹거리 문제를 해결하는 법과 제도를 통해 공공재와 같은 먹거리 커먼스를 형성하는 공공적인 과정이다. 커먼즈의 구성 요소로 말하자면 먹거리정책은 공동자원을 생산하는 공동체의 사회적 실천과 사회적 목적을 제도화하는 것이다. 예컨대, 먹거리 기본권과 공공성을 실현하는 먹거리 공동체의 집합적 실천과 그렇게 생산된 공동자원으로서의 먹거리를 제도와 정책으로 보장하는 것이 먹거리정책 과정이다. 먹거리 커먼즈를 만드는 사회적 실천들은 법과 제도를 바꾸거나 새로 만들어내는 제도화의 힘을 갖는다(Vivero-Pol, 2017d: 46). 이 과정에서 현실에 존재하는 다양한 먹거리 커먼즈는 먹거리정책의 물질적 기반이 된다. 나아가 먹거리정책은 지역먹거리체계의 형성을 목표로 한다. 요컨대, 본 연구에서 먹거리정책은 먹거리 공공성과 지속가능성을 실현하기 위해 먹거리 커먼즈를 회복하고 창출하는 제도적 과정으로 규정한다. 이 글에서 커먼즈 개념에 기초한 먹거리정책은 먹거리를 공공재로 재창출하고, 공동으로 생산하고 관리하는 공동체의 조직화와 사회적 실천의 제도화를 촉진하며, 먹거리 문제와 관련된 필요와 가치 및 사회적 목적들을 민주적인 시민 거버넌스의 방식으로 새롭게 창출해 내는 제도적 실천과정으로 정의한다.

3. 먹거리정책 평가 지표 - 공공성, 공동체성, 대안성

이 장에서는 먹거리 커먼즈의 개념을 바탕으로 먹거리정책을 경험적으로 평가하는 지표로서 공공성, 공동체성, 대안성 요소를 구성한다. 먹거리 커먼즈를 창출하는 것이 먹거리정책의 기본이념과 방향이 되어야 한다는 논점에 따라 먹거리 커먼즈 개념은 〈표 5-1〉과 같이 먹거리정책을 분석하는 지표로 활용된다. 먹거리정책의 경험적 분석틀은 앞서 개념화한 먹거리 커먼즈의 세 가지 핵심 요소인 ① 공동자원으로서의 먹거리, ② 공동체 및 실천, ③ 목적과 규범을 기준으로 도출할 수 있다.

〈표 5-1〉 분석틀과 지표

먹거리 커먼즈		조작적 정의	지표명	평가 지표
1	공동자원 먹거리	공공재를 만드는가?	공공성 지표	• 공공재 탈상품화 인식 형성 • 공동자원, 공유 먹거리 생산 • 공공재 위한 법, 제도, 시장 창출 • 먹거리 기본권, 인권
2	공동체와 실천	공동체와 거버넌스를 조직하는가?	공동체성 지표	• 공동생산, 공동노동, 공동소비의 실천 • 거버넌스, 위원회, 참여, 관리(자치) • 자급, 협동, 연대, 사회연대경제 활성화 • 풀뿌리 먹거리 네트워크 지원
3	목적과 규범	지속가능성, 정의, 대안먹거리체계를 지향하는가?	대안성 지표	• 먹거리, 농업, 생태 지속가능성 • 먹거리빈곤, 불평등 인식 • 취약계층 먹거리 접근성, 형평성 지향 • 지역먹거리체계 지향 이념, 담론, 가치 • 학교급식과 지역먹거리 연계

첫째, 먹거리정책이 공동자원으로서의 먹거리, 예컨대 공공재를 생산하는가? 공동자원으로서의 먹거리는 먹거리가 상품이 아니라 생존에 필수적

인 기본권이며 공공재라는 점에서 먹거리정책의 필요와 정당성을 제공한다. 예컨대 먹거리정책의 선진 사례들은 공공급식과 로컬푸드를 통해 공공 먹거리와 공공조달 체계를 만들고 있다(윤병선·송원규, 2018). 먹거리 공공재를 생산하는 먹거리정책은 먹거리를 상품으로만 간주해왔던 먹거리 인식을 공공성에 기반을 둔 먹거리 인식으로 전환시킬 수 있다. 따라서 먹거리정책은 학교급식과 같이 시민들의 기본권을 위한 먹거리가 공공재라는 점을 인식하게 하고 공공조달을 통해 공유가능한 공공재를 생산하는가를 기준으로 평가할 수 있다. 탈상품화된 공공재를 위한 법, 제도, 시장의 창출도 비물질적 공동자원으로서의 먹거리 지표로 볼 수 있다. 이를 먹거리 공공성 지표라고 부르기로 한다.

둘째, 먹거리정책은 공동체와 사회적 실천을 조직하는가? 공동체와 실천으로서의 먹거리 커먼즈 개념은 먹거리정책의 주체와 운영 방식을 평가하는 데 도움을 준다. 먹거리정책이 공동자원을 생산하고 관리하는 방식과 주체를 어떻게 조직해야 하는지를 평가할 수 있다. 먹거리 커먼즈를 생산하고 관리하는 주체는 먹거리 공동체와 먹거리 시민이다. 커먼즈로서의 먹거리는 공동자원을 생산하고 관리하는 공동체의 사회적 관계 및 사회적 실천을 포함한다. 먹거리정책이 먹거리 공동체의 조직화와 먹거리 시민의 사회적 실천을 조직하는가라는 기준은 먹거리정책의 공동체성 지표라고 부를 수 있다. 또한, 먹거리정책의 공동체성은 먹거리 생산-소비 조직과 시민의 참여를 기반으로 한 거버넌스의 존재 여부를 조작적 정의로 삼아 측정할 수 있다. 먹거리정책의 공동체성 지표는 이외에도 공동생산, 공동노동, 공동소비 정도, 자치적이고 공동체적인 관리, 먹거리 공동체의 협동, 연대, 사회연대경제 활성화, 공동식당 같은 풀뿌리 먹거리 네트워크 지원 등이 있다.

셋째, 먹거리정책은 지속가능성, 형평성, 대안성과 같은 목표와 이념을 지향하는가? 먹거리정책을 평가하는 세 번째 지표인 대안성 지표는 먹거리정책의 목적과 가치지향을 평가하는 것이다. 커먼즈로서의 먹거리는 건강, 정의, 인권, 복지, 생태와 연관된 다원적인 공익적 가치를 갖는다. 따라서 먹거리정책은 농업, 경제, 복지, 환경정책과 연계된 통합적인 정책이어야 한다. 이러한 먹거리의 사회적 목적을 정책 이념으로 정립할 필요가 있다. 우선 먹거리정책은 먹거리 생산-소비체계뿐만 아니라 농(農)과 생태의 지속가능성을 보장해야 한다. 또한, 커먼즈는 여성, 무토지 소유자 등 취약계층의 생계를 보장하는 데 중요한 역할을 한다는 점에서(Vivero-Pol; 2017d: 2), 먹거리 커먼즈 관점의 먹거리정책은 형평성을 보장해야 한다. 나아가 먹거리정책의 목적은 건강, 사회, 환경의 문제를 다루며 먹거리 불평등을 해소하는 먹거리 기본권과 정의를 확보하고 공동체와 연계된 지역먹거리체계를 형성하는 것이다. 지역먹거리체계의 형성을 목표로 삼고 있는지, 순환과 자급, 호혜와 협력과 같은 대안적 먹거리체계의 가치지향을 담고 있는지, 밀라노 협약이 제시한 학교급식과 지역먹거리가 결합되는지 등도 먹거리정책을 평가하는 대안성 지표에 해당한다.

이상의 세 차원의 조작적 정의와 지표들을 분석틀로 삼아 다음 장에서는 청주시 먹거리정책을 경험적으로 분석한다. 청주시 먹거리정책의 분석은 로컬푸드 정책과 학교급식 정책을 대상으로 했다. 이를 위한 연구방법으로는 문헌연구와 인터뷰를 활용하였다. 문헌자료는 청주시 로컬푸드 정책 이해관계자들이 참여한 워크숍 자료와 정보공개 청구를 통해 확보한 청주시와 충북교육청 내부 자료들이 사용되었다(청주시, 2018a, 2018c; 충청북도교육청, 2018, 2019). 워크숍 자료는 로컬푸드 직매장과 장터 운영자, 학교급식 영양사, 급식 유통업체 대표, 생산자, 청주시청과 4개 자치구 및 충북교육청 담당 공무원 등 로컬푸드와 학교급식 정책 관련 이해당사자 28명이 참여해서 논의한 내용을 담고 있다. 인터뷰 자료는 청주시 로컬푸드 정책과 학교급식 정책을 담당하고 있는 농식품유통과 팀장 및 주무관 등 전 현직 공무원 3명, 학교급식을 담당하고 있는 충북교육청 공무원 2명, 급식관련 영양사 1명, 청주시 로컬푸드운동과 학교급식운동에 참여했던 시민단체 및 농민운동 활동가 3명과의 면접을 통해 확보하였다. 충북교육청 학교급식팀과 전문가 간의 청문관 정책회의에 참여해서 수집한 자료들과 토론 내용도 연구 자료로 이용되었다.

4. 청주시 로컬푸드 정책 평가와 과제

1) 청주시 로컬푸드 정책 평가

(1) 먹거리 공공성

청주시 로컬푸드 정책은 먹거리를 공공재로 인식하고 공동자원으로서의 먹거리를 생산하는가? 청주시 로컬푸드 정책에서 지역먹거리의 다원적 가치를 인정하고 공공재로 인식하는 모습을 발견하기는 어렵다. 로컬푸드 정책의 이념과 방향을 공공재의 관점에서 체계적으로 종합한 계획은 존재하지 않는다. 청주시가 직영으로 운영하는 직매장이나 생산과 유통을 관리하는 지원센터도 없다는 점은 로컬푸드를 공동자원으로서의 먹거리로 인정하는 것이 아니라, 유통 관점의 효율성에 입각해서 지역 특산물 정도의 상품과 다를 바 없이 인식하는 것으로 평가할 수 있다. 정책이 이렇다 보니 농민이나 소비자도 마찬가지로 로컬푸드 직매장이나 장터를 통해 교환되는 먹거리를 여전히 판매와 구매의 대상인 상품으로만 이해하는 수준에 그친다. “로컬푸드 사업에 참여하는 농민들이 공동의 생산기반이 부족하고, 직매장 출하를 돈벌이로만 생각해서 품질저하, 가격상승, 시세에 편승한 공급 중단 사례가 발생하며, 책임감이 부족해서 안전성을 담보할 자체 품질관리 노력이 미흡하다(청주시, 2018a)”는 평가에서 드러난다. “로컬푸드 직매장을 유통사업이나 시혜성 사업으로 인식해서 로컬푸드를 구색맞추기 상품으로 생각하고 있으며, 지역 외부의 농산물을 취급할 우려까지 제기된다는 것이다(청주시, 2018a). “대부분 매출에 주목적을 두고 참여하기 때문에 호객행위, 갈등, 가격경쟁 등 불공정한 상거래 행위”까지 발생하고 있다.

또한, “영세 고령농의 참여확대 및 지원방안(거점수집, 협동농장, 우선권출하 등)이 필요하다(청주시, 2018a)”는 요구가 나온 것에서 알 수 있듯이, 로컬푸드가 지역의 영세 소농의 생계와 소득을 보장하는 권리로서의 공공재로 다루어지지 못하고 있다. 로컬푸드의 생산 과정에서의 상품화 문제뿐만 아니라 유통 및 소비 측면에서도 로컬푸드를 공공급식이나 공공조달과 같은 공공 먹거리로 활용하는 정책이 거의 없다는 점에서 청주시 먹거리 정책에서 로컬푸드가 공동자원으로서의 먹거리로 간주되지 못하고 있음을 알 수 있다. 요컨대, 청주시 로컬푸드 정책은 지역먹거리를 공공재로 간주하고 먹거리 공동체와 농민-시민들이 공동생산과 관리의 과정을 통해 생산하고 소비하는 공동자원으로서의 먹거리를 창출하지 못하는 실정이다.

(2) 먹거리 공동체성

청주시 로컬푸드 정책은 공동체에 기반을 두고 시민들의 자발적 참여와 실천의 거버넌스를 구축하는가? 청주시는 로컬푸드 직매장과 장터를 먹거리 유통과 소비를 촉진하는 하드웨어로만 인식해서 운영 주체도 투자자에게 넘김으로써 로컬푸드의 공동생산과 공동소비의 관리에는 거의 참여하지 않는다. 로컬푸드 생산자 및 소비자 공동체를 조직화하는 노력이 거의 없고, 생산자와 소비자 사이의 신뢰와 연대의 관계망을 조직하려는 시도도 찾아보기 어렵다. "로컬푸드를 생산하는 선도적 농가를 조직화하는 노력이 미흡하다(청주시, 2018a)"는 로컬푸드 관계자들의 평가에서 이를 확인할 수 있다. 로컬푸드의 공동체성을 조성하는 정책이 미비하기 때문에 로컬푸드 사업에 참여하는 농민들 간의 불신과 갈등의 문제가 제기되었다. "직거래 장터 참여 농가들이 로컬푸드에 대한 나눔, 참여의식보다 이익만을 따지는 다툼으로 인해 신뢰를 상실하여 조직 운영 자체가 어려움에 처하게 되었다"라는 것이다. 밀라노 협약에서 제시된 로컬푸드의 사회적경제와의 연계 정책도 시도되지 못하고 있다.

로컬푸드 직거래 사업에서 드러난 문제점들에 대한 청주시의 향후 운영계획도 먹거리 공동체의 집합적 실천에 기반을 둔 먹거리정책과는 거리가 멀다. 청주시 로컬푸드 정책은 지금까지 명목상의 자율일 뿐 거의 방임에 가까웠던 로컬푸드 생산 관리를 "등록제 도입과 참여제한, 품질관리와 엄격한 패널티, 인증 농산물 우선, 가격관리와 제제(청주시, 2018a)"와 같이 통제, 감독, 인증, 검사, 처벌 위주의 일방적인 하향식 방식으로 전환하겠다는 계획을 내놓고 있다. 이는 먹거리 공공성을 확보하는 커먼즈를 구축하는 방향이 아니라 거꾸로 정부가 관리하는 형식적 공공재로 후퇴하는 모습을 보인다. 이러한 퇴행은 민주적인 시민 거버넌스가 없기 때문에 발생하는 문제로 보인다. 공동체의 집합적 참여와 거버넌스의 실천이라는 커먼즈의 핵심 요소가 빠진 공공재는 국가가 독점하거나 대중들의 참여가 배제된다(Vivero-Pol, 2017d: 38)는 문제가 청주시 로컬푸드 정책에서 그대로 드러나고 있다.

(3) 먹거리 대안성

청주시 로컬푸드 정책은 지역먹거리, 농(農)과 생태의 지속가능성을 지향하는가? 청주시 로컬푸드 정책은 지역먹거리의 안정적인 생산과 소비자의 안전의 보장이라는 측면에서의 지속가능성의 가치에 큰 관심을 두지 않는다. 로컬푸드 사업을 통해 친환경적이고 농생태학적인 지속가능성을 실현할 수 있다는 개념 자체가 없는 듯하다. 로컬푸드를 통해 안정적인 소득과 지속적인 영농을 실현할 수 있는 영세 소농의 지속가능성도 청주시 로컬푸드 사업에서 찾아보기 어렵다. 로컬푸드 사업에 참여하는 농가들 중에서 친환경생산 농가가 부족한 이유도 이를 적극적으로 조직화하는 노력이 부족하기 때문이다. 로컬푸드 사업에 참여하는 농민들 간의 상품 경쟁과 갈등의 문제도 결국 공동체성과 공공성을 지향하는 로컬푸드 정책의 목적과 규범이 제대로 정립되지 못했기 때문에 발생한 것으로 평가할 수 있다.

청주시 로컬푸드 정책은 농민의 생존과 사회경제적 취약계층의 먹거리 접근성을 보장하는가? 청주시 로컬푸드 사업에서 먹거리 불평등을 해소하는 먹거리 정의의 이념을 발견하기는 어렵다. 영세 고령농이 로컬푸드 사업에 참여하는 방안을 확대하거나 지원하는 정책이 매우 미흡하다는 사실은 앞에서 살펴본 참여자들의 평가에서 확인된 바 있다. 로컬푸드 정책을 통해 취약한 농민 계층의 불평등을 해소하려는 노력이 없다. 밀라노 협약이 사회경제적 평등을 위해 제시한 '학교급식과 지역먹거리의 연계'는 청주시 로컬푸드 정책에서는 적극적으로 추진되지 못하고 있다.

청주시 로컬푸드 정책은 자치, 순환, 공생의 지역먹거리체계 형성을 목표로 하는가? 청주시에는 현재까지 로컬푸드를 통해 순환과 상생의 지역먹거리체계를 구축하려는 정책 목표 자체가 없는 것으로 보인다. 청주시 로컬푸드 정책에서 먹거리 공공성과 형평성, 지속가능성의 이념과 철학을 발견하기는 어렵다. 로컬푸드 정책을 학교급식 정책과 같은 다른 먹거리 정책과 연계하는 노력도 보이지 않는다. 로컬푸드 정책을 직매장 설립을 통해 직거래 유통을 촉진하는 것으로 이해하는 데 그칠 뿐이다. 지역먹거리가 순환과 자립의 체계와 이를 통해 생산자와 소비자가 연대하는 지역먹거리체계를 구축하는 것으로 나아가지 못하고 있다.

2) 청주시 로컬푸드 정책의 문제점과 과제

청주시 로컬푸드 정책에서 드러난 문제들은 여러 가지 원인에서 비롯된 것으로 보인다. 첫째, 청주시 로컬푸드 정책의 문제는 로컬푸드에 대한 인식이 로컬푸드(지역먹거리)를 기본권이자 공공재로서의 먹거리가 아니라, 사유재이자 상품으로서의 먹거리로만 이해하는 기존의 산업적 먹거리체계 패러다임에 갇혀 있다는 데 근본적인 원인이 있다. 로컬푸드에 담겨 있는 먹거리 커먼즈에 대한 이해가 결핍되어 있는 것이다. 이러한 사유재-상품 먹거리 인식의 한계는 먹거리정책을 책임지는 주체들의 정책 이념과 의지의 빈곤에도 그대로 적용된다. 청주시장을 포함하여 정책 담당자들이 지역먹거리를 공공성과 지속가능성을 담보하는 공공재로 보는 관점이 매우 빈약하다. 지역먹거리가 먹거리 불평등과 보장의 문제를 해결하고 지역경제의 순환과 혁신적 발전을 가능하게 해주는 공동자원으로서 먹거리라는 사실을 인식하지 못하는 것이다.[3] 로컬푸드 정책을 공동자원이자 농업 농촌의 지속가능성과 같은 공공의 목적이란 관점에서 접근하지 못하고, 틈새시장에서의 상품 교환과 판매자와 구매자의 편익 증대와 같은 유통시장의 관점으로만 접근하는 정책 이념의 한계가 청주시 로컬푸드 정책의 문제점을 초래한 이유이다.

둘째, 청주시 로컬푸드 정책의 문제점은 지방정부의 다른 일반 정책들과 달리 먹거리정책만이 요구하는 고유의 특성에 기인하는 측면이 있다. 먹거리정책은 다른 정책들과 다르게, 농업, 빈곤, 불평등, 복지, 건강, 환경 등 다양한 문제들과 연관되어 있기 때문에 이러한 정책들과 연계된 통합적인 정책을 추진해야 하는 특징을 갖는다. 그러나 현실에서 먹거리 공급, 건강, 안전, 농업, 산업정책이 담당 부서마다 분절화된 방식으로 진행된다. 앞서 지적한 먹거리 커먼즈 인식의 결핍으로 청주시 먹거리정책의 행정 추진체계가 제대로 갖추어져 있지 못한 것도 청주시 먹거리정책의 한계를 드러낸 원인이다. 개별 행정 부서 간의 관료제적 칸막이 제도와 정책 사안별로 이해관계자들의 이익 충돌이 발생하기 때문에, 이해관계를 조정하고 지역먹거리의 다양한 공익적 목적을 추구하는 지자체 단체장의 강력한 정책 의지와 리더십이 요구된다. 그러나 현재의 청주시 로컬푸드 정책은 산업적인 관점에서 시장과 유통정책의 측면에서만 다루어지고 있는 실정이다. 따라서 청주시 먹거리정책이 통합적인 정책을 추진하는 행정체계와 청주시장의 의지와 리더십이 부족하다는 구조적 원인들이 먹거

---

3) 로컬푸드는 지역먹거리 공급과 교환을 통해 소비자-농민 간의 관계에 협력과 신뢰를 구축하고, 영세 고령소농의 소득기반을 보장하며, 소비자의 안전과 안정적 수급의 보장을 통해 지역 농업의 자립과 순환체계를 구축하고, 나아가 도농상생의 지역사회 연대경제와 지속가능성을 증진시키는 공익적 목적과 다원적 가치를 지닌다(김철규, 2011; 김태완 · 김철규, 2016).

리 커먼즈 개념에 기초한 공공재를 창출하는 먹거리정책이 추진되지 못하는 이유라고 할 수 있다.

셋째. 청주시 내부의 로컬푸드 정책 민관 거버넌스 구조가 확립되지 못한 문제가 청주시 로컬푸드 정책의 한계의 원인이라고 할 수 있다. 청주시에는 먹거리정책 관련해서 지역사회의 농업 생산자, 먹거리 관련 운동조직이나 시민단체, 전문가, 소비자가 참여하는 시민 거버넌스가 존재하지 않는다.

넷째, 청주시 먹거리정책을 견인할 수 있는 시민사회의 요구와 시민들의 필요를 조직해야 하는 먹거리 시민사회운동의 역량이 미흡한 점도 청주시 먹거리정책의 부진을 초래한 원인 가운데 하나이다. 먹거리 문제에 대한 시민들의 욕구가 조직화되지 못함으로써 먹거리정책이 지역사회의 중요 의제로 다루어지지 못하고 있다. 청주시의 먹거리정책을 비판하고 시장화된 지역먹거리체계를 전환시키는 시민사회 주도의 먹거리정치(이해진, 2015)가 제대로 작동하지 않는 것이다.

이렇게 청주시 먹거리정책을 제약하는 원인들에 대한 진단을 바탕으로 다음과 같은 과제들을 풀어가야 한다. 청주시 로컬푸드 정책은 먼저 로컬푸드 직매장과 장터에서 생산자와 소비자가 교환하는 먹거리가 상품이 아니라 지역사회의 공통자원이라는 먹거리 커먼즈로 인식하는 정책 패러다임부터 정립해야 한다. 나아가 상품에서 커먼즈로 전환시키기 위해서 생산자와 소비자 공동체, 사회적 신뢰의 규범과 집합적 실천, 소농과 생태의 지속가능성, 먹거리 불평등을 해소하고 순환과 공생의 지역먹거리체계를 구축하는 지역먹거리정책이 필요하다. 소농의 자립과 농업 농촌의 지속가능성에 초점을 맞춘 로컬푸드 정책을 추진해야 한다. 먹거리 취약계층의 현실과 어려움을 파악하고 먹거리 복지와 먹거리 정의 차원에서 먹거리 불평등을 해소하는데 지역 먹거리정책의 초점이 맞추어져야 한다. 이를 위해 조례에도 명시된 로컬푸드 통합운영지원센터를 설립해서 먹거리 커먼즈를 창출하기 위한 거버넌스와 통합적 지역먹거리정책을 추진해야 한다. 2015년부터 시작된 청주시 로컬푸드 정책에 앞서, 2008년 청주시와 청원군 지역먹거리운동 풀뿌리조직은 로컬푸드 운동 차원에서 농민시장을 운영한 바 있다(윤병선 · 우장명 · 박대호, 2010). 청주시 먹거리정책은 지역 시민사회와 지역먹거리운동과 협력하여 자치적으로 먹거리 커먼즈를 구축하는 노력을 기울일 필요가 있다.

5. 청주시 학교급식 정책 평가와 과제

1) 청주시 학교급식 정책 평가

(1) 먹거리 공공성

청주시 학교급식 정책은 공동자원으로서의 먹거리를 창출하는가? 청주시 학교급식 정책은 다른 지역에 비해 일찍부터 친환경급식에 많은 공적 자원을 투입하면서 먹거리 공공성을 위한 초석을 다졌다고 할 수 있다. 학교급식은 먹거리 공공성을 확보할 수 있는 효과적인 정책이다. 학교급식의 먹거리는 기본권의 관점에서 그 이용이 배제불가능하다는 점에서 공공재이자 공동자원으로서의 먹거리가 된다. 학교급식은 시장성보다 공공성이 중요함에도 불구하고(김흥주, 2009: 87), 현재 청주시의 학교급식 정책은 상품 먹거리, 시장형 유통과 공급체계의 한계를 완전히 넘어서지 못하고 있다. 청주시 학교급식에서 먹거리가 공급되는 방식은 공급업체와 개별 학교 간의 입찰과 계약 발주 및 납품으로 이루어진다. 정부의 재원이 투입된다는 점에서는 공공재의 성격을 띠고 있지만, 실제 학교급식 먹거리가 공급되고 소비되는 방식은 시장 교환과 상품 논리에 따라 운영되고 있다.

청주시 학교급식 워크숍 자료에 따르면, "학교급식을 돈벌이로만 인식해서 저품질, 가격상승, 공급중단의 문제가 발생한다(청주시, 2018a)." 청주시 학교급식지원센터가 없는 가운데 시장형 공급업체들은 농산물의 유통 기능만을 수행하고 있기 때문에 학교급식을 통해 지역먹거리를 공동자원으로 만들어내지 못한다. 청주시 학교급식지원센터의 부재는 먹거리 커먼즈와 공공성의 발전을 지체시키는 제도적 공백이라고 할 수 있다. 이로 인해 밀라노협약에서도 먹거리 공공성을 강화하는 데 핵심적인 정책으로 제시된 "먹거리 권리를 위한 공공조달 활용"이나 공공급식 및 "공공시장 지원" 등이 추진되지 못하고 있다. 또한, 현재 청주시 학교급식 정책은 주로 유통과 소비의 측면에만 치우쳐 있어서 학교급식 먹거리의 생산과정과 농업·농촌·농민과의 관계에 대한 관점이 부족하다. 시장경쟁 논리를 기본으로 운영되기 때문에 "공급업체와 유통상인들의 이윤 추구 논리가 팽배하고 이해관계의 다툼과 갈등으로 먹거리 질의 저하와 가격 상승의 부작용이 나타난다(청주시, 2018a)."

(2) 먹거리 공동체성

청주시 학교급식 정책은 공동체에 기반을 두고 시민들의 참여와 실천의 거버넌스를 구축하고 있는가? 청주시 학교급식 정책은 학교급식에 참여하는 지역 농민의 조직화와 다양한 이해관계자들 간의 신뢰와 협력을 이끌어 낼 수 있는 먹거리 공동체를 조직하지 못하고 있다. 지역 농민과 시민조직의 참여와 지역먹거리운동과의 연대가 미흡하며, 풀뿌리 지역먹거리 공동체에 기반을 둔 상향식 거버넌스가 작동하지 않는다는 점에서 먹거리 공동체성과 시민성이 매우 미흡한 것으로 평가할 수 있다. 학교급식의 선진 사례에서 학교급식지원센터가 공동체성에 기반한 민관 거버넌스로 운영되는 것과 달리, 청주시 학교급식은 사적 영역의 유통기능을 중심으로 시장 거래의 방식으로 운영되고 있는 것이다. 이런 상황에서 공공급식 정책의 발전은 요원하다. 이처럼 학교급식 정책에서 공동체에 기반을 둔 시민 참여와 실천이 조직화되지 못하기 때문에 "식품안전을 위한 농가와 공급업체의 자체 품질관리 노력이 부족하다"거나, "학교급식 공급업체 간 신뢰와 협력이 부족해서 식자재 수급의 불일치에 효과적으로 대응하지 못한다"는 자체 평가들이 나올 수밖에 없다(청주시, 2018a). 밀라노 먹거리정책이 제시한 취약계층의 사회연대경제 촉진이나 풀뿌리 먹거리 공동체 지원 등의 사업 내용을 청주시 학교급식 정책에서 발견하기 어렵다. 원주 지역 사례처럼 학교급식지원센터를 사회적기업으로 운영할 수 있지만, 학교급식지원센터가 아예 없기 때문에 이러한 시도조차 할 수 없는 것이다. 사용자의 공동체 조직화 실천의 측면에서, 학교급식을 먹고 있는 학생들을 농업과 먹거리 교육을 통해 먹거리 시민-소비자로 양성하는 노력도 거의 없는 실정이다.

(3) 먹거리 대안성

청주시 학교급식 정책은 먹거리와 농(農)과 생태의 지속가능성을 지향하는가? 청주시가 친환경급식을 선도적으로 추진한 정책은 농과 생태의 지속가능성에 어느 정도 기여한 바가 인정된다. 청주시는 학교급식을 통해 지역 농민의 안정적 소득 증대와 지역먹거리 공급 및 지역 농업의 지속가능성을 높이려고 한다는 목표를 밝히고 있다(청주시, 2018b: 3). 그러나 학교급식 관계자들이 지적하는 청주시 학교급식의 현실은 먹거리와 농(農)의 지속가능성과는 거리가 있다. 청주시 학교급식은 "기획생산과 계약재배와 같은 계획적 수급이 이루어지지 못하기 때문에 계절과 작황에 따른 가격 상승이나 지역에서 생산되지 않는 먹거리 수급이 불안정하다(청주시, 2018a)." 그래서 학교급식 참여자들은 계약 생산을 통한 지역먹거리의 안정적 공급과 물류와 조달의 통합운영 공급방법을 제안하고 있다(청주시, 2018a). 학교급식이 먹거리와 농(農)과 생태의 지속가능성을 증진하기 위해서는 계약생산과 소비를 통해 안정적 수급과 생계 및 안전을 보장해야 하는데 이러한 요건을 충족하는 정책이나 학교급식지원센터가 없기 때문이다.

청주시 학교급식 정책은 취약계층의 먹거리 접근성을 보장하는 형평성을 지향하는가? 청주시 학교급식이나 꿈자람카드는 취약계층 청소년에게도 먹거리 접근성을 위한 현금과 평등한 식사를 공급한다는 점에서 먹거리 불평등 완화에 기여하는 측면이 있다. 그러나 학교급식이 끊긴 방학 중이나 학교 밖 청소년 및 취약계층에 대한 공공급식체계가 구축되지 못한 점은 청주시 학교급식 정책의 한계라고 할 수 있다. 다음으로 청주시 학교급식 정책은 자치, 순환, 공생의 지역먹거리체계 형성을 목표로 하는가? 학교급식 정책을 통해 지역 순환적이고 자립적인 지역먹거리체계의 구축은 로컬푸드 정책과의 연계를 통해 도모할 수 있다. 그러나 청주시 학교급식 정책은 로컬푸드(지역먹거리)와의 연계가 미흡한 것으로 평가된다. 학교급식과 로컬푸드 정책이 각각 분리되어 진행되고, 학교급식에서 지역먹거리를 활용하는 시스템이 갖추어져 있지 않다. 청주시 교육청 자료에 의하면, 2018년도 청주시 학교급식 구입비 총액(약 660억원)에서 지역먹거리 구입비(약 220억)의 비중은 33.4% 정도이다(충청북도교육청, 2019). 학교급식 정책이 순환과 자급의 지역먹거리체계를 형성하는 데 적극적인 역할을 다하지 못하고 있음을 알 수 있다.

2) 청주시 학교급식 정책의 문제점 원인과 과제

앞서 살펴본 청주시 학교급식 정책의 문제점은 상품 먹거리로 인식하는 경쟁입찰방식, 학교급식지원센터의 부재, 공공급식의 저발전, 로컬푸드와의 연계 부족 등으로 요약할 수 있다. 이러한 문제들은 먹거리 커먼즈 개념에 기초한 공공먹거리에 대한 인식의 부재, 공동체의 조직화와 민관협력의 거버넌스 결여, 학교급식 정책의 이념과 목적 의식의 부재 때문이라고 볼 수 있다. 청주시 학교급식 정책의 문제점의 원인은 로컬푸드 정책의 한계와 마찬가지로 먹거리를 사적 소유와 상품으로만 간주하는 시장화된 먹거리체계와 그것이 강요하는 인식구조에서 비롯한다. 그로 인해 먹거리를 공동자원으로 인식하는 담론과 주체가 부족하다는 데 근본적인 원인이 있다. 지역먹거리정책을 책임지는 지자체 단체장과 공무원의 의지 부족, 행정 추진체계와 거버넌스의 부재, 먹거리정책을 견인해야 할 시민사회와 먹거리시민 주체의 조직화 역량의 미흡 등이 청주시 학교급식 정책의 전환을 가로막는 요인들이다. 이에 더해서 학교급식 정책의 저발전의 원인은 먹거리정책을 둘러싼 이해관계자들의 권력과 갈등의 문제가 걸림돌로 작용하고 있다. 현재 청주시 학교급식 공급체계는 상품화된 시장 유통업체와 상인들에 의해 지배되어 있다. 예컨대 이들의 기득권과 이해 갈등 때문에 청주시 학교급식 정책을 커먼즈에 기초한 먹거리정책으로 전환할 수 있는 학교급식지원센터의 설립이 의제화되지 못하고 있다. 청주시 담당 공무원이 "이전에(2011년) 학교급식지원센터를 추진하는 과정에서 발생한 기존 공급업체들과의 갈등 경험도 있고 해서, 학교급식지원센터니 먹거리 정책이니 하는 얘기를 꺼내는 게 조심스럽다"라는 인터뷰 내용에서 이를 실제로 확인할 수 있었다. 먹거리정치가 먹거리정책의 지체 원인과 관련되어 있는 것이다.

이러한 장애물을 넘어서 먹거리 공공성과 지속가능성에 기여하는 청주시 학교급식 정책으로 발전시키기 위해 다음과 같은 과제들이 요구된다. 첫째, 학교급식과 지역먹거리를 결합하는 정책이 시급하다. 학교급식에 지역먹거리를 우선 공급하는 공공조달을 확대해야 한다. 학교급식사업이 지역먹거리체계를 구축하는 데 기여할 수 있도록 우선적으로 지역먹거리 사용 비중을 높여야 한다. 학교급식은 지역먹거리 공급을 통해 학생들의 건강과 영양의 증진, 먹거리 불평등의 완화와 먹거리보장(접근성)의 확대, 먹거리 시민 교육, 지역농업의 계획생산과 소득안정, 가공 및 식품산업 클러스터를 통한 지역경제 활성화 등 순환과 자치의 지역먹거리체계를 구축하는 데 기여할 수 있다. 로컬푸드 정책과 마찬가지로 학교급식 먹거리 생산 농가에 소농, 고령농, 친환경 농가도 참여할 수 있도록 생산자 조직화가 필요하다. 이를 바탕으로 계약생산을 통해 안정적인 가격과 공급, 품질 향상, 농민의 안정적 소득보장과 건강한 먹거리를 제공할 수 있다. 계약재배를 통한 지역먹거리 우선 공급 원칙이 지역먹거리 생산(자)의 조직화와 지역 내 순환의 먹거리 공급체계를 구축할 수 있다. 이를 통해 지역농업과 농민의 이익 증진을 통한 농업·농촌·농민의 지속가능성의 기반을 확대하는 데 기여할 것이다.

둘째, 학교급식지원센터 또는 공공급식지원센터를 설립하여 학교급식의 운영의 공공성을 강화해야 한다. 학교급식지원센터의 부재에 따른 학교급식의 공공성의 약화 문제를 해결해야 한다. 학교급식지원센터는 지역농업과 학교를 직접 연결함으로써 지역농업의 활성화에 기여하고 친환경생산기반을 확충할 수 있다. 학교급식지원센터는 민관협의체를 통해 유통, 교육, 계획, 관리, 연계 등의 다원적이고 통합적인 기능을 수행하는 방향으로 운영되어야 한다(김흥주, 2009: 82).[4] 따라서 학교급식지원센터를 신설하여 학교급식 이해당사자인 생산자, 학부모와 학생, 영양사, 지자체, 지역주민이 참여하는 협의체를 조직해서 학교급식을 지역의 공공급식으로 확산시킴으로써 지역사회 먹거리보장과 먹거리 취약계층의 먹거리 불평등을 완화하는 먹거리복지를 제도화하는 방향으로 나아가야 할 것이다(김흥주, 2009: 88).

셋째, 지역 학교급식운동과의 연대도 확대되어야 할 것이다. 한국의 학교급식운동은 학교급식법 제정과 조례제정운동을 이끌고, 무상급식 논쟁을 사회적 합의로 이끌어내는 데 괄목한 만한 성과를 거두면서 학교급식 정책과 제도화를 구축했다. 청주 지역에서도 자생적인 풀뿌리조직에 기반을 둔 학교급식운동이 전개되었다. 먹거리 공동체의 사회적 실천에 기반을 둔 먹거리 커먼즈를 형성하는데 학교급식 정책과 학교급식운동의 시민

4) 실례로 청주시 학교급식 관계자들은 청주시 학교급식의 과제들을 다음과 같이 제시하고 있는데, 이러한 과제들은 학교급식지원센터나 공공급식지원센터를 통해 해결될 수 있기 때문이다. 첫째, 행정・교육청・유관기관・급식업체・농가 모두가 참여하는 만큼 상호간의 정보교류와 유기적인 협력체계를 구축해야 한다. 기관(담당)별 역할을 충실히 이행하면서 지역먹거리의 생산과 소비에 대한 정보 공유와 협력이 필요하다. 둘째, 청주시 친환경 학교급식에 대한 장기플랜(plan)이 마련되어야 한다. 지역과 접목된 복합지원센터를 설치하여 학교급식 지역먹거리의 안정적 수급과 안전 관리체계를 구축해야 한다. 셋째, 청주시 친환경 학교급식 담당부처, 유관기관, 생산자(농업인), 소비자(학부모), 생산자 등 학교급식 관련된 이해당사자들이 친환경 학교급식에 대한 이해와 참여의 공감대를 만드는 과정이 중요하다(청주시, 2018a).

거버넌스의 역할이 중요하다. 학교급식은 지역먹거리 공급을 통해 학생들의 건강과 영양의 증진, 먹거리 불평등의 완화와 먹거리보장(접근성)의 확대, 먹거리 시민 교육, 지역농업의 계획생산과 소득안정, 가공 및 식품산업 클러스터를 통한 지역경제 활성화 등 순환과 자치의 지역먹거리체계를 구축하는 데 기여할 수 있다.

넷째, 청주시 먹거리 취약계층의 먹거리 불평등을 개선하고 먹거리 공공성을 강화하기 위해서는 학교급식을 넘어 공공급식으로 확대되어야 한다. 먹거리 불평등을 해소하는 공공급식, 커뮤니티 키친 등 다양한 공공조달 사업이 필요하다. 학교급식을 시장 경쟁에 따른 최저가 입찰 방식에서 공공조달로 바꿀 필요가 있다. 공공급식은 법적 근거와 제도화를 마련하는 노력이 우선되어야 한다. 지역 먹거리를 조달하고 민관 협치로 이루어지는 종합급식지원센터(가칭)로 전환해 가야 한다.

6. 결론 : 먹거리정책의 공공성

먹거리 커먼즈의 복원과 형성이라는 관점에서 청주시 지역먹거리정책은 전반적으로 매우 미흡한 수준이다. 청주시 지역먹거리체계의 현실은 상품으로서의 먹거리와 시장 논리의 지배 속에서 공생과 평등과 순환과 같은 먹거리 공공성과 지속가능성이 취약한 상태이다. 청주시 먹거리 취약계층에 대한 실태 파악과 정책 사업도 전혀 없는 실정이다. 순환과 자치의 지역먹거리체계 구축과도 거리가 멀다고 할 수 있다. 이제부터라도 먹거리 커먼즈를 복원하거나 창조하는 방향으로 청주시 먹거리정책을 전환하고 새로운 지역먹거리체계를 구축해야 할 것이다. 결론을 대신해서 청주시 먹거리정책과 지역먹거리체계의 방향으로 ① 먹거리가 무엇인가에 대한 문제틀의 전환, ② 먹거리정치의 주체역량 강화, ③ 먹거리 시민 거버넌스와 공공조달의 강화를 실천 과제를 제시한다.

첫째, 먹거리가 공공재라는 인식의 전환과 공공 먹거리 자체의 확산이 필요하다. 청주시 먹거리정책의 취약성은 공공 먹거리에 대한 인식의 부족으로 인한 먹거리 문제의 사회화와 정책 이념의 부재에 기인한다. 따라서 지역먹거리정책의 필요와 공동자원으로서의 먹거리라는 인식을 조직화하는 것에서 출발해야 한다. 먹거리정책의 필요성을 인식하기 위해서는 청주시 먹거리 문제의 사회화와 먹거리가 지역공동체가 함께 만들고 관리하는 공공재라는 가치화 과정이 필수적이다. 청주시 먹거리 취약계층의 불평등한 실태를 파악하여 공적 쟁점으로 문제화하는 정책이 필요하다. 지역먹거리 문제와 불평등의 현실을 먹거리 시민의 욕구와 결합시키기 위해서는 지역먹거리체계의 정확한 실태 조사부터 이루어져야 할 것이다. 이를 기반으로 공동자원으로서의 먹거리를 생산하는 방향으로 지역먹거리체계의 전환과 목표를 담은 통합적인 지역먹거리정책이 추진되어야 한다.

둘째, 먹거리정책을 전환시키는 먹거리 정치와 주체역량의 강화가 필요하다. 청주시 농민-시민의 욕구와 시민사회의 조직화된 힘이 결집되어야 청주시장을 비롯한 공무원과 먹거리정책을 바꿀 수 있다. 청주시 먹거리정책의 취약성은 시민사회가 주도하는 먹거리 정치의 부족에 기인한다. 먹거리정책은 국가나 지자체의 소유물이 아니라 시민들의 필요와 참여를 통해 이해갈등이 조정되고 정책이 결정되는 먹거리정치의 문제이다(이해진, 2015). 먹거리정책의 전환은 먹거리 시민의 필요와 조직화된 행동으로부터 나온다. 먹거리는 개인의 생존에 필수적인 요소로서 시민의 필요를 정치적으로 조직할 수 있다. 이런 점에서 먹거리 커먼즈는 일상생활에서 변혁과 전환을 이끌어내는 생활정치를 조직하는 힘을 지닌다. 이처럼 먹거리 정치는 먹거리 커먼즈라는 가치를 기반으로 지역사회 먹거리 문제를 정의하고, 시민들의 필요를 조직하여, 지역먹거리정책의 변화를 촉구하는 집합적 실천을 요청한다. 먹거리가 상품이 아니라 공공재라는 정책 이념과 제도를 확립하게 만드는 시민사회의 요구, 비판, 협력의 실천들이 필요하다. 청주시 지역 먹거리운동의 실천력의 복원과 연대의 강화도 절실하다. 지역 시민사회와 먹거리운동의 재조직화를 통해 먹거리 정치를 활성화하고 그에 필요한 주체의 양성과 역량의 강화를 도모할 수 있다.

셋째, 청주시 먹거리정책을 위한 민관 거버넌스부터 만들어야 한다. 청주시 먹거리정책은 지역사회 공동체와 시민들의 참여와 집합적 실천을 기반으로 이루어져야 한다. 지역먹거리정책시민위원회같이 아래로부터의 시민 거버넌스 조직이 정책 추진체계로 구축될 필요가 있다. 먹거리 커먼즈 개념은 정부가 하향식으로 먹거리 공공재를 배분하는 것보다 먹거리 공동체가 공동으로 관리하고 실천하는 먹거리정책을 제안한다. 먹거리정책의 시민 거버넌스는 지역먹거리운동과의 연대와 협력을 통해 강화된다. 이러한 거버넌스를 통해 청주시 먹거리정책은 취약계층의 먹거리 불평등을 대응하는 정책에 주력할 필요가 있다. 먹거리 공공성을 높이는 먹거리정책의 수단으로 취약계층 복지시설, 병원, 농촌마을, 공공기관에 대한 공공급식과 공공조달을 확대하고, 지역먹거리와 연계시켜 발전시켜 나가야 한다. 공공조달을 기반으로 공공급식지원센터를 설립해서 학교급식지원센터의 역할을 지원하거나 로컬푸드통합지원센터와 결합하여 지역먹거리정책을 총괄하는 종합먹거리정책센터로 발전시킬 필요가 있다.

요컨대, 지역 먹거리정책의 실천 과제들로는 먹거리를 공공재로 인식하는 문제틀의 전환과 공공조달을 통한 공공 먹거리의 확산, 먹거리정책통합조직과 먹거리시민위원회와 같은 시민 거버넌스의 구축, 지역먹거리운동의 실천력의 복원과 연대의 강화를 통한 시민사회 주도의 먹거리정치의 강화 등이 필요하다. 이러한 과제들은 먹거리가 사유재나 시장 상품만이 아니라 공공재와 같은 공동자원이 될 수 있다는 먹거리 커먼즈 개념의 토대 위에서 더욱 효과적으로 성취될 수 있다. 지금까지 논의한 먹거리 커먼즈 패러다임은 청주시 먹거리정책의 전환뿐만 아니라 전국적으로 시행 중인 푸드플랜의 정책 방향과 실행 전략을 수립하는 데 적용할 수 있다. 이를 통해 공동자원으로서의 공공 먹거리를 국가와 공동체의 사회적 실천을 통해 창출하는 관계망이 확산되면 먹거리커먼즈체제(Vivero-Pol, 2017b) 같은 대안적 지역먹거리체계를 구축할 수 있을 것이다. 이러한 과정에서 지역먹거리정책은 먹거리를 매개로 지역사회를 혁신하는 전략이 될 수도 있다. 먹거리 커먼즈 개념은 시민들의 필요를 조직하고 먹거리정책의 방향을 수립하는 이념적, 물적 토대를 제공한다는 점에서 먹거리정책에 적극 활용될 가치가 있다.

참고문헌

김원동 (2017). 농민시장의 사회학: 미국 사례를 중심으로. 따비.

김자경 (2017). 커머닝 개념을 통한 마을의 문제해결 방안에 관한 사례 연구 - 제주 금악마을의 양돈 악취문제해결과정을 중심으로. 로컬리티 인문학, 17: 87-117.

김종안 · 길청순 · 김오열 · 정천섭 (2018). 지역푸드플랜 올바로 수립하자. 농정연구, 66: 62-93.

김철규 (2011). 한국 로컬푸드 운동의 현황과 과제. 한국 사회, 12(1): 111-133.

김태완 · 김철규 (2016). 지역먹거리 운동 조직과 농민 생활의 변화 - 완주로컬푸드협동조합 사례를 중심으로. 농촌사회, 26(1): 117-156.

김효정 (2011). 여성농민의 토착지식에 기반한 '토종씨앗 지키기' 운동의 특성과 과제. 농촌사회, 21(2): 263-300.

김흥주 (2009). 학교급식운동을 통한 지역먹거리체계 구축방안 : 전남 나주시 사례분석을 중심으로. 농촌사회, 19(2): 63-92.

______ (2014). 먹거리 대안체계와 공공급식: 서울시 사례분석. 인문사회과학연구, 15: 1-29.

네그리 · 하트(A. Negri & M. Hardt) (2014). 공통체 : 자본과 국가 너머의 세상. 정남영 · 윤영광 역. 사월의책.

라인보우(P. Linebaugh) (2012). 마그나카르타 선언: 모두를 위한 자유권들과 커먼즈. 정남영 역. 갈무리.

랭 · 발링 · 캐러허(T. Lang, D. Barling, & M. Caraher) (2012). 먹거리정책. 충남발전연구원 역. 따비.

문은숙 · 손창우 · 문진영 (2017). '밀라노먹거리협약'과 서울시 먹거리정책. 서울연구원 정책과제연구보고서.

바우웬스 · 코스타키스(M. Bauwens & V. Kostakis) (2018). 네트워크 사회와 협력 경제를 위한 미래 시나리오. 윤자형 · 황규환 역. 갈무리.

박경철 (2019). 지자체 농촌마을 공동급식(식사)의 실태와 과제: 충청남도를 중심으로. 한국농촌사회학회 2019년도 정기학술대회 자료집.

볼리어(D. Bollier) (2015). 공유인으로 사고하라. 배수현 역. 갈무리.
______ (2016). 사회변형 패러다임으로서의 커머닝. 정백수 역. 커먼즈번역네트워크. http://commonstrans.net/?p=576
서울시 (2017). 서울 먹거리 마스터플랜.
솔론・아기똥・아잠・벨트란(P. Solón, C. Aguiton, G. Azam, & P. Beltran) (2018). 다른 세상을 위한 7가지 대안. 김신양 외 역. 착한책가게.
송원규 (2019). 농촌과 생태가 없는 푸드플랜? – 국내 푸드플랜 제도화 흐름에 대한 비판적 고찰. 한국농촌사회학회 2019년도 정기학술대회 자료집.
오스트롬(E. Ostrom) (2010). 공유의 비극을 넘어. 윤홍근・안도경 역. 랜덤하우스.
윤병선・송원규 (2018). 푸드플랜 관점에서 본 서울시의 공공급식 정책에 관한 분석. 산업경제연구, 31(3): 1135–1159.
윤병선・우장명・박대호 (2010). 지역먹거리운동의 가능성과 과제 – 청주지역의 사례를 중심으로. 산업경제연구, 23(2): 975–999.
이해진 (2015). 먹거리정치: 담론과 실천. 김흥주 외. 한국의 먹거리와 농업. 따비.
이해진・김선업・김흥주 (2015). 농업시민권을 통한 식량주권 실현. 환경사회학연구 ECO, 19(1): 282–320.
정남영 (2015). 커먼즈 패러다임과 로컬리티 문제. 로컬리티 인문학, 14: 89–122.
______ (2017). 대안근대로의 이행과 커먼즈 운동. 오늘의 문예비평, 107: 202–216.
정영신 (2016). 엘리너 오스트롬의 자원관리론을 넘어서–커먼즈에 대한 정치생태학적 접근을 위하여. 환경사회학연구 ECO, 20(1): 399–442.
청주시 (2018a). 지역 푸드플랜 수립계획 농업정책국 원예유통과 내부자료.
______ (2018b). 학교급식 식자재 지원사업 운영 매뉴얼. 농업정책국 농식품유통과.
______ (2018c). 청주시 지역먹거리정책 연구 정보공개청구 답변자료.
충청북도교육청 (2018). 학교급식 식재료 사용현황 자료. 충청북도교육청 학교급식팀.
______ (2019). 충북교육정책 청문관 전문영역협의회 자료(주제: 안전한 학교급식). 기획국 체육건강안전과.
최현 (2013). 공동자원 개념과 제주의 공동목장. 경제와사회, 98: 12–39.
최현・따이싱셩 (2015). 공동자원론과 한국 공동자원 연구의 현황과 과제. 경제와 사회, 108: 166–198.
최현・정영신・윤여일 (2017). 공동자원론, 오늘의 한국 사회를 묻다. 진인진.

페데리치(S. Federici) (2013). 혁명의 영점: 가사노동, 재생산, 여성주의 투쟁. 황성원 역. 갈무리.

폴라니(K. Polanyi) (2009). 거대한 전환: 우리 시대의 정치·경제적 기원. 홍기빈 역. 길.

Alkon, A. H., & J. Guthman.(eds.) (2017). *The New Food Activism: Opposition, Cooperation, and Collective Action*. University of California Press.

Bollier, D. (2016). Commoning as a Transformative Social Paradigm. http://thenextsystem.org/commoning-as-a-transformative-social-paradigm

Fonte, M. & I. Cucco (2019). The centrality of food for social emancipation: Civic food networks as real utopias projects. pp.342-355 in *Routledge Handbook of Food as a Commons* edited by Vivero-Pol, Ferrando, De Schutter, and Mattei. New York: Routledge.

Holt-Gimenez, E. & I. Lammeren (2019). Can food as a commons advance food sovereignty. pp.313-328 in *Routledge Handbook of Food as a Commons* edited by Vivero-Pol, Ferrando, De Schutter, and Mattei. New York: Routledge.

Magdoff, F. & B. Tokar (eds.) (2010). *Agriculture and food in crisis. Conflict, resistance, and renewal*. New York: Monthly Review Press.

Pazaitis, Alex & Michel Bauwens (2019). New roles for citizens, markets and the state towards an open-source agricultural revolution. pp.70-84 in *Routledge Handbook of Food as a Commons* edited by Vivero-Pol, Ferrando, De Schutter, and Mattei. New York: Routledge.

Pettenati, Giacomo, Alessia Toldo & Tomaso Ferrando (2019). The food system as a commons. pp.42-69 in *Routledge Handbook of Food as a Commons* edited by Vivero-Pol, Ferrando, De Schutter, and Mattei. New York: Routledge.

Rosset, Peter, M. & Valentin Val (2019). The 'Campesino a Campesino' agroecology movement in Cuba: Food Sovereignty and food as a commons. pp.251-265 in *Routledge Handbook of Food as a Commons* edited by Vivero-Pol, Ferrando, De Schutter, and Mattei. New York: Routledge.

Ruivenkamp, G. (2017). "Seeds: from commodities towards commons." pp. 381-416 in Perspectives on Commoning: Autonomist Principles and Practices edited by G. Ruivenkamp and A. Hilton. London: Zed Books.

Vivero-Pol, J. L. (2013). Food as a commons: reframing the narrative of the food system. https://ssrn.com/abstract=2255447

______ (2015). Transition towards a food commons regime: re-commoning food to crowd-feed the world. https://ssrn.com/abstract=2548928

______ (2017a). Food as commons or commodity? Exploring the links between normative valuations and agency in food transition. *Sustainability*, 9(3): 442.

______ (2017b). The idea of food as commons or commodity in academia: A systematic review of English scholarly texts. *Journal of Rural Studies*. 53: 182-201.

______ (2017c). The food commons transition: collective actions for food and nutrition security. pp.325-379 in *Perspectives on Commoning: Autonomist Principles and Practices*. edited by Ruivenkamp, G. and A. Hilton. London: Zed Books.

______ (2017d). Epistemic Regards on Food as a Commons: Plurality of Schools, Genealogy of Meanings, Confusing Vocabularies. Preprints 2017, 2017040038 (doi: 10.20944/preprints201704.0038.v1).

Vivero-Pol, J. L., T. Ferrando, O. De Schutter, & U. Mattei. (2019). Introduction: the food commons are coming. pp. 1-21 in *Routledge Handbook of Food as a Commons*. edited by Vivero-Pol, Ferrando, De Schutter. and Mattei. New York: Routledge.

PART 2
공공성

chapter **06**

공공성의 사회적 확장과 사회경제적 민주주의

정규식

1. 서론: 사회적 양극화의 심화와 민주주의의 결핍

한국 사회는 1987년 민주화 이후 '문민정부', '국민의 정부', '참여정부'를 거치며, 이제는 민주주의가 이미 실현된 것으로 인식하는 사람들이 많아지기 시작했다. 특히 2017년 촛불정권으로 등장한 문재인 정부는 "기회는 평등할 것이고, 과정은 공정할 것이며, 결과는 정의로울 것"을 강조하며, 정치적 민주화를 넘어 '사회경제적 민주주의'를 실현할 것을 약속했다. 그러나 연이어 터진 고위급 정치인들의 부정부패와 입시비리, 인천국제공항공사 비정규직 노동자의 정규직화 논란, 최근 코로나19 사태와 겹친 전공의 의사들의 파업까지 이어지면서 그 어느 때보다 다시 '공정성'에 관한 논의와 요구가 들끓고 있다. 그런데 여기서 강조되는 '공정성'은 대학 입시를 비롯한 교육 문제, 취업 경쟁과 상대적 박탈감, 기업 및 정부 기관에서 여전히 목격되는 부당한 관행 등의 구체적 현실과 맞물리면서 개인의 능력과 노력을 강조하는 '절차적 공정성'의 확보에만 머물러 있는 경우가 대부분이다. 물론 입시 및 채용 과정에서 공정한 절차를 확립하고 제도화하는 것은 매우 중요한 일이다. 그러나 개인의 능력만을 강조하는 공정성 모델은 '각자도생'에 기반한 신자유주의적 삶의 방식을 정당화할 뿐만 아니라, 그러한 불공정을 초래한 '사회구조적 불평등' 문제는 외면하게 한다. "내가 노력한 만큼의 대가를 원한다는 외침은 결국 성공하고 싶으면 노력

해라, 혹은 네가 가난한 것은 충분히 노력하지 않았기 때문"이라고 말하는 것에 다름 아니기 때문이다.[1] 그러나 이러한 공정성 요구의 이면에는 현재 광범위한 사회현상으로 표출되고 있는 '사회적 공공성의 위기'가 자리하고 있다. 즉 신자유주의적 자본논리가 전체 사회와 삶을 규율하는 담론으로 작동하면서 노동의 유연화로 인한 실업과 구조적 빈곤이 만연하게 되었고, 이에 따라 사회적 양극화가 심화되어 불평등이 재생산됨으로써 공공성의 가치가 심각하게 훼손되고 있다. 따라서 우리는 '절차적 공정성'을 넘어 좀 더 정의롭고 인간적인 사회를 만들기 위해 '공공성'(公共性, publicness)의 가치에 더욱 주목하고, 이를 바탕으로 '사회경제적 민주주의'를 실현하기 위한 구체적인 정책을 고민할 필요가 있다.

무엇보다 한국 사회는 정치적 민주화 이후에도 경제적 불평등과 사회적 차별이 여전히 심각한 상황이다. 20대 80의 사회, 즉 안정된 직장과 소득을 누리는 20%의 사람과 그렇지 못한 80%의 사람으로 양극화된 사회가 도래할 것이라는 우려는 이미 현실이 된 지 오래이며, 오늘날은 '1대 99의 사회'라고 말할 수 있을 정도로 사회적 양극화가 더욱 심화되고 있다. 특히 전체 노동자의 절반 이상을 비정규직으로 전락시킨 노동유연화 정책은 사회적 빈곤과 일자리의 불안정성을 심화하고 있다. 또한 여성과 이주 노동자, 노숙인, 철거민, 장애인 등에 대한 차별과 배제는 더욱 심화되고, 사회적 소수자를 위한 각종 사회정책은 축소·폐기되고 있는 실정이다. 더욱 중요한 사실은 경제적 불평등으로 대변되는 사회적 양극화의 문제는 이제 한국 사회라는 일국적 차원에서 극복할 수 있는 문제가 아니라, 신자유주의적 세계화의 광풍이 전 지구적으로 계급적·계층적 불평등을 심화

1) 김정희, "공정성 담론이 놓치는 것, 비교불가능한 정의의 영역". https://www.pressian.com/pages/articles/2020060809315589151

시키고 있는 사태에 직면하여 전 지구적인 차원에서 인류가 조속히 해결해야 할 중차대한 문제라는 사실을 인식해야 한다는 것이다. 즉 전 세계 인구 60억 명 중에서 10억 명이 80%의 GDP를 독점하고, 나머지 50억 명이 남은 20%를 놓고 경쟁해야 하는 체제, 그리고 60억 명 중 절반의 인구가 하루 2달러 이하로 생활해야 하는 극심한 빈곤상황이 신자유주의적 세계화의 현실이다. 따라서 오늘날 전 세계적 차원에서 불평등을 넘어선 사회적 양극화가 제어할 수 없을 정도로 확산·심화되어 나가는 현상이야말로 신자유주의적 세계화를 추동하는 자본주의 체제가 제대로 작동하지 못하고 있다는 사실, 곧 신자유주의적 세계화의 구조적 모순을 분명하게 드러내고 있다(정규식, 2013).[2] 요컨대 신자유주의 세계화 정책이 추진되는 동안, 사회적 빈곤은 더욱 확대되고 민주주의와 인권은 점점 축소되고 있는 상황인 것이다.

이러한 상황은 한국 사회의 민주주의가 아직 완성된 것이 아니며, 민주주의의 이름으로 가야 할 여정이 여전히 많이 남아 있음을 시사한다. 즉 민주주의가 점차 '가진 자들의 민주주의'로 제한되고 있으며, '민주주의의 결핍' 혹은 '배제된 민주주의' 문제가 지속적으로 제기되고 있다. 더욱이 이는 비단 한국 사회의 특수한 현상에 기인한 것이 아니라는 사실이 중요하다. 여러 아시아 나라들에서 민주주로의 이행을 통해 정치적 민주화를 이루었지만, 그것이 실질적 권력분점이나 경제적·사회적 독점의 해체 및 완화로 이어지지 못함으로써 새로운 독점적 질서로 변형되어 존재하는 경우가 많다. 또한 신자유주의적 지구화의 부정적 영향에 의해 다양한 사회

2) 불평등의 심화를 중심으로, 오늘날 신자유주의로 재포장한 자본주의 체제의 구조적 모순에 대한 비판적 해명과 신자유주의에 기초한 세계화가 불러올 부정적 사태에 대한 통찰력 있는 진단, 나아가 자본주의적 시장경제 체제 속에서 평등을 구현하려는 시도가 드러내는 문제점에 대한 자세한 논의는 Callinicos(2006)를 참조하기 바란다.

경제적 하위주체들의 요구는 정치적 공간에서 더욱 주변화되고, 민주주의는 '그들만의 민주주의'로 끝나는 경우가 많다. 그 결과 민주주의로 이행되었는데도 오히려 지속적 갈등과 그로 인한 불안정을 겪으면서 때로는 보수적 방향으로 선회하는 등 복잡한 경로를 보이고 있는 것이 전 지구적인 현상으로 목도되고 있다. 요컨대 현재 한국을 포함한 자유민주주의 국가들에서 기업권력의 횡포, 금권정치의 장으로 전락한 자유선거, 시장논리로 점철된 신자유주의적 합리성 등으로 인해 국가는 더 이상 인민의 지배가 아니라 경영관리 운용의 구현체로 기능하고 있는 현실을 보이고 있다(브라운, 2010: 88-99). 즉 민주주의가 다양한 사회경제적 영역에 급진적으로 확장되어 삶의 문제들을 해결해야 함에도 오히려 자본주의와 사회적 보수주의에 의해 포위되어가는 '탈민주화' 추세를 걷고 있는 것이다. 무엇보다 이처럼 심화된 사회경제적 불평등은 민주주의의 발전을 위한 대중의 정치적 각성을 어렵게 하고, 민주주의의 물질적 기반 자체를 침식할 위험이 있다. 그렇기 때문에 정치적 민주주의의 진전은 반드시 사회경제적 민주주의에 의해 뒷받침되어야만 한다.

또 한 가지 중요한 사실은 신자유주의적 세계화하에서 민주주의는 순전히 형식과 절차의 문제로 축소되며, 그 실질적 내용은 신자유주의라는 글로벌 경제 질서를 어떻게 보좌할 것인가로 채워진다는 것이다. 그리고 이에 따라 심화된 양극화 현상은 권력과 자본에 의해, 사회적 공간으로부터 추방되는 대중들을 지속적으로 양산한다. 그리고 이러한 '추방된 영역'에서 국가권력은 더욱 강하게 작동한다. 신자유주의 이후 국가 역할의 축소와 영향력이 감소했다는 주장이 많이 제기되고 있지만, 한국 사회의 현실을 볼 때 국가의 강력한 개입이 없었다면 전체 사회의 신자유주의적 재편은 실현될 수 없었을 것이다. 즉 국가의 '시장에 대한 개입'은 줄어들었을

지 모르나 '시장을 위한 개입'은 훨씬 더 강화되었다. 따라서 신자유주의적 세계화가 진전되면서 점차 축소되고 왜곡되어가는 '그들만의 민주주의'를 '모두의 민주주의'로 세워내는 것은 이러한 '국가-자본' 이데올로기에 의해 전복되어 결핍된 민주주의를 바로 잡는 것에서부터 시작될 것이다(정규식, 2012). 즉 시장경제의 공공성을 강화하고 국가와 시장의 이익결탁을 저지함으로써, 사회경제적 불평등을 완화시켜 나가는 것이 우리에게 무엇보다 중요한 과제로 부각되고 있다. 이하에서는 이러한 문제의식에 기반하여 먼저 현대 사회에서 두드러지게 나타나고 있는 공공성의 위기를 '국가-시장-시민사회'의 재구조화라는 시각에서 검토해 보고, 사회적경제를 비롯한 사회경제 민주주의의 실천 양식이 공공성의 회복과 어떻게 연결될 수 있는지를 심층적으로 고찰해 보고자 한다.

2. '국가-시장-시민사회'의 사회적 재구성과 공공성의 위기

1) 공공성에 대한 개념적 이해와 분류

2020년 12월에 발생한 코로나19의 전 지구적 확산이 계속 심화되면서 현재 상황을 더욱 악화시킨 원인으로 많이 지목되는 것이 의료공공성을 비롯한 이른바 '공공성의 위기'이다. 그러나 '공공성'은 학문분야에 따라 다르게 개념화되기도 하고, 또 논자에 따라 서로 다양하게 정의되기도 하기 때문에 단일한 의미로 정의하기가 쉽지 않다(임의영, 2003; 홍성태, 2008). 특히 한국 사회에서 공공성 논의는 사회변동에 관한 학술적 과제임과 동시에 생활세계의 위험을 넘어서기 위한 실천적 과제로서 더욱 중요한 의미를 갖는다(조대엽, 2014). 그렇기에 공공성이 무엇인지, 그리고 공공의 위기를 극복하기 위한 방안은 무엇일지에 대한 사회적 논의가 시급하다. 우선 우리말 사전에서는 공공성을 "어떤 사물·기관 등이 널리 일반 사회 전반에 이해관계나 영향을 미치는 성격·성질" 또는 "개인이나 단체가 아닌 일반 사회 구성원 전체에 두루 관련되는 성질"이라고 단순하게 정의한다. 하지만 사회과학적 개념의 용법에서 보면, 공공성 개념은 '공적인 것'과 '사적인 것'의 오래된 이분법적 구분에 기초하고 있다. 또한 "한 사회의 공적 질서가 사회적으로 구성된다는 시각에서 보면 공적인 것과 사적인 것이 원래부터 구분되어 있는 것이 아니라 사회적으로 부여되는 것"이라고 할 수 있다. 즉 공공성 개념은 "당대의 다양한 규범과 제도, 가치와 이념, 조직과 자원을 포괄"하며, 사회적으로 끊임없이 재구성되는 것이다(조대엽·홍성태, 2013).

이러한 맥락에서 최근 학술계에서 전개된 공공성 관련 논의를 살펴보면, 공공성 개념은 더욱 분석적이고 구체적으로 제시된다. 먼저 신진욱은 공공성을 정부조직이나 공공부문, 의회 및 대중매체와 같은 공론장 등의 실체적 제도나 조직으로만 사용할 경우 공적 문제해결을 위한 규범적 원칙에 대해 분명한 인식을 가질 수 없다는 점에서 높은 추상수준에서 공공성의 분석적 정의를 제안한다(신진욱, 2007: 30-35). 즉 공공성의 분석적 차원을 ① 다수 구성원에 대한 영향, ② 만인의 필수 생활조건, ③ 공동의 관심사, ④ 만인에게 드러남, ⑤ 세대를 넘어서는 영속성 등으로 제시하고 있다. 또한 신정완은 공공성의 개념을 ① 공중의 시선에 대한 개방성, ②

의사결정 과정의 민주성, ③ 기본적 재화와 서비스에 대한 모든 구성원의 평등한 접근성, ④ 비시장적 원리에 따른 자원배분의 강화, ⑤ 국민적 자산과 사회경제적 의제들에 대한 국민적 통제 등의 의미를 함축하고 있는 것으로 강조한다(신정완, 2007: 40-41). 한편 김경희에 의하면 공공성과 관련된 개념은 역사적·이론적·학문분과별로 다양한 관점에서 정의될 수 있지만, 결국 핵심 내용은 공공성의 본질적인 내용이 무엇인가 하는 실체적 측면과 이를 어떻게 구현할 것인가 하는 절차적 측면으로 구분될 수 있다(김경희, 2011). 즉 실체적 공공성에는 자유, 평등, 정의 등과 같은 내용이 포함되며, 절차적 공공성에서는 민주주의가 핵심적인 개념이 된다. 그리고 이 두 영역은 상호작용하면서 융합되어 있기에 양자를 동시에 고려하는 균형이 필요함을 강조한다. 이처럼 공공성은 국가와 시장, 시민사회의 질서에 포괄적으로 내재된 공동체 구성의 근간이며, 따라서 한 사회에서 공공성의 구조는 사회통합을 가능하게 하는 핵심적 질서를 지칭하는 것이라고 할 수 있다. 특히 홍성태는 이러한 공공성 개념에 대한 이해를 바탕으로 아래와 같이 공공성을 분류한다(홍성태, 2012: 875-877).

① 국가공공성

좁은 의미에서 '국가적'이라는 말은 곧 '공공적'이라는 말과 동의어로 사용되기도 한다. 이것이 구체적으로 표현되는 형태가 바로 국가가 표방하는 '공공정책'의 가치이다. 이런 측면에서 공공성은 국가의 공공정책이 공식적으로 지향하는 가치를 의미한다. 이를테면, 보건, 의료, 주거, 노동, 교육, 환경, 가족 등 공공복리와 관련된 광범한 공적 이슈들은 공공성의 지향을 표방한다. 여기서 공공성의 이미지는 공중보건, 공공근로, 공공주택, 공교육 등에서처럼 사회구성원들에 대한 국가의 제도적 책임과 역할로 나타난다.

② 공공재(public goods)

공공재는 군대나 경찰 또는 소방과 같은 보편적 사회보호 서비스에서부터 공원, 공중화장실, 도로교통, 에너지 발전소 등 사회 편의를 위한 기본시설 그리고 물, 공기, 산, 바다와 같은 자연재화나 공유자원을 지칭한다. 그러나 공적 기능을 갖는 시설과 서비스 그리고 자연환경조차 시장권력과 국가 관료들의 사적 이해관계에 의해 빠른 속도로 공공의 가치가 훼손되고 있다. 이런 점에서 공공재는 시장의 무차별적인 상품화 전략과 횡포 그리고 국가의 취약한 관리능력에 맞서 보호되어야 할 공공적 특성을 갖는다.

③ 시장공공성

시장의 영역에서도 '기업의 사회적 책임'(CSR)을 중심으로 공공성의 이미지가 크게 확산되고 있다. 게다가 국가를 넘어선 국제사회로부터의 법적·제도적 압력과 윤리경영을 요구하는 시민사회의 지속적인 주창활동도 증대했다. 이런 맥락에서 강조된 기업의 사회공헌활동은 공공성의 지평을 국가와 시민사회에서 시장의 영역으로까지 확장시키는 데 결정적인 역할을 했다. 그러나 근본적으로 시장은 공공복리와 모순적인 공간이기에 이러한 시장 공공성의 이미지화는 지극히 제한적일 수밖에 없다.

④ 사회운동의 공공성

시민사회에서 표출되는 운동의 이슈들은 대중들에게 공공성을 정의와 공익의 차원에서 수용하게 만드는 경향이 강하다. 특히 국가나 시장에 대항적 성격을 갖는 운동의 이슈들은 시장권력과 국가 관료의 독점적 횡포에 취약한 국가공공성의 정상화를 요구한다. 예를 들어 민영화 반대, 공교육 정상화, 주거환경 개선, 재벌 개혁을 중심으로 한 경제민주화, 보편적 인권을 위한 각종 차별반대운동 등은 사회운동이 추구해야 할 정의와 공익의 가치를 공공성이라는 프레임으로 표출하는 대표적인 사례들이다.

⑤ 언론 공공성

언론매체에 투영된 공적 성격과 공개성 그리고 의사소통의 중추적 기능은 공공성의 이미지를 형상화한다. 특히 언론매체는 정치적 공론장의 인프라를 형성한다. 또한 권력의 원천이라 할 공론의 형성에 개입하여 여론을 조작적으로 산출할 수 있다. 따라서 언론은 국가나 시장으로부터의 예속적 권력화를 견제하는 가운데, 공개성의 확장을 통해 의사소통의 질서를 활성화시켜 공론장의 선순환적 기능을 주도할 필요가 있다.

⑥ 문화적 공공성

사회구성원들 사이에 형성된 행위양식의 질서는 공공성의 문화적 특성을 나타내는 중요한 대목이다. 예를 들어 교통질서는 법적·제도적 측면에서 구현된(도로를 공유하고, 차선과 신호를 지키며, 음주운전과 과속을 금지하고, 보행자의 안전을 최우선시하는 등) 대표적인 문화적 공공성의 한 사례이다. 이처럼 교통질서를 포함한 넓은 의미에서의 공중도덕은 사회의 질서를 유지하기 위해 사회구성원들이 지켜야 할 최소 수준의 사회문화적 규범으로서 공공성의 가치를 전면에 내세우게 한다.

⑦ 공적 책임자의 공공성

대표성을 갖는 행위자의 공적인 책임성이 공인(public man)의 덕목으로서 공공성의 의미를 구성한다. 다시 말해 대표성과 책임성을 갖는 행위자에게 기대되는 공정하고 정의로운 모습으로서 공공성의 이미지, 그것은 사적인 이해관계가 완전히 배제된 공공을 위한 기본적인 사회적 덕목으로 묘사된다. 따라서 사회구성원들에게 광범한 영향을 미치는 대표성을 갖는 행위자들이 공적인 영향력을 독점하거나 남용하지 않도록 결과에 대한 법적·제도적 책임성을 강화할 필요가 있다.

〈표 6-1〉 공공성의 7가지 이미지

공공성의 주요 이미지들	의미구성	구성적 차원
공공정책	국가공공성	거시
공공재	반독점적 비장성(공공재)	⇧
기업의 사회적 공헌활동	시장공공성	
사회정의와 공익성	운동공공성	공공성
정보의 공개성	언론공공성	
사회문화적 규범	문화적 공공성	⇩
공정과 정의의 리더십	공인의 지위와 역할	미시

출처: 홍성태 (2012).

2) 공공성의 위기와 국가-시장-시민사회의 재구조화

위에서 살펴본 공공성 개념의 역사적 변천 과정을 보면, 현대 자본주의 체제에서 가장 거시적인 의미에서의 공공성은 국가와 시장, 그리고 시민사회에 편재된 공적 질서였다. 특히 근대 사회구성체가 민족국가를 단위로 하는 정치공동체로서의 특성이 부각된 이래 한 사회의 정치권력을 중심으로 구축되는 국가영역은 가장 강력한 공공성의 주체이자 작동영역이었다. 그러나 신자유주의적 시장화가 전 세계적으로 심화되면서 이러한 공공성의 질서와 구조에도 큰 변동이 생겨났다(조대엽, 2012). 즉 1970년대 들어 서구 사회를 강타한 이른바 '케인즈주의 복지국가'의 위기는 1980년대 이후 크게 확산된 신자유주의의 세계화 경향으로 이어졌고, 1990년대 들어 한국 사회에도 이러한 물결이 본격적으로 영향을 미치게 되었다. 이처럼 지구적 규모로 몰아친 시장화의 거대한 흐름은 어느 사회든 경쟁과 해체의 경향을 보편화했을 뿐만 아니라, 무엇보다도 공공성의 위기 현상을 가속화했다. 또한 이러한 위기는 근대 자본주의 사회구성의 핵심축이라고 할 수 있는 국가와 시장 및 시민사회의 질서를 재편했으며, 국가-시장-시민사회에 배분된 기존의 공공성 구조를 재구성하는 결과를 초래했다. 무엇보다 이러한 변화는 일반적으로 시장의 팽창과 국가의 축소, 그리고 시민사회의 강화라는 경향으로 평가된다(조대엽, 2014).

따라서 현대 사회에서 두드러지게 나타나고 있는 공공성의 위기를 국가, 시장, 시민사회의 재구조화라는 시각에서 검토할 필요가 있다.[3] 특히 '공공성의 재구성'이라는 관점에서 가장 주목해야 할 부문은 역시 국가 영역이다. 국가는 정부를 중심으로 하는 법과 제도의 실질적 운영자로서 공권력에 기반을 둔 강제의 영역이며, 권력을 매개로 작동하는 지배와 복종의 정치질서라고 할 수 있다. 따라서 국가의 공공성은 무엇보다도 이른바 공공관리, 공공정책 등으로 불리는 정부의 행정기능 혹은 공공지출을 통한 재분배의 기능이 특히 강조된다. 그러나 신자유주의적 시장화 경향이 가속화되면서 전력, 철도, 우편 등 전통적으로 국유화되었던 기간산업의 민영화와 의료, 교육, 주택 등 일상적인 국민생활과 관련된 국가주도의 공공복지를 비롯한 '국가 공공성'이 크게 축소되고 있다. 다음으로 시장영역에서는 시장의 투명성, 기업운영 및 상품생산과 거래의 공정성 등을 보장

3) 이하 공공성 재구성 관련 내용은 조대엽(2014)의 논의를 참조하였다.

하는 규범적 공공성이 '시장 공공성'의 핵심적 요소로 작용하게 되었다. 그리고 시민사회 영역에서는 다양한 수준의 시민운동 단체들이 사회운동 지향의 공공성을 추구함으로써 국가권력과 시장권력, 나아가 사회권력에 대한 시민사회 특유의 감시와 비판 기능을 확대하고 있다. 또한 공공복지를 지향하는 자발적 사회복지 단체들이 시민사회 영역에서의 사회서비스 기능을 확대하고 있다. 이처럼 공공성의 재구성은 국가, 시장, 시민사회의 영역에서 다양한 방식으로 공공성의 기능이 재편되는 과정이다. 즉 '공공성의 재구성'은 국가, 시장, 시민사회의 공적 구조가 단순히 축소되거나 확장되는 것을 의미하는 것이 아니라, 각 영역 내부에 고유한 공적 기능이 다른 영역으로 할당되거나 새로운 기능적 공공성이 형성됨으로써 각 영역 간에 공적 기능의 호환성이 발생하거나 구조적 경계가 불명확해지는 것을 의미한다. 이처럼 시장 기능의 팽창에 따른 공적 질서의 유연화로도 볼 수 있는 공공성의 재구성 과정을 대안적 사회통합의 기회로 만들기 위해 정부와 시민사회, 기업 간의 공공성 네트워크를 민주적으로 재구성하는 것이 무엇보다 중요하다. 즉 사회 전반에 공공성 네트워크를 확대함으로써 공공성의 민주적 재구성을 지향하는 것이 긴요한 과제로 제기되고 있다(조대엽, 2014). 이와 관련해서 다음 장에서는 사회적경제를 비롯한 사회경제 민주주의의 실천 양식이 공공성의 회복과 어떻게 연결되는지를 좀 더 구체적으로 살펴보고자 한다.

3. 사회경제 민주주의의 실현과 공공성의 회복

1) 사회적경제와 민주주의의 확장

근대 사회를 체제적·이념적으로 떠받치는 두 기둥이라고 할 수 있는 자본주의와 민주주의는 오랫동안 긴장관계를 유지하며 갈등하고 있다. 시장원리의 확대가 민(民)의 자기통치와 평등이라는 민주주의의 기본 원칙과 상충하기 때문이다. 그러나 칼 폴라니에 의하면 인류문명 전반에서 경제활동은 시장만의 고유 영역이 아니라, 호혜성과 재분배의 원리를 통해 조직된 인간 사회 속에 깊숙이 내장된 것이었다. 즉 화폐를 매개로 작동되는 경제 시스템을 이익창출에 기반한 자기조정체계로 상정하게 된 것은 '상품시장경제'가 본격화된 19세기 이후에나 출현한 현상이라는 것이다. 따라서 폴라니는 인간과 자연의 생산물을 이윤창출 수단인 상품으로 전환시키는 시장경제가 전 지구적으로 확산되면서, 인간 사이의 사회적 관계와 자연환경이 단절되고 사회조직의 파괴가 촉발되었다고 설명한다(폴라니, 2009). 그러나 다른 한편으로 모든 사회는 시장이 주도하는 상품경제가 사회적 실체와 조직, 호혜적 관계를 파괴시키려는 시도로부터 자신을 보호하기 위한 움직임도 발동시키는데, 이것이 바로 폴라니가 강조한 '이중운동(double movement)'이다. 이러한 폴라니의 이중운동 관점에서 보면 사회적경제는 호혜적이고 민주적으로 형성된 사회적 관계(호혜성)와 나눔과 돌봄에 의한 재분배(재분배), 사회적 필요에 의한 생산(가정경제의 원리) 등 영리적 경제행위를 사회적 통제 아래 두는 사회-경제체제라고 할 수 있다. 따라서 사회적경제는 상품시장을 근간으로 하는 자본주의 경제체제를 지탱해왔던 국가-시장 동맹이 초래한 실패를 극복하면서, 호혜와 연대에 기반을 둔 사회 전반의 총체성을 확립하기 위한 사회적 실천의 필요성을 제기한다(정문수, 2016).

'사회적경제'를 현실에서 실현하기 위한 시도는 1960년대 유럽에서 먼저 시작되었다. 즉 제2차 세계대전 이후 구조적 실업과 빈곤 등 자본주의 체제의 폐해를 목격하면서 다양한 형태의 대안적 사회운동이 전개되었으며, 구체적으로 노동자 자주관리조직 및 협동조합, 결사체운동 등으로 표출되었다. 이후 1970년대에는 '포드주의적 대량생산'과 '케인즈주의적 복지국가' 체제가 한계를 드러냈고, 이에 따라 국가 중심의 사회적 재분배 시스템 자체가 위기에 봉착하게 되었다. 따라서 시장과 국가가 아닌 시민사회를 비롯한 새로운 영역에서 자율적이고 대안적인 사회운동으로서 등장한 사회적경제가 더욱 주목을 받게 되었다. 이러한 역사적 경과를 통해, 사회적경제는 영리적이고 비영리-사회적인 동기를 동시에 추구하는 경제조직이나 결사체의 경제활동, 다시 말해 사회적 기업이나 협동조합, 공제조합, 결사체 등 다양한 행위자들에 의한 사회적 실천으로 이해하는 흐름이 확립되었다(정문수, 2016). 이처럼 '사회적경제'는 국가통제와 시장경제가 포괄할 수 없는 삶의 영역 전반에 걸쳐 있으며, 각 사회가 처한 구체적 상황과 조건에 따라 다양하게 전개되고 있다. 특히 협동조합을 포함한 사회적경제는 자본주의 시장경제 바깥에 존재하는 경제민주주의의 보루라고 할 수 있다. 즉 사회적경제는 인간의 상호성에 기초하여 공정성의 원리에 따라 연대라는 가치를 달성하도록 조직된 경제 형태이다. 정태인에 의하면 자본주의 사회에서는 시장경제가 인간 사이의 관계를 규율하는 유일한 원리인 것처럼 받아들이고 있지만 역사에 나타난 순서로 보면, 사회적경제가 가장 오래된 시스템이다(정태인, 2013: 162). 이처럼 사회적경제는 이윤 창출이 아닌 필요의 충족을 목적으로 하며, 지역사회의 문제를 해결하는 과정에서 연대와 협동을 토대로 하는 민주적 의사소통을 중시한다.[4)]

특히 2008년 미국발 세계 경제위기는 자본주의 시장경제의 축적 논리와 자본의 방종적 자유를 그대로 방치할 때 어떤 비극적 결과가 초래되는지를 여실히 보여주었다(이병천 외, 2013: 11). 즉 민주적·사회적 통제 없는 탈규제 자본주의 시장경제는 극도의 불평등과 빈곤을 초래할 뿐만 아니라 지속가능하지도 않다는 것이 분명하게 드러났다. 그렇다면 어떻게 자본주의 시장경제를 민주적·사회적으로 통제할 것인가? 이와 관련해서 우리나라의 헌법에도 '경제 민주주의'에 대한 조항이 명시되어 있다. 즉 헌법 제119조 제2항은 "국가는 균형 있는 국민경제의 성장 및 안정과 적정한 소득의 분배를 유지하고, 시장의 지배와 경제력의 남용을 방지하며, 경제주체간의 조화를 통한 경제의 민주화를 위하여 경제에 관한 규제와 조정을 할 수 있다"고 명시되어 있다(정태인, 2013). 그러나 '경제 민주주의'가 무엇인지에 대한 명확한 정의와 목표는 제시되어 있지 않기 때문에 다양한 갈등이 유발된다. 특히 '경제 민주주의'에 대해서는 로버트 달의 선구적 연구가 좋은 참조가 된다. 그는 『경제 민주주의에 관하여』라는 책에서 기업의 소유와 통제 체계를 변화시키는 구상을 통해, 민주주의와 정치적 평등 그리고 자유를 실현할 수 있는 대안적 경제를 지속적으로 모색했다(로버트 달, 2011). 즉 민주적 절차를 기업의 통치 체계에까지 적용함으로써 경제적 불평등을 완화하면, 이를 통해 정치적 평등도 증진될 것이라고 주장했다. 이

---

4) 시민운동과 지방정부의 합작에 의해 사회적경제 모델을 실천하고 있는 캐나다 퀘벡 사회경제위원회에 의하면 사회적경제는 일반적으로 다음과 같은 원칙과 운영 규칙에 따라 운영되는 행위와 조직들을 일컫는다. ① 이윤보다 회원과 공동체를 위한 운영, ② 국가로부터의 자율성, ③ 민주적 경영(1인 1표), ④ 자본에 대한 개인과 노동의 우위, ⑤ 참여의 원칙과 개인 및 집단의 권력화(정태인, 2013: 167).

러한 생각은 소득 재분배와 같이 불평등을 사후적으로 개선하는 것을 넘어 기업의 소유와 통제 체계 자체에 민주주의 원리를 적용하려는 시도라고 할 수 있다. 요컨대 자신의 삶과 자유에 영향을 미치는 모든 차원의 의사결정에 시민들이 참여할 수 있는 것이 바로 '경제 민주주의'이다(정태인, 2013: 157). 따라서 경제민주주의는 근본적으로 자산 소유자에 의한 독재적·전일적 의사결정이 지배하는 자본주의 시장경제에 대한 민주화를 표방한다. 즉 경제민주주의의 핵심은 소유권에 대한 문제 제기이며, 국가와 노동자에 의한 소유권의 제약, 경제와 기업에서의 노자공동결정권 등을 포괄하는 것이다. 그렇기에 사회적경제를 비롯한 경제 민주주의의 실현 과정은 이윤과 경쟁이 아닌, 공유와 협력의 원리에 기초해 지속가능한 사회경제 체제를 모색하려는 대안운동의 하나로 자리매김될 필요가 있다.

2) 사유와 국유를 넘어 공유와 협력의 사회경제 체제 모색

주지하듯이 현대 자본주의 체제의 위기는 경제위기, 환경위기, 자원위기가 결합되어 복합적으로 나타나고 있다. 특히 자원의 고갈 문제와 생태환경의 악화는 자본주의 경제의 위기 속에서 더욱 심화되고 있으며, 이는 자연에 대한 착취에 기반한 사회경제의 지속불가능성을 보여준다. 따라서 지속가능한 사회경제 체제를 모색하기 위해서는 먼저 '사유'와 '국유'라는 소유 형식을 넘어 공유와 협력의 경제모델을 구상할 필요가 있다.[5] 이와 관련해 마르크스는 『공산당선언』에서 "코뮌주의자의 이론은 사적 소유의 철폐라는 단 한 문구로 요약될 수 있을 것"이라고 말한다. 이를 통해 고병

5) 이하 사적 소유 및 화폐에 기반한 배타적 소유체제의 한계에 대한 논의는 정규식(2009)의 논의를 참조하였다.

권은 근대의 사적 소유에 대한 마르크스의 생각을 가장 잘 표현하는 단어들은 '추방', '배제', '박탈', '분리' 등일 것이라고 말한다(고병권, 2007: 115). 왜냐하면 사적 소유권의 핵심은 자유로운 '처분'에 있기 때문이다. 처분하고 분리할 수 있을 때 우리는 어떤 것을 비로소 소유할 수 있다. 그리고 사적 소유는 인간 본성에 기인하는 것이 아니라, 역사적 산물이라는 사실을 인식하는 것이 중요하다. 이와 관련해서 소유권의 진화사를 근대 인권의 발전사와 궤를 같이 하는 것으로 보고, 소유권을 절대적 인권으로 보는 견해가 근대 초기 자연권 이론에서 등장하긴 했지만 역사적 진화과정 속에서 이제는 시대착오적인 주장이 되었음을 지적하는 조효제의 논의는 우리에게 많은 것을 시사한다.[6] 그에 의하면 "현대 인권담론에서 재산권이 차지하는 위상을 정확히 표현한다면, 그것은 개인의 절대권이라기보다 국가에 의해 보호되고 통제되는 제한적 권리라고 할 수 있다. 그것은 특정한 대상물을 놓고 개인 간에 수립될 수 있는 어떤 사회적 관계를 국가가 인준"한 것에 불과하다. 그러므로 적어도 국제인권기준에 따르면 재산(소유)권은 '절대적' 인권과 거리가 멀다는 것이다(조효제, 2008: 131-135). 한편 프루동(Pierre-Joseph Proudhon)은 『소유란 무엇인가』에서 "소유란 도둑질이다. 사적 소유를 정당화해줄 자연적 원인을 찾는 것은 불가능하다."라고 말한다(고병권, 2007: 119에서 재인용). 다시 말해 소유에 대한 선험적 정당화는 불가능하다는 것이다. 따라서 '소유(property)'는 먼저 주어

6) 근대 초 신흥 부르주아들은 절대국가의 원리에 반발하여 출신성분보다는 소유(재산)권 원칙에 근거해서 조직되는 사회를 염원했고, 17세기 말부터 이런 주장을 '자연권' 이론으로 정당화하기 시작했다. 자연권(natural right)은 절대권(absolute right)과 유사하게 쓰였으므로, 소유권을 자연권으로 정당화했다는 말은 소유권을 생명권 또는 자유권과 같은 정도의 절대적 권리로 간주했음을 뜻한다. 그러나 현대의 국제인권법 또는 지역인권법 전통에서는 개인의 선익을 위해 필요한 맥락에서 조건부로 재산권을 인권으로 규정한다. 이에 대한 자세한 논의는 조효제(2008)를 참조하기 바란다.

질 수 없고, 항상 '소유화(propria-tion)'를 통해서만 가능하다고 할 수 있다. 고병권에 의하면 "소유 자체는 없으며, 나는 '어떤 것'을 끊임없이 '내 것'으로 만들 수 있을 뿐"이다. 이렇게 소유를 정의해 보면 소유의 문제는 결국 '내 것으로 만들 수 있는가', 즉 '소유화'의 문제이다. 그리고 이것은 내 소유물에서 '타자의 소유'를 배제하는 것이기도 하다.[7] 앞서 보았듯이 근대적 의미에서 사적 소유권은 소유자가 소유물을 자유롭게 처분할 수 있을 때 비로소 행사되는 것이다. 바로 이러한 자유로운 처분가능성이 '그의 것'을 '내 것'으로 만들 수 있는, 즉 '그'의 소유권을 박탈할 수 있는 조건이 되는 것이다. 이처럼 사적 소유의 기본적 특징은 타자의 추방과 배제이다.

또한 현대 자본주의 사회에서는 모든 것을 화폐로 구매할 수 있기 때문에 소유 형태가 배타적인 사적 소유로 단일화된다. 즉 화폐의 동일성이 상품의 동일성을 도출하고, 상품의 동일성이 소유의 동일성을 도출한다. 소유의 이러한 동일성은 빼앗지 않으면 뺏길 수밖에 없는, 그래서 모두가 배타적인 사적 소유를 향해 달려가는 경주(競走)적 체제를 전제한다. 이러한 경주적 체제하에서는 소유 대상의 성격을 고려할 여유, 다시 말해 사물의 본질을 존중할 여유가 없다(이종영, 2008: 187). 따라서 이종영은 이러한 배타적인 사적 소유의 형태와는 다른 형태의 소유들을 원시적 공동체들에서 발견한다. 즉 원시적 공동체에서는 재화들의 성격, 혹은 필요의 성격에 따라 공동체적 소유, 가족적 소유, 개인적 소유 등으로 소유 형태가 달라진다는 것이다. 원시적 공동체들에서 이러한 복합적 소유 형태들이 존재

---

7) 실제로 자기 소유물에서 타자를 배제하는 문제, 더 엄밀히 말하면 타자를 배제함으로써 자기 소유권을 확립하는 문제가 근대 초기 서유럽에서 중요하게 대두했다. 공유지에서 타자를 추방했던 인클로저(Enclosure) 운동이 그것이다. 기본적으로 모든 사적 소유권의 행사는 인클로저 운동의 성격을 지닌다(고병권 외, 2007: 121 참조).

한다는 것은, 소유 형태가 단일할 필요가 없다는 사실을 말해준다. 그래서 이종영은 "상이한 소유관계를 요청하는 각각의 소유 대상들을 모두 단일하게 배타적인 사적 소유에 종속시키는 부르주아적 소유체제의 부조리성"을 비판한다. 즉 사물들의 본질을 바라봄으로써, 각 사물들에 보다 적합한 소유관계를 사고할 수 있다는 것이다. 과거 공산주의자들은 사적 소유의 죄악이 바로 소유의 '사적' 성격에 기인한다고 믿었다. 그래서 앞서 말했듯이 마르크스도 사적 소유를 일거에 폐지할 것을 공산주의 건설의 제1목표로 설정했다. 즉 사적 소유에서 국가 소유(국유)로의 전복을 시도한 것이다. 그러나 과연 사유와 국유는 대립적인 것인가? 이에 대해 이종영은 "배타적인 사적 소유는 국가로부터 소유를 보호하기 위해 성립한 것이다. 따라서 사적 소유를 부정하기 위해 국가 소유로 회귀하는 것은 있을 수 없다. 중요한 것은 국가 소유와 사적 소유의 대립항을 벗어나는 것, 그래서 사물들을 그것들이 내포하는 가장 적절한 사회관계에 따라 소유하는 것"이라고 말한다. 실제로 우리가 역사를 통해 알 수 있는 사실은 근대적인 사적 소유 제도를 국가가 유지, 보장하고 있다는 것이다. 사적 소유는 근대초기의 국가폭력이 없었다면 성립하지 못했을 것이다. 고병권의 말처럼 "독점적이고 배타적인 사적 소유가 가능해진 것은 국가가 독점적이고 배타적인 폭력을 사용해서 전국적 수준에서 화폐적 평면, 법적 평면을 만들어 냈기 때문"이다(고병권, 2007: 128). 즉 국가의 배타적 독점이 사적인 배타적 독점의 기반이 된 것이다.

그러나 '돈'이 있어야 가질 수 있는 권리는 진정한 의미에서 권리가 아님이 분명하다. 이에 따라 이종영은 필요의 성격에 따라 소유 형태를 달리하는, 복합적 소유체제의 중요성을 강조한다. 즉 토지에 대한 공공적 소유, 생산수단에 대한 협동조합적 소유, 주택에 대한 꼬뮌적 소유, 소비수단에 대한 개인적 소유가 그것이다. 요컨대 재화들의 본질에 부합하는 여러 소유형태들의 접합을 조건으로 해서만 진정한 자유와 권리가 보장될 수 있을 것"이다. 또 한편 '국가의 배타적 독점의 사적 독점으로의 전화'는 오늘날, 신자유주의 체제에서 급격하게 증가하고 있는 공공재의 민영화·민간투자의 형태를 통해 쉽게 포착된다. 정부의 입장에서는 민간자본을 유치함으로써 공공시설의 수준이나 경영전략이 개선되리라고 기대하고 있고, 반대로 자본은 공공역사나 공원을 이용하는 시민들이 물건을 구매하는 잠재적 소비자로 쉽게 탈바꿈할 수 있기 때문에 공공시설을 단순한 공적 공간을 넘어 이윤을 창출할 수 있는 시장으로 여기는 것이다. 그러나 여기서 문제는 "공공시설에 이상적으로 기대되는 '공공성'과 민간자본이 공공시설에 투자하면서 추구하는 '상업성'이 충돌할 때 우위를 점하는 것은 자본의 실질적인 지원을 받는 후자 쪽이라는 점"이다(김홍수영, 2005: 130).[8] 즉 공공시설은 이제 지불능력이 있는 이용자, 즉 '소비자'에게만 이용가능한 공간이 된다. 이처럼 공유자원과 공공시설의 사유화는 무산자의 이용권을 박탈함으로써 공공의 이익 및 민주주의 가치와 지속적으로 충돌할 수밖에

8) 김홍수영은 공공역사의 민자역사로의 전환 사례를 통해 이를 분명하게 보여준다. 1984년 '국유철도 재산의 활용에 관한 법률', 1995년 '국유철도 운영에 관한 특례법', 2000년 '출자사업업무처리규정' 등 공공역사의 설립과 정비에 민간자본을 활용할 수 있다는 법적근거들이 마련되면서, 이들 규정에 따라 민간자본이 '민자역사주식회사'를 설립하고 자체부담으로 역무시설만이 아니라 상업시설을 함께 갖춘 복합역사를 건립할 수 있게 되었다. 민자역사주식회사는 역사를 건립한 이후 역무시설을 국가에 헌납하는 대신에, 그 대가로 나머지 상업시설에 대해 소유권과 운영권을 30년 동안 보장받게 된다. 그러나 민자역사 건설업자를 선정하기 위한 평가항목들을 보면 700점이 수익성과 관련된 항목이고 공공시설과 관련된 배점은 300점에 불과하다. 그 중에서도 철도를 이용하는 시민의 편의와 관련된 점수는 120점 정도이다. 또한 전체 공간면적에 있어서도 역무시설(대합실과 매표소)이 차지하는 비율이 10%만 넘으면 건설요건을 충족하는 것으로 되어 있다. 즉 나머지 90%가 상업시설로 사용될 수 있다는 의미이다. 민자역사가 건립되면서 공중화장실과 같은 제반시설들은 크게 개선되었지만, 광장이나 대합실과 같은 주요한 공적 공간들은 역사 내로 입점한 상가들에게 자신의 자리를 내주어야 했다. 2004년 4월 개소한 서울역사와 영등포역사는 수익성 창출을 위해 공적공간이 축소되고 침해되는 현상을 잘 보여준다. 이에 대한 자세한 논의는 김홍수영(2005): 131-133를 참조하기 바란다.

없다. 더욱이 독점적이고 배타적인 사유재산권은 효율성과 경쟁만을 추구하는 경제인(호모 에코노미쿠스)을 가정함으로써, 아래로부터의 '공유-협력-연대-상생'의 길을 원천적으로 차단할 가능성이 내재되어 있다.

이와 관련해 최근 학술적·실천적으로 활발하게 전개되고 있는 '커먼즈(commons)' 혹은 '공동자원'에 관한 논의는 이러한 배타적 사유화의 위험성을 극복할 수 있는 대안적 사유의 가능성을 지닌 것으로 평가된다. 커먼즈란 "인간 집단이 생존과 생활을 위해 의지하고 이용해야 했던 땅, 산, 숲, 하천, 바다 등 지역의 자연자원이자 그것들을 함께 이용·관리하기 위해 형성된 협력적인 제도들을 지칭하는 역사적 개념"이다.

최근 제주대를 중심으로 전개되고 있는 '커먼즈론'은 자본의 개발사업, 국가의 국책사업, 자연자원의 사유화와 상품화, 공동체 파괴에 대응해 국가와 시장이라는 이분법을 넘어 '공(共)의 재구성'을 시도하기 위한 물음이라고 할 수 있다(최현·정영신 외, 2017: 9). 이와 관련해 이병천은 향후 한국 사회의 바람직한 사회 개혁 모델로서 '공공협치'를 제안한다. 그에 의하면 한국의 발전모델은 국가와 재벌의 지배연합에 기초한 담합모델이었다. 그리고 이로 인해 발생한 불평등과 불균형, 참여와 견제의 취약함을 극복하기 위해 '사회공공성론'이 제기되었다는 것이다. 주지하듯이 한국 사회에서 '사회공공성론'은 "평등과 연대를 기본 가치로 삼아 복지, 보건, 의료, 교육 등의 공공서비스를 안정적으로 제공해 심화되는 불평등과 양극화를 해소하고 사회구성원의 기초 생활을 보장하기 위한 대항 담론으로 제기되었으며 운동적 실천과 흐름을 함께 해"왔다. 그러나 '사회공공성론'은 소유-관리 형태와 정치경제적 조정의 복잡한 문제를 단순화할 소지가 있으며, 자칫 국가의 권한을 지나치게 강조해 권력집중을 초래할 위험성이 있다. 따라서 이병천은 국가안의 공(公)적 노선, 즉 사회민주적 공생 대안과 국가 밖의 공(共)적 노선, 즉 자치적 사회화를 투트랙으로 삼아야 민주적 공공성을 키워내는 상생의 시너지가 발생할 수 있다고 주장한다. 즉 공과 사의 단순 이분법을 넘어 국가 수준의 소유/관리제와 자치결사체 수준의 소유/관리제를 구분하고, 양자의 상생적 협치, 즉 '민주적 공공협치'로 짜여지는 참여와 연대의 시민공동체를 발전시킬 필요가 있다는 것이다(이병천, 2017: 236-238). 그리고 이의 대표적 사례로 "정부 지원 아래 또는 자율적으로 활성화되고 있는 마을만들기 사업, 그 물질적 토대로서 마을자산・(사회적)마을기업・지역화폐 및 지역교환시스템(LETS) 만들기 운동, 국가의 일방적인 토지강제수용 및 사유화・개발의 양면 공세에 저항해 마을공동체와 마을 공유 자산을 지키려는 운동(용산, 제주, 밀양, 평택, 부안, 삼척, 성주 등), 젠트리피케이션에 대항해 공동체토지신탁 등 시민자산화를 추진함으로써 대안적 도시재생 기획을 추구하는 움직임, 축소도시에서 유휴・방치된 자산(학교, 주택 등)을 재생 활성화시키려는 운동" 등을 제시한다. 이러한 사례에서 볼 수 있듯이 국가의 통제와 시장논리를 넘어 아래로부터의 자발적인 참여에 기반한 공유와 협력의 사회경제 모델을 모색하고, 또 이를 지속가능하게 할 수 있는 제도적・윤리적 조건을 창출하는 것이 무엇보다 중요한 과제이다. 실제로 2009년 노벨경제학상을 수상한 엘리너 오스트롬은 전 세계의 공유자원 관리 사례를 비교 연구함으로써, 지속가능하고 자발적인 형태의 공유자원 관리 모델의 유용성을 입증한 바 있다. 그에 의하면 성공적인 공유자원 사용의 사례들은 자발적으로 조직화되어 자치가 이루어지는 협동과 연대에 기초해 있으며, 주택조합에서부터 마을기업 등으로 다양하게 확산되고 있음을 알 수 있다(오스트롬, 2010). 따라서 사유와 경쟁에 기초한 약탈적 자본주의만으로는 이 세계가 더 이상 지속가능하지 않음을 인식할 필요가 있으며, 나아가 공유와 협력 및 호혜성에 기반한 사회경제 모델을 하나의 대안문화로 정착·발전시켜 나가야 할 것이다.

4. 맺음말

현재 한국을 비롯한 세계 각국은 효율성과 능력주의에 기반한 신자유주의적 정책이 적극 추진되면서 사회적·구조적 빈곤이 더욱 확대되고 있으며, 이에 따라 공공성과 민주주의의 가치는 갈수록 위축되고 있다. 즉 민주주의가 다양한 사회경제적 영역에 급진적으로 확장되어 삶의 문제들을 해결해야 하지만, 오히려 신자유주의적 논리와 정치적 보수주의에 의해 결박당해 사회경제적 불평등이 계속 재생산되고 있다. 무엇보다 이처럼 확대 재생산된 사회경제적 불평등은 민주주의의 발전을 위한 대중의 정치적 각성을 어렵게 하고, 민주주의의 물질적 기반 자체를 침식할 위험이 있다. 따라서 민주적·사회적 통제 없는 탈규제 자본주의 시장경제는 극도의 불평등과 빈곤을 초래할 뿐만 아니라 지속가능하지도 않다. 그렇기 때문에 정치적 민주주의의 진전과 지속가능한 발전은 '사회경제적 민주주의'에 의해 뒷받침되어야만 한다. 이러한 맥락에서 이 글에서는 시장경제의 공공성을 강화하고 국가와 시장의 이익결탁을 저지함으로써, 사회경제적 불평등을 완화시켜 나가는 것이 무엇보다 중요한 과제임을 강조했다. 즉 좀 더 정의롭고 인간적인 사회를 만들기 위해 '사회적 공공성'의 가치를 확산하고, 이를 바탕으로 '사회경제적 민주주의'를 실현하기 위한 구체적인 정책을 고민할 필요가 있다는 것이다. 이를 위해서는 먼저 정부와 시민사회, 기업 간의 공공성 네트워크를 민주적으로 재구성하는 것이 무엇보다 중요하다. 또한 이윤과 경쟁이 아닌 공유와 협력의 원리에 기초해 지속가능한 사회경제 체제를 모색하려는 노력이 절실하다. 즉 국가의 통제와 시장의 자본 논리를 넘어 아래로부터의 자발적인 참여에 기반한 공유와 협력의 사회경제 모델을 모색하고, 또 이를 지속가능하게 할 수 있는 제도적·윤리적 조건을 구축할 필요가 있다.

참고문헌

고병권 외 (2007). 코뮨주의 선언. 교양인.

김경희 (2011). 공공성 담론과 정책연구. 한국공공사회학회편). 시민성과 통치성 그리고 공공성. 백산서당.

김정희 (2020). 공정성 담론이 놓치는 것. 비교불가능한 정의의 영역, https://www.pressian.com/pages/articles/2020060809315589151

김홍수영 (2005). 두 도시 이야기: 노숙인을 통해 바라본 도시공간. 아세아연구, 120.

남찬섭 (2012). 공공성과 인정의 정치, 그리고 돌봄의 윤리. 한국 사회, 13(1).

로버트 달 (2011). 경제 민주주의에 관하여. 배관표 역. 후마니타스.

브라운, 웬디 (2010). 오늘날 우리는 모두 민주주의자이다. 아감벤, 바디우, 랑시에르 외. 민주주의는 죽었는가. 난장.

신진욱 (2007). 공공성과 한국 사회. 시민과 세계, 11.

신정완 (2007). 사회공공성 강화를 위한 담론전략. 시민과 세계, 11.

알렉스 캘리니코스 (2006). 평등. 선우현 역. 울력.

이병천 (2013). 소유, 통제, 축적: 자본주의와 민주주의의 화해와 불화. 사회경제 민주주의의 경제학: 이론과 경험. 돌베개.

______ (2017). 공공성, 자치 사회화, 커먼즈: 공공협치의 투트랙 전략을 향해. 공동자원론, 오늘의 한국 사회를 묻다. 진인진.

이종영 (2008). 부르주아의 지배. 새물결.

임의영 (2003). 공공성의 개념, 위기, 활성화 조건. 정부학연구, 9(1).

엘리너 오스트롬 (2010). 공유의 비극을 넘어: 공유자원 관리를 위한 제도의 진화. 윤홍근·안도경 역. 알에이치코리아.

정규식 (2009). 노숙인의 정치·경제·사회적 재해석과 노숙인 운동에 관한 연구: 추방된 자들의 전복적 주체화. 성공회대학교 사회학과 석사학위논문.

______ (2012). 두 근대의 마주침: 급진 민주주의와 중국 특색의 민주주의. 민주사회와 정책연구, 22.

______ (2013). 빈곤: 양극화와 사회안전망. 사회 문제를 보는 새로운 눈. 선인.

정문수 (2016). 지역발전전략으로서 '사회적경제' 프로젝트: 전북 진안군과 완주군 사례 연구. 서울대 환경계획학과 박사학위논문.
정태인 (2013). 사회적경제와 경제민주주의. 사회경제 민주주의의 경제학: 이론과 경험. 돌베개.
조대엽 (2012). 현대성의 전환과 사회 구성적 공공성의 재구성. 한국 사회, 13(1).
______ (2014). 갈등사회의 도전과 미시민주주의의 시대: 새로운 사회갈등과 공공성 재구성에 관한 사회학적 성찰. 나남.
조대엽 · 홍성태 (2013). 공공성의 사회적 구성과 공공성 프레임의 역사적 유형. 아세아연구, 56(2).
조한상 (2009). 공공성이란 무엇인가. 책세상.
조효제 (2008). 인권경영의 모색: 쟁점과 비판. 아세아연구, 133.
최현, 정영신, 윤여일 편저 (2017). 공동자원론, 오늘의 한국 사회를 묻다. 진인진.
칼 폴라니 (2009). 거대한 전환. 홍기빈 역. 길.
콜린 크라우치 (2008). 포스트 민주주의. 미지북스.
홍성태 (2008). 시민적 공공성과 한국 사회의 발전. 민주사회와 정책연구, 13.
______ (2012). 공공성의 사회적 구성과 정치과정의 동학. 한국 사회학회 사회학대회 논문집.

chapter **07**

건강보장성 강화를 통한 보건의료제도의 공공성 확립

황종남

■

1. 서론

개인의 사회경제적 수준과 관계없이 전 국민의 건강 유지를 위해 모두에게 필수적인 의료서비스를 차별 없이 제공하는 것은 의료보장제도의 근본적 목적이다(World Health Organization: WHO, 2008). 우리나라의 경우, 지난 30여 년 간 사회보험형식의 건강보험을 통해 의료보장의 범위를 확대해 나갔다. 1989년 전 국민 건강보험 확대 실시와 더불어 점진적인 건강보험 보장성 확대가 추진되고 있으나, 제한된 보장범위와 비급여항목 등으로 인해 파생되는 높은 본인부담금 등의 문제로 의료서비스의 불필요한 이용 격차가 발생하고 있다(Kwon, 2008). 보건의료서비스 이용과 관련한 형평성의 문제는 다양한 양상으로 나타난다. 일반적으로 사회경제적 수준이 높은 계층에서 새로운 의료서비스가 먼저 적용된 이후 상대적으로 그 수준이 낮은 계층에서 이용하게 된다는 역형평법칙(inverse care law)과 함께, 의료 수요는 소득 수준이 낮은 지역에서 높지만 그에 반해 의료 자원은 부족하다는 역의료법칙(inverse care law), 건강검진과 같은 예방의료 서비스는 사회경제적 수준이 높은 집단에서 더 많이 이용한다는 역예방법칙(inverse prevention law)까지 사회경제적 수준에 따른 보건의료서비스 불평등의 양상이 다수 보고되었다(Cho, 2012; Hart, 1971; Victora, Vaughan, Barros, Silva, & Tomasi, 2000). 사회경제적 수준에 따른 의료 서비스의 이용 격차는 조세를 기반으로 공공 의료제도를 운영하고 있는 영국, 캐나다, 호주, 뉴질랜드 등에서도 보고된 바 있다(Hwang, Rudnisky, Bowen, & Johnson, 2017, Jimenez-Rubio, Smith, & Van Doorslaer, 2008; Morris, Sutton, & Gravelle, 2005). 이는 궁극적으로 의료보장제도의 종류와 관계없이 사회경제적 수준에 따른 의료 이용의 차이가 존재한다는 것을 의미하며, 이를 해결하고 국민의 건강보장이라는 본연의 목적을 달성하기 위한 지속적인 정책의 필요성을 나타낸다.

미충족 의료는 의료보장제도 내에서 필요한 의료서비스를 적시에 제공받지 못하는 상태를 의미하는 것으로 본 개념은 보건의료서비스 이용의 장애요인과 보건의료체계의 문제를 설명하는 데 보편적으로 활용되었다(Allin & Masseria, 2009). 미충족 의료의 경험이 지속될 경우, 필요한 의료서비스를 적절한 시기에 받지 못함으로 인해 질병이 악화되고, 질병으로 인한 사망률이 증가할 수 있으며, 또한 미충족 의료를 지속적으로 경험하는 특정 계층의 건강 수준 악화로 이어지는 악순환 연속의 중심이 된다(Shon, Yi, & Hwang, 2015). 미충족 의료는 크게 의학적 필요를 근거로 개인에게 필요한 의료서비스를 적절하게 제공하였는지에 따른 의학적 판단을 바탕으로 한 미충족 의료, 개인의 필요와 인지에 의해 원하는 의료서비스를 자발적 혹은 비자발적으로 받지 못하는 주관적 인지에 따른 미충족 의료로 구분할 수 있다(Allin, Grignon, & Le Grand, 2010). 국내외 기존 미충족 의료 관련 연구에서는 주로 개인이 인지한 미충족 의료의 경험 여부를 중요한 평가 기준으로 삼고 있다.

우리나라의 경우 건강보험이라는 제도적 기틀이 마련되었지만, 사회경제적으로 취약한 계층에서의 미충족 의료가 지속적으로 보고되고 있다. 구체적으로 미충족 의료와 관련한 국내 연구를 살펴보면 소득을 비롯하여, 교육 수준, 고용 상태 등과 같은 사회경제적 지위가 미충족 의료 경험의 결정적 원인으로 지목받고 있다. 특히 개인 혹은 가구의 소득 수준에 따라 미충족 의료의 여부가 달리 나타났는데, 일반적으로 소득이 낮은 집단에서 미충족 의료의 경험이 높은 것으로 알려졌다(Huh & Kim, 2007; Shin & Shon, 2009; Song, Lee, & Rhim, 2011). 의료서비스의 이용과 관련한 대표적 지표인 미충족 의료의 유무는 보건의료제도의 종류를 막론하고 보건정책의 중요한 영역이다. 특히 미충족 의료의 유무와 그 이유를 파악하는 것은 보건의료체계에 대한 평가이며, 의료 접근성 향상과 관련된 보건 정책에 주요한 근거자료를 제공해 줄 수 있다(Huh, Kim, & Kim, 2009). 특히 특정 인구집단-일반적으로 사회경제적 수준이 낮은 집단-에서 더 많이 보고되고 있는 미충족 의료를 개선하고 모든 국민이 동일한 필요에 동일한 수준의 의료를 제공받는 것을 목적으로 하는 정책의 수립을 위해서는 미충족 의료의 차이가 단순히 의료제도에 대한 개인의 만족도 차이로 인한 문제인지, 공정함과 정의로움을 내포하는 형평의 문제인지에 대한 근거(evidence)의 중요성이 강조되고 있다(Asada, Hurely, Norheim, & Johri, 2015).

개인의 미충족 의료 경험 문제는 의료 접근성과 관련한 중요한 지표로 활용될 수 있는데, 주로 제한적 혹은 이용가능하지 못한 의료서비스 및 자원의 결과로 미충족 의료가 발생할 수 있다. 또한 미충족 의료는 비용과 교통 문제 등과 같은 개인적 차원의 접근성 문제와 필요 서비스와 관련된 인지 정도 등으로 대표될 수 있는 수용성 등 다양한 개인적, 구조적 차원의 장애의 결과이다. 때문에 미충족 의료의 경험 여부뿐만 아니라 미충족 의료 이유에 따른 층화분석을 통해 개인의 주관적 미충족 의료 경험에 대한 연구의 필요성이 제기되었으며, 미충족 의료를 유발하는 원인에 따른 적절한 정책 중재안 마련의 필요성이 강조되고 있다(Chen & Hou, 2002). 하지만 기존 대부분의 선행연구에서는 개인의 과거 미충족 의료 경험 여부나 경제적·비경제적 이유로 인해 발생하는 미충족 의료 등 개인의 경험 유무에 초점이 맞추어져 있으며, 미충족 의료의 원인이 되는 다양한 이유에 따른 분석이 미비한 실정이다. 국외 연구를 살펴보면 미충족 의료의 원인에 따라 가용성, 수용성, 접근성으로 구분하거나, 서비스 가용성, 개인의 선택, 서비스 대기 시간 등으로 세분화하여 미충족 의료에 미치는 영향 및 형평성 연구 등을 실시하였다(Hwang et al, 2017; Sibley & Glazier, 2009).

본 연구에서는 다양한 미충족 의료의 원인에 따라 가용성, 접근성, 수용성 등으로 분류하여 소득 수준에 따른 미충족 의료 경험의 차이를 측정하고, 건강형평성 측면에서 측정된 차이는 어떤 의미를 가지고 있는지에 대한 학문적 근거를 제공하고자 한다. 이에 보건정책 및 보건경제학 분야에서 널리 사용되는 집중지수(Concentration Index: CI)와 집중지수 분해(decomposition)방법을 활용하여 소득 수준에 따른 미충족 의료 현황을 파악하고, 건강보장 강화를 주목적으로 하는 보건의료제도의 측면에서 미충족 의료와 관련된 형평성의 문제가 시사하는 바가 무엇인지 살펴보도록 하겠다.[1)]

1) 본 논문에서 사용된 용어인 불평등(inequality)은 개인이나 집단 간의 격차 혹은 차이로 양적 차이를 나타내는 개념이라면 불형평(inequity)은 부당함 혹은 불공정함으로 인해 발생하는 불평등으로 윤리적 가치판단을 내재하는 개념으로 사용되었다.

2. 연구방법

1) 분석자료

본 연구는 소득 수준에 따른 미충족 의료와 관련한 불평등의 측정을 위해 보건복지부와 질병관리청의 주관으로 수집하는 국민건강영양조사(Korea National Health and Nutrition Examination Survey: KNHANES) 2010~2012 자료를 활용하였다. 국민건강영양조사는 우리나라 국민의 건강 및 영양과 관련한 현황 및 추이를 파악하고, 이를 바탕으로 취약집단을 선별함으로써 보건사업 및 정책의 효과적 시행을 위해 정기적으로 조사되는 설문자료이다. 국민건강영양조사에서는 매년 192개 지역의 20개 가구를 확률표본으로 추출하여 만 1세 이상 가구원 약 1만 명을 대상으로 검진, 건강 설문, 영양조사를 실시하며, 대상자의 생애주기별 특성에 따라 소아(1~11세), 청소년(12~18세), 성인(19세 이상)으로 나누어, 각 생애주기별 특성에 맞는 조사 항목을 적용하고 있다.

본 연구는 2010-2012년 국민건강영양조사 응답자 총 25,391명 중 건강설문조사와 검진조사에 모두 응답한 조사 대상자로 선별하였으며, 미충족 의료의 경험 여부 및 미충족 의료 이유에 대한 설문에 응답한 만 19세 이상의 성인남녀를 분석 대상에 포함, 결측치를 가진 대상을 제외한 총 17,610명을 연구 대상으로 선정하여 분석을 실시하였다.

2) 분석방법과 변수

(1) 집중지수와 집중지수 분해

소득 수준에 따른 미충족 의료경험 불평등을 파악하기 위해 본 연구에서는 집중지수(Concentration Index: CI)를 사용하였다. 집중지수는 Kakwani & Wagstaff에 의해서 처음 제안되었으며(Kakwani, 1977, 1980; Kakwani, Wagstaff, & van Doorslaer, 1997; Wagstaff, van Doorslaer, & Paci, 1989), 이후 보건의료와 건강 수준과 관련된 소득 불평등 정도를 측정하는 도구로 널리 활용되고 있다. 미충족 의료와 관련한 집중지수는 최근 1년 간 미충족 의료 경험 여부를 y축으로, 소득순위에 따라 연구 대상자를 x축으로 배열하여 생성된 집중곡선(Concentration curve)과 형평선(the line of equity)이라 불리는 45도 직선 사이의 면적을 계산하여 산출할 수 있다(O'Donnell,, van Dooslaer, Wagstaff, & Lindelow, 2008).

집중지수는 최대 1, 최소 -1의 값을 가지게 되며 여기서 음양의 부호는 불평등의 방향을, 집중지수의 값은 불평등의 정도를 나타낸다. 집중지수가 0인 경우 집중곡선과 형평선이 일치하는 경우로, 종속변수와 관련된 소득불평등이 존재하지 않음을 보여준다. 집중지수가 양(+)의 값을 보이는 경우, 고소득 편향으로 해석될 수 있는데, 의료서비스 이용과 관련해서는 해당 서비스의 이용이 고소득 계층에 상대적으로 집중됨을 보여준다. 이와 반대로 음(-)의 값을 보이는 경우 저소득 편향으로 분류되며, 이는 의료서비스의 이용이 소득 수준이 낮은 사람들에게 보다 집중되어 있음을 의미한다. 집중지수의 종속변수가 이진변수(binary variable)의 경우 집중지수의 최댓값과 최솟값은 종속변수의 평균에 따라 그 값이 달라질 수 있으며, 결과적으로 정확한 집중지수 산출의 어려움이 지적되었다(Wagstaff,

2005; Wagtaff, 2011). 이러한 문제점을 보완하기 위해 집중지수를 1-종속 변수(미충족 의료 경험)의 평균으로 나누어 정규화 집중지수(normalized Concentration Index)를 최종 산출하였다.

집중지수를 산출한 후 미충족 의료와 관련한 불평등에 기여하는 요인들을 확인하기 위해 Wagstaff, van Doorslaer, & Watanabe(2003)가 제시한 방법에 따라 분해분석(decomposition)을 실시하였다. 집중지수 분해 수식에 따르면 각 요인들이 미충족 의료와 관련된 불평등에 대한 기여도는 각 요인들의 집중지수(CI)와 건강 탄력도(elasticity) 값에 의해 좌우된다. 건강 탄력도란 단위 요인의 증가에 대한 미충족 의료 경험의 변화를 의미하며, 각 요인의 전체 미충족 의료에 대한 분율과 각 요인의 미충족 의료에 대한 회귀계수값을 곱한 것이다. 요인들의 집중지수는 각 요인이 소득수준에서 균등하게 분포되어 있으면 0의 값을 가지게 되어 미충족 의료와 관련된 불평등에 대한 영향도 그만큼 줄어들게 된다. 다시 말해서, 소득분포에서 각 요인이 균등하게 분포되면, 불평등은 그 요인의 기여도만큼 줄어들게 된다고 해석할 수 있으며, 탄력도가 0인 경우에도 불평등이 기여도(%)만큼 줄어들게 된다.

마지막으로, 집중지수 분해방법을 통해 동일한 의료 필요에 대해 동일한 의료 이용 보장이 이루어지고 있는지를 판단할 수 있는 수평적 형평지수(Horizontal inequity Index: HI)를 산출하였다. 수평적 형평지수는 집중지수의 분해를 통해 산출된 필요요인(need factor)들의 총 기여도 값을 전체 집중지수에서 차감하여 얻을 수 있다(Allin, 2008; O'Donnell, van Dooslaer, Wagstaff, & Lindelow, 2008). 수평적 형평지수는 소득계층 간 보건의료의 형평성을 측정하는 방법 중 하나로, 형평성 연구 분야에서 널리 사용되고 있는 개념이다.

(2) 미충족 의료 경험 여부

본 연구의 종속변수는 만 19세 이상 성인남녀의 미충족 의료 경험 여부이다. 국민건강영양조사의 건강 설문에서는 의료 이용과 관련한 대상자들 경험을 질문하였는데, "최근 1년 동안 본인이 병의원(치과 제외)에 가고 싶을 때, 가지 못한 적이 있습니까?"에 대한 "예" 혹은 "아니요"의 응답을 종속변수로 사용하였다. 미충족 의료 경험 이유와 관련한 층화분석을 위해 "그런 적이 있다면, 다음 중 어떤 이유로 본인이 원하는 때 병의원에 가지 못했습니까?"라는 질문에 대한 대상자들의 응답- "① 경제적인 이유로, ② 병의원 등에 예약을 하기 힘들어서, ③ 교통이 불편해서, ④ 내가 갈 수 있는 시간에 병의원 등이 문을 열지 않아서, ⑤ 병의원 등에 오래 기다리기 싫어서, ⑥ 증상이 가벼워서, ⑦ 기타(자유 응답)"를 바탕으로 Chen & Hou(2002)가 제안한 미충족 의료 이유에 따른 분류를 적용하여 이용가능성(availability), 수용성(acceptability), 접근성(accessibility) 등 3가지 미충족 의료로 분류하여 분석하였다.

〈표 7-1〉 미충족 의료 유발 요인에 따른 분류

이용가능성	수용성	접근성
지나친 대기 시간	진료나 치료가 부적절	비용(경제적 이유)
필요할 때 이용 불가능	시간을 내기 어려워서	교통편
해당 지역에서 이용 불가능	치료를 받지 않기로 결정	
	바빠서	
	어디에 갈지 몰라서	
	담당의사가 싫어서/무서워서	
	개인적 사유/가족 돌봄 등 책임	

출처: Chen & Hou (2002)의 연구에서 제시한 분류를 적용함.

국민건강영양조사 중 가구 총 소득과 관련하여 "임금, 부동산, 소득, 연금, 이자, 정부 보조금, 친척이나 자녀들의 용돈 등 모든 수입을 합쳐 최근 1년 동안 가구 총소득은 대략 얼마입니까?"와 같이 개방형 질문 형식으로 질문하였다. 본 연구에서는 소득 수준에 따른 미충족 의료 경험과 관련한 집중지수를 산출하기 위해 균등화 개인소득을 활용하였다. 균등화 개인소득은 가구 총 소득을 가구원수의 제곱근으로 나누어 계산되는데, 이는 국민건강영양조사를 활용하여 소득 수준과 건강 관계의 연구에서 보편적으로 사용되는 소득지표로 경제협력개발기구(Organization for Economic Cooperation and Development: OECD)의 제곱근지수 방법으로 알려져 있다.

(3) 집중지수 분해의 필요(need)와 불필요(non-need) 요인

본 연구에서는 집중지수 분해 산출을 위해 보건의료서비스 이용에 영향을 주는 요인들을 Anderson health behaviour model(HBM)과 선행 연구를 바탕으로 선정하였다(Aday & Andersen, 1974; Andersen, 1995). Anderson HBM에 따르면 의료 이용과 관련된 요인은 선행요인(predisposing factors), 가능요인(enabling factors), 그리고 필요요인(need factors) 등으로 구분할 수 있는데, 선행요인은 연령, 성별 등과 같은 인구학적 특성이 포함되며, 가능요인은 의료 이용과 관련된 사회경제적 능력과 관련된 요인을 포함하고 있다. 마지막으로 필요요인은 생리학적 및 심리적인 요인으로 의료 서비스 이용에 영향을 줄 수 있는 요인들을 포함하고 있다.

본 연구에서는 집중지수 분해방법을 사용한 선행연구들을 참고하여 선행요인과 필요요인을 집중지수 분해 필요 요인으로 구분하였는데, 성별, 연령, 주관적 건강상태 등과 같이 미충족 의료의 경험에 있어서 피할 수 없는(unavoidable) 요인들을 집중지수 분해 필요 요인으로 분류, 포함하였다. 불필요 요인으로는 거주 지역(수도권/비수도권), 결혼 여부, 교육 수준, 4분위 가구 소득 수준, 건강보험가입 여부 등과 같이 앤더슨 모형의 가능 요인으로 포함될 수 있는 요인들을 바탕으로 미충족 의료와 관련한 사회 경제적 수준과 능력을 반영하는 변수들을 선정하여 분석하였다.

3. 연구 결과

1) 분석 대상자의 일반적 특성

최근 1년 간 미충족 의료를 경험한 성인남녀의 비율을 각각 약 13.0%, 22.0%로 여성에서 미충족 의료 경험비율이 다소 높은 것으로 나타났다. 연령별로는 여성의 경우 연령이 높을수록 미충족 의료의 경험이 많은 것으로 나타났는데, 특히 65세 이상의 여성이 최근 1년 미충족 의료 경험이 높은 것으로 나타났다. 남성의 경우 미충족 의료의 경험이 19~34세 연령층에서 가장 높았다. 교육 수준에 따른 미충족 의료 경험을 살펴보면, 남성과 여성의 모두 학력이 낮을수록, 특히 초등학교 졸업 이하의 학력 계층에서 미충족 의료의 경험이 높았다. 여성의 경우 소득 수준이 낮을수록 미충족 의료 경험이 높은 것을 확인할 수 있었는데, 특히 가장 낮은 소득집단(Q1)의 약 30%가 미충족 의료의 경험을 응답하였으나, 남성의 경우 소득집단 간 미충족 의료의 차이 크지 않았다. 지역별 미충족 의료 경험 여부의 경우 성인남녀 모두에서 서울 및 수도권 거주자보다 비수도권 거주자에서 상대적으로 다소 높은 미충족 의료 경험 비율이 나타났다. 특히 남녀 모두 부산, 대구,

울산 및 경상남북도에서 다른 지역거주자보다 상대적으로 높은 미충족 의료 경험이 보고되었다. 이와 함께 주관적 건강상태에 따른 미충족 의료 경험률을 살펴보면 건강상태가 좋지 않다고 응답한 성인남녀 모두에서 약 23.0%와 35.0%의 높은 미충족 의료 경험이 나타났다.

2) 소득과 미충족 의료 집중지수 산출 결과

미충족 의료와 관련된 소득 불평등 집중지수는 −0.117(SE=0.010)로 음(−)의 값을 가진 것으로 나타났다. 즉, 미충족 의료와 관련된 소득불평등은 성인남녀 만 19세 이상에서 존재하며, 소득이 낮은 사람일수록 미충족 의료의 경험이 높은 것으로 확인되었다. 이와 함께 미충족 의료 경험 이유에 따른 층화 분석을 통해 가용성, 접근성, 수용성 등 미충족 의료 이유에 대한 집중지수를 산출한 결과, 가용성의 경우 0.125, 접근성의 경우 −0.481, 수용성의 경우 −0.102로 나타났다. 이는 가용성으로 인한 미충족 의료의 경우 소득 수준이 높은 계층에 더 많이 집중되어 있는 반면, 접근성 및 수용성으로 인한 미충족 의료의 경우 소득이 낮은 계층에 더 많이 집중되어 있음을 보여준다.

〈표 7-2〉 미충족 의료와 미충족 의료 유발 요인에 따른 집중지수(CI)와 수평적 형평지수

미충족 의료	평균	집중지수	95% 신뢰구간		수평적 형평지수
미충족 의료 경험	0.181	−0.117	−0.140	−0.094	−0.086
가용성 관련 미충족 의료	0.073	0.125	0.092	0.158	0.118
접근성 관련 미충족 의료	0.079	−0.481	−0.517	−0.445	−0.408
수용성 관련 미충족 의료	0.053	−0.102	−0.135	−0.069	−0.071

3) 집중지수 분해 결과 및 수평적 형평지수

미충족 의료 불평등에 기여하는 요인을 보여주는 집중지수 분해 결과는 〈표 7-3〉에 제시되었다. 분해 결과를 살펴보면 성별, 연령, 주관적 건강과 같은 필요 요인들의 합은 -0.032로 저소득 편향의 미충족 의료 집중지수에 양의 기여를 하는 것으로 나타났다. 한편 불필요 요인들의 분석에서 저소득층 편향 미충족 의료 집중지수에 가장 높은 기여를 하는 요인은 소득 수준(총 기여도: 44.0%)으로, 특히 저소득 분위(Q1 & 2)의 높은 기여도(47.0%)가 저소득 편향 집중지수에 영향을 준 것으로 나타났다. 이는 소득 수준이 균등하게 분포된다면, 미충족 의료와 관련된 불평등이 약 47.0% 정도 감소할 수 있음을 의미한다. 소득 수준과 함께 교육 수준이 미충족 의료와 관련된 불평등의 주요 원인으로 확인되었다. 특히 초등학교 졸업 이하의 계층에서 저소득 편향의 집중지수에 약 17.0% 정도 기여한 것으로 확인되었다. 이 밖에 주거 지역과 결혼 여부 등이 각각 7.4%, 3.0% 정도 기여한 것으로 나타났다.

가용성으로 인한 미충족 의료 집중지수 분해 결과, 직업과 소득에서 각각 36.7%, 30.2%의 기여도를 보이며 불평등의 주된 기여 요인인 것으로 나타났다. 접근성으로 인한 미충족 의료 불평등의 경우 소득 수준의 기여도가 약 55.6%로 가장 높았으며, 교육 수준의 기여도 또한 약 15%로 소득과 교육 수준에 따른 불평등 기여도가 약 70%를 차지하였다. 수용성으로 인한 미충족 의료 집중지수 분해 결과 소득 수준의 기여도가 36.6%였으며, 지역의 기여도가 19.9%, 직업의 기여도가 12.9%로 나타났다.

〈표 7-3〉 미충족 의료 경험에 따른 집중지수 분해 결과

변 수	탄력성	집중지수	절대적 기여도	기여도 (%)
성별 (ref. 여성)				
남성	-0.186	0.025	-0.005	4.0
연령 (ref. 19-34)				
35-49	-0.065	0.179	-0.012	9.9
50-64	-0.093	0.084	-0.008	6.7
65+	-0.088	-0.432	0.038	-32.6
				-16.0
주관적 건강상태 (ref. 매우 좋음 & 좋음)				
보통	0.156	0.017	0.003	-2.2
나쁨/매우 나쁨	0.218	-0.222	-0.049	41.7
				39.1
필요 요인 소계			-0.032	
결혼유무 (ref. 기혼 & 동거)				
미혼 혹은 독신	0.032	-0.110	-0.004	3.0
교육 수준 (ref. 대졸 이상)				
초등학교 졸업	0.051	-0.396	-0.020	17.4
중학교 졸업	-0.001	-0.096	0.000	-0.1
고등학교 졸업	-0.002	0.084	0.000	0.00
				17.3
소득 수준 (ref. 4분위)				
1분위	0.055	-0.803	-0.044	37.5
2분위	0.037	-0.350	-0.013	11.0
3분위	0.024	0.181	0.004	-3.7
				44.8
직업 (ref. 사무직 & 전문직)				
서비스 & 판매직	0.001	0.146	0.000	-0.1
농어업	-0.006	-0.217	0.001	-1.1
제조업 & 건설업	0.004	-0.070	0.000	0.3
노동시장 미참여(주부/학생 등)	-0.142	-0.131	0.019	-15.8
				-16.8
지역 (ref. 서울)				
인천 & 경기	0.008	0.012	0.000	-0.08
대전 & 충청/강원	0.016	-0.056	-0.001	0.8
광주 & 전라/제주	0.012	-0.047	-0.001	0.5
부산, 대구, 울산 & 경상	0.126	-0.058	-0.007	6.3
				7.4
의료보장 (ref. 국민건강보험)				
의료급여	0.005	-0.695	-0.004	3.1
미대상 & 잘 모름	0.000	-0.535	0.000	-0.2
불필요 요인 소계			-0.069	
잔차(Total C-sum)			-0.017	
미충족 의료 경험 집중지수			-0.117	

마지막으로 집중지수 분해를 통해 구한 필요(need)와 불필요(non-need) 요인들의 기여도를 바탕으로 산출한 수평적 형평지수는 −0.086으로 음(−)의 값을 보여 만 19세 이상 성인남녀 집단에서 동일한 필요에 대한 동일한 의료서비스가 제공되지 않으며, 저소득 편향의 미충족 의료 경험이 이루어지고 있음을 확인할 수 있다. 가용성으로 인한 미충족 의료의 수평적 형평지수는 0.118로 양(+)의 값을 보이며, 고소득 편향의 가용성으로 인한 미충족 의료의 경향성을 나타냈다. 접근성과 수용성으로 인한 미충족 의료의 수평적 형평지수는 각각 −0.408, −0.071로 저소득 편향의 접근성 및 수용성으로 인한 미충족 의료의 양상을 보여줬다.

4. 논의

본 연구는 소득 수준에 따른 미충족 의료의 불평등 정도를 측정하기 위해 국민건강영양조사 2010−2012년 자료를 이용하여 만 19세 이상 성인남녀의 미충족 의료 경험 관련 집중지수 산출과 집중분해를 실시하였다. 분석 결과, 미충족 의료 경험 집중지수는 음(−)의 값을 보이며 저소득 편향을 나타냈다. 연구 대상자들의 미충족 의료경험의 이유에 따라 가용성(availability), 접근성(accessibility), 수용성(acceptability)으로 층화하여 집중지수를 계산한 결과, 접근성과 수용성으로 인한 미충족 의료 집중지수는 모두 음(−)의 값을 나타내며 관련 미충족 의료의 경험이 저소득층에 집중된 것으로 확인되었다. 반면 가용성으로 인한 미충족 의료는 양(+)의 값을 보이며 고소득 편향의 상반된 양상을 보여주었다. 또한 집중지수 분해를 통해 수평적 형평지수를 산출할 결과 저소득 편향의 양상을 보이며, 측정된 불평등이 불형평의 문제임을 나타냈다. 한편 미충족 의료 불평등에 가장 많은 기여를 한 요인으로는 소득과 교육 수준인 것으로 나타났다. 이와 함께 미충족 의료 경험 이유에 따른 3가지 미충족 의료에 대한 각각의 집중지수 분해 결과, 불평등에 가장 많이 기여한 요인은 공통적으로 소득과 교육 수준인 것으로 나타났다.

본 연구 결과, 대상 인구집단의 미충족 의료와 관련한 집중지수는 음(−)의 값으로, 성인남녀의 미충족 의료 경험은 소득 수준이 낮은 집단에 편향되어 있음을 제시하였다. 저소득 편향의 미충족 의료 양상과 관련하여 국내외 선행연구에서도 비슷한 결과가 나타났다. 예를 들어, 2005년 국민건강영양조사 자료를 바탕으로 우리나라 성인남녀의 미충족 의료를 파악한 연구에서는 사회경제적 수준, 특히 소득 수준이 낮은 경우 그렇지 않은 집단에 비해 미충족 의료의 경험이 더 높은 것으로 나타났다(Huh, Kim, & Kim, 2009). 경제적 수준에 따른 미충족 의료 경험과 관련한 선행연구에서도 비슷한 양상을 확인하였는데, 일반적으로 소득 수준이 낮을수록 경제적 부담으로 인한 의료 미충족의 경험이 높은 것으로 나타났다(Cho, 2013). 국외 연구에서도 소득 수준은 미충족 의료 경험에 유의미한 결정요인으로 제안된 바 있다. 특히, 미국과 캐나다 미충족 의료를 비교분석한 2006년의 연구에서는 미국과 캐나다 간 미충족 의료 경험의 정도 차이는 있지만, 공통적으로 두 나라의 저소득 계층에서 더 높은 미충족 의료 경험의 양상을 보였으며, 저소득에 편향된 미충족 의료 발생 원인의 하나로 소득 불평등을 지목하였다(Lasser, Himmelstein, & Woolhandler, 2006). 특히, 소득 불평등의 심화로 인해 계층 간 의료 접근성의 차이와 함께 제공받는 의료서비스의 질 차이 등을 포함하는 보건의료서비스 관련 격차가 벌어지면서, 저소득 계층에서 더 많은 미충족 의료의 경험이 발생하였다고 분석하였다. 기존 선행연구의 내용과 본 연구의 결과를 종합하자면, 미충족 의료의 경험이 사회경제적 수준에 따라 특정 인구집단에 집중될 수 있는데, 본 연구에서는 집중지수가 음(-)의 값을 보임에 따라, 소득 수준이 낮은 집단에서 미충족 의료 경험이 집중됨을 보여주고 있다. 이러한 양상은 국가와 보건의료시스템을 막론하고 비교적 공통적으로 나타나는 양상이다.

집중지수 산출과 함께 집중지수 분해를 통해 수평적 형평지수를 산출한 결과 저소득 편향의 미충족 의료 양상을 확인할 수 있었다. 수평적 형평지수는 의료 이용에 영향을 줄 수 있는 필요(need) 요인들-본 연구에서는 성별, 연령, 주관적 건강-을 배제하기 위해 총 집중지수에서 필요 요인들의 기여도를 제외한 불필요(non-need) 요인들의 값을 산출하는 것을 기본 개념으로 하여, 동일한 필요에 따른 동일한 의료 이용이 이루어지는가의 측정을 그 목적으로 한다. 분석 결과 미충족 의료와 관련한 수평적 형평지수는 음(-)의 값을 나타냈으며, 이는 저소득층에 집중되어 있는 미충족 의료의 경험이 불평등(inequality)의 문제가 아닌 불평형(inequity)의 문제일 수 있다는 점을 시사한다. 또한 개인의 의료 이용에 영향을 미쳐서는 안 될 요인들로 해석될 수 있는 불필요 요인의 기여도가 필요 요인들의 합보다 크다는 결과 역시 미충족 의료 격차가 형평의 문제일 수 있다고 해석될 수 있다(Maddison et al., 2012).

근거중심 보건정책의 중요성이 강조되면서, 보건의료서비스의 형평성 개선 정책과 관련하여 격차/차이(disparity)가 갖는 사회적 의미에 대한 논의의 필요성 또한 강조되고 있다. 사회역학 및 보건정책 분야에서 지난 수

십 년 간 건강 및 보건의료서비스와 관련한 형평성 측정 방법의 개발을 통해 차이/격차의 존재를 확인하고 기록하는 학문적 기술은 발달하였으나, 확인된 격차를 줄이기 위해 실현가능한 정책 중재안의 개발과 적용의 부재가 지적된 바 있다(O'Campo, & Dunn, 2012). 특히, 건강 및 의료 이용과 관련된 차이/격차와 관련하여 불평등의 문제인지, 혹은 불형평의 문제인지 정확한 인식과 이해를 기본으로 하는 보건정책의 개발이 요구된다. 불평등과 불형평의 개념들은 기존 몇몇 연구에서 구분 없이 혼동되어 사용되어 되었으나, 해당 용어에 대한 정의와 그 의미를 분명하게 구분하고 적절하게 이용되어야 할 필요성이 있다. 불평등은 불형평보다 상위의 개념으로 관찰된 혹은 측정된 차이/격차가 수정가능하지 않고, 사회적 정의 혹은 가치에 위배되지 않는 피할 수 없는 격차로 정의할 수 있는데, 대표적인 예로 남녀의 생물학적 차이로 인해 유발되는 건강 수준의 차이를 들 수 있다(Korean Society for Equity in Health, 2016). 이에 반해 불형평은 사회적 정의 혹은 가치에 위배되는 피할 수 있으며, 반드시 수정해야 하는 차이/격차인데 일반적으로 사회경제적 수준에 따라 다르게 나타나는 건강 수준의 양상이나 의료서비스 이용 및 접근성의 차이가 이에 해당된다(Korean Society for Equity in Health, 2016). 불평등과 불형평을 적절하게 구분하는 것은 각 사회가 가진 가치관과 도덕적 관념 등에 의해서 좌우될 수 있을 만큼 한 사회가 지향하는 사회적 방향성을 내포하고 있기 때문에 철학적, 윤리적 판단으로 받아들여지기도 한다(Kim, 2016).

이러한 관점에서 집중지수 분해를 통해 산출된 수평적 형평지수는 의료이용과 관련한 격차/차이가 불평등의 문제인지 혹은 불형평의 문제인지 판단할 수 있는 계량적 근거가 될 수 있다. 집중지수 분해를 통해 수평적 형평지수로 산출한 결과 미충족 의료의 경험은 주로 소득 수준이 낮은 집단에 집중되어 있음이 확인되었는데, 이는 단순히 소득 수준에 따른 격차 혹은 평등 차원의 문제가 아닌 형평성의 문제라는 것을 의미한다. 미충족 의료 이유에 따른 층화 분석에서도 접근성 및 수용성 관련 미충족 의료의 경우 저소득 편향의 불형평 문제이며, 가용성의 경우 고소득 편향의 불형평 문제로 해석될 수 있다.

필수적인 의료서비스를 필요로 할 때 적절하게 제공받지 못하거나, 그에 접근하지 못하여 발생하는 미충족 의료는 건강에 중요한 영향을 미칠 수 있다. 특히 적절한 치료와 예방을 통한 질병 관리가 이루어지지 못함은 물론 이로 인해 건강 상태의 악화 등과 같은 악순환이 반복될 수 있다(Huh, Kim, & Kim, 2009; Shon, Yi, & Hwang, 2015). 이러한 악순환의 반복을 수정하고 예방하기 위해, 미충족 의료의 형평성 정도를 측정하는 것도 중요하지만, 미충족 의료 해결을 위한 정책적 시사점을 제공하기 위해서는 미충족 의료의 불평등에 미치는 요인들을 밝혀낼 필요가 있다. 본 연구에서는 불평등의 결정요인에 대한 분해(decomposition)를 통해 각 변수가 미충족 의료에 미치는 효과를 파악함은 물론 각 변수의 소득계층별 분포 양상을 확인하였다. 그 결과, 미충족 의료 불평등에 미치는 주요 결정요인은 소득 수준인 것으로 나타났다. 이는 소득 정책을 통해 미충족 의료 불평등을 완화시키려는 노력의 필요성을 역설한다. 최하위 소득계층은 건강보험과 별도로 의료급여제도를 통한 의료보장을 추구하고 있으나, 저소득층의 미충족 의료는 여전히 존재하고 있음을 보여주며, 의료보장의 제도만으로는 저소득층의 미충족 의료 해결이 어려움을 시사하고 있다. 특히 접근성(accessibility)으로 인한 미충족 의료의 주요 원인은 비용 및 교통수단에 기인한 것으로 저소득층에서 주로 집중되어 있는 미충족 의료를 해결하기 위해서는 건강보험의 보장성 강화 등을 통해 본인부담금 및 비급여 진료 등으로 인한 경제적 부담을 경감할 수 있는 방안이 모색될 필요가 있다. 임지혜(2013)의 연구에서는 한국의료패널 자료를 이용하여 만성질환자의 미충족 의료 현황을 분석하였는데, 차상위 계층을 포함한 최하소득 계층에서 나타나는 미충족 의료는 우리나라 의료보장 중 공적 부조가 담당해야 할 역할에 대한 평가로, 차상위 계층 등에 대한 지원 확대 등과 같은 미충족 의료 해결을 위한 정책의 필요성을 강조하였다(Lim, 2013). 이와 함께 우리나라에서 가구 의료비 부담이 저소득층으로 갈수록 높은 경향이 뚜렷하며, 저소득층의 경우 부담 능력에 비해 의료비 지출이 높기 때문에 상대적으로 미충족 의료의 확률이 높을 것이라고 해석하였다(Lim, 2013). 결국 소득 수준이 낮은 집단에서 미충족 의료의 경험이 높다는 것은 건강보험이라는 의료 보장제도 틀에서 의료서비스 이용에 대한 접근은 보장될 수 있지만, 이에 따른 경제적 부담은 개인에게 과중되는 것을 보여주는 결과라고 해석될 수 있다(Huh, Kim, & Kim, 2009).

본 연구에서는 또한 교육 수준 미충족 의료 불평등에 영향을 미치는 주요 기여 요인인 것으로 나타났다. 선행연구에서 개인의 교육 수준은 고용상태 및 건강상태와 밀접한 관련이 있다고 알려져 있다. 구체적으로, 교육수준이 높을수록 수입과 복지의 혜택이 높고 안정적인 고용상태를 유지하는 반면, 교육 수준이 낮을수록 불안정한 고용상태를 유지한다. 때문에 교육 수준이 낮을수록 수입이 낮고 이는 결국 소득 불평등으로 이어지는 악순환으로 연결되어 의료 이용, 특히 필요한 의료서비스를 적시에 제공받지 못하는 미충족 의료에 영향을 미칠 수 있다고 추론할 수 있다. 또한 교육 수준이 높은 개인일수록 만성질환 유병률이 낮으며, 주관적 건강상태가 높기 때문에 미충족 의료의 경험이 낮을 수 있다(Ahn, Engelhard, & Joung, 2011; Kim, Kim, Park, & Cho, 2015; Pappa, Kontodimopoulous,

Papadopoulos, Tountas, & Niakas, 2013).

가용성(availability)으로 인한 미충족 의료 불평등은 양(+)의 값을 나타내며 고소득 편향을 나타냈는데, 이는 소득 수준이 다른 직업군에 비해 상대적으로 높은 전문직 및 사무직의 경우 의료 이용이 필요한 경우 시간 부족 및 장시간의 대기 시간으로 인해 필요한 의료서비스를 제대로 이용하지 못한 것으로 해석할 수 있다. 집중지수 분해 결과를 보면 노동시장 미참여 그룹에서 고소득 편향의 가용성 관련 미충족 의료의 기여도가 높은 것으로 나타났다. 특히 노동시장 미참여 그룹의 건강탄력도(elasticity)는 음의 값을 나타내며 가용성으로 인한 미충족 의료와 낮은 연관성을 보이고 있으며, 해당 그룹이 집중지수 역시 저소득층에 집중되어 있는 것을 확인할 수 있다. 이는 저소득 계층이 노동시장 미참여 집단에 집중되어 있지 않고, 미충족 의료에 영향을 미치지 않는다면, 고소득 편향의 가용성 관련 미충족 의료 불평등이 해소될 수 있음을 의미한다. 한편, 수용성(acceptability)으로 인한 미충족 의료의 경우 소득 수준과 함께 지역 및 직업상태가 주요 기여 요인으로 나타났다. 수용성 관련 미충족 의료의 경우 개인의 선호나 의료 서비스 필요에 대한 개인적 차원의 태도에서 유래한다. 이러한 이유에서 수용성과 관련한 미충족 의료의 경우 보건 정책적 측면에서 그 해석과 의미가 모호하며, 정책적 접근이 쉽지 않기 때문에 이와 관련된 추가 연구가 필요하다(Hwang et al., 2017; Sibley & Glazier, 2009). 수용성으로 인한 미충족 의료의 집중지수 분해 결과, 지역, 특히 부산, 대구를 비롯한 경상도 지역에서의 기여도가 높은 것으로 나타났는데, 이와 관련된 향후 연구를 통해 보다 정확한 원인과 미충족 의료 해결을 위한 정책적 중재안이 개발되어야 할 것으로 판단된다.

본 연구가 갖는 몇 가지 제한점은 다음과 같다. 집중지수는 소득과 관련된 건강 형평성 연구에서 널리 쓰이고 있는 측정도구이지만, 의료와 관련된 종속변수와 개인 수준의 결정요인들 간의 인과 관계를 밝힐 수 없다. 집중지수 분해를 위한 분석 모델의 설정과 관련하여 미충족 의료에 영향을 미치는 필요 및 불필요 요인들이 모두 반영되지 않을 가능성도 있다. 특히 집중지수 분해의 경우 이론적 근거를 바탕으로 분해 분석변수들을 선정하였지만, 포함되지 않은 다른 변수들의 영향을 간과해서는 안 된다. 이와 같은 제한점을 보완하기 위해 본 연구에서는 집중지수 분해 분석에서 오차항의 기여도도 함께 산출하여, 본 분석 모델만으로 설명되지 않는 다른 기여 요인들의 영향을 포함하고자 하였다. 실제 그 기여도 값은 모든 모델에서 상대적으로 낮은 수치를 보였다. 한편, 본 연구는 집중지수의 크기와 관련된 상대적 해석의 한계점을 가지고 있다. 집중지수는 최대 +1, 최소 −1의 값을 가질 수 있는데, 본 연구에서 확인된 미충족 의료 집중지수는 그 값이 상대적으로 0에 가까운 값을 가진 것을 확인할 수 있다. 때문에 미충족 의료와 관련한 불평등 크기에 대한 해석 시 주의가 필요하다. 선행 연구에서도 집중지수의 크기와 관련하여 사회적 가치를 반영한 주관적 해석이 필요하다고 언급하였으며, 이는 집중지수의 한계점이라고 볼 수 있다(Koolmax & van Doorslaer, 2004). 집중지수 크기와 관련하여 전국민 의료보장을 달성한 국가에서 의료 이용과 관련된 집중지수는 일반적으로 0에 가까운 작은 값을 가지게 된다고 기존 연구에서 설명하고 있다(Heo & Hwang, 2014). 마지막으로 국민건강영양조사는 면접을 통해 대상자의 정보를 수집하였기 때문에, 응답자의 회상 편견(recall bias) 등과 같은 잠재적인 문제에 노출되어 있을 수 있다. 그 뿐만 아니라, 미충족 의료 이유에 대한 상세한 추가 정보 등과 같은 구체적인 정보가 설문자료라는 한계로 인해 제대로 수집되지 않을 가능성도 배제할 수 없다.

5. 결론

본 연구는 국가단위 설문검진조사를 사용하여 집중지수 산출과 분해를 통해 미충족 의료와 소득에 따른 불평등과의 관계를 연구하였다. 연구 결과, 전 국민 의료보장이라는 제도적 틀을 갖고 있음에도 불구하고 여전히 미충족 의료와 관련된 불평등이 존재하고 있음을 확인하였다. 소득 수준, 교육상태, 직업 등과 같은 사회경제적 요인들이 미충족 의료 불평등의 주요 기여 요인임을 확인하였다. 이와 함께 수평적 형평지수는 미충족 의료가 불평등을 넘어 불형평의 문제임을 시사하고 있다. 이를 해결하기 위해 의료서비스의 접근 및 사용 장애요인이 제거될 수 있도록 건강보장성 강화 혹은 보건의료제도의 공공성 확립과 같은 정책 중재안 마련이 필요하다. 이와 함께 향후 연구에서는 미충족 의료의 시계열분석을 통해 미충족 의료의 불평등 변화를 확인하고, 미충족 의료를 해결하고 수평적 형평성을 달성하기 위해 제도적 측면과 정책적 측면에서 공공성의 확립 등과 같은 구체적 전략의 제시가 요구된다.

참고문헌

Aday, L. A. & Andersen, R. (1974). A framework for the study of access to medical care. *Health Services Research*, 9(3): 208.

Ahn, B. C., Engelhardt, K., & Joung, H. (2010). Income-related health inequalities in Korea. *Asia Pacific Journal of Public Health*, 22(1): 32–41.

Allin, S. (2008). Does Equity in Healthcare Use Vary across Canadian Provinces? *Healthcare Policy*, 3(4): 83–99.

Allin, S. & Masseria, C. (2009). Unmet need as an indicator of health care access. *Eurohealth*, 15: 7–10.

Allin, S., Grignon, M., & Le Grand, J. (2010). Subjective unmet need and utilization of health care services in Canada: what are the equity implications? *Social Science & Medicin*, 70(3): 465–472.

Andersen, R. M. (1995). Revisiting the behavioral model and access to medical care: does it matter? *Journal of Health and Social Behavior*, 36(1): 1–10.

Asada, Y., Hurely, J., Norheim, O. F., & Johri, M. (2015). Unexplained health inequality– is it unfair? *International Journal for Equity in Health*, 14, 11.

Blendon, R. J., Schoen, C., DesRoches, C. M., Osborn, R., Scoles, K.L., & Zapert, K. (2002). Inequities in health care: a five-country survey. *Health Affairs*, 21(3): 182–191.

Chen, J. & Hou, F. (2002). Unmet needs for health care. *Health Reports*, 13(2): 23–34.

Cho, H. J. (2013). Equity in health care: current situation in South Korea. *Journal of Korean Medical Association*, 56(3): 184–194.

Culyer, A. J. & Wagstaff, A. (1993). Equity and equality in health and health care. *Journal of Health Economics*, 12(4): 431–457.

Hart, J. T. (1971). The inverse care law. *Lancet*, 1: 405–412.

Heo, J. & Hwang J. (2014). Income-related inequalities in cancer screening in Korea. *Health and Social Welfare Review*, 34(3): 59–81.

Huh, S. & Kim, S. (2007). Unmet needs for health care among Korean adults: differences across age groups. *Korean Journal of Health Economics and Policy*, 13(2): 1-16.

Huh, S., Kim, M., & Kim, S. (2009). *Policy options to tackle unmet health needs.* Seoul: Korea Institute for Health and Social Affairs.

Hwang, J., Guilcher, S., McIssac, K., Matheson, F., Glazier, R., & O'Campo, P. (2017). An examination of perceived health care availability and unmet healthcare need in the City of Toronto, Ontario, Canada. *Canadian Journal of Public Health*, 108(1): e7-e13.

Hwang, J., Rudnisky, C., Bowen, S., & Johnson, J. A. (2017). Measuring socio-economic inequalities in eye care services among patients with diabetes in Alberta, Canada,1995-2009. *Diabetes Research and Clinical Practice*, 127(May): 2005-2011.

Jimenez-Rubio, D., Smith, P. C., & Van Doorslaer, E. V. (2008). Equity in health and health care in a decentralised context: evidence from Canada. *Health Economics*, 17(3): 377-392.

Kakwani, N. C. (1977). Measurement of tax progressivity: an international comparison. *The Economic Journal*, 87(345): 71-80.

Kakwani, N. C. (1980). *Income Inequality and Poverty: Methods of Estimation and Policy Application*. New York: Oxford University Press.

Kakwani, N. C., Wagstaff, A., & van Doorslaer, E. (1997). Socioeconomic inequalities in. health: measurement, computation and statistical Inference. *Journal of Econometrics*, 77(1): 87-104.

Kim, C. Y. (2016). Public health policy and health equity. *Health Policy and Management*, 26(4): 256-264.

Kim, J., Kim, T. H., Park, E. C., & Cho, W. H. (2015). Factor influencing unmet need for health care services in Korea. Kim *Asian Pacific Journal of Public Health*, 27(2): np2555-np2569.

Koolmax, X. & van Doorslaer, E. (2004). On the interpretation of a concentration index of inequality. *Health Economics*, 13(7): 649-656.

Korean Society for Equity in Health (2016). *Developing key indicators of health equity and strategies for reducing health disparity in national health plan.* Sejong: Ministry of Health and Welfare.

Kwon, S. (2009). Thirty years of national health insurance in South Korea: lessons fro achieving universal health care coverage. *Health Policy and Planning*, 24(1): 63–71.

Lasser, K. E., Himmelstein, D. U., & Woolhandler, S. (2006). Access to care, health status, and health disparities in the United States and Canada: results of a cross–national population–based survey. *American Journal of Public Health*, 96(7): 1300–1307.

Lim, J. H. (2009). Analysis of unmet medical need status based on the Korean Health Panel. *Health and Social Science*, 34: 237–256.

Maddison, A. R., Asada, Y., Urquhart, R., Johnston, G., Burge, F., & Porter, G. (2012). Inequity in Access to Guideline–Recommended Colorectal Cancer Treatment in Nova Scotia, Canada. *Healthcare Policy*, 8(2): 71–87.

Morris, S., Sutton, M., & Gravelle, H. (2005). Inequity and inequality in the use of health care in England: an empirical investigation. *Social Science & Medicine*, 60(6): 1251–1266.

O'Donnell, O., van Dooslaer, E., Wagstaff, A., & Lindelow, M. (2008) *Analyzing Health Equity Using Household Survey Data : A Guide to Techniques and Their Implementation.* Washington, DC: The World Bank.

O'Campo, P.,& Dunn, J. R. (Eds). (2012). *Rethinking social epidemiology: towards a science of change.* New York, NY: Springer.

Pappa, E., Kontodimopoulous, N., Papadopoulos, A., Tountas, Y., & Niakas, D. (2013). Investigating unmet health needs in primary health care services in a representative sample of the greek population. *International Journal of Environment Research and Public Health*, 10(5): 2017–2027.

Shin, Y. J. & Shon, J. I. (2009). The prevalence and association factors of unmet medical need–using the 1st and 2nd Korea welfare panel data. *Health and Social Welfare Review*, 29(1): 111–142.

Shon, C., Yi, S., & Hwang, J. (2015). Factors affecting unmet healthcare needs among Korean migrants in Hong Kong. *Korean Public Health Research*, 41(1): 107–121.

Sibley, L. M., & Glazier, R. H. (2009). Reasons for self–reported unmet healthcare needs in Canada: a population–based provincial comparison. *Healthcare Policy*, 5(1): 87–101.

Song, K. S., Lee, J. H., & Rhim, K. H. (2011). Factors associated with unmet needs for health care. *Korean Public Health Research*, 37(1): 131–140.

Victora, C. G., Vaughan, J. P., Barros, F. C., Silva, A. C., & Tomasi E. (2000). Explaining trends in inequities: evidence from Brazilian child health studies. *Lancet*, 356: 1093–1098.

WHO Commission on Social Determinants of Health. (2008). *Closing the gap in a generation : health equity through action on the social determinants of health: commission on social determinants of health final report*. Geneva, Switzerland : World Health Organization.

Wagstaff, A., van Doorslaer, E., & Paci, P. (1989). Equity in the finance and delivery of health care: some tentative cross–country comparisons. *Oxford Review of Economic Policy*, 5(1): 89–112.

Wagstaff, A., van Doorslaer, E., & Watanabe, N. (2003). On decomposing the causes of health sector inequalities with an application to malnutrition inequalities in Vietnam. *Journal of Economics*, 112(1): 207–223.

Wagstaff, A. (2005). The bounds of the concentration index when the variable of interest is binary, with an application to immunization inequality. *Health Economics*, 14(4): 29–32.

Wagstaff, A. (2011). The concentration index of a binary outcome revisited. *Health Economics*, 20: 1155–1160.

chapter **08**

디지털 공공성의 가치와 사회혁신의 전망

원도연

1. 왜 공공성인가?

21세기 한국 사회에서 공공성은 매우 중요한 사회적 의미를 갖게 되었다. 지난 반세기 동안의 극단적인 개발중심의 사회가 가져온 경제적 성과의 이면에 쌓여온 양극화와 불평등, 공정 등의 문제는 국가와 사회에 대한 새로운 관점을 요구하고 있다. 그러나 공공성은 단일한 개념으로 정의되지 않는다. 공공성은 매우 복잡하고 다양한 층위를 갖고 있다. 이론적이면서 실천적인 개념이고 현재적이면서 미래적인 개념이다. 공공성은 현재 한국 사회의 거의 모든 영역에서 그 의미와 필요성이 제기되고 있다. 공공성은 학문적, 예술적, 종교적으로 제기되며, 국가, 시장, 시민사회의 차원에서 그리고 이데올로기적 입장의 차이에 따라서 또 다양하게 이해될 수 있다(임의영, 2018: 4-5).

공공성이 이토록 다양하고 복잡하게 토론되고 있는 것은 역으로 한국 사회가 커다란 공공성의 위기 속에 놓여 있기 때문이다. 공공성과 함께 공익, 공유, 공정 등의 개념은 현재 한국 사회에서 가장 빈번하게 언급되는 개념들이다. 그렇다면 우리는 왜 이처럼 공공성 담론에 천착하고 있으며, 공공성 담론이 궁극적으로 지향하는 사회적 목표는 어디일까. 한국 사회에서 공공성 논의가 중요한 사회적 의제로 떠오른 것은 크게 세 가지 이유로 요약할 수 있다.

첫째, 세계적으로 공공성 논의는 서구적 근대가 지향해온 효율성과 합리성에 근거한 자본주의적 시장질서가 성장의 한계에 부딪쳤기 때문이다. 서구적 근대는 지난 100여 년 동안 세계 질서를 지배했다. 심지어 1980년대 후반 동유럽의 사회주의가 붕괴하면서 '역사의 종말'이 선언되는 지경에 이르렀다. 그러나 서구 중심의 이른바 '자유민주주의'는 1990년대 초 세계화의 진전과 동시에 극단적인 양극화 경제로의 재편과 그로 인한 불평등의 구조화를 불러왔다. 이러한 불평등의 기제를 해소할 수 있는 정치경제적 변화가 공공성의 확대로 나타났다.

둘째, 20세기 유럽이 선도한 자본주의 국가들의 성장 원천은 자유경쟁시장이 아니라 제3세계에 대한 제국주의적 침탈에 기인한 바가 컸다. 그러나 21세기 제3세계 국가들의 성장과 국가적 자각은 더 이상 제국주의적 시장지배를 불가능하게 했다. 결과적으로 외부자원의 유입을 통한 성장한계에 부딪친 선진국들은 내부자원의 순환과 재분배에 관심을 가질 수밖에 없게 되었다. 내부자원의 역량을 극대화하기 위해서는 무엇보다 경쟁의 원리가 아닌 협동의 원리에 기반한 경제정책으로의 전환이 필요했다. 이러한 변화는 내부자원의 정보를 재활용하여 극대화하는 리데이터(redata) 산업으로 발전했고 오늘날 빅데이터 산업으로 귀결되고 있다.

셋째, 우리 사회가 이미 고도의 위험사회에 진입했다는 점이다. 위험사회는 과학기술의 발전이 가져온 예측불가능한 재해에 대한 경고를 담고 있다. 즉 그동안의 성공적인 근대화 과정에서 나타난 정치적, 경제적, 사회적, 기술적 변화가 가져온 예상치 못한 위험이 상존하고 있다는 것이다. 현대의 과학기술은 문제의 원인이자 해결책으로 작동하며, 그 위험성은 지구화 경향과 보편성을 띤다. 디지털 사회의 관점에서는 정보위험사회(Information Risk Society)의 경고가 점차 현실화되고 있다. 단적으로 공공권력이 자행하는 정보추적과 포털 공간에서 벌어지는 사적이고 무차별적인 신상털기가 극히 위험한 결과를 초래할 수 있음을 보여주는 사례는 차고 넘친다.

2. 디지털 공공성과 사회혁신

과학과 기술의 발전은 인간의 세계에 대한 인식을 근본적으로 변화시켰다. 루이스 멈포드는 시계의 발명이 단순한 기술의 발전이 아니라 시간을 경험의 지속이 아니라 시간, 분, 초의 집합으로 인식하는 계기가 되었다고 말했다. 처음 시계의 발전은 수도원에서 공동의 생활방식을 유지하기 위해서 발명되었다. 수도사들이 공동생활을 하기 위한 기준이 필요했고 그 기준이 시계의 발달로 이어졌다는 것이다(민규홍, 2016). 실제로 이처럼 과학과 기술의 변화가 사회 전체를 변화시킨 사례는 쉽게 찾아볼 수 있다.

〈표 8-1〉 시기별 정보 격차에 관한 개념 정의

변화단계	도입기	도약기	포화기
정보 격차 종류	접근격차 (access divide)	이용 격차 (usage divide)	활용 수준의 격차 (divide stemming from the quality of use)
용어	초기 정보 격차	1차 정보 격차	2차 정보 격차
설명	접근이 가능한 사람과 가능하지 않은 사람의 차이	이용자와 이용자가 아닌 사람 사이의 차이	이용자와 이용자 사이의 차이

출처: 민영 (2011). 인터넷 이용과 정보 격차, 언론정보연구, p.152에서 재인용.

철도의 발명은 시간과 공간을 변화시켰고 이는 근대성의 기반이 되었다. 그런 점에서 디지털 기술은 물리적 한계의 급격한 확장과 물리적 경계의 붕괴를 가져왔다.

일찍이 정보화 사회가 도래하면서 등장한 첫 번째 이슈는 정보 격차의 문제였다. 정보 격차의 문제는 기초적인 컴퓨터 능력으로부터 프로그램의 오픈소스 논쟁에 이르기까지 매우 복잡하고 다양하게 전개되었다. 특히 윈도우와 리눅스로 대변되는 오픈소스와 독점소프트웨어 간의 논쟁은 오픈소스와 독점 소프트웨어의 문제가 전체 소프트웨어 생태계를 어떻게 구축하는가라는 문제와 직결되었다.[1)]

민영은 정보 격차(digital divide)란 일반적으로 지식과 정보에 대한 접근이 경제적 계층, 성별, 연령별로 불균형하게 나타나는 현상을 지칭하는 것으로, 정보지식기술 확산에 따라 의미가 역동적으로 변화했다(민영, 2011: 152).

이기호는 현대사회를 지능정보사회라고 표현하는데 여기서 정보 격차는 매우 중요한 의미를 갖는다. 지금까지의 정보 격차가 정보통신기술(ICT)을 활용하지 못해서 발생하는 차이에서 오는 불편함이었다면, 모든 것이 지능정보기술로 연결되는 지능정보사회에서 정보를 활용하지 못한다는 것은 경제・사회・문화적 격차로 확산되어 여러 불평등을 겪게 될 수 있는 일이기 때문이다(주윤경, 2018: 33). 따라서 지능정보사회에서 정보 격차는 개인이 일상생활에서 겪는 단순한 불편함이 아니라 경제・사회・문화적 불평등을 초래할 수 있는, 디지털화에 따른 정보 역기능 중 하나이다(이기호, 2019).

---

1) 한국의 정보통신기술은 매우 높은 수준을 보여준다. 한국은 국제전기통신연합(ITU)에서 각국의 정보통신기술(ICT)에 대한 접근성, 이용도, 활용력 등을 종합 평가하여 한 나라의 정보통신 발전 정도와 국가 간 정보 격차를 가늠하는 지표인 ITU ICT 발전지수(IDI: ICT Development Index)가 2017년 총 176개 평가 대상국 중 2위(ITU, 2018)로 세계 최고수준에 이른다. 또 유엔 회원국을 대상으로 각국의 전자정부 수준을 평가하는 지표인 전자정부 발전지수(E-Government Development Index)는 2018년 덴마크, 호주에 이어 세계 3위(UN, 2018: 89)로 평가된다(이기호, 2019).

디지털 사회의 도래가 불러올 기술을 통한 전체주의적 지배의 부활은 많은 사람들이 경계하는 문제다. 디지털 기술이 만들어낸 인위적이며 인공적인 세계 속에서 인간은 모두 통제 가능한 대상으로 드러난다. 인간 개개인의 건강은 디지털 정보로 누적되고 각종 기술적 도구에 의해 분석되고 통제되며 빅데이터를 통해 개개인이 성향과 경향이 파악돼 조절하거나 제한할 수 있는 것으로 나타날 것이다.

한나 아렌트가 경고한 기술을 통한 전체주의적 경향이 드러난다. 만약 이러한 전체주의적 경향이 디지털 기술에 의해 우리의 시대를 지배하는 패러다임으로 등장하게 되면 우리가 마주하는 문제는 결코 간단치 않다. 디지털 기술이 극단화될 경우 인간은 점차 노동이라는 인간의 조건을 상실하게 된다. 디지털 기술은 인간의 자연적 조건인 물리적 한계를 허물고 인공적인 세계를 구축해 인간이 일하지 않아도, 즉 인간을 노동으로부터 배척시켜 그 자체로 생산가능한 시스템을 구축하게 될 것이다(이상봉, 2011).

디지털 사회에서 인간의 고립성이 극대화될 것이라는 예측도 많다. 유저 노마드(user nomad)는 휴대용 디지털기기를 언제 어디서나 사용하면서 이동 시 여가와 일을 동시에 행하는 이들을 일컫는 말이다. 일찍이 경고되었던 디지털 노마디즘은 이제 점점 현실로 다가오고 있다.

이러한 정보 격차를 줄이고 디지털 기술을 사회혁신의 수단으로 발전시키고자 하는 노력도 다양하게 나타나고 있다. 최근 유럽연합에서는 사회문제를 해결하기 위한 핵심 접근법으로서 디지털 기술을 강조한 것을 의미하며, 여기서 중요한 것은 디지털 혁신 전략이 경제적인 측면과 더불어 사회·환경적인 문제를 해결하는 데 디지털 기술을 활용한다는 것이다(송은혜, 2019: 7). 유럽연합은 시민사회를 주축으로 다양한 디지털 사회혁신 활동이 진행되고 있는데, 디지털 사회혁신을 통해 기존 사회 프로그램의 효과를 극대화하고 해결되지 못한 사회 문제를 처리하며 그 과정에서 투명성 및 민주성을 확보한다는 것이다.

디지털 사회혁신은 '혁신가, 사용자 및 커뮤니티가 디지털 기술을 사용하면서 광범위한 사회적 요구에 대응할 지식과 솔루션을 공동 창조하는 사회 및 협력적 혁신의 유형' 혹은 '시민참여를 바탕으로 디지털 기술을 활용해 사회 문제를 해결함으로써 효율성 및 투명성을 증진하는 활동'으로 정의되고 있다.

3. 디지털 공공성과 사회혁신의 사례

1) 퍼블릭 블록체인

블록체인은 4차 산업혁명의 화두라고 불릴 만큼 가장 주목받고 있는 새로운 데이터 보완 기술이다. 몇 년 전 사회적 화제가 된 비트코인은 블록체인 기술을 활용한 수평적·분권적 '디지털 가상화폐'로 불렸다. 블록체인은 비트코인에서 먼저 사용됐지만, 다른 분야에서도 다양하게 응용 가능한 기술이라 높은 사회적 관심을 받았다. 특히 이더리움의 창시자인 비탈릭 부테린은 가상화폐가 가치 있게 쓰인 사례로 "팔레스타인에서 전쟁으로 고통받는 이들을 위해 가상화폐를 통해 직접적인 지원이 가능해졌다"고 말하며 블록체인이 공공성에 기여할 수 있는 좋은 사례로 꼽았다. 블록체인은 점차 활용 분야가 다양해지고 있다. 암호화폐에서 시작해 P2P 대출, 거래인증, 공인인증 등 최근 핀테크 기술과 융합해 다양한 분야에서 쓰이고 있다.

먼저 에너지 산업 분야다. '파워랫저(Powerledger)'라는 블록체인 프로젝트는 가정에 설치돈 태양광 발전시설을 통해 생산된 전기를 다른 사람에게 팔 수 있는 전력 거래 서비스를 개발하고 활용하고 있다. 즉, 신용이 보장된 암호화폐 기반으로 개인 간의 'P2P 에너지 교환'을 제공하는 플랫폼이다.

고가 물품 거래 추적에도 블록체인이 활용되고 있다. 영국의 'Everledger' 사에서는 다이아몬드와 그 소유자 정보, 감정서 등을 블록체인으로 관리하는 서비스를 제공하고 있으며, 2016년 6월 기준으로 85만개 이상의 다이아몬드가 블록체인에 등록되어 있다.

콘텐츠 직거래 플랫폼은 소비사회에서 블록체인이 가장 활발하게 활용되는 사례로 꼽을 수 있다. '디센트(DECENT)'는 블록체인 기반의 예술가 콘텐츠 직거래 플랫폼으로 책, 음원, 영상, 그림, 사진 등 개인 콘텐츠를 다른 제 3의 플랫폼 도움 없이 개인끼리 거래할 수 있는 플랫폼이다. 예술가들이 직접 IP 권한을 가지며 가격과 거래를 직접 결정하고 거래 비용에 대한 지불도 구매자가 예술가들의 계좌로 직접 송금하고 다른 추가 수수료를 지불할 필요가 없다.

IoT(사물인터넷) 활용에도 블록체인이 활용된다. 일본의 'Nayuta사'의 경우는 사용자가 스마트폰을 이용하여 블록체인으로 '전원소켓' 이용권을 신청하면, 블록체인으로부터 이용권 전자토큰을 발급받고 이를 통해 전원소켓을 활성화해서 사용할 수 있는 스마트 기기를 개발했다. 블록체인 서비스는 2020년을 기점으로 더욱 사회적 활용도가 높아질 것으로 전망되고 있다. 2020년에 가장 활발하게 시도된 영역은 행정분야였다. 블록체인에 기반한 디지털 ID를 시민들에게 부여하고 모바일을 통해 행정업무를 처리하는 한편, 병원 등 민간분야와 정보를 공유하여 실시간 서비스를 제고하고 있다. 과거에 실손보험 가입자들이 기관과 병원을 오가며 서류를 직접 챙기던 방식에서 벗어나 거의 실시간으로 개인이력이 관리되는 블록체인 기반 시스템 속에서 편의성을 높이는 사례 등이 그것이다.

정부가 주도하여 공공기관이 도입하고 있는 블록체인 공공선도 시범사업도 진행 중이다. 부산은 이른바 '블록체인 규제자유특구'로 선정되어 물류, 관광, 공공안전, 디지털바우처 등 4가지 분야를 중심으로 지역 블록체인 생태계를 구축하고 있다. 한국 제2의 도시로 국제적 거점도시를 목표로 하는 부산의 입장에서 세계 유수의 메가시티와 대응하는 방식의 하나로 블록체인 기반 시스템을 통한 편의성을 극대화하는 방향성이 정해진 것이다. 부산의 국제금융센터, 센텀시티, 부산공동어시장, 관광지구 등 관련 인프라를 연계하여 통합 서비스를 제공하겠다는 것이 부산의 목표다.

블록체인 공공서비스는 개인들의 다양한 공적업무에도 영향을 미치고 있다. 군입대를 앞두고 있는 청년들은 군입대를 위한 행정처리와 민원을 쉽게 확인하고 활용할 수 있다. 병무청은 블록체인 탈중앙 신원확인 솔루션을 적용하여 간편인증 애플리케이션을 출시해 사용자가 지문인식이나 핀번호만으로도 쉽게 본인을 인증할 수 있게 했다. 병무청 간편인증 앱의 특징은 사용자의 생체정보를 중앙서버가 아닌 개별 사용자의 단말기에 저장해 보안성을 높였다.

각 개별 서비스마다 따로 날라오는 공공기관의 요금 고지서들을 개인별 통지와 납부까지 한꺼번에 통합하는 블록체인 기반 전자우편 사서함 서비스도 나왔다. '포스톡(POSTOK)'이라고 이름 붙은 이 프로그램은 행정, 공공기관의 우편물이나 요금 고지서를 종이 대신 앱으로 받아 사용자가 간편하게 조회하고 처리할 수 있는 서비스다. 신재생에너지 분야도 블록체인이 도입되고 있다. 태양광 등 개인들이 전기를 직접 만들고 판매하며 수입을 얻는 방식이 일반화되면서 다양해진 전기 생산과 소비의 복잡한 과정을 블록체인 기록방식이 단순하게 조정해 주는 방식이다. 한국남부발전은 2019년 블록체인 REC 거래 서비스를 구축했다. 이를 통해 사용자 인증부터 계약, 결제, 정산까지 모든 과정을 블록체인에 기록해 계약서 작성을 위한 업무 시간을 줄이고, 발전 사업자의 불편을 해소했다.[2)]

이처럼 블록체인은 이미 우리 생활 속에 깊이 들어오고 있다. 블록체인의 장점은 복잡하고 번거로운 절차를 소비자 중심으로 전환시키는 데 있다. 과정의 정밀함을 그대로 유지하면서 사용자에게 최대한의 편의성과 접근성을 제공하는 방식이다. 물론 이 과정에서 개인들의 정보가 보호되고 각 단계마다 적절하게 필요한 정보가 제공될 수 있는 시스템의 정교함은 더욱 중요한 문제가 된다. 그러나 분명한 것은 블록체인이 공공분야에서 활성화될수록 그것의 사회적 의미는 커질 수 있다는 점이다.

2) 공공데이터가 준 선물

빅데이터로 사회 문제를 해결하는 사회적기업 '투파더'(findday.co.kr)도 있다. 이들은 공공데이터를 통해 시민들의 문제를 해결하는 시범적인 사업을 선보였다. 투파더는 아무도 주목하지 않았던 전기분야에 사회적 가치라는 새로운 관점을 불어넣은 사례다. 투파더가 주목한 것은 아파트의 전기요금을 절감하는 방법이었다.[3)]

---

2) 블록체인의 활용 사례에 대해서는 파이낸셜 뉴스(2019.12.29.)를 참고했다.

3) 투파더는 2016년 창업한 사회적기업으로 2019년 서울시의 사회적경제 전략모델로 선정되었고,

아파트는 공동전기가 전체 운영비의 20~30%를 차지하는 것으로 알려져 있다. 이 전기요금을 절감하기 위해 아파트 전체 전기 사용량이 일정 기준을 넘어가서 누진요금이 적용되는 타이밍을 공공데이터를 통해 찾아내는 것이 핵심사업이다. 누진제가 적용되어 전기요금이 급속하게 올라가는 그 시점에 관리사무소를 통해 전기 사용량을 떨어뜨리는 프로그램을 작동시키는 원리다. 감축사인이 떨어지면 관리사무소는 주차장 조명을 낮추거나 일부 승강기를 일시 정지하는 등의 방법으로 약 4% 정도 낮추고, 각 세대에 방송을 통해 2% 정도를 낮추면 평균 6% 정도의 절감효과가 발생하면서 전체 전기요금을 크게 절감할 수 있다는 것이다. 투파더는 이를 프로그램화하여 각 가구로 확산시켰는데 가구별 전기량과 함께 수도, 온수, 난방의 실시간 사용량과 예상 금액을 모바일을 통해 확인하게 하는 어플 개발까지 연계했다.

이러한 작업이 가능한 이유가 바로 빅데이터와 알고리즘 기술의 발전에 있다. 투파더는 2018년 아파트 전기료 통합관리시스템 서비스까지 개발하면서 이를 상용화했는데, 이들의 사례는 공공데이터의 활용과 생활화, 그리고 이를 통한 청년창업의 가능성까지 담은 매우 획기적인 프로젝트로 평가받았다. 투파더가 지향하는 것은 데이터를 기반으로 각종 사회 문제를 해결하려는 소셜미션을 수행하는 사회적기업이다.

이러한 사업방식은 2020년 정부가 발표한 디지털 뉴딜사업의 핵심모델이기도 하다. 디지털 뉴딜의 지향점은 일자리 창출과 미래투자, 경제 전반의 디지털 혁신을 동시에 추진한다는 것이다. 이를 위해 정부는 이른바 '데이터 댐' 프로젝트를 수행하며 공공과 민간이 협업하여 활용도 높은 양질의 데이터를 생산·개방하여 데이터 산업의 생태계를 혁신하고 관련 기

2020년에는 SC제일은행의 '청년제일프로젝트'에 선정되기도 했다.

업을 육성하겠다는 것이다.

투파더의 성공모델은 결과적으로 공공데이터의 활용성에 착안한 디지털 혁신이 어떤 방식으로 사회혁신에 기여할 수 있는가를 보여주고 있다. 정부가 공공데이터를 체계적으로 구축해온 지 10여 년 만에 투파더와 같은 다양한 형태의 데이터 기업들이 속속 등장하고 있다.[4] 이러한 새로운 방식의 기업들은 축적된 플랫폼의 데이터를 활용하여 혁신서비스를 제공하거나 신제품을 개발하면서 데이터를 활용한 사회적 가치와 수익성을 동시에 추구하고 있다. 투파더의 경우는 금융 플랫폼의 전국 아파트 관리비 데이터를 활용하여 아파트 단지의 공동전기요금을 절감하는 완전히 새로운 방식의 데이터 산업을 개척한 셈이다. 실제로 투파더는 전국의 아파트 및 공공시설에 이 시스템을 도입하여 에너지 생산 설비나 요금 체계의 변동 없이 공동전기료를 최대 50% 이상 절감하는 효과를 거두는 성과를 도출했다. 투파더의 김진성 대표는 "데이터란 사실을 있는 그대로 바라보게 하는 중요한 지표다"라는 말을 통해 데이터 산업의 위치와 전망을 함축적으로 설명하고 있다.

3) 디지털 공동체

미국 넥스트도어(www.nextdoor.com)는 디지털을 기반으로 우리 동네 온라인 커뮤니티를 만든 사례다. 2010년 10월 샌프란시스코에서 설립되어

4) 한국의 공공데이터 사업은 한국정보화진흥원이 2010년 6월 공공데이터활용지원센터 설치하면서 본격적으로 시작되었다고 볼 수 있다. 이후 2013년 정부는 「공공데이터의 제공 및 이용에 관한 법률」을 제정하고 이를 기반으로 행정안전부에 공공데이터정책과를 설치하여 공공데이터 관련 사업을 체계적으로 진행하고 있다. 현재 행정안전부가 주관하는 공공데이터 포털은 정부부처 및 산하기관에서 생산하는 각종 정보들이 제공되고 있고 사용자들은 여기서 제공되는 원자료를 바로 다운받거나 오픈API(open API)를 통해 이용할 수 있게 되어 있다.

웹 및 모바일 기반 근린지역 공동체 활성화 소셜 네트워크, 거주지를 기반으로 근린 지역 공동체 관련 지역 이슈를 다루고 있다. 넥스트도어는 사용자를 실거주자에 한정하여 지역주민들의 온라인 공동체를 구축한 사례다. 2016년 3월 현재 113명의 전문가로 구성, 미국 내 92,164개 근린지역 공동체가 참여하고 있다. 마을 단위에서 일어난 소소한 소식과 정보들이 공유되고 있다. 한국에서도 초기 서비스를 시작했다.

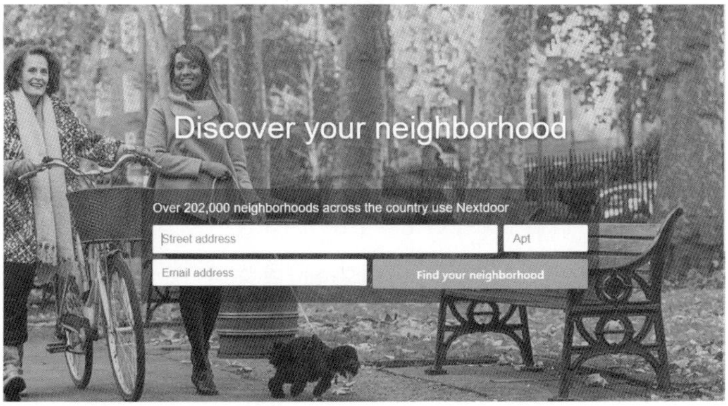

Nextdoor is the private social network
for your neighborhood.

〈그림 8-1〉 미국 넥스트 도어의 근린지역 네트워크 사례
출처: 넥스트도어 웹사이트 (www.nextdoor.com)

아파트 공지사항, 주변에서 생기는 사건 사고 소식, 무료 이벤트 소식 등에서부터 시작해 주차장에서 핸드폰을 주웠으니 찾아가라는 노트, 부엌에 후드가 고장 났는데 수리기사를 구한다는 공고, 아파트 단지 앞 레스토랑의 무료 애피타이저 쿠폰, 세탁소는 어디가 좋다 등 실생활에 밀접한 이야기들까지도 오간다. 얼굴도 본 적 없는 사람들이지만 실명제로 이름과 아파트 호수를 볼 수 있으니 내용에 신뢰가 가고, 무엇보다 '우리 동네'라는 컨텍스트를 공유하니 이것만의 끈끈함이 있다.

일반 반상회가 주는 의례적인 느낌이 조금은 사라지고, 온라인 커뮤니티가 주는 경쾌함이 실시간 커뮤니케이션과 더해지면서 이 공간은 생동감을 띈다. 얼마 전에는 '집에 라자냐가 많이 남았다며 아직 저녁을 안 먹었으면 가져가라'는 7층 할머니의 글에서 필자는 따뜻함도 느꼈다. 또한 '저녁 준비를 하는 도중에 생강이 떨어졌는데, 누가 좀 빌려줄 수 없느냐'는 사람의 글을 보며 어릴 적 엄마 심부름으로 앞집 문을 두드리며 달걀 두 개를 빌렸던 기억도 떠올랐다.

완벽한 이웃을 만나는 방법 넥스트도어(Nextdoor)
김나영(Zipongo Creative Director) 월간 웹에서 인용.

영국의 스트리트라이프(streetlife)는 2011년 3월 설립했다. 영국 내 4천여개 이상의 커뮤니티에서 1백만명 이상의 사용자가 이용하고 있다. 이 사이트는 이웃들과의 소통 증진과 실생활에 필요한 정보 및 자원공유를 통해 동네를 잘 이해하고 이용하게 하는 것이 목표다.

스트리트라이프는 우편번호를 활용하여 커뮤니티를 제공한다. 사용자가 처음 가입할 때 입력하는 우편번호를 통해 지역이 자동적으로 설정되는 방식이다. 사용자는 동일한 우편번호를 이용하는 주민들을 온라인상에서 만나 일상대화를 나눌 뿐만 아니라 실질적인 정보를 나누거나 조언 또는 의견을 구하기도 한다. 나아가 지역 사업이나 봉사활동 참여를 촉구할 수도 있으며, 장비를 빌리거나 도움을 요청하는 것도 가능하다.

〈그림 8-2〉 스트리트라이트 웹사이트 이미지

일본의 고롯토야치로(www.gorotto.com)는 일본 지역 SNS의 시초로 꼽힌다. 2004년 12월 구마모토현의 공무원이 지자체 전자게시판을 SNS 형식으로 리모델링한 것이 고롯토얏치로이다. 고롯토얏치로는 2년 만에 접속자 수가 7배 이상 증가하며 대 성공을 거두었고, 이를 눈여겨보던 총무성에서는 2005년 2개 도시를 대상으로 지역 SNS 실증실험을 실시했다. 1차년도 실증실험에서 긍정적 결과가 나온 후 2008년까지 29개 지역으로 지역 SNS 시범사업을 확대했고, 2010년에는 전국 519개 지역에 지역 SNS가 개설되었다.

지역 SNS를 활용한 일본 마을만들기의 대표적 사례는 사이타마현 츠루가시마시 타운치프(towntip.jp/tsurugashima/sns)의 녹색커튼 사업이다. 녹색커튼은 벽면녹화를 통해 에너지 절감을 도모하는 정책으로, 츠루가시마시에서도 2007년부터 일반 주택에 녹색커튼을 보급했으나 세수 감소와 고령화로 사업이 부진한 상황이었다.

이에 2009년 타운치프에 개설된 "녹색커튼을 넓히자" 모임은 녹색커튼 사업에 새로운 전기를 마련했다. 개별적으로 녹색커튼을 설치했던 개인들이 지역 SNS를 통해 서로를 알게 되고 녹색커튼에 대한 정보를 온라인을 통해 교류하다 실제 만남을 가지며 조직화가 진행된 사례다.

국내에서도 남양주시 덕소사랑(cafe.naver.com/ilovedeokso)과 같은 사례가 있다. 한국 마을만들기의 대표적 사례 중 하나는 남양주시 덕소사랑의 인도개선 사업으로 꼽힌다. 남양주시 덕소지역은 난개발된 아파트의 단지와 단지 사이 공공 공간이 낙후된 상태로 방치되어 있었다. 재정이 부족한 남양주시는 공공 공간 문제를 해결할 여력이 없었고 아파트 중심의 주민조직이나 시민단체도 조직화되지 못한 형편이었다.

이러한 상황에서 지역 SNS는 주민들의 삶에 가장 큰 영향을 미치는 인도를 개선하고자, 지역 내 통행이 불편한 인도에 대한 신고를 받고 이를 행정에 요구하여 20곳의 인도를 개선했다. 이 사업의 특징은 전문성과 실행력이 있는 30, 40대의 직장인들이 실사와 회의를 거쳐 문서화된 형식으로 요구사항을 제안했다는 점과, 회원이 전체 주민의 20% 이상에 달하여 행정 입장에서도 다른 마을만들기 사업과 달리 주민의 의견을 신중하고 신속하게 처리해 주었다는 점이다.

4. 디지털 혁신의 안테나, 문화예술의 디지털 공공성

2020년 코로나19 사태는 우리가 그동안 당연시했던 근대의 발전담론을 되돌아보게 했다. 코로나19를 통해 전 세계가 받았던 도전과 자극은 이제 미래사회에 대한 각성으로 이어지고 있다. 문화예술 분야는 기존의 디지털 시대가 주는 충격과 함께 코로나19가 주는 문화적 변화를 가장 감성적으로 받아들이며 변화를 주도하고 있다. 지금 문화예술계가 받아들이고 있는 새로운 의미의 이중혁명은[5] 마치 1930년대 기술의 시대에 발터 벤야민이 받아들였던 또는 받아들이지 못했던 새로운 예술의 시대를 연상하게 한다.

1930년대 사진기의 등장과 함께 예술의 형태가 변화하면서 발터 벤야민은 '기술복제시대의 예술작품'(1936년)을 통해서 예술작품의 아우라에 대해 이렇게 말한 바 있다. "(1900년을 전후로) 전통적인 예술양식과 다른 일련의 새로운 '예술발전 경향'이 나타나고 있다. 새로운 예술발전 경향과 전통 예술의 차이를 드러내는 특징이 바로 기술복제다. 예술은 언제나 복제가 가능했지만 기술적 복제는 새로운 현상이다. 사진이 등장하면서 예술은 손에서 눈(렌즈)으로 바뀌는 변화를 겪고 있다. 그러나 모든 예술작품에는 특정한 시간과 공간 속에서 존재하는 '유일무이한 현존성', '일회적 현존성'을 갖고 있다. 기술(사진)의 시대는 모든 예술작품을 복제가능하게 하지만, 모든 예술작품에는 그것이 고유하게 갖고 있는 아우라(Aura)가 있다."

그러나 발터 벤야민이 한편으로는 기술의 변화를 인정하고 다른 한편으로는 예술의 순수성에 대한 절실함으로 표현했던 그 아우라의 붕괴는 결과적으로 예술의 발전을 이끌었다. 예술이 엄숙하고 기득권적인 소수의 독점에 머물렀던 시대를 넘어 사진기술의 발달은 예술의 대중성을 이끌었다. 결국 시대를 넘어 예술의 민주주의가 여기서 출발했다는 평가도 있다. 즉 예술의 진정한 가치에 대한 추구, 사물을 있는 그대로 보는 현실주의를 넘어 사물의 본질을 탐색하는 인상주의 학파의 등장 등을 이끌었던 것은

---

5) 이중혁명 19세기를 전후로 서구사회에서 일어난 산업혁명과 프랑스 혁명을 말한다. 이 두 혁명은 중세사회의 전근대성을 새로운 질서의 근대사회로 이전시킨 근원이 되었다.

결국 기술의 발전이었던 셈이다. 그렇다면 지금의 디지털 예술은 어떤 의미가 있을까. 분명한 것은 1930년대 벤야민의 고뇌에 찬 평론처럼 지금의 문화예술도 디지털이라는 새로운 도전에 부딪치면서 다시 한 번 전환의 시대를 맞이하고 있다는 점이다.

예컨대 1960년대 뉴욕 시가지 재개발 지구에서 일련의 팝아티스트들이 시작한 저항적 벽화운동은 현대에 이르러 대중들의 야간 활동이 늘고 조명기술이 발전하면서 빛을 활용한 밤 풍경을 연출하는 새로운 예술장르를 탄생시켰다. 즉 건물 외벽에 신기술의 벽화로 꼽히는 '슈퍼그래픽'이 등장한 것이다. 이러한 변화는 디지털 기술과 결합하면서 도시공간과 역사적 건축물, 건물 등을 통해 미디어 아트로 변화했는데, 이는 다시 무대공연에서도 광범위하게 사용되면서 디지털 기술과 문화예술이 접목하는 새로운 변화가 시작되었다. 결과적으로 벤야민이 곤혹스러워 했던 20세기 문화예술의 변화는 다시 21세기에 그대로 재현된 것이다.

〈그림 8-3〉 미디어 아트의 사례

이러한 변화는 이른바 '미디어 아트'라는 새로운 장르로 탄생했다. 미디어 아트는 전문 3D그래픽디자인 기술력과 첨단 하드웨어와의 융복합으로 새롭게 창출되는 콘텐츠를 말한다. 미디어 아트는 크게 미디어 파사드, 프로젝션맵핑, 인터랙티브 영상으로 구분되며, 미디어 아트 분야에 3D공간감을 시각적으로 증폭시켜 콘텐츠를 구성하는 것을 특징으로 한다. 이 가운데 미디어 파사드는 대중들에게 매우 큰 임팩트를 주었다. 미디어 파사드는 미디어(media)와 건물의 외벽을 뜻하는 파사드(facade)가 합성된 용어로, 건물의 외벽에 다양한 콘텐츠 영상을 투사하는 것을 이른다. 이는 건물 벽에 LED 등의 디스플레이를 부착하여 영상을 구현하던 방식에서 한층 더 나아가 아예 건물의 벽면을 디스플레이용으로 사용하는 것이다. 최근 경관디자인의 중요한 요소 중 하나인 건축물과 디지털기술의 만남으로 미디어 파사드가 급격히 증가하고 있다. 미디어 파사드는 장치 유형에 따라 LED 기반 미디어 파사드(LMF)와 프로젝트 기반 미디어 파사드(PMF)로 나누어진다.

미디어 파사드가 문화예술의 발전에서 중요한 의미를 갖는 것은 디지털 미디어를 통해 시공간의 변화를 자유자재로 넘나들 수 있기 때문이다. 미디어 파사드의 디지털 기술은 갈수록 발전하여 관람자들을 전시공간의 작가라는 주체의 입장으로 전환시키기도 한다. 이처럼 디지털 기술은 작가와 관람자, 공간과 관람자의 상호작용을 가능하게 한다. 이른바 '인터랙티브 영상'은 재현에서 탈피하여 매체를 통하여 관람자의 참여를 유도하고 그로 인해 유발된 행위를 통하여 과정과 변화를 담아내는 영상미술을 말한다. 즉 기존 영상미술 작품의 감상이 관람자가 작품을 대면하고 이를 수용하였던 것과는 달리, 관람자의 개입이 작품의 형태를 변화시키는 동작으로 작용하게 되어 보다 적극적이고 능동적인 태도로 작품에 개입할 수 있게 된다. 말하자면 인터랙티브 영상은 관람자에 의해 완성되는, 관람자의 관점에 따라 변화하는 동적인 아트라고 할 수 있다.

무대공연에서도 인터랙티브 기법은 매우 다양하게 사용된다. XR 기술을 활용한 스토리텔링에서는 참여가 핵심이다. 매체는 각각의 참여자가 독특한 방식으로 이야기와 상호작용할 수 있게 해준다. 작가로서의 접근법은 스토리텔링의 일방향성을 없앤 것이다. 관객들의 선택에 반응하고 이야기가 바뀐다. 상호작용하는 이야기는 수직과 수평으로 동시에 흐르고 공간과 시간 속에서 연결된다.

〈그림 8-4〉 인터랙티브 기법의 다양한 사례

디지털 기술의 발전은 지역문화에도 중요한 영향을 미치고 있다. 현재 지역문화계에서 지역사회에 널리 확산된 문화정보화 매체는 한국향토문화전자대전이다. 각 시군의 신청을 받아 한국학중앙연구원과 자치단체가 공동으로 개발하는 지역의 문화역사 디지털 플랫폼으로 기능하고 있다. 그러나 향토문화전자대전은 지역문화와 역사정보를 종합하는 쌍방향 플랫폼보다는 홈페이지의 역할을 수행하는 데 그치고 있고 위키피디아 등 다양한 쌍방향 플랫폼들과의 경쟁에 부딪치고 있다.

그런가 하면 지역관광에서 가장 효율적으로 쓰이는 관광플랫폼은 한국관광공사의 Tout API 3.0이다. 이 플랫폼은 외국 관광객들에게 비교적 정확한 관광정보를 제공하면서 실제로 큰 역할을 수행하고 있다. 관광공사는 이 API(applications programming interface)를 활용한 대학생 공모전 등을 매년 개최하면서 쌍방향 모델을 구축하고 있다.

〈그림 8-5〉 한국관광공사 홈페이지

5. 디지털 공공성의 과제

디지털 공공성은 지금까지의 사회와 다른 새로운 사회형태를 보여주고 있다. 인간은 점차 디지털의 단위로 취급되고 있다. 급격한 디지털 사회의 도래는 궁극적으로 다원성의 상실로 이어질 수 있다. 우리 모두는 어떠한 공론의 영역 혹은 공공성 영역의 박탈을 경험하게 될 것이다. 인간은 그저 획일화된 시스템에 종속될 뿐 그 시스템을 스스로 규정하거나 공론화할 수 없는 상태에 빠진다. 그 이유는 전체주의에서는 다원성이 상실되며 다원성의 상실은 공공성의 상실로 향해가기 때문이다.

예컨대 앞서 소개한 디지털 문화예술은 과연 늘 밝고 신선하며 긍정적이기만 할까. 당연히 그렇지 않다. 디지털 문화예술 시대의 이면에 대한 가장 궁극적인 질문은 디지털 시대의 문화예술 변화는 누구를 위한 것인가 하는 점이다. 디지털 기술의 발전으로 예술가와 기술자의 구분은 점차 모호해지고 있으며, 영화, 연극, 디지털아트, 영상, 웹툰, 드라마, 공연,

놀이 등의 전통적인 경계가 무너지고 있다. VR과 같은 기술은 기계적인 느낌을 아직 벗어나지 못하고 있으며 인간과의 관계를 어떻게 형성할 것인가, 즉 기술이 인간의 감정을 어떻게 전달하고 표현하는가에 대한 과제가 남겨져 있다. 다시 말해 디지털 아트 성공 사례의 이면에는 막대한 자본과 시스템의 힘이 작동하고 있으며, 아직 문화예술인들에게는 매우 제한적인 참여만 가능한 단계이다. 지역으로 갈수록 이러한 현상은 심화되고 있고, 문제를 해결할 수 있는 자본과 기술의 뒷받침은 아직 이루어지지 않는다.

그럼에도 불구하고 디지털시대의 도전은 이미 시작되었고 위기는 이미 현실화되었다. 공연예술과 첨단기술의 의미 있는 결합이 필요하고 지금은 융합의 과정에 있다는 데 동의하지만 현재의 성공 사례와 그 경험이 문화예술 전체에 보편적으로 일반화되기는 어렵다. 현재의 성공은 대부분 대중문화(엔터테이너 산업)나 게임 등 특수분야에서 이루어지고 있으며, 실제 현장의 문화예술인에게 파급되지는 않는다. 바로 이 점에서 디지털 공공성은 더욱 중요한 문제가 된다. 문화예술을 넘어 전 사회적으로 디지털 시대가 공공의 사회적 가치에 부응하기 위해서는 넘어야 할 산이 많다.

그럼에도 불구하고 현재의 공공성담론은 신자유주의 헤게모니담론의 대항담론으로 포지셔닝되고 있다. 신자유주의의 실패를 드러내면서 새로운 삶의 가능성을 모색하는 것이 공공성 담론의 지향이다(임의영, 2019). 공공성의 관점에서 협동과 신뢰로 상징되는 사회적 자본은 가장 핵심적인 개념이 된다. 공공성의 가치가 사회적 자본을 중심으로 우리 사회의 구조와 환경을 재편성하는 것을 목표로 한다면 협동과 신뢰는 더욱 중요한 문제다. 그러나 협동과 신뢰에 대한 한국 사회의 관점은 한편 매우 감성적이고 인간적이다. 퍼트넘(Robert Putnam)은 사회적 자본을 “행위의 조정을 촉진하여 사회의 효율성을 향상시키는 신뢰, 규범, 네트워크와 같은 사회 조직의 속성"이라고 설명했다. 그러나 이러한 관점은 사회적 자본을 지나치게 포괄적으로 규정하는 개념으로 비판받고 있다.

미국의 사회학자 콜만(Coleman)은 1988년 연구에서 사회적 자본을 "거래비용의 감소와 효용의 극대화를 이루도록 하는 사회적 관계나 사회적 구조, 즉 생산적인 사회적 관계망"으로 보았다. 이는 최소비용으로 최대효용을 거두는 합리적 선택에 초점을 맞춘 정의이다. 이것을 우리는 합리적 선택이론으로 부른다. 파샤 다스굽타(Partha Dasgupta)는 사회적 자본을 "합의된 상호강제 구조를 통해서 다른 사람이 약속을 지킬 것이라는 믿음을 유지하고 발전시킬 수 있도록 하는 사람들 사이의 네트워크"라고 정의했다. 즉, 사람들 사이의 관계나 상호작용이 신뢰를 촉진시킨다면 그것은 사회적 자본이다.

사회적 자본은 신뢰를 창출한다는 점에서 사회적 의미를 가진다. 다스굽타는 신뢰의 조건으로 상호애정(mutual affection), 친사회적 태도(pro social disposition), 외적강제(external enforcement), 상호강제(mutual enforcement)를 꼽았다. 이 중에서도 상호강제를 사회적 자본의 핵심으로 보고 있다. 단적으로는 사회적 자본은 그 규범을 따르지 않는 사람에 대한 응징이라는 주장도 있다.

공공성을 수행할 주체는 윤리적·정치적인 자질과 능력을 갖춰야 하며 사회적 책임을 질 수 있어야 했다. 사회계약론에 근거해 탄생한 근대국가는 바로 이러한 수요에 가장 부합하는 공공성 실현의 장치였다(이상봉, 2011: 5).

그런 의미에서 디지털 공공성의 가장 중요한 화두 중 하나는 디지털 리터러시(Digital literacy)를 강화하는 것이다. 리터러시란 문자화된 기록물을 통해 지식과 정보를 획득하고 이해할 수 있는 능력을 말한다. 알다시피 19세기까지만 해도 일반 대중이 아닌 특권 계층에서만 리터러시 능력을 취득할 수 있었다. 그러나 리터러시가 단지 언어를 읽고, 쓰는 피상적인 의미만을 내포하는 개념은 아니다. 리터러시는 일차적으로 시대적으로 혹은 그 사회 혹은 문화권에서 통용되는 커뮤니케이션 코드인 '언어'에 의해서 규정되며 그 핵심은 커뮤니케이션이다.

디지털 리터러시를 향상시키기 위한 정책적 노력은 문화정보화로 표상된다. 정부는 20여 년 전부터 다양한 문화예술분야의 디지털화를 추진해왔다. 문화정보화라는 관점에서 다양한 사업을 지원했고 각 사업은 현장에서 묵묵히 성과를 쌓아가고 있다. 그러나 이제는 그 방향성과 성과에 대해서 명확하게 점검하고 정리할 필요가 있다.

참고문헌

민규홍 (2016). 공공철학-디지털 기술과 공공성의 위기 그리고 회복. **월간 공공정책**, 133.

민영 (2011). 인터넷 이용과 정보 격차. **언론정보연구**.

송은혜 (2019). 디지털사회혁신의 관점에서 바라본 한국의 전자참여: 서울시 '민주주의 서울' 사례를 중심으로. 2019 한국정책학회·한국자치행정학회 공동 추계학술대회.

이기호 (2019). 지능정보사회에서의 디지털 정보. 보건복지포럼.

이상봉 (2011). 대안적 공공공간과 민주적 공공성의 모색-지역적 공공성과 생활정치의 가능성을 중심으로. **대한정치학회보**, 19(1): 23-45.

임의영 (2018). 공공성 연구의 풍경과 전망. **정부학연구**, 24(3).

______ (2019). 공공성의 도덕철학적 기초: A. Smith의 공감을 중심으로. **행정논총**, 57(2).

최항섭 · 최영주 · 배명훈 (2007). 디지털사회에서의 노마디즘 현상과 정책적 대응. 정보통신정책연구원.

chapter **09**

공공성 담론의 한계와 종교적 공공성 개념의 정치적 함의

염승준

1. 공공성이란 무엇인가?

19세기 자유주의적 경쟁 자본주의체제는 20세기 국가관리 자본주의체제를 거쳐 현재 우리가 살아가는 신자유주의적 금융화 자본주의체제에 이르렀다.[1] 신자유주의적 금융화 자본주의 체제에서는 글로벌 금융기관이 부채를 통해서 국가와 기업을 압박하며, 국가와 기업이 지원하는 사회복지 투자를 철회하도록 요구한다. 국가가 주도해 온 전력, 교통, 교육, 보건 공공분야의 공공사업 전반에 민영화 논리가 도입되는 것이 특징이다. 사회학에서는 이러한 상황을 공공성의 위기로 진단하는 입장이 있다. 공공성의 위기를 주장하는 사람들은 현대 사회에서 확인되는 '양극화로 인한 공존적 삶의 해체', '경제 위주의 교육시스템으로 인한 교육공공성의 해체', '무자비한 개발에 따른 생태공공성의 파괴', '자영업자들의 골목상권을 대신하는 대기업의 유통업', '공공적 규범과 도덕률의 해체에 따른 범죄의 증대' 등을 공공성 위기의 징후들로 표현한다(홍성태, 2012).

그러나 실제 위기에 직면해 있는 현재의 공공성이 무엇을 의미하며, 핵심요소는 어떻게 구성되는지, 사회 각 분야가 이를 지켜내기 위해 무엇을 어떻게 해야 할지에 대한 논의가 부족한 것이 현실이다.

---

1) 체제로서의 자본주의의 역사적 성격을 강조하는 이매뉴얼 월러스틴의 주장과 같은 맥락에서 낸시 프레이저도 "자본주의 사회는 역사적으로 특정한 축적 형태나 레짐으로 존재한다"고 말한다[낸시 프레이저(2017). 창작과 비평, 45(1): 335)].

홍성태는 현재 우리 사회가 '공공성의 위기'라는 진단에 대한 사회적 합의를 이루었지만 단지 공공성의 위기라는 전 사회적 공감대만 형성되어 있을 뿐, 정작 공공성이란 무엇이며 왜 중요한가를 놓고 벌이는 관념의 대화조차 부재했다고 평가하고 있다(홍성태, 2012; 조대엽 · 홍성태, 2013).

이 글은 한국 종교의 공공성을 재구축하기 위한 기초 연구로서 서구 근대 종교의 공공성의 의미를 파악하는 것이 목적이다. 2017년 현재 국내에서 발표된 종교와 공공성에 관한 논문은 약 20여 편에 달한다. 대부분의 논문들은 종교의 사회 참여와 관련하여 공공성의 개념을 빌려 설명하고 있거나, 공공성을 논의한 철학적 개념을 종교의 사회적 역할과 참여에 대비하여 설명한 경우다. 본 연구는 비록 선행의 연구물에서 상이하게 때로는 모순되게 정의되고 있는 공공성의 개념과 의미를 상술한 것은 아니나 그 활용이나 설명에서 공공성의 의미를 내포하고 있다고 판단하여 그 맥락과 내용을 분석하여 공공성 개념에 접근하고자 하였다.[2)]

첫 번째는 가장 일반적인 공공성의 개념으로 종교의 사회 참여를 설명하였다. 대부분의 연구물들은 종교 및 종교기반 활동의 사회 참여를 공공성 또는 공적 역할로 인식하고 있다. 두 번째는 행위 주체자들의 대립으로 만들어지는 공과 사의 개념 대립 속의 공공성이다. 보편적 가치와 반하게 되는 종교집단, 혹은 종교활동의 사회 참여가 다른 주체와 대립되는 경우의 공공성의 의미를 파악하는 단계이다. 세 번째 단계는 공공성 담론에서 핵심적인 문제인 공적인 것과 사적인 것의 변증적 관계를 통해 상이한 두 영역을 넘어서는 형이상학적이고 종교적인 초월성을 공공성의 핵심 요소로 파악하는 단계이다. 마지막 단계는 카를 슈미트가 『정치신학』에서 통

2) 각각의 연구물들은 비록 공공성을 연구자의 입장에서 재정의 하지는 않았으나 넓은 의미에서 암묵적으로 수렴되어 있는 공공성의 의미를 빌어 종교에서의 공적 역할을 논의하고 있다.

찰하고 있듯이 17, 18세기 근대 종교의 형이상학적이고 종교적인 신적 이념과 초월성이 국가의 주권, 정치체, 국가적 법생활의 이념과 일치했다는 역사적 사실을 통해 입증된다(카를 슈미트, 2010).

2. 종교의 사회 참여와 공공성

종교와 연관된 공공성에 대한 대부분의 연구는 사회 참여와 타자와의 연대를 공공성과 동일시 한 경우이다(최경환, 2014). 대표적으로 정태식은 호세 카사노바의 『Public Religion in the Modern Society』을 중심으로 종교의 공적 재등장(public resurgence of religion)을 공공성 회복으로 인식하여 밝힌 바 있다. 같은 맥락에서 전명수는 「좋은 사회를 위한 종교의 역할과 종교기반 시민단체의 의의: 로버트 벨라의 재성찰」에서 종교기반의 시민사회를 종교의 공적 역할로 인식하고 있다. 종교의 사회 참여와 관련된 국내 많은 선행연구들은 로버트 벨라(Robert N. Bellah)의 『사회변동의 상징 구조』에 의존해서 논의를 전개하고 있다. 이는 벨라가 근대 종교의 고유한 특징이 은둔을 지향했던 정통 종교와 달리 정치적 함축성과 사회적 함축성을 지닌 것으로 규정하고 사회 변동 속에서 종교의 역할이 필요하며 종교가 역사적 문명 안에서 일어나는 많은 반란과 개혁 운동에 이데올로기와 사회적 결속력을 제공해 왔듯이 앞으로도 사회 변동에서 더욱 동적인 역할을 해낼 수 있다는 점을 강조하고 있기 때문이다(로버트 벨라, 1997: 63). 공진성은 루소의 『사회계약설』과 스피노자의 『신학정치론』을 분석하면서 정치에서의 종교의 역할이 시민종교의 의미로 반영될 수 있다고 주장하였다. 최경환은 「하버마스의 공론장 개념과 공공신학」에서 배제된 자들을 수용하고 서로 다른 타자와 연대하는 것을 공공신학의 과제임을 밝히고 있다. 공공성에 대한 논의에서 많은 연구자들이 위르겐 하버마스의 공론장 이론을 토대로 논의를 전개하고 있으나 박종균이 「하버마스의 종교론에 대한 비판적 연구」에서 지적하고 있듯이, 하버마스가 종교가 근대성과 함께 형이상학적·구원론적 보증과 사회통합적 기능을 상실했다고 판단한다면, 그의 이론의 전체 체계에 대한 이해 없이 공론장 이론을 종교적 공공성 모색을 위해 무비판적으로 수용하는 것은 논쟁의 여지가 있을 수 있다(박종균, 2004: 104).

정태식은 「현대사회에서의 종교의 사회적 위치와 공공성」에서 카를 마르크스(Karl Marx)와 막스 베버(Marx Weber)를 중심으로 한 고전사회학적 논의를 빌려 종교의 '사사화(私事化)' 또는 '사유화(私有化)' 개념과 그와 상반되는 '공적 역할' 또는 종교의 '공공성' 개념을 설명하고 있다(정태식, 2008: 195-206). 현대사회에서 종교는 개인의 사적 이익을 달성하는 도구로서 주술화, 상품화되면서 종교의 사회적, 공적 역할이 잠식당했으며 근대 이전까지 사회의 중심적인 역할을 담당했던 종교는 개인이나 집단에 사유화되고 결국 중심에서 멀어지는 주변화 현상이 발생하고 있다는 것이다.

베버도 『프로테스탄티즘의 윤리와 자본주의 정신』에서 국민성을 결정적으로 형성했던 종교적 힘을 현대인들이 절대 더 이상 상상할 수 없게 되었다고 밝히고 있다(막스 베버, 2015: 332).[3] 국내 많은 선행연구들이 종교의 사회정치적 역할을 모색할 때 베버와 벨라의 이론을 논의 전개를 위한 이

---

3) 베버의 견해와 마찬가지로 김덕영도 이 책의 해제에서 현대에 "종교가 과거처럼 중요하고 본질적인 문화적 의의를 지니지 못한다"고 밝히고 있다(막스 베버, 2015: 667).

론적 기초로 삼고 있지만 정작 이들은 현대에 종교의 사회적 역할에 대해 부정적 평가와 전망을 하고 있다는 점을 주목할 필요가 있다.

정태식이 지적한 대로 종교가 주술화되고 상품화되는 현상은 강인철과 박노자의 「한국 종교의 보수성을 어떻게 볼까-개신교를 중심으로」에서 보다 구체적으로 확인된다. 그들은 시장논리가 한국 종교 영역으로 깊숙이 침투하면서 '건강이나 재물 같은 현세적 축복을 동시에 강조하는 신오순절주의(neo-pentecostalism) 신앙', 예수 믿고 구원받는 영적 축복이 재물·물질의 축복, 치유·건강의 축복까지 동반한다는 여의도순복음교회 조용기 목사의 '삼박자 구원론'과 '삼중 축복론'과 같은 상품화된 종교가 등장하고 있음을 밝힌다(강인철·박노자, 2016: 404-405). 이러한 현상은 일찍이 마르크스가 『공산당 선언』에서 말한 바와 마찬가지로 자본주의체제에서 인간과 인간의 관계뿐만 아니라 신과 인간의 관계조차도 현금 지불의 관계로 전락했음을 보여주는 것이다.

> 그들은 [부르주아지] 인간과 인간 사이에 적나라한 이해관계, 무정한 '현금 지불' 외에 다른 어떤 끈도 남겨두지 않았다. 그들은 신앙심에서 우러나오는 경건한 광신, 기사의 열광, 속물적 애상의 성스러운 전율을 이기적 타산이라는 얼음같이 차가운 물속에 익사시켰다. (…) 부르주아지는 의사, 법률가, 성직자, 시인, 학자 등을 자신들에게서 돈을 받는 임금 노동자로 바꿔놓았다. (카를 마르크스·프리드리히 엥겔스, 2008: 19)

한국 종교가 자본주의체제의 병폐인 착취나 소외, 경제적 불안, 불평등, 경쟁 등에 지치고 피로해진 사람들에게 힐링 내지 도피 등 개인적 해결의 가능성에 대한 환상을 제공한다는 박노자의 비판은 상품화된 종교 비판과 더불어 종교적 공적 역할과 공공성을 상실한 현대 자본주의 사회에 대한 비판이기도 하다. 강신준은 『오늘 자본을 읽다』에서 한국 사회뿐만 아니라 학계와 종교계까지 핵심 키워드로 등장한 '힐링' 개념이 현대 사회의 병든 상황을 치유할 수 있는 궁극적인 해결 방법이 아니라는 것을 분명히 밝힌다. 병든 상태가 "개인의 내면을 이루는 품성이나 수양이 부족해서가 아니라 개인의 의지와는 무관하게 외부의 강요 때문에 발생한 것"인데 정치, 경제, 사회 구조적 모순을 도외시한 개인적 차원에서의 논의가 근본적인 문제해결에 도움이 되지 않는다는 것이다(강신준, 2015: 17-18).

현재의 종교는 정치, 경제 등 삶의 분야에서 규제적 원리로서 영향력을 미칠 수 없게 되면서 '공적 영역'에서 배제되고 있다. 정태식은 베버의 견해를 빌려 종교의 사유화는 곧 '종교의 역사에의 카리스마적인 침투(charismatic breakthrough to the history) 가능성'이 소멸된 것이라고 주장한다(정태식, 2008: 209). 그러나 그는 같은 논문의 4장 '종교의 공적 재등장과 공공성의 회복'에서 호세 카사노바가 제시하는 몇 가지 사례를 통해 현대 종교의 탈사유화와 탈주변화의 가능성을 언급하고 있다.

카사노바는 종교의 공적 재등장 또는 종교의 탈사유화(deprivatization)의 사례로 미국의 신기독교우익(New Christian Right)을 중심으로 한 기독교 근본주의(Christian Fundamentalism)운동, 브라질과 중남미의 해방신학(Liberation Theology), 폴란드의 가톨릭 연대(Catholic Solidarity), 반핵 투쟁과 경제 정의와 분배 정의에 대한 규범적 질문을 제기한 미국 가톨릭 주교회의(United States Conference of Catholic Bishops)를 제시하였다. 비기독교권의 대표적인 종교의 공적 재등장의 사례로는 시아파 이슬람(Shi'ite Islam)이 있다. 정태식은 카사노바의 사례에 버금가는 한국 종교의 사례로 삼성비자금 사건 등을 폭로한 천주교 정의구현사제단, 1970년대와 1980년대의 군사독재 시절에 적극 활동한 개신교의 도시산업선교회, KNCC(한국교회협의회) 인권위원회와 개혁불교 등의 활동을 열거한다. 그는 이러한 사례들이 종교의 공적 역할에 대한 구체적 증거로서 공공성의 회복이라는 것이다.

그러나 종교의 공공성을 종교의 사회정치적 역할과 동일시하는 정태식의 주장에 따르면 범사회적인 가치와 배치되는 미국의 근본주의나 이슬람 근본주의도 공공성 범주에 포함되게 된다. 근본주의적 종교들의 종교의 역사에의 카리스마적인 침투(charismatic breakthrough to the history)를 과연 종교의 공적 재등장, 공공성의 회복, 종교의 탈사유화의 범주에 포함시킬 수 있는 것인지 묻지 않을 수 없다.

정태식은 종교의 공공성의 회복의 사례로 삼는 해방신학, 폴란드의 가톨릭 연대의 경우를 담론 모델로 미국의 근본주의나 이슬람 근본주의를 투쟁적인 모델로 구분한다. 그의 논의대로라면 두 모델 모두 어떠한 세속적 가치체계도 따라잡을 수 없는 강력한 실천적 신념으로서 종교의 공적 역할 또는 공공성을 수행할 수 있게 된다(정태식, 2008: 213). 그러나 여기서 문제는 투쟁적인 모델의 경우 이슬람 근본주의 대(對) 비이슬람주의 대결구도를 형성하는 것이다. 이 경우 한쪽 영역이 공공성을 획득할 경우 필연적으로 그에 상대되는 영역이 사적 영역으로 규정되고 이 상황에서 공적인 영역과 사적인 영역의 경계는 종교적 신념의 차이로 상호 대립적 관계를 형성하며 두 영역의 행위 주체자들 간의 공공성을 둘러싼 내적 갈등과 모순이 필연적으로 발생할 수 있다.

홍성태는 이러한 현상을 공공성을 둘러싼 다양한 힘들의 역학관계로 설명한다. 공공성은 그것을 인식하는 주체에 따라 다양한 규범적 의미를 갖는 다차원적인 개념이 된다는 것이다(홍성태, 2012: 874). 공공성에 대한 많은 선행 연구에서 공적인 것과 사적인 것의 변증적 관계에 대한 논란이 있으며 바로 그러한 점이 기존의 특히 사회학적 차원에서의 공공성 담론의 한계라 말할 수 있다.

3. 정치적 상호작용의 메커니즘으로서의 공공성

홍성태는 공공성 담론에서 공공성을 둘러싼 주장들이 보편 이익과 특수 이익의 경계를 넘어서지 못하고 이념과 권력의 사회적 관계로 회귀됨을 경고하고 있다. 그의 경고를 이해하기 위해서는 공공성과 관련된 일곱 가지 이미지를 먼저 살펴볼 필요가 있다(홍성태, 2012: 875-878). 첫째는 국가가 표방하는 공공정책의 가치를 의미하는 국가 공공성이다. 국가적이라는 말이 곧 공공적이라는 말과 동의어로 사용되는 경우다. 둘째는 원칙적으로 시장가격의 원리가 적용되지 않고 모든 사람이 공동으로 이용할 수 있는 재화와 서비스를 의미하는 공공재(public goods)이다. 셋째는 기업의 사회적 책임이다. 자본주의체제에서 시장은 사적 이윤의 추구가 우선되기 때문에 공공복리와는 모순될 수밖에 없고 그래서 실제 지극히 제한적인 이미지이다. 넷째, 국가의 공공성 혹은 관제적 공공성과 대비되는 것으로 사회정의와 공익운동이다. 다섯째, 언론매체에 투영된 공적 성격과 공개성 그리고 의사소통의 중추적 기능을 말한다. 여섯째, 사회문화적 규범으로서 공공성으로 법적・제도적 측면에서 구현된 문화적 공공성이다. 일곱째, 개인으로서 행위자의 공적인 책임성을 의미한다. 이러한 일곱 가지 이미지 외에도 행정학에서는 자유주의(liberalism) 및 자유지상주의(libertarianism)의 정통에서 시장의 이익을 우선시하는 도구적 공공성(instrumental publicness)도 다양한 공공성의 유형 중의 하나로 보고 있다. 특히 시장의 이익을 우선하는 공공성에 대한 이미지는 사회정의와 공익운동과 양립 불가능한 것으로 판단된다(임의영, 2010: 6).

이처럼 다양한 이미지들을 통해서 공공성의 범위가 매우 광범위함을 확인할 수 있을 뿐만 아니라 공공성의 이미지들 간에 갈등과 대결구도를 형성하기 때문에 앞서 밝힌 바와 같이 공공성이 국가 대(對) 시민사회, 국가의 공공복리 대(對) 시장의 이윤 추구와 같은 보편 이익과 특수 이익의 경계를 넘어서지 못하고 이념과 권력의 사회적 관계로 회귀된다는 것이다.

사회정의와 공익 그리고 시장의 이익을 중시하는 두 경우에 상호 모순되고 갈등을 야기함에도 각기 공공성을 주장할 수 있다는 것은 공공성은 역사적 맥락에 따라 그리고 사회체계와 권력의 사회적 관계에 따라 다양한 방식으로 정의될 수도 있다는 것이다. 이런 맥락에서 홍성태는 공공성 개념을 사회적 공존을 위한 자율적 행위자들의 규범적 공간에 배태된 정치적 상호작용의 메커니즘으로 정의한다. 자율적 행위자들의 규범적 공간의 의미는 위르겐 하버마스의 '공론장' 개념을 기반으로 한 것이다. 본 논의에서는 공론장 개념에 대한 부가적 설명 없이 공공성이 정치적 상호작용의 메커니즘이라는 점에 주목한다(홍성태, 2012: 880).

공공성을 정치적 상호작용의 메커니즘으로 해석할 때 공공성은 그 자체가 결과로서 주어지는 것이 아니라 사회적으로 구성되며, 역동적인 정치과정을 읽어내 해석하는 문제가 된다. 따라서 공공성 담론에서 공적인 영역과 사적인 영역의 구분도 역사적 맥락, 사회적 관계, 권력의 사회적 관계에서 다양하게 형성될 수 있게 된다. 사이토 준이치도 이와 같은 맥락에서 "공사(公私)를 나누는 경계선은 담론에 의존하는 유동적인 것이지, 담론 이전의 것, 정치 이전의 것은 아니다"는 것을 강조하고 있다(사이토 준이치,

2014: 35).

정태식이 종교의 공적 역할 또는 공공성의 회복의 모델 가운데 하나로 제시하는 투쟁적 모델의 경우 이슬람 근본주의자들이 자율적 행위자로서 자신들의 이념과 가치를 실현하기 위한 규범적 공간을 형성하게 됨으로써 그들의 입장에서 공적 영역을 형성하는 것이지만 공적 영역으로 규정된 영역에 속하지 않는 행위자들의 규범적 공간은 사적 영역으로 전락하는 것이 불가피하다.

투쟁적 모델의 하나인 종교적 근본주의가 비록 사회정치적 기능을 수행하고 현실에 영향력을 미칠 수 있다는 점에서 한편으로 공적 역할을 수행하고 종교의 공공성을 확보할 수는 있겠지만 근본주의에 반대하는 주의나 주장과 대결 구도에서 다른 영역의 규범적 공간을 배제할 경우의 공적 역할과 공공성은 폐쇄적 성격을 피할 수 없으며 그런 점에서 특수하고 사적인 것으로 전락한다(홍성태, 2012: 881).[4]

홍성태가 사회학적 관점에서 새롭게 정의한 공공성 개념은 공적 역할, 공적인 것, 그리고 공공성이 사회정치적 체계와 구조 안에서는 정치적 역학관계에 따라 공적인 것에 포함되지 않는 대대적(對待的) 영역을 필연적으로 배태할 수밖에 없는 구체적 현상을 개념화한 것으로 볼 수 있다. 이러한 일반적 정의는 공공성 담론을 둘러싼 다양한 구체적이고 역사적인 현상에 적용될 수 있다.

이승환도 「한국 및 동양의 공사관과 근대적 변용」에서 소포클레스의 비극 『안티고네』에서 착안하여 조선시대의 공사관을 통해 공(公)과 사(私)의 관계를 동심원적 상대성과 연속성에서 파악하면서 공과 사의 관계의 상대

4) 홍성태의 "공공성의 기회구조" 도식은 공공성의 개방성과 폐쇄성을 가늠할 수 있는 척도로 사용될 수 있다.

성, 연속성 그리고 그 두 영역이 분리로 인해 야기할 수 있는 대립과 갈등을 강조한다.

> 공이란 언제나 작은 범위를 둘러싸고 있는 큰 범위를 가리키는 개념일 뿐, 사란 큰 범위 안에 있는 작은 범위를 뜻할 뿐이다. 여기에는 고대 그리스에서 볼 수 있는 '공=국가=정치영역/사=가정=경제영역'이라는 뚜렷한 이분법이 성립할 수 없다.[5) (이승환, 2002: 57)

이승환의 견해대로 만약 '공'과 '사'의 개념의 차이를 크고 작은 범위의 상대적 차이를 통해 이해한다면 공과 사의 규정이 상대적일 수밖에 없다는 것은 당연한 논리적 귀결이다. 조선시대 대동법(大同法)의 경우 조세정책이 공적인 것이지만 지방에서 제정한 법으로서 국가와의 관계에서 사적인 것이라는 관점에서 사대동(私大同)으로 불렀다는 것이 하나의 사례가 될 수 있겠다.

문제는 공과 사의 상대성과 연속성이 정치적 역학관계 속에서 갈등, 모순 그리고 투쟁적 관계를 야기한다는 것이고 그 상대성으로 인해 야기된 문제를 '사'와 대결 구도에 있는 특수한 '공'이 해결할 수 없고 공과 사를 포괄하는 보편적인 제3의 것이 요구된다는 데 있다. "사적 의무와 공적의무의 갈등과 대립"[6)]이 필연적이고 불가피하다면 그러한 대립을 조정하고 화해시킬 수 있는 공과 사를 넘어서는 보편적인 기준을 제시할 수 있어야

5) 헤겔은 『정신현상학』에서 『안티고네』의 비극적 상황은 내적으로 통합된 두 영역의 이원적 분리에서 기인함을 지적하고 있다. 두 영역은 마치 한 그루 나무에 있어 지면 아래의 뿌리와 지상 위의 나무줄기나 꽃의 관계와 같은 것으로 비록 두 영역이 존재방식이 다르지만 서로에 의거하며 서로에 의거하고 일는 통일체다. 그 통일체를 자각하지 못하고 이원화될 때 비극이 발생한다(한자경, 2009: 248-249).

6) 이승환은 공과 사의 갈등의 대립의 예로 현종 4년(1663) "私義-公義" 논쟁을 소개하고 있다(이승환, 2002: 57-59).

한다(이승환, 2002: 57-59).[7)]

그렇다면 공공성은 -이승환과 사이토 준이치는 이러한 가능성을 간과하고 있다.- 공적인 것과 사적인 것의 대립 관계 너머의 차원에서 논의될 수는 없는 것인가? 공적인 것과 사적인 것의 포괄할 수 있는 그래서 어느 쪽도 배제하지 않을 수 있는 보편적 차원의 공공성은 없는 것인가?

이승환과 홍성태에 따르면 공공성이라는 것이 사회정치적 과정 속에서 형성되기 때문에 상대적일 수밖에 없고 공과 사의 대립적 구도가 불가피하다. 이런 맥락에서 홍성태는 공공성은 고정된 것이 아니라 폐쇄적일 수도 있고 개방적일 수 있는 가능성의 차원에서 공공성을 '기회구조'로 이해한다. 이승환도 비록 그가 '무엇이 공익인지 단정 내릴 수 있는 선험적이고 보편적인 근거가 없는 한, 공익의 결정은 민주적 대화와 합리적 토론을 통해 이루어질 수밖에 없다'[8)]고 가정함으로써 선험적이고 보편적인 근거, 즉 일체의 사적인 것을 포괄하는 보편적 차원에서 공의 개념을 부정한 것으로 볼 수 없지만, 그가 '공'을 '사'의 상대적인 개념으로만 논의를 전개하는 한 공공성은 사적인 영역의 상대적 개념에 불과할 수밖에 없다.

공과 사의 대립적 관계를 넘어선 그렇기 때문에 보편적일 수 있는 근거로서의 진정한 공은 어떤 의미일 수 있을까? 카사노바의 공적 종교 정의는

---

7) 김태창(2010: 229)은 공공철학이 '사이(間)'를 중시하는 철학임을 밝히고 있다. 그러나 공적인 것과 사적인 것의 '사이'를 강조한다고 해서 공적인 것과 사적인 것의 경계로 인한 배제와 차별로 인해 야기되는 문제들을 극복할 수 있을지 의문이다. 문제를 극복하기보다는 공적인 것과 사적인 것 사이에 위치한 행위자는 그 두 영역의 사이에서 유동할 수밖에 없을 것이다. 이명한(2011: 397)은 김태창의 공공철학을 비판하지만 그가 도가나 유가를 '관계'를 중시하는 철학이라고 규정하는 한 그의 관점도 김태창의 견해와 다르지 않게 된다. 동양 철학의 핵심을 관계 중심으로 해석할 경우 야기될 수 있는 심각한 문제에 대해서는 한자경(한자경, 2002: 174-177; 한자경, 2008: 195-196)을 참고하기 바란다.

8) 과연 민주적 대화와 합리적 토론이 공적인 것과 사적인 것의 관계에서 야기될 수 있는 문제에 대한 대안이 될 수 있는 것일까? 대화와 토론의 과정에도 이미 공적인 것과 사적인 것의 관계에서 발생할 수 있는 문제가 고스란히 내재되어 있다(이승환, 2002: 57-59).

이러한 문제에 답할 수 있는 실마리를 제공해 줄 수 있다. 다음의 인용문에서 카사노바는 공적 종교가 사람들로 하여금 공적 영역과 사적 영역의 경계를 넘어설 수 있도록 해서 분화되고 고착화된 규범을 재규범화(re-normatization)할 수 있게 만들 수 있다는 것을 밝히고 있다.

> 근대의 분화된 사회에서 종교가 다시금 조직적인 규범적 사회 통합의 역할을 다시 할 것 같지도 않고 그것이 바람직해 보이지도 않는다. 그러나 공적 영역과 사적 영역의 경계를 넘어섬으로써, 그리고 분화된 세속적 영역들이 도덕적 규범이나 인간적인 고려에 관심을 두지 않으면서 자율적으로 기능하고 있다는 주장에 대하여 공적으로 문제제기를 함으로써 공적 종교는 사람들을 동원하여 이러한 주장에 대항하도록 도움을 주는 한편 영역 경계를 재설정하고, 아니면 적어도 그러한 문제들에 대한 공적 논의를 강요하고 도움을 줄 수는 있을 것이다. (정태식, 2008: 212 재인용)

카사노바는 근대의 분화된 사회에서 종교가 조직적인 규범적 사회 통합의 역할을 다시 할 것 같지도 않고 그것이 바람직해 보이지도 않는다고 말한다. 그렇지만 공적 종교가 공적 역역과 사적 영역의 경계를 넘어설 수 있게 한다는 그의 견해를 주목할 필요가 있다. 카사노바의 공적 종교의 정의에서 '공'의 의미는 '사'의 상대인 '공'을 의미하지 않는다. 공적 종교의 '공'의 기능이 공적 영역과 사적 영역의 경계를 넘어선다는 것은 곧 두 영역 가운데 어느 쪽으로도 귀속되지 않는다는 점에서 초월을 의미한다. 따라서 공적 종교에서 '공'의 의미는 초월적이고 보편적 성격을 갖는다고 할 수 있다. 바로 이 점이 홍성태가 공공성을 '정치적 상호작용의 메커니즘'으로 그리고 정치과정의 결과로서 사회적으로 구성된 산물로 이해하는 사회학적 차원의 공공성과는 다른 종교적 공공성의 특징으로 이해할 수 있는

열쇠가 될 수 있다.

4. 공적인 것과 사적인 것의 경계 너머의 초월적 공공성

공공성 개념이 공적인 것과 사적인 것의 경계선상에서 논의될 때, 즉 이승환과 같이 공을 상대적이고 연속적인 선상에서 이해하거나, 홍성태의 정의와 같이 규범적 가치를 달리 할 수 있는 자율적 행위 주체들의 정치적 상호작용의 메커니즘의 구성물로 파악할 때, 공공성은 사적인 것과 변종적이고 대립적 관계를 필연적으로 형성하게 되고 그로 인해 공공성 개념에 내포되어야 핵심적 요소인 보편성도 상실하게 된다.

공공성 개념의 '공'의 의미가 '사'의 상대적 의미만을 지님으로써 보편성이 확보되지 못할 때 공공성은 홍성태가 지적한 바와 같이 이념과 권력의 사회적 관계로 회귀될 수 있다. 예를 들면 다양한 공공성의 이미지 가운데 하나인 국가 권력을 공적인 것으로 동일시할 때, 국가 권력 자체가 사유화되는 경우 공적인 것과 사적인 것의 구분은 무의미해진다. 한국 근대사를 관통하는 한국의 국가범죄와 그 법적 청산의 기록인 이재승의 『국가범죄』(2010)와 김두식의 『불멸의 신성가족: 대한민국 사법 패밀리가 사는 법』(2019), 『법률가들: 선출되지 않은 권력의 탄생』(2018)은 국가뿐만 아니라 법도 얼마든지 사적인 차원으로 전락할 수 있는지를 입증하는 단적인 증거다. 이마누엘 칸트는 『세계시민적 관점에서 본 보편사의 이념』에서 인간은 최고 권력을 갖게 되면, 최고 권력자로서 자기 자신만은 자유에 아무런 제한도 받지 않으려고 하는 경향이 있다고 말했다. 그는 인간이 갖는 "이기적 동물적 경향"으로 국가의 최고 권력자가 자신만을 법의 예외로 삼고자 하려는 것을 경고하고 자신을 예외로 두지 않는 공정한 지배자를 찾는 것이 가장 곤란하고 난해한 과제로 간주한다.

> 인간은 이성적 존재로서는 모든 인간의 자유에 제한을 가하는 법률을 원하지만, 그의 이기적 동물적 경향이 가능한 한 그 자신만은 예외로 삼고자 한다. (한자경, 2006: 239 재인용)

인간의 이기적 성향을 극복하기 위해서 그리고 법률 앞에서 자신만을 예외로 두지 않기 위해서 사적인 것뿐만 아니라 언제나 사적인 것으로 전락할 수 있는 특수하고 상대적인 성격의 공적인 것을 넘어서는 초월성이 확보되어야 한다. 이런 맥락에서 공적 종교가 공적인 영역과 사적인 영역을 넘어서는 것을 가능하게 할 수 있다고 본 카사노바의 관점은 종교적 공공성의 의미를 초월적 측면에서 모색하는 데 실마리를 제공한다.

카사노바가 정의한 공적 종교의 초월성과 국가와 법과의 관계에 대해서는 카를 슈미트의 『정치신학』(Politsche Theologie: Vier Kapitel zur Lehre von der Souveränität)을 통해 보다 구체적으로 이해할 수 있다. 다음의 슈미트의 인용문은 서구 근대 종교의 특징으로서의 형이상학적인 초월성이 국가, 정치 그리고 법이 상호 긴밀한 내적관계에 있었음을 이해할 수 있을 뿐만 아니라 서구 근대 종교의 사회정치적 역할과 관련된 국내 선행연구들이 왜 루소나 스피노자의 신학 개념에 기반을 두는지에 대한 핵심적인 이유를 이해하는 데 도움이 된다.

"신의 만든 불변의 계명을 본받는 일"(Imeter les décrets immuables de la Divinité)은 국가적 법생활의 이념이었다. 이는 18세기의 합리주의가 아무런 유보 없이 자명한 것으로 받아들였던 것이다. 루소는 이 언명을 『정치경제론』에서 사용한다. 특히 주권 개념에 대해서 그런데, 루소는 신학 개념을 너무나도 눈에 띄게 정치화했기 때문에 그의 정치적 저작에 정통한 사람이라면 알아채지 못할 리 없었다. 부트미(Émile Boutmy)는 루소는 신에 대해 철학자가 만들어 낸 이념을 주권자에게 적용하고 있다. 신은 스스로 원하는 일을 모두 할 수 있지만 악을 원하는 일만은 불가능하다라고 말한다. 17세기 국가론에서 군주가 신과 동일시되고, 데카르트식의 체계 속에서 신이 세계에 대해 점하는 자리를 주권자가 국가에 대해 점하고 있는데 대해서는 아제르(Frédéric Atger)가 지적한 바 있다. 군주는 일종의 끊임없는 창조를 통해 국가의 모든 잠재력을 현세화한다. 군주는 정치세계에 옮겨진 데카르트의 신이다. (카를 슈미트, 2010: 65)

슈미트가 밝힌 서구 근대 종교와 국가, 정치, 법의 내적 연관성을 다음과 같이 정리할 수 있다. 첫째, 17, 18세기에는 신의 계명을 지키는 것이 곧 국가적 법생활의 이념이다. 둘째, 데카르트와 루소를 비롯한 철학자들은 신학 개념을 정치화했다. 셋째, 루소는 철학자들이 밝힌 신학적 이념을 주권자인 군주에게 적용한다. 넷째, 데카르트 철학의 체계에서 신이 세계에 점하는 위상이 곧 주권자가 국가에서 점하는 위상과 동일하다. 다섯째, 군주는 정치세계에 옮겨진 신이다.

그러나 종교와 국가의 이런 관계는 오래 지속되지 못하고 18, 19세기에 이르러 많은 교양인들 사이에서 "초월의 이미지가 모두 사라져, 비교적 명료한 범신론이나, 모든 형이상학에 대한 적극적인 무관심"[9]이 뚜렷해진

---

9) 슈미트는 헤겔 철학에서 신의 개념을 유지하고 있었던 한에서, 그의 철학이 신을 세계 속으로 끌어들

다. 슈미트는 17, 18세기와 19세기의 서구 근대를 구분하는 결정적인 기준점을 신의 이념을 내포한 국가에 대한 주권자의 초월상이 19세기에 이르러 점차 내재표상으로 확장된 것에 있다고 본다.

슈미트는 『정치신학』 제3장 소제목인 "18~19세기에 일어난 초월표상으로부터 내재성으로의 이행"에서 법과 정치의 영역에서 초월성이 사라지고 형이상학에 대한 적극적인 무관심이 팽배해질 때 법적 권위도 함께 상실했음을 밝힌다. 데카르트, 스피노자, 루소의 경우와 달리 많은 교양인들 사이에서 초월의 이미지가 모두 사라져, 비교적 명료한 범신론이나 모든 형이상학에 대한 적극적인 무관심이 뚜렷해진다는 것이다. 당시 주권자나 국가가 담지하고 있다고 자명하게 믿어온 형이상학적 초월성이 사라지고 '내재-범신론'이 팽배하게 되었다는 것이다. 주권자가 담지한 신적 초월성이 사라지고 민주적인 정통성 관념이 등장하지만 결국 민주주의에서 신의 정당성과 같은 진리적 이념이 실현되지 못하고 권위가 법률을 만드는 것이 되어 버리는 상황으로 변했다는 것이다. 신적 정당성과 초월성이 사라진 자리, 즉 '정치의 세속화(비종교화)'의 자리에 신적 이념이나 초월성이 부재하게 되고, 그 자리에는 법학에서 형식을 위한 형식, 즉 '법형식주의'와 나쁜 권위만이 팽배해진다는 것이다(카를 슈미트, 2010: 217-218). 슈미트는 특정한 이념을 지지하는 공동체들 간의 분쟁이 발생한 구체적 맥락과 구체적인 특정한 이념들을 초월해서 작동하는 합리적 기준을 강조하고 있다.

슈미트가 분석하는 19세기의 근대의 형이상학적이고 초월적인 종교와 분리된 정치적 상황은 2장에서 밝힌 바와 마찬가지로 현대에 종교가 국민성을 결정적으로 형성했던 종교적 힘을 상실한 것이고, "종교의 역사에의

여 객관적인 것이 내재한다는 사실로부터 법과 국가를 도출한다고 밝히고 있다.

카리스마적인 침투(charismatic breakthrough to the history)의 가능성의 소멸"로 인해 발생할 수 있는 현상을 설명한 것과 다르지 않다.

여기서 새롭게 강조할 것은 종교의 '사유화'와 '주변화' 현상의 근본적 원인이 단지 자본주의체제에서 종교의 상품화에만 있는 것이 아니라 19세기부터 모든 유신론적이고 초월적인 표상에 대한 무관심과 그로 인한 내재-범신론이 그러한 현상의 직접적 원인이 될 수 있다는 점이다(카를 슈미트, 2010: 71). 따라서 사회정치적 공공성의 회복을 위한 모색에 있어 종교적 형이상학적 공공성에 내포된 초월적 함의와 기능을 적극적으로 고려할 필요가 있다.

5. 초월적 공공성 개념의 정치적 기능과 과제

본 연구는 종교와 공공성에 대한 국내 선행연구를 분석하여 공공성의 개념과 의미 그리고 서구 근대 종교의 공공성의 핵심적인 요소를 파악하고자 한 것이다. 그러나 국내에서 연구된 대부분의 논문들은 공공성 개념에 대한 명확한 개념 정의 없이 종교의 사회적 정치적 역할을 종교의 공공성 개념과 동일시한 것이 대부분이었다. 특히 공적인 것과 사적인 것의 경계를 사이에 두고 공적인 것을 사적인 것의 상대적 차원으로 이해하거나 공공성을 사회정치화의 과정에서 구성된 '정치 이후'의 현상으로 파악함으로써 두 영역 사이의 모순과 갈등을 해결할 수 있는 공공성의 본래적 보편성을 제시하지 못하는 데 한계가 있다.

홍성태는 공공성 개념을 "자율적 행위자들의 규범적 공간에 배태된 사회적 공존을 위한 정치적 상호작용의 메커니즘"으로 정의함으로써 공공성의 의미를 드러내고자 했는데 그의 시도는 상호 모순되기도 하는 다차원적인 공공성 개념을 일반적이고 보편적인 차원에서 정의했다는 점에서 의미가 있지만 앞서 지적한 문제점을 해결하는 실마리를 제공할 수 없었다.

그래서 본 연구는 공공성을 그 대척점에 있는 공과 사의 갈등과 그 역학, 이를 통합하기 위한 변증법적 시도를 통해 공적인 것과 사적인 것을 넘어서는 초월적 측면에서 파악하고자 시도하였다.

호세 카사노바의 공적 종교의 의미가 종교적 공공성의 핵심요소를 초월성으로 이해하는 데 실마리를 제공했고 이러한 사실을 카를 슈미트의『정치신학』에서의 통찰을 통해 재차 입증할 수 있었다. 루소, 스피노자가 형이상학적이고 초월적인 신학 개념을 정치화했다는 그의 통찰은 국내 선행연구가 종교의 사회적 정치적 역할을 논의할 때 도대체 왜 루소의 시민종교 개념에 의존하는지를 분명하게 인식할 수 있게 해 주었다.

벨라가『사회 변동의 상징구조』에서 밝힌 서구 근대 종교의 특징에서도 초월적 실재는 강조되고 있다. 그는 근대 종교의 특징을 다음과 같이 정리하고 있다. 첫째, 근대시대 사회 변동에서 정통 종교의 이원론이 와해되었다. 둘째, 근대 종교 이전의 역사적 종교가 자아를 발견했다면 근대 종교는 자아를 수긍하는 교리의 바탕을 찾아냈다. 그는 근대 종교에 이르러 신과 인간 사이의 철저한 단절을 강조한 전통 종교와 달리 개인과 초월적 실재 사이의 직접적 관계[10]로 인해서 인간 자아가 현실세계에서 능동적이고

---

10) 벨라가 칸트의 종교철학이 "근대 종교의 방향을 결정적으로 지시"한다고 밝히고 있는 만큼 칸트 철학에서 초월자아 개념의 이해는 그가 규정한 서구 근대종교의 특징을 이해하는 데 있어서 중요한 단초가 된다. "칸트가 말하는 기초적인 종교가 미치는 직접적인 영향이 인지적 적합성을 요구하는 형이상학에서보다 윤리 생활의 구조에서는 단순하다고 할지라도, 그 결과는 근대 종교의 방향을 결정적으로 지시하는 것이었다. 최근의 중요한 신학까지 포함하는 전적으로 근대적인 종교 분석은, 칸트의 협소한 합리적 윤리학을 거부하기는 해도 종교의 근거를 인간적 상황의 구조 자

자발적인 행동이 가능하게 되었다는 것을 강조한다(맥과이어, 1994: 374).[11] 맥과이어는 벨라가 강조하는 근대 종교의 특징으로 자아의 자율성과 책임성을 들고 있으며 벨라가 말하는 자아의 자율성이 개인적인 수준에서보다 오히려 사회적 수준에서 실현될 것으로 해석하고 있다. 그가 인간을 초월적 실재와 직접 연결하고 그로 인한 인간의 능동적이고 자발성을 강조하는 것은 한국불교, 유교, 동학 그리고 원불교를 관통하는 인간관과 매우 유사하다고 할 수 있다. 벨라가 강조하듯이 이러한 인간관이 갖는 사회정치적 함축성을 적극적으로 해석하는 것이 한국 종교의 공공성의 재구축을 위한 과제라고 할 수 있다.

『약속을 어기다(The Broken Convenant)』에서 시민 종교란 전 인민의 생활에서 틀림없이 발견되는 종교적 차원으로, 이를 통해 인민은 어떤 초월적 실재, 대개는 신에 비춰 내면적·역사적 사회적 경험을 해석한다는 벨라의 주장은 종교적인 초월적 실재가 인간의 삶의 규범으로 작동할 수 있도록 영향을 미칠 수 있다는 것을 의미한다. 기독교의 천년 왕국 운동(millenarian movement), 스피노자(Benedicturs de Spinoza)의 『신학정치론』과 『정치론』의 두 저서, 정치와 종교 관계의 이해에 매우 중요한 루소(Jean-Jacques Rousseau)의 『사회계약론』의 시민종교 개념 등은 이미 이런 맥락에서 서양 학계에서 충분히 논의가 되고 있다.

테리 이글턴과 종교성의 정치적 역할을 함께 모색하고 있는 사이먼 크

체에 두게 되었다."(로버트 벨라 저, 박영신 역, 1981: 61).

11) 맥과이어는 벨라가 강조하는 근대 종교의 특징으로 '자아의 자율성'과 '책임성'을 들고 있으며 벨라가 말하는 자아의 자율성이 '개인적인 수준에서 보다 오히려 사회적 수준에서 실현될 것'으로 해석하고 있다. 그가 인간을 초월적 실재와 직접 연결시키고 그로 인한 인간의 능동적이고 자발성을 강조하는 것은 한국불교, 유교, 동학 그리고 원불교를 관통하는 인간관과 매우 유사하다고 할 수 있다. 벨라가 강조하듯이 이러한 인간관이 갖는 사회정치적 함축성을 적극적으로 해석하는 것이 한국 종교의 공공성의 재구축을 위한 과제라고 할 수 있다(M. B. 맥과이어 저, 김기대·최종렬 역, 1994: 374-375).

리츨리는 현대에 법적 권위가 형식화됨에 따라 정당한 법적 권위도 함께 상실된 현 상황을 극복하기 위해서 루소의 『사회계약론』의 시민종교 개념을 통해 종교적 권위에 대한 호소를 할 수 있으며 그것을 통해서 법적 권위의 정당성까지도 확보할 수 있다는 것을 강조한다. 그는 초월성, 즉 궁극적으로 신성함의 형태로 된 초월성에 대한 호소 없이 정당한 정치체란 존재할 수 없다고 주장한다(사이먼 크리츨리, 2015: 90).

이처럼 서양 종교의 경우 형이상학적이고 초월적인 종교성과 정치 및 사회적 역할과의 내적인 상호 연관성에 대한 연구가 활발히 진행되고 있는 데 반해서, 동양 종교의 경우 서양 종교와의 차이를 강조하기 위해 초재적 신을 설정하지 않는 범신론과 같은 밋밋한 자연주의를 통해서 동양 종교만이 갖는 고유한 형이상학적 초월성이 부정되고 그로 인해 동양 종교가 갖는 종교성의 사회정치적 역량도 함께 부정되는 경향이 있다.

이승훈의 「사사로운 이해와 공공선, 대립인가 공존인가? 미국 사회에 대한 벨라와 우스노우의 논의」에서 "과연 우리의 전통과 문화 가운데 개인의 자율성과 공공에의 참여를 이어주며 발전시켜 주는 언어들이 존재하는가?"라는 그의 질문 자체가 그러한 경향의 단적인 예라 할 수 있다(이승훈, 2000: 109). 이뿐만 아니라 박진우와 오세일은 「공공 영역에서 종교의 역할과 갈등: "세월호 특별법" 제정에 대한 그리스도교 찬반 논쟁」에서 세월호 특별법을 반대한 대한민국수호 천주교 모임의 견해를 개인 윤리와 공공 윤리를 구분하지 못한 것으로 비판하면서 특별법 반대 측의 윤리적 논점은 그리스도교보다는 불교의 관점에 보다 더 가깝다고 판단한다(박진우·오세일, 2016: 148). 천주교 내의 특별법 반대 견해의 원인을 납득할 수 있는 어떤 분석도 없이 난데없이 개인적 깨달음을 추구하는 불교에 책임을 전가하는 연구자의 편협한 종교적 견해 자체도 문제지만 더 심각한 것은 이러한 판단을 무비판적으로 수용하고 내면화해서 불교를 비롯한 동양의 종교성에 내재된 사회정치적 변혁을 가능하게 하는 역량 자체가 부정되는 것이다.

실제로 국내 한국 종교 관련 연구자들조차 종교성과 정치의 관계를 이율배반적 관계로 해석하는 경우가 많다. 이러한 경향은 동학농민혁명에 대한 역사학계와 종교계의 연구 경향을 통해서 확인할 수 있다. 동학이 종교이면서 동시에 사회혁명으로서 종교적 깨달음인 평등주의를 사회정치적 실천과 운동을 통해 현실에서 구현하고자 했음에도 종교성과 혁명성 중 어느 하나에 치중하면서 다른 하나를 비본질적인 것으로 도외시하는 경향이 있다. 한자경이 『학국철학의 맥』에서 이미 지적한 대로 천도교 측과 일본 측의 연구가 동학을 사회정치적 참여와는 무관한 순수종교나 유사종교로 보고, 사학계의 연구가 동학의 종교성을 혁명을 위한 수단에 불과하다고 보는 '종교외피설'의 주장은 모두 동학의 종교성과 혁명성을 통일성의 차원이 아닌 상호 무관한 것으로 보는 것이다. 전자의 경우는 일본 측의 관점을 후자의 경우는 동양 종교의 종교성이 갖는 사회정치적 실천성을 의도적으로 부정하는 서양 종교의 시선을 무비판적으로 수용하고 내면화한 것으로 두 경우 모두 지적 식민주의를 벗어나지 못한 것이다(한자경, 2008: 357).

서구 근대 종교의 공공성 또는 사회정치적 참여의 핵심적인 요소를 형이상학적이고 종교적인 초월성과 그 초월성을 내면화한 인간에게서 찾는다면, 한국 종교의 공공성의 재구축을 위해서 그러한 요소를 비판적으로 검토해볼 필요가 있다. 만약 우리가 서양 종교와의 차이를 강조하기 위해서 동양 종교만의 고유한 형이상학적 초월성을 부정할 경우, 불평등과 사회적 모순으로 경직된 위계질서를 변혁할 수 있는 동양 종교의 역량조차도 부징되는 것이며 그로 인해 불평등한 기존 질서나 규범을 공고히 하는 이데올로기로 전락할 수도 있는 것이다.

앞서 밝힌 바와 마찬가지로 벨라가 전통 종교의 특징을 '신과 인간 사이의 철저한 단절'로 규정하고 17, 18세기의 근대 종교의 특징을 '개인과 초월적 실재 사이의 직접적 관계'에서 찾았다면, 그가 강조하는 서구 근대 종교의 특징은 이미 수행과 신앙을 통해서 인간 스스로가 부처가 되고자 하는 한국 전통 불교, 수양을 통해서 스스로 성인이 되고자 하는 성학(聖學)의 한국 전통 유교, 동학 그리고 원불교를 관통하는 인간관의 특징과 다를 바가 없다. 서양의 종교가 전통적 이원론의 입장에서 신과 인간의 질적 차이를 강조했으며 뒤늦게 17, 18세기 근대에 이르러서야 비로소 신과 인간의 직접적 관계를 자각하기 시작한 것과 달리 동양의 종교는 그보다 훨씬 앞서 인간 심층 마음 안에서 형이상학적인 초월성을 자각하였다. 신과 인간의 질적 차이를 강조해온 서양 종교와 달리 신과 인간의 동일성을 강조하는 한국 종교의 형이상학적인 초월성을 적극적으로 해석하고 그러한 초월성에 내재된 사회정치적 함축성을 현실에서 실천해 나아가는 것이 한국 종교의 공공성 재구축을 위한 선행 과제라고 할 수 있다.

참고문헌

강신준 (2015). 오늘 자본을 읽다. 길.

강인철 · 박노자 (2016). 한국 종교의 보수성을 어떻게 볼까: 개신교를 중심으로. 창작과 비평, 44.

공진성 (2013). 루소, 스피노자, 그리고 시민종교의 문제. 정치사상연구, 19(1).

김두식 (2018). 법률가들: 선출되지 않은 권력의 탄생. 창비.

______ (2019). 불멸의 신성가족: 대한민국 사법 패밀리가 사는 법. 창비.

김태창 (2010). 상생과 화해의 공공철학. 동방의빛

낸시 프레이저 (2017). 자본과 돌봄의 모순. 창작과 비평, 45(1).

로버트 벨라. 1997). 사회 변동의 상징 구조. 박영신 역. 삼영사.

막스 베버 (2016). 프로테스탄티즘의 윤리와 자본주의 정신. 김덕영 역. 길.

박종균 (2004). 하버마스의 종교론에 대한 비판적 연구. 한국기독교신학논총. 한국기독교학회, 2004-01.

박진우 · 오세일 (2016). 공공 영역에서 종교의 역할과 갈등. 사회 이론.

사이먼 크리츨리 (2015). 믿음 없는 믿음의 정치. 문순표 역. 이후.

성현창 (2013). 미국의 공공성. 철학논총, 71.

맥과이어, M. B. (1994). 종교사회학. 김기대 · 최종렬 역. 민족사.

이명한 (2010). 공공철학과 공공철학 보급에 대한 반성적 고찰. 한국행정학보, 44(2).

______ (2011). 공공철학과 공공철학 보급에 대한 반성적 고찰. 陽明學, 28: 397.

이승환 (2002). 한국 및 동양의 公私觀과 근대적 변용. 정치사상연구, 6.

이승훈 (2000). 사사로운 이해와 공공선, 대립인가 공존인가?: 미국 사회에 대한 벨라와 우스노우의 논의. 현상과 인식.

이재승 (2010). 국가범죄. 앨피.

장 자크 루소 (2015). 사회계약론. 박호성 역. 책세상.

전명수 (2015). 좋은 사회를 위한 종교의 역할과 종교기반 시민단체의 의의: 로버트 벨라의 재성찰. 종교연구, 75(4).

정태식 (2008). 현대사회에서의 종교의 사회적 위치와 공공성. 신학사상, 142.

조대엽 · 홍성태 (2013). 공공성의 사회적 구성과 공공성 프레임의 역사적 유형. 아세아연구.

조승례 (2011). 근대 공사 구분의 지적 계보. 서양사론, 110.
최경환 (2014). 하버마스의 공론장 개념과 공공신학. 기독교 철학, 19.
최태연 (2008). 서양철학에서 본 공공성. 기독교와 인문학, 9.
카를 슈미트 지음 (2010). 정치신학. 김항 역. 그린비.
______ (2010). 합법성과 정당성. 김도균 역. 길.
한승완 (2015). 한국 근대 공론장과 개인의 문제. 사회와 철학, 30.
한자경 (2002). 일심의 철학. 서광사.
______ (2008). 불교철학과 현대윤리의 만남. 예문서원.
______ (2008). 한국철학의 맥. 이화여자대학교출판부.
______ (2009). 헤겔 정신현상학의 이해. 서광사.
______ (2013). 칸트 철학에의 초대. 서광사.
홍성태 (2012). 공공성의 사회적 구성과 정치과정의 동학. 한국사회학회 사회학대회 논문집.
Jose Casanova (1994). *Public Religions in the Modern World*. Chicago and London: Univ. of Chicago Press.

chapter **10**

먹거리정의에 관한 탐색적 고찰

이론적 쟁점과 실천적 함의

김소연

1. 서론

사회불평등의 문제에 직면해 '정의(justice)'는 주요한 사회 의제가 되었다. 이는 먹거리연구에서도 예외가 아니다. 먹거리정의(food justice)는 굶주림의 원인을 '음식'의 부족이 아닌 '정의'의 부족에서 찾는 개념이다. 먹거리정의 연구자들과 운동가들은 지금의 부정의한 기업 먹거리체계에선 배고픔의 문제가 해결될 수 없다고 단언한다. 유기농, 로컬푸드 등 일견 성공했다고 여겨지는 대안 먹거리 실천도 한계에 직면했다고 평가한다. 제도화와 관행의 구속에서 벗어나지 못하고서는 주류 먹거리체계에 대항하여 사회생태적으로 정의롭고 조화로운 먹거리체계의 실현이 가능하지 않다고 보기 때문이다. 이들은 먹거리정의적 접근이 사회이론과 사회의 근본적인 변화를 추동하는 데 있어 상당한 잠재력이 있다고 주장한다.

주류 먹거리체계의 구조적인 문제를 다루고, 보다 공정하고 친환경적인 먹거리체계를 위한 사회적 개입을 주장하는 논의가 이전에 없었던 것은 아니다. 국외는 차치하고 국내만 보더라도 먹거리문제를 현대 농식품체제의 위험구조와 동학에서 분석한 연구(김철규, 2006; 박민선, 2009; 김철규·윤병선·김흥주, 2012; 송원규·윤병선, 2012), 생협, 로컬푸드, 농민장터, 마을부엌 등 대안실천의 성격을 규명하고 과제를 제시한 연구(김흥주, 2006; 허남혁, 2009; 윤병선, 2010; 김철규, 2011; 이해진·김선업·김흥주, 2015; 김소연·

김순영, 2019), 학교급식, 푸드뱅크 등 먹거리보장 공공정책을 분석한 연구(김흥주 · 이해진 2012; 김흥주 · 이현진 2013; 김흥주, 2014) 등이 꾸준히 발표되었다. 최근에는 먹거리를 환경, 복지, 도시계획 등의 분야와 연결하여 사회의 지속가능성과 형평성을 동시에 꾀하는 이른바 먹거리플랜 관련 연구도 늘고 있다(황영모, 2016; 윤병선 · 송원규, 2018; 이해진, 2019). 선행연구들은 먹거리문제의 원인을 초국적 농식품기업들이 독점하는 기업먹거리체계에서 찾으면서 다른 한편에선 그 대안으로 추진되는 유기농, 생협, 학교급식, 푸드플랜 등의 의미와 성과를 분석하고, 나아가 이들 실천의 한계로 역동성, 공동체성, 공공성, 민주성 등의 이슈를 제기하기도 한다.

그러나 국내에선 지금까진 먹거리문제의 원인과 대안을 '정의'의 관점에서 논의하진 않았다. 인권의 관점에서 먹거리보장, 먹거리정의, 먹거리주권을 개념적으로 비교한 조효제(2013)를 제외하고는 먹거리정의는 지금까지 학계의 주목을 거의 받아오지 못했다. 실천현장도 비슷한 상황이다. 정부 정책과 사회운동에서 먹거리정의라는 용어가 사용되지만, 먹거리에서 정의의 문제가 왜 중요한지, 정의/불평등은 무엇을 의미하는지, 불평등은 어떻게 해소되고 정의는 어떻게 실현되는지 등이 논의된 바가 없다. 먹거리정의를 앞세운 정책이나 운동이 기존의 로컬푸드, 친환경급식, 생활협동조합 등과 어떻게 연결되는지 또는 구분되는지 상당히 모호하다.

우리는 흔히 새로운 개념이 사회 문제의 핵심을 새롭게 조망하고 새로운 실천 방향을 모색하는 데 도움을 주리라고 기대한다. 그러나 어떠한 개념이 사람들 저마다의 일방적이고 주관적인 해석에서 사용된다면 혼란을 일으킬 뿐 사회 변화에 일조할 수 있는 담론이나 실천으로 확장될 기회를 잃게 된다(신명호, 2009). 유기농 당근과 양배추에 공산품처럼 엄격한 색깔, 크기 등의 품위 기준을 정한 친환경급식 정책은 정의로운 제도로 간주해야 하는가? 구례자연드림파크 노동자의 호소를 다른 조직이라며 외면하는 아이쿱생협 이사진에게 윤리적 소비와 사회정의는 무엇인가? 가축전염병 파동 때마다 푸짐해진 고기반찬 급식 식판을 받아든 가난한 이들에게 우리 사회는 정의로운가? 또한, 기업 로고가 선명히 박힌 도시락 가방을 받거나, 식당에 갈 때마다 아동급식카드를 사용할 수 있냐고 물어봐야 하는 사춘기 아이는 먹을 권리를 인권으로써 누리고 있는 것인가?

먹거리정의 개념의 형성 맥락, 그리고 이 개념의 근저에 깔린 전환 인식에 대한 깊이 있는 성찰 없이 진행되는 연구나 실천의 결과는 위험할 수 있다. 개념적 모호성은 많은 경우 사회적 불의의 지배적인 현실을 뒷받침할 수 있기 때문이다(Allen, 2014). 그러기에 우리는 연구의 방향을 정하고 사회 행동의 책임을 확보하기 위해서 먹거리에서 정의를 얘기할 때, 이는 무엇을 의미하는지, 기존의 대안적인 노력과 무엇을 공유하고 무엇을 달리하는지 등을 명확하게 할 필요가 있다. 또한, 불평등과 정의를 다루기 위해서 우리는 어떤 관점에서, 무엇을 우선순위로 놓고, 어떻게 연구해야 하는지, 나아가 부정의의 원인을 해결하기 위한 실제적 행동은 무엇이고, 이는 이전과 어떻게 달라져야 하는지에 대해 광범위하고도 심도 있는 논의를 시작해야 한다.

이 글은 먹거리정의 개념의 형성 맥락, 이론적 쟁점과 실천전략을 고찰하는 것을 통해 먹거리 연구와 실천에 주는 함의를 탐구해 보고자 한다. 이를 위해 첫째, 먹거리정의 개념의 형성 맥락에서 먹거리기본권과 먹거리보장의 개념, 그리고 주류 패러다임의 모순과 이에 대한 대안적 노력이 갖는 한계를 정리한다. 둘째, 먹거리정의 초기 연구자들의 논의를 중심으로 먹거리정의 연구의 목적, 주요 주제, 방법 등을 연구 접근법 차원에서 논의하고, 먹거리정의의 이론적 전통과 최근 연구 동향을 살핀다. 셋째,

실천 담론으로서 먹거리정의의 사회개입 전략과 사회운동을 다룬다. 마지막으로, 먹거리정의 개념을 둘러싼 논의와 실천이 한국의 먹거리연구와 사회운동 진영에 주는 시사점을 밝힌다.

2. 먹거리정의 개념의 형성 맥락

1) 먹거리기본권 보장에 관한 기업먹거리체계의 내재적 모순

먹거리정의 개념은 먹거리기본권(right to food)과 먹거리보장(food security) 논의와 밀접하게 관련되어 있다. 먹거리기본권은 세계인권선언(1948)과 국제인권규약(1966)에 포함된 국제법적 선언이다(김종덕 · 감정기, 2007; 조효제, 2013).[1] 1948년 세계인권선언에서 언급된 후 먹거리기본권의 보장수준, 실현방법, 국가역할 등에 대한 해석은 시대적 맥락에 따라 변화해왔다(CESCR, 1999).[2] 국제적으로 선언될 당시에는 먹거리기본권은 생존에 필요한 최소한의 열량을 보장하는 정도에서 다루어졌지만, 지금은 사회 · 경제 · 문화 · 기후 · 생태 · 기타 조건에 적절하게 부합해야 하는 의미로 확장되었다(CESCR, 1999; 조효제, 2013).

---

1) 'right to food'는 식량권(김종덕 · 감정기, 2007), 먹거리인권(조효제, 2013)으로도 번역된다. 본 글에서는 '모든 인간이 가진 먹거리에 대한 기본적 권리'라는 의미를 살려 '먹거리기본권'으로 번역한다.

2) 모든 사람은 식량, 옷, 주택, 의료 및 사회복지 등을 포함하여 자신과 가족의 건강과 안녕에 적합한 생활수준을 누릴 권리가 지니며, 실업, 질병, 장애, 배우자와의 사별, 노령, 그 밖의 자신이 통제할 수 없는 상황에서의 다른 생계 결핍이 발생할 때 사회보장을 누릴 권리가 있다(제25조 제1항).

유엔 인권기구인 경제・사회・문화적 권리 위원회(Committee on Economic, Social and Cultural Rights: CESCR)는 '적절한' 먹거리기본권은 "남녀노소 모든 사람이 단독으로, 또는 자신이 속한 공동체의 구성원들과 함께, 적절한 먹거리 및 그것의 확보 수단에 대한 물리적・경제적 접근성을 언제든지 가질 수 있을 때만 실현"될 수 있다고 해석하였다(제6조). CESCR은 먹거리의 가용성(availability), 접근성(accessibility), 지속가능성(sustainability)을 먹거리기본권의 핵심 내용으로 규정하였으며(제7조), 이를 존중, 보호, 충족해야 하는 국가의 책무도 명시하였다(제15조). 이외에도 특정한 문화와의 부합성, 생태적으로 지속가능한 생산방식, 그리고 여타 인권들과 충돌하지 않는 인권의 불가분성 원칙(제8조), 기업 영리행위 규정(제20조), 먹거리체계의 제도적 메커니즘의 마련(제25조), 여성권리보호(제26조), 식량원조시 현지주민의 먹거리자급상태회복(제39조) 등 먹거리기본권 실현에 관한 원칙을 규정한 바 있다.

먹거리보장은 먹거리기본권의 국제적・국가적・사회적 보장을 위한 목표이자 실천전략을 의미한다.[3)] 먹거리보장에 대한 해석도 1973년 유엔식량농업기구(Food and Agriculture Organization of the United Nations: FAO) 총회에서 공식 논의된 이후 계속 변해왔는데, 단순화하면 1970년대에는 농업생산량 증대, 1980년대에는 양적 접근성, 그리고 1990년대에는 질적 접근성이 강조되거나 추가되었다(김기랑・김미경・신영전, 2008). 이러한 변화를 거쳐, 오늘날 FAO(2006)는 1996년 세계식량회의(World Food Summit)의 합의에 따라 먹거리보장을 "모든 사람이 활기차고 건강한 삶을

---

3) 'food security'는 국내에서 식품보장, 식품안정성, 식량안보, 먹거리보장 등으로 번역되고 있다. 보건・식생활 분야에서는 '식품보장', '식품안정성' 사회・농업 분야에서는 '식량안보', '먹거리보장' 등으로 사용되는 경향이 있다. 이 글에서는 사회・농업 분야에 따르며, 푸드플랜・먹거리전략 등 정책용어로도 광범위하게 쓰이는 '먹거리보장'으로 번역하여 사용한다.

영위하기 위하여 그들이 필요로 하는 양과 그들의 기호를 만족하게 하는 정도의 충분하고 안전하며 영양가 있는 먹거리에 대한 물리적, 사회적, 경제적 접근성을 언제나 가지는 상태"로 정의한다.

지난 반세기 동안 초국적인 '기업먹거리체계(혹은 세계농식품체계)'의 구축은 먹거리보장의 주류 전략이었다(김철규, 2006; 김철규 · 윤병선 · 김흥주, 2012). 먹거리정의 학자들과 운동가들은 농업 생산량의 증대, 자유무역 시장체제의 구축, 국제 원조 등 신자유주의에 기반을 둔 기업먹거리체계에서 먹거리기본권을 실현한다는 자체가 어불성설이라고 여긴다. 롱고(Longo, 2016)에 따르면, 먹거리보장을 강조하는 관점에는 크게 두 가지 접근이 있는데, 하나는 지속가능한 먹거리체계의 확립을 추구하는 '환경적 접근'이고, 다른 하나는 빈곤제거 등 형평성을 제고하는 '사회정의적 접근'이다. 이 접근들은 '먹거리의 적절한 양과 질의 생산과 공급', 그리고 '사람들이 먹거리에 접근할 수 있는 능력'이라는 먹거리보장의 두 개의 주요한 차원과 조응한다. 그런데 기업먹거리체계에서는 이 두 가지 측면 모두가 성취될 수 없다는 것이다. 환경적으로는 대규모 화학농과 긴 거리 수송은 생태계와 생산자 건강에 악영향을 끼쳐 결국 생산량의 감소와 먹거리 위험으로 이어지고, 사회정의적으로도 생산량이 넘치는 부유한 국가에서조차 줄지 않는 결식과 식생활 관련 질병의 증가가 보여주듯, "먹거리는 있지만, 그것이 필요한 많은 사람이 접근할 수 없는 세상"(Longo, 2016: 32)이 되었다는 것이다.

앨런(Allen, 2008) 역시 기업먹거리체계의 구조적 모순을 비판한다. 사회정의를 "인간의 존엄성과 다양성에 기초한 공평한 분배와 근본적인 자원의 분배"로 정의한 바속 · 일칸 · 누난(Basok · Ilcan · Noonan, 2006)의 개념을 빌려, 현재 상태를 배고픈 사람이 점점 늘고 있고(결핍), 농업체제 전반의 착취로 인해 농장노동자의 인권 문제가 여전하며(억압), 그리고 여성이 남성보다 더 기아문제에 취약하다(기회균등)고 분석하며, 주류 먹거리 체계가 '결핍으로부터의 자유(freedom from want)', '억압으로부터의 자유(freedom from oppression)', '기회균등(access to equal opportunity)' 등 사회정의에 부합하지 못한다고 주장한다(Allen, 2008: 157-158). 이들의 논의를 종합하면, 이윤 극대화를 추구하는 초국적 농식품 기업들의 특권에 좌우되는 먹거리체계에서 먹거리보장은 애초에 이루어질 수 없었으며, 오히려 생산과 폐기에 이르는 단계마다 새로운 환경적, 사회적 부정의가 발생하고 강화될 수밖에 없다.

2) '대안(alternative)'에 대한 비판적 고찰

지속가능한 농업, 유기농업, 로컬푸드, 공정무역 등은 '대안'이라는 틀에서 기업먹거리체계에 대한 비판 담론을 형성하며 생태계 보전, 생산자 권리, 소비자 건강, 국가 식량안보 등 많은 분야의 변화를 꾀해왔다. 그러나 이러한 노력이 '적절한' 먹거리기본권 보장에 기여했느냐, 보다 근본적으로는 기업먹거리체계에 균열을 내고 실질적인 변화를 가져왔느냐에 대해선 회의적인 시각이 많다. 시간이 지날수록 주류 체계에 편입되거나, 또는 애초부터 동일한 구조에서 태동해 주류 체계를 강화하는 역할을 한다는 주장이다. 대안에 대한 비판은 먹거리정의 개념 형성에 크게 영향을 미쳤는데, 이를 지속가능농업(sustainable agriculture)·유기농업(organic farming), 지역화담론(localization discourse)·로컬푸드운동(local food movement), 건강먹거리(healthy food) 분야로 나누어 살펴본다.

지속가능농업 분야는 기업의 먹거리 생산체계의 통제에 따른 토양과 생태계 파괴 문제에 대응하며, 유기농의 사회적 인식 증진과 틈새시장의 확대, 소규모·가족농장의 권리 증진에 크게 기여했다. 이러한 성과에도 불구하고 비판의 요지는 관행농의 생태계 파괴에 대한 기술적인 해결에 집중하고 인종과 계급 문제를 소홀히 다룬 결과, 초기 유기농업의 운동성은 사라지고 특정 기득권 생산자과 엘리트 소비자에게 운동의 혜택이 돌아가는 등 불평등이 강화되었다는 것이다(Guthman, 2004, 2008; Allen, 2004, 2008; Alkon·Norgarrd, 2009). 예를 들어, 주류 농업과 마찬가지로 지속가능농업에서도 USDA 대출과 보조금 수혜자는 백인 농민이었고 흑인·아메리카원주민·라틴계와 여성 농민은 농업지원정책에서 제외됐으며(Gilbert·Sharp·Sydney, 2002; Minkoff-Zern·Sloat, 2016), 유기농업 사회운동의 결실도 주로 백인 농민에게 돌아갔다고 지적한다(Fairlie·Robb, 2010). 백인 농민은 소셜 네트워크 접근과 자본 유치에서 우위를 점하며 그린푸드사업을 확장해왔으며 이들이 대안먹거리운동의 얼굴로 여겨지며 홍보의 혜택을 전유한다는 것이다. 반면, 노동법에서 농장노동자 혜택은 제외되고, 국가유기농프로그램에서 사회정의 표준이 채택되지 않는 등(Guthman, Morris, & Allen, 2006), 백인 소유 농장에서 일하는 임금노동자의 대부분인 유색인종 농민은 지속가능한 농업운동의 혜택을 받지 못했다고 분석한다.

지속가능한 농업의 기술집중성에 따른 한계에 대한 대안으로 나온 지역화 담론(localization discourse)은 짧은 먹거리 사슬이 더 나은 사회적 관계를 제공할 것이라는 가정에서 로컬푸드 운동이 사회정의를 증가시킬 것이라는 기대를 받았다(Feenstra, 1997). 많은 학자들이 농민장터(farmers market), 공동체지원농업(community supported agriculture: CSA), 공동체정원(community farm), 농장-학교 프로그램(farm-to-school) 등 사례를 관찰하고 그 성과를 분석했는데, 다수가 소기업가 모델과 소비자 선택의 틀 안에서는 새로운 것에 상상력을 제공하고 시험하는 정도에서 그칠 뿐 변화의 정도가 제한적일 수밖에 없음을 확인한다. 예를 들어, 캘리포니아 데이비스지역 농부시장은 흑인농부와 흑인소비자를 문화적으로 소외시키는 백인들의 특권적 공공장소로 변질되었으며(Alkon & MuCullen, 2011), CSA가 저소득층을 위해 명시적으로 설립될 때조차 참여자는 교육받은 유럽계 미국인이 대다수였고(Hinrichs, 2000), 농장-학교 프로그램에서도 아동은 소비자로 대상화되었고 먹거리의 공급과 유통은 주류 시장에 의해 주도되었다(Allen & Guthman, 2006). 이러한 사례들은 더 나은 사회관계는 경제적, 사회적, 문화적으로 우위에 있는 사람들이 누릴 수 있는 특권이며, 사회정의를 창출하는 데 중점을 두지 않는 한 로컬푸드 시스템에서 상품 사슬이 더 짧을 수는 있어도 더 공정하지 않음을 보여준 것이라고 할 수 있다.

마지막으로, 개인들에게 올바르고 도덕적인 식습관을 알리고, 식이요법을 강조하는 이른바 건강먹거리 분야는 대안의 한 축을 형성해왔다. 비판그룹은 이러한 실천은 '신선한', '질 좋은', '유기농' 먹거리가 모든 사람이 접근할 수 있는 보편적인 상품으로 간주하는 논리를 강화하거나 역사·사회·문화적으로 구조화되어 있는 다양한 경로의 불평등 문제를 왜곡할 수 있다고 우려한다. 전 세계적인 신자유주의 구조조정을 먹거리접근의 불평등을 양산하는 핵심 원인으로 지목하며(Allen, 2010),[4] 이들은 소득과 자산 양극화가 해소되지 않는 한 가난한 나라의 대다수 사람, 부자 나라의 빈곤한 사람들은 질 좋은 먹거리를 살 수 없는 상황이 확장될 것이라고 주장한

4) 세계은행 세계개발지표(2008)는 세계 인구의 부자 20%가 세계지출의 75% 이상을 차지하고, 빈곤층의 20%가 2% 미만을 차지한다. 1980년대 시행된 구조조정 정책으로 여러 아프리카 국가의 식량 가격의 극심한 변동성이 초래되었다(Allen, 2010).

다. 또한, 특정한 계층과 인종의 문화에 근거해 권장되는 특정한 식단과 영양학적 조언은 도덕 · 과학 · 시민권 · 건강 개념의 근저에 깔린 인종차별적 요소를 간과하면서 (비록 비의도적일지라도) 인종차별주의를 강화하며, 사람들을 '시장을 통해 또는 시장이 좋아하도록' 행동하게 만드는, 결국 광범위하게 신자유주의 레토릭에 포섭되도록 조장한다고 주장한다(Bradley & Herrera, 2016). 정부가 지원하는 음식은 신선하고 질 좋은 것과는 거리가 먼 정크푸드로, 이는 가난한 지역, 원주민 지역의 비만, 당뇨와 같은 식사와 관련한 만성질환의 비율을 높이는 주요 원인이 된다(Alkon & Norggard, 2009).[5] 즉, 모든 사람과 공동체가 생태학적으로 생산된 먹거리에 접근할 수 있다는 가정에 기초한 식이요법과 건강운동적 대안은 사회경제적 불평등과 음식을 둘러싼 역사문화적 맥락을 감추면서 피해자들에게 책임을 전가하는 부정의한 행위가 될 수 있다는 비판이다.

3. 먹거리정의의 학문적 특성과 연구 동향

먹거리정의 연구는 2007~2008년 세계적 곡물파동, 2012년 식량가격 급등 등의 전 지구적 먹거리위기 상황을 거치면서 불평등에 대한 예각화된 문제의식에 힘입어 발전해왔다. 고트렙과 조쉬(Gottlieb & Joshi, 2010)

---

5) 북쪽 캘리포니아 커뮤니티(West Oakland Food Collaborative, Karuk Tribe of California) 사례는 식생활 관련 질병의 높은 비율이 개인적으로 나쁜 음식을 선택한 결과가 아니라 그렇게 선택할 수밖에 없는 불가항력적 조건을 만든 시장주의와 제도화된 인종주의에서 기인함을 보여준다.

의 「먹거리정의(Food Justice)」, 알콘과 아지멘(Alkon & Agyeman, 2011)의 「먹거리정의를 경작하기(Cultivating food justice)」는 먹거리정의 개념의 대중화를 이끌었다. 대중화된 지 이제 10년을 맞은 연구 분야(research field)를 일반화하는 것은 성급하지만, 이해의 폭을 넓히는 차원에서 선구자적인 먹거리정의 학자들의 연구 접근법을 들여다보는 것은 의미가 있겠다. 연구 접근법은 이론(theory)과 방법론(methodology)보다 광범위한 용어로 연구자가 직면하는 실질적 문제(예를 들면, 주제선택, 이론채택, 조사분석방법, 글쓰기, 윤리적 문제 등)에 직간접적으로 영향을 미친다(Crotty, 1998; Creswell, 2013). 흔히 존재론, 인식론 등을 포함한 철학적 가정들이 모여 무엇이 최고의 연구를 구성하는지에 대한 다양한 입장을 나타내는데, 실증주의 사회과학(Positivist Social Science), 해석적 사회과학(Interpretive Social Science), 비판적 사회과학(Critical Social Science)이 대표적인 접근법이다(Neuman, 2013).

대표적인 먹거리정의 학자인 고트립과 조쉬(Gottlieb & Joshi, 2010: 5)는 먹거리정의를 "구조화된 불평등을 거부하는 부정적인 프로젝트와 다른 한편으로는 어디서, 무엇을, 어떻게 키우고, 수송하고, 또는 접근할 것인지에 대한 전환적인 시도를 하는 긍정적인 프로젝트를 통해 사회적, 정치적 행동을 위한 다양한 경로를 여는 길은 닦는 과정"으로 정의하는데, 이는 먹거리정의가 비판적 사회과학의 전통에 있음을 보여준다. 비판적 사회과학의 관점에서 연구를 수행하는 주요 목적은 사회를 설명하거나 이해하는 것을 넘어 사회를 변화시키는 데 있다(Neuman, 2013: 115-153).[6] 이들 연구자들은 사회통제, 권력관계, 불평등의 근원을 밝히는 데 관심을 두며,

6) 해석적 사회과학은 의미 있는 사회적 행위를 기술하고 이해하기 위해, 실증주의 사회과학은 법칙을 발견해 사람들이 사건을 예측하고 통제하도록 하는 것을 주된 연구목적으로 한다.

특히 힘없고 소외된 사람들에게 힘을 부여하고 이들이 스스로 자신들의 삶을 개선하는 것을 돕고자 한다. 비판적 관점은 인간은 제한된 자율성(bounded autonomy)을 지닌다고 가정하는데, 다시 말해 사람은 사회적 의미를 창조하고 유지할 수 있는 잠재력을 지니고 있지만, 우리 스스로 만들어 낸 사회적 창조물과의 관련성을 고려하지 않고 이로부터 분리되는 '사물화(reification)'를 겪으면서 외적 영향과 구조에 대한 통제력을 잃게 된다고 본다. 이러한 철학적 가정에서 비판적 연구자들은 사람들에게 인간 본성이 가진 잠재력을 깨우고 자유의지(free agency)를 확대하기 위해 표면에 드리워져 있는 이데올로기, 신화, 왜곡, 허위의식(false consciousness)을 걷어내는 데 주력한다. 실천학문으로서의 먹거리정의를 존재론(ontology)과 인식론(epistemology)의 차원에서 보다 구체적으로 논의한 후 미국의 맥락에서 먹거리정의 연구 동향을 살펴본다.

1) 먹거리정의 연구의 존재론적 관점

사회적 실재의 근원을 어떻게 보느냐에 관련되는 존재론은 연구자가 연구주제를 선택하는 길잡이가 된다. 비판적 사회과학은 사회적 실재는 안정적으로 존재하고 있어 발견될 수 있는 것이 아닌 현상의 기저에 깔려 역사적 맥락, 지배적인 사고 등 다수의 층에 의해 왜곡되고 감추어진다고 여긴다(Neuman, 2013). 정의의 존재론(ontology of justice)을 설명한 앨런(Allen, 2014: 53)에 따르면, '정의'를 다루는 태도는 크게 신자유주의적, 사회자유주의적, 급진주의적 입장으로 나뉜다. '신자유주의적 정의'는 개인은 태생적으로 주어진 조건이나 권리를 거부하고 자신의 길을 만들 수 있다고 가정하기에 자유로운 시장과 경쟁을 사회정의 실현의 최상의 조건으로 간주한다. 다음으로, '사회적으로 자유주의적인 정의'는 사회구성원의 정치 · 경제 · 문화적 인식과 권리 주창에서 도입된 사회복지제도를 통해 사회정의를 실현한다는 견해다. 마지막으로, '급진적 정의'는 역사적이고 정치적으로 구조화된 억압과 불평등의 원인을 드러내고 사람들이 구조적인 변화를 위해 행동할 때 정의가 실현된다고 본다. 이러한 정의에 대한 철학적 가정은 "부정과 불평등을 어떻게 다루어야 하는지에 대한 서로 다른 전략과 전술을 제시한다"(Allen, 2014: 68). 먹거리정의가 먹거리문제의 원인을 개인 선택의 결과로 돌리거나 구조변화보다는 대안에 치중한 방식을 비판하면서 등장한 개념이라고 봤을 때, 많은 먹거리정의 학자들은 급진적 사회정의의 관점에 있다고 봐도 큰 무리가 없을 것이다.

급진적 관점에서 '정의'를 다루기 위한 유용한 방안으로 앨런(2014)은 영(Young, 2011)의 '불의/부정의'의 표식으로서 '억압'의 개념을 사용할 것을 제안한다. '정의'보다는 '억압'의 개념을 사용함으로써 상품과 서비스의 공정한 배분만으로 분배 정의를 주장하는 자유주의적 개인주의 사상에 도전할 수 있다는 것이다. '정의의 표식으로서의 억압'은 착취(exploitation), 무력(powerlessness), 한계화(marginalization), 문화제국주의(cultural imperialism), 폭력(violence)의 다섯 가지 형태로 나타난다(Young, 2011, Allen, 2014: 54-55에서 재인용).[7] 이러한 억압과 특권은 매우 복잡하고 교차적이며 항상 외부적으로 드러나지 않는다. 흔히 억압의 원인은 "의심의 여지가 없는 규범, 습관, 상징에 내재하여 … 일상적인 상

7) 착취는 어떤 사회집단의 노동결과를 다른 사회집단으로 꾸준히 이전하면서 나타난다. 무력은 스스로 권력을 행사할 수 없는 조건의 사람에게 힘을 행사하면서, 한계화는 사회생활의 유용한 참여에서 당사자들을 배제하면서 일어난다. 문화제국주의는 지배집단의 경험을 보편화시키고 사회표준으로 확립하면서, 마지막으로 폭력은 한 집단 구성원들이 무작위적이고 이유 없는 폭력의 위험에 처해 있을 때 나타난다.

호작용에서 선한 사람들의 무의식적인 가정과 반응의 결과로 나타나는, 일부 집단이 겪는 가장 크고 깊은 부당성"이다(Young, 2011: 41; Allen, 2014: 54에서 재인용). 그러기에 억압은 "단순히 사람들이 사회를 구성하는 구조 안에서 삶을 살아가는 것처럼 사회에서 끊임없이 재생산된다"(Allen, 2014: 54). 영은 주로 사회집단을 억압의 분석단위로 삼았지만, 앨런은 개인 단위, 특히 일상생활에 주목한다. 앨런이 아프리카계 미국 여성의 사례를 들어 설명하듯이[8] 억압은 일반적으로 사회집단에 귀속되는 개념이지만 한 개인의 일상에는 인종, 계급, 성별 등 여러 형태의 억압과 특권이 매우 교차적이고 모순적으로 나타나는 특성이 있기 때문이다.

한편, 카이룩스와 솔로쿰(Cadieux & Slocum, 2015)은 먹거리정의에서 다루는 '정의(justice)'의 개념이 연구자들에 의해 표준화되는 상황을 경계한다. 그들은 '정의'가 의미하는 바는 지역적이고 맥락적인, 즉 상황적 지식(situated knowledge)을 통해 알 수 있으며(Haraway, 1988), 이를 정의하는(defining) 권리는 지역과 현장에 있는 사람에게 있다고 생각한다. 그들은 연구자의 사회적 책임은 다양한 그룹이 변화에 참여할 수 있는 과정을 제공하는 것이지 이상적인 모델을 제공하는 것이 아니라는 인식에서, 연구자들에게 '먹거리정의를 정의(define food justice)'하는 대신 '먹거리정의를 실행(do food justice)'하라고 주장한다. 먹거리정의를 실행하는 일은 현실의 '진짜' 이슈에 접근하고 정의(justice)에 다가가는 데 혼선을 주었던 'feed the world' 패러다임에 대한 실체적으로 대응하는 과정을 여는 것을

8) 집단으로서 유럽계 미국인 남성들이 아프리카계 미국인 여성들에 비해 특권이 있지만, 개인 수준에 있어서 모든 상황에 해당하지 않을 수 있다. 교육받지 못하고 빈곤한 유럽계 미국인 남성이 고학력이고 풍요로운 흑인 여성에 비해 상대적으로 억압받을 수 있다. 그러나 이 흑인 여성은 개인적으로 유럽계 미국인 남성과 관련해 특권을 지녔음에도 불구하고, 일상생활에서 금욕적이고 인종차별적인 관행에 따라 억압받을 여지가 높다(Allen, 2014: 55).

목적으로 한다. 이어서 이들은 먹거리정의를 실행하기 위한 핵심적인 4개의 연구 분야를 제시하는데, 그 첫 번째는 트라우마와 불평등(trauma and inequity)이다. 트라우마와 불평등은 역사적이고 집단으로 형성된 인종, 계급, 성적인 특권과 불평등에 관한 구조적 관계를 인식하는 한편 이로 인해 발생하는 역사적이고 사회적인 외상(social trauma)을 인정하고 치유하는 과정을 제공한다. 또 다른 논문에서(Solocum & Caieux, 2015) 이들은 먹거리 불평등을 이해하고 실천적 공간을 제공하는 데 있어 트라우마(trauma) 개념이 갖는 유용성을 재차 강조한다. 미국과 캐나다에서 유색인종과 원주민들에게 강요된 노동, 빼앗긴 땅은 단순한 유물이나 과거의 것이 아니라 건강, 감정적인 웰빙, 타인과의 관계 안에 여전히 현존한다고 분석하며, 개인적, 집단적으로 경험한 트라우마를 이해하는 것은 불평등의 구조를 드러내는 동시에 이를 경험한 당사자 주도의 치유 과정을 고안하는 출발이라는 것이다. 트라우마는 미국 내 아프리카계 미국인이나 원주민뿐만 아니라 식욕부진, 과식증, 당뇨병, 알코올 중독, 비만과 같은 먹거리 특유의 트라우마를 겪는 사람들에게도 적용되는 확장성을 지닌다고 주장한다. 이들이 제시한 두 번째 연구 분야는 교환(exchange)인데, 이는 신뢰와 공유경제를 기본으로 하는 새로운 교환 메커니즘에 대한 시사점을 제공함으로써 시장화된 먹거리체계의 재사회화 과정을 돕는다. 세 번째, 토지(land) 분야는 토지와 관련 자원에 대한 접근, 관리 및 통제를 위한 공정하고 혁신적인 방안을 투기적 시장과 추출적 작동시스템 외부에 창안하는 내용을 다룬다. 마지막으로 노동(labor) 분야는 최저소득을 보장하고 성인지적 노동조건, 평등한 노사관계 주제를 포함하는데, 이는 모든 노동의 가치를 공정하게 보상하고 보호하며 사회적으로 지원하는 것을 주요 내용으로 한다.

카이룩스와 솔로쿰 외에도 앨런(Allen, 2010), 알콘(Alkon, 2013) 등이 먹거리정의가 집중해야 할 구체적인 연구 분야를 제시한다. 앨런은 로컬푸드 시스템에서 사회정의를 실현하는 방안에 초점을 맞추어, 경제, 인구통계, 지형과 민주주의 영역이 겹치거나 교차하는 범위에 주목할 것을 요청한다.[9] 알콘은 인종과 계급 불평등에 특별한 관심을 기울일 것을 요청하면서, 주요 연구 분야로 첫째, 인종·계급·지리의 각각 또는 중첩성과 복합성, 그리고 먹거리 미보장 간의 관계, 둘째, 가공공장 내 인종차별, 농장주와 농장노동자 문제 등 노동과 먹거리체계의 교차점에서 발생하는 불평등, 셋째, 농장 소유 문제, 먹거리제공 전략, 농장노동자의 인권/성폭력, 가사노동 이슈 등 먹거리와 젠더, 그리고 넷째, 먹거리운동의 이상과 현실의 차이, 사회변화, 실천 결과 비교 등을 주목해야 할 연구 분야로 제시한다.

2) 먹거리정의 연구의 인식론적 태도

인식론은 진리(truth)를 추구하는 방식을 다루는데, 이는 연구자가 연구방법을 선택하는 데 상당한 영향을 미친다. 먹거리정의 연구자들은 질적 연구방법을 주로 택하고 있다(Alkon, 2013; Glennie & Alkon, 2018). 질적 연구자들은 흔히 진리가 시공간과 분리되어 보편적 사실로 존재한다는 객관주의(objectivism)보다는 특정한 시공간에서 사회적으로 구성된다고 보

9) 구체적인 예로, 인쇄된 화폐가 필요 없는 상품과 서비스를 거래할 수 있는 지역 내 사회경제형태로 CSA에 Local exchange trading systems(LETSystems)을 결합하는 방안을 든다. 또 다른 예로 모든 사람이 같은 가격을 지불할 여유가 없지만, 모두가 좋은 음식을 먹을 자격이 있다는 사회정의를 구현하기 위해 'Pay what you can'과 같은 프로그램, 그리고 무엇보다도 학교, 교도소와 같은 공공기관에서의 공공구매를 사회정의의 관점에서 평가하고 개혁할 방안에 관한 연구 등을 제시한다.

는 사회구성주의(social constructionism)적 태도를 취한다(Crotty, 1998; Dezin & Lincoln, 2011). 다양한 질적 접근법(예: 내러티브, 근거이론, 현상학, 문화기술지, 사례 연구)이 있지만, 질적연구는 공통적으로 현장성, 당사자성, 열린질문, 복합이해, 윤리성 등을 중시한다(Creswell, 2017). 딕슨(Dixon, 2014)이 제시한 먹거리정의 내러티브(food justice narrative)는 먹거리정의의 인식론적 태도에 따른 방법론적 특징을 비교적 잘 보여준다.

딕슨은 사람들에게 일방적으로 표준화된 정의(justice)의 기준을 제시하고 이에 따르도록 강요하지 않으면서도 이들이 정의를 실현하기 위한 구체적인 행동을 하도록 촉진하려면, 연구자는 사람들에게 먹거리 불평등의 현장과 이를 극복하려는 사람들의 노력과 성취, 좌절 등을 생생하고 지속해서 보여주어야 한다고 생각한다. 딕슨의 생각은 '먹거리정의 보기를 배우기(learning to see food justice)'라는 표현에 함축되는데, 보기(see)를 강조하는 이유에 대해서는 다음의 이야기를 통해 설명한다(Dixon, 2014: 176, 필자 강조 표시).

> "나는 혼잡한 시내버스에 탑승해서 운 좋게도 바로 자리를 잡았다. 바로 다음 정류장에서 한 노인이 식료품 봉지를 품에 안고 계단을 오르기 위해 고군분투한다. 그녀는 흔들흔들하며 빈자리를 찾아 둘러보지만, 빈자리는 찾을 수 없다. 나는 그녀가 버스에 탑승하는 것을 보았지만 일에 정신이 팔린 상태였다. 여전히 내가 참석했던 회의에 대해 화가 나 있었다. 나는 그녀의 곤경을 **보지 못한다**. 그리고 결과적으로 나는 내가 어떻게 도움이 될 수 있는지 모른다. 나는 그녀를 위해 **아무것도 하지 않는다**. 그러나 또 다른 버스 승객인 뎁은 이 특정한 사람의 필요를 알아차린다. 그녀는 노인의 허약함, 흔들거림, 그리고 놓치지 않으려고 애쓰는 꾸러미를 **본다**. 이러한 윤리적으로 관련된 세부사항들에 주의를 기울임으로써 뎁은 '그 광경을 올바른

방식으로 구성'하며 **우리 대부분이 동의할 만한 행동을 한다**. 그녀는 일어서 자기 자리에 앉으라고 그 노인에게 손짓한다."

이 에피소드는 특정한 상황에서 우리 대부분이 동의할 만한 행동으로 이어지게 할 '윤리적 판단'은 구체적인 세부사항들을 '본다(see)'는 행위를 통해 가능하다는 것을 보여준다. 딕슨에 의하면, 먹거리정의 내러티브의 핵심은 주류 서사(내러티브)에 묻혀 보이지 않았던 개인의 서사, 나아가 대항하는 서사를 당사자나 사회구성원들에게 보여주는 것이다. '먹거리는 개인적 선택이다(food-is-a-personal-choice)'라고 외치는 주류 서사는 우리에게 필요한 음식을 선택하는 데 필요한 지식을 왜곡하며, 우리가 직면한 장애물을 감추고, 이러한 장애물을 교정할 개개인의 사회적, 정치적 기회를 박탈한다는 것이다. 거대서사에 대항해 먹거리정의 내러티브는 특정한 처지에 놓인 사람들이 자신에게 맞는 영양가 있고 문화적으로 적절한 먹거리에 접근할 권리를 구속하는 여러 종류의 제약(예: 돈 부족, 시간 부족, 교통수단의 부재, 식료품점의 접근성, 신체·이동의 문제, 지역·국가·글로벌 차원의 비효과적인 공공정책)을 드러낸다. 이야기에 담긴 특별한 사람·장소·시간 배경은 왜 그 사람이 어떤 상황에서 양질의 먹거리(표준화되고 시장화된 맥락에서 강요된 먹거리가 아닌 개인적 역사와 문화에서 형성된)에 접근하는 데 특별한 어려움을 겪는지, 다른 한편으로는 어떻게 자유의지(free agency)를 방해받는지를 알려준다. 개인의 이야기는 특정한 맥락에 대한 복합적이고 깊이 있는 이해를 제공하며 어떤 종류의 사회운동이나 공공정책이 특정 사람들 앞에 놓인 장애물을 걷어내는 데 적절한지를 보다 선명하게 보여준다.

먹거리정의 내러티브가 '먹거리정의 보기를 배우기', 다시 말해 사람들에게 윤리적인 숙고의 계기를 제공하기 위해서는 방법론적으로 당사자 증언(testimony), 비판적 검토(critical review), 그리고 정서적 반응(emotional responsiveness)이라는 세 가지 조건을 충족시켜야 한다(Dixon, 2014: 178-182). 우선 당사자 증언은 현상에 대한 내면적 관점을 제공한다. 우리가 외부적 시각에서 섣불리 윤리적 결론을 내리는 것을 방지하는 장치로, 내부적 시각에서 이 사람이 어떻게 살아가려고 하는지, 왜 장벽에 부딪히고 어떻게 극복하려는지를 이해하게 돕는다. 다음으로, 증언에 대한 비판적 검토는 이야기를 둘러싼 역사적 사실, 통계, 배경 등을 검토하여 과장과 왜곡 사항을 거르고, 개별 이야기들을 관통하는 공통 문제를 짚어내고 개개인이 적절하게 먹거리에 접근할 기회를 박탈하는 구조적 불평등을 직시하도록 이끈다. 마지막으로, 실천을 촉발할 정서적 반응을 위해 삶의 구체적인 세부사항, 그리고 욕구, 희망, 두려움, 실망을 생생하게 보여주는 서술이 중요하다. "진보는 추상적인 법칙의 가르침에서 오는 것이 아니라 친구, 아이, 또는 사랑하는 사람을 말, 이야기, 이미지로 인도하여 당면한 구체적인 사건의 어떤 새로운 측면을 보고, 이것 또는 저것으로 보는 데서 오는 것이다"(Nussbaum, 1990: 160; Dixon, 2014: 182에서 재인용). 즉, 먹거리정의 내러티브의 목적은 정의와 윤리적 실천을 도덕법칙이나 의무로 제시하는 것이 아닌, 일상세계의 부정의를 구체적이고 세밀하게 드러냄으로써 사람들이 윤리적으로 숙고하고 구체적으로 행동하도록 돕는 것이다.

한편, '먹거리정의 연구의 탈식민지화(decolonizing food justice research)'를 요구한 브래들리와 에레라(Bradley & Herrera, 2016)는 자신들이 속한 연구공동체(미국)의 가부장제와 서구 우월주의를 강하게 비판한다. 자신들의 15여년간의 연구와 실천 경험을 바탕으로, 이들은 많은 먹거리정의 연구가 가부장제, 백인우월주의, 패권주의 문화가 지배적인 제도권 학교를 중심으로 주도되고 기업과 연계되면서 연구 과정이 획일화, 표준화되고, 연구 결과에서 이 표준에 맞지 않는 모든 형태의 지식이 원시적이고, 열등하고, 불법적이라는 이유로 제거되었다고 주장한다. 이들은 이러한 학계의 관행을 철폐하고, 백인남성 중심, 서구 우월주의에 기반한 '도덕적(moralist)' 먹거리정의가 아닌 '진짜(original)' 먹거리정의를 실천하고 연구하기 위해서는 "토착 지식, 가치, 신념, 관심사, 필요, 희망, 그리고 꿈들에 초점을 맞추어 이에 대한 특권을 부여"하고, "연구와 실천이 사회 변화 과정에서 반복적으로 사용될 수 있는 프락시스(praxis)"[10]를 요구한다(Bradley · Herrera, 2016: 8-10). 자신들이 해당 논문을 발표하기까지가 '탈식민지화(decolonizing)'의 과정이었음을 고백하면서, 적극적인 현장과의 소통과 협동연구를 통한 학자들의 반성과 성찰, 학술기관의 근본적 변화를 촉구한다.

앞선 논의가 연구방법이나 연구공동체의 과제를 제시했다면, 앨런(Allen, 2008)은 학계 교육자의 역할을 강조한다. 앨런은 학생들이 지금의 사회를 고정불변의 진리로 인식하지 않고, 사회 변화를 향해 실천하도록, 즉, 현재의 신자유주의 시장체제가 정치적 의사결정과 무관한 것이 아니라 역사적이고 우발적인 과정을 통해 만들어진 사회구성물로써 사람들의 의지에 따라 변화를 만들 수 있음을 배울 수 있도록 도와야 한다고 강조한다. 사회구성주의 인식론 강좌 개설이나 논문지도, 또는 주류 학계의 장벽에 부딪히더라도 당사자가 참여하는 참여(participatory), 문제해결(problem-solving) 연구방법론을 적용한 연구의 확대를 그 방안으로 제시한다.

---

10) 아리스토텔레스가 실천적인 철학을 강조하며 제시한 프락시스(praxis) 개념은 인간 삶의 능동적 측면(헤겔), 의식과 실천의 상호작용을 통한 성장(프레이리), 시민 삶의 최고의 행위(아렌트) 등으로 설명된다. 일반적으로 이론과 실천의 변증법적 통일, 의식과 실천의 끊임없는 상호작용을 의미한다.

3) 먹거리정의 연구의 이론적 전통과 동향

먹거리정의는 환경정의(environmental justice), 비판적 인종이론(critical race theory), 먹거리연구(food studies), 지속가능한 농업(sustainable agriculture) 등 다양한 학문적, 실천적 성과를 받아 발전했다(Alkon, 2013). 예를 들면, 인종과 계급 그리고 독성과 건강 사이의 관계를 규명하며 유색인종 지역공동체의 정치적 영향력을 확대해온 '환경정의'는 먹거리 문제를 사회정의와 연결하고, 지속가능한 먹거리체계, 공동체먹거리보장 등 먹거리정의 실천전략에 대한 통찰력을 제공한다(Gottlieb · Fisher, 1996a, 1996b; Gottlieb, 2009).

〈표 10-1〉 먹거리정의 연구의 이론적 전통

이론	내용
환경정의 (environmental justice)	• 인종 · 계급과 독성 · 건강 간의 연관관계를 규명한 환경불평등 관점을 먹거리 분야에 접목 • 질적 농산물에 대한 접근 차이를 환경 특권 · 불평등 관점에서 분석 • 백인 · 중산층과 흑인 거주지역의 슈퍼마켓 비교(GIS), 공동체 회복력 차원에서 환경-먹거리정의 연결(녹색일자리, 저소득 · 유색인종 지역공동체 텃밭 · 야외 공간 확대 등) 제시
비판적 인종이론 (critical race theory)	• 먹거리체계 그 자체를 역사적, 구조적으로 형성된 인종차별 프로젝트로 평가 • 인종적 불평등과 먹거리접근 관련 정책 · 제도(예: 도시계획, 주택정책, 연방이민법, 원주민정책 등)와의 연관성 분석 • 개인 · 공동체의 먹거리접근권, 연방법과 이주농민노동자 인권문제, 도시설계 · 주택기금과 유색커뮤니티의 식품점 접근 연관성, 아메리카원주민 주거지역의 전통식재료 서식처 파괴 · 접근, 문화적 문제를 포함한 먹거리 부정의 문제 등 탐구
지속가능한 농업 (sustainable agriculture)	• 전통적으로 생태기술적 접근을 통해 산업화된 농식품체계에 대한 대안 추구 • 인종과 계급문제에 소홀하면서 먹거리 불평등을 재생산한다는 비판적 논의 증가 • 농장소유주 · 농장노동자 문제에 관심, 경제 · 사회 · 문화 · 정치적 차원에서 농업과 환경을 연결하고 로컬푸드 체계 창출에 주목
먹거리연구 (food studies)	• 먹거리, 사회구조, 문화와의 관계에 대한 탐구 • 글로벌푸드, 백인주의, 이민자 먹거리접근, 유대인 · 중국 이민자 먹거리 관련 문화 정체성, 확실성(authenticity), 이국주의(exoticism) 등 개념과 연결 주목

출처: Alkon (2013) 참조하여 저자 작성.

한편, '비판적 인종이론'은 아메리카 원주민의 전통먹거리 접근, 유색 지역 공동체의 식품점 접근 등 건강한 먹거리 접근에 대한 불평등 구조를 분석하는 관점과 다양한 경험 사례를 제공한다. 알콘(Alkon, 2013)의 논의를 토대로 먹거리정의의 이론적 전통을 〈표 10-1〉에 정리하였다.

2000년부터 2017년 사이 미국을 맥락으로 발표된 200편의 도서와 논문을 분석한 글렌과 알콘(Glennie & Alkon, 2018)에 따르면, 먹거리정의 학계는 2010년 이후 사회운동, 대안먹거리관행, 먹거리시스템의 불평등이라는 세 개의 연구분야를 중심으로 발전하고 있다. 그들의 분석을 참조하여 먹거리정의 연구 동향의 특징을 꼽아보면 다음과 같다. 첫째, 먹거리정의 연구는 고학제적 성격을 띤다. 12개 이상의 관련 학제(지리 · 사회 · 도시계획 · 인류 · 공중보건 · 경영 · 철학 · 신학 등) 중 지리학과 사회학의 비중이 높다. 둘째, 경험연구(empirical research)가 많다. 경험연구(113개)의 80%가 질적연구를 택하고 있는데, 주요 연구방법은 사례 연구(38.1%), 면접(15.9%), 참여관찰(8.0%), 문헌메타분석(7.1%), 민속지학(6.2%), 역사분석(5.3%) 순이다.[11] 셋째, 사회운동을 다루는 연구 주제의 비중이 가장 높다. 먹거리 운동의 목표, 프레임, 전략, 또는 지리적 · 시간적 · 개념적 특징을 다루는데, 사회운동을 주요 분석단위로 삼은 저작을 포함하면 70%에 이를 정도로 높다. 반면, 인종 · 민족을 중심주제로 삼은 연구는 3%에 불과하지만, 주요 분석단위로 넓히면 52.5%로 비중이 늘어난다. 계급과 젠더 역시 중심주제에선 0.5%로 매우 낮지만, 주요 분석단위에선 각각 34%, 15%로 그 비중이 늘어난다(표 10-2 참조).

11) 비경험적 연구(74개)는 먹거리정의의 가치와 특징, 지향 등 개념적 논의를 다루고 있는데, 이중 약 절반(32개)이 교육과 사회사업, 환경정의 맥락, 먹거리정의 운동의 차별성과 과제 등을 포함한 사회운동에 초점을 둔다.

〈표 10-2〉 먹거리정의 연구주제와 분석단위 (* N = 200)

주제어	중심주제	주요 분석단위	주요 연구 내용과 방법
사회운동	74편, 37%	137개, 68.5%	먹거리운동의 목표, 프레임, 전략, 또는 지리적, 시간적, 개념적 특징, 실천 평가와 과제
대안먹거리 실천	46편, 23%	108개, 54%	대안먹거리실천의 전개와 사회적·생태적 영향, 도시농업의 긍정적·부정적 논의, 경험/사례 연구
먹거리접근	17편, 8.5%	74개, 37%	신선/지불가능/문화적으로 적절한 먹거리 접근, GIS나 설문, 경험연구
정책	10편, 5%	70개, 35%	지역·광역·국가 차원 정책, 푸드플랜, 안티헝거, 노동권 관련 정책 연구
노동·일	6편, 3%	62개, 31%	노동자주도운동, 여성과 유색 인종의 저임금, 먹거리운동 관련 자원봉사
인종·민족	6편, 3%	104개, 52.5%	주류/대안의 불평등, 백인화, 저항실천·운동 한계와 과제, 운동가와 학자들의 관점 등
토지 사용	5편, 2.5%	66개, 33%	글로벌농업, 먹거리사막, 도시농업
건강	2편, 1%	27개, 13.5%	먹거리접근의 불평등에 따른 건강문제(비만)
젠더	1편, 0.5%	30개, 15%	먹거리보장 젠더불평등, 남성주도 먹거리운동, 페미니즘방법론
계급	1편, 0.5%	68개, 34%	계급·수입에 따른 먹거리접근 불평등, 교도소 죄수·최저임금 노동자 이슈
청소년	1편, 0.5%	10개, 5%	청소년임파워먼트, 사회프로그램
기타	31편, 15.5%	-	연구방법, 개념, 이론 등

출처: Glennie & Alkon (2018). pp.4-8 참조하여 저자 작성.

마지막으로, 먹거리정의가 다루는 주제와 범위가 확장되고 있다. 초기 연구가 농장노동자의 저임금·유병률·위험한 근로조건 등 생산단계 노동권에 주된 관심을 두었다면 최근에는 가공, 유통, 소비 단계와 도시 전반, 특히 땅에 대한 소유와 접근의 문제, 도시 젠트리피케이션, 이민자에 관한 연구가 늘고 있다. 또한, 먹거리정의와 농생태학(agroecology)의 교차 영역이 넓어지는 추세인데, 농생태학은 생태적 분석에 사회정의적 관점을 적용하고, 먹거리정의는 도시 먹거리 문제를 남반구·식량체계 문제와 연결하면서 주류 먹거리체계에 대한 공동대응을 모색하는 접근이 주목을 받고 있다.

4. 먹거리정의 실천전략과 사회운동

1) 사회적으로 정의롭고 환경적으로 지속가능한 먹거리체계

먹거리정의 학자들은 주류 먹거리체계를 비판하고 대안적인 접근을 정립하려는 노력과 먹거리정의의 목표와 지향이 구별될 필요가 있다고 주장한다. 그렇다면 먹거리정의가 지향하는 사회정의가 실현된 먹거리체계의 구체적인 모습은 어떠한가. 2004년 캘리포니아에서 개최한 운동가-연구자 그룹 컨소시엄(Activist Researcher Consortium)은 사회적으로 바른 먹거리체계(socially just food system)를 “권력과 물질적 자원이 공평하게 공유되어 사람들과 공동체가 그들의 필요를 충족시키고 현재와 미래의 안전과 존엄성을 지니고 살아갈 수 있도록 하는 체계”로 정의한다(Allen, 2010: 297). 이는 인종·성별·계급에 내재한 불평등의 체계적인 변화, 역사적으로 소외된 집단에 대한 권한 부여, 그리고 자율을 촉진하는 경제적 교환 및 노동시스템의 구축을 통해 가능하다(Allen, 2010). 앤더슨(Anderson, 2008)은 먹거리체계 내에서 인권과 지속가능성을 구현하는 방안으로, ‘인권존중, 민주적 의사결정, 자원에 대한 공정하고 투명한 접근, 다수 독립적인 구매자, 자원 착취의 금지, 다른 지역에 대한 권리 침해 불가’의 여섯 가지 기준을 제시하고, 이를 ‘권리기반 먹거리체계(Right based food systems: RBFS)'로 명명한다(표 10-3 참조). 권리기반 먹거리체계는 글로벌이나 국가가 아닌 공동체에 기반(community-based)을 두어 구축했을 때, 장거리 수송으로 인한 환경부담을 줄이고, 극소수 글로벌기업과 금융자본의 통제에 집중화된 기업먹거리체계를 분산시킴으로써 먹거리 당사자들에 의한 민주적 통제가 가능하다. 여기서 앤더슨은 '지역(local)'과 '공동체(community)' 기반 먹거리체계를 구분해서 사용하는데, '지역'이 물리적·행정적 공간을 지칭하는 기술적 차원의 용어라면, '공동체'는 거주자가 그들의 먹거리체계를 통제하고 의사결정을 내리는 정치적, 사회적 의미를 내포하는 용어라 할 수 있다.

〈표 10-3〉 권리기반 먹거리체계(RBFS)의 핵심기준과 내용

기준	의미	방안
인권존중	인간에 대한 착취의 제거, 먹거리기본권과 노동권의 보장	생활임금, 적절한 가격, 먹거리체계에서 농민과 임금노동자의 양질의 근로조건, 노조결성·단체교섭 준수
민주적 의사결정	여러 분야에 걸쳐 사람들에게 영향을 미치는 먹거리체계의 민주적 개혁	사회정의에 대한 기준 설정, 이해관계자의 민주적 의사결정 참여보장
자원에 대한 공정하고 투명한 접근	모든 필요한 자원(지식을 포함한)에 대한 먹거리 생산자들의 공정하고 투명한 접근	생산자의 토지·물 사용 권리에 대한 입법화, 농지 사용 우선권, 씨앗·농자재의 가격조정, 기업의 지적재산권에 대한 독점권 해소, 공정한 신용·금융서비스 제공
다수 독립적인 구매자	힘의 불균형을 방지하고, 수직적인 글로벌한 가치사슬에 수렴되지 않도록 하기 위한 독립생산자, 가공업자, 유통업자의 보호와 지지	정보접근 기회보장, 독점권 해소를 위한 입법화
자원 착취의 금지	공동체 자원의 급속한 소진을 방지함으로써 주민들의 삶의 지속가능성 보호	생태적 활동에 대한 인센티브와 보상, 독성 폐기물 벌칙, 재생대체연료 연구 지원
다른 지역에 대한 권리 침해 불가	무역 협정을 통한 다른 나라의 적정한 임금, 공정한 가격, 환경질, 정보 접근을 악화하는 상황의 방지	사회와 환경 비용의 다른 사람과 다른 지역으로의 외부화 금지

출처: Anderson (2008) 참조하여 저자 작성.

섬너(Sumner, 2011)는 사회정의와 생태계 회복을 실현하는 방안으로 '시민코먼즈(civil commons)'를 핵심가치로 하는 '지속가능한 먹거리체계(sustainable food systems)'를 제안한다. 지속가능한 먹거리체계는 인간의 기본 생계충족과 삶의 가치(life-value) 증진을 최우선 목적으로 하여, 자본독점과 권력 집중을 해체하고 지구한계를 인지하면서 모든 사람에게 영양가 있는 먹거리를 평등하게 분배하는 것을 핵심 임무로 한다. 지속가능한 먹거리체계는 '착취와 압제로부터의 자유 추구'라는 관점에서, 현세대·미래세대의 식량안보, 노동자인권보호, 공동체 식량사막(food desert) 방지정책을, '기회와 참여에 대한 민주적 접근'의 관점에서 기본생계비의 보장, 노조·협동조합 활성화를 주요 실천과제로 제시한다.

2) 공동체 먹거리보장 전략

고트립과 피셔는 먹거리보장을 "모든 사람이 지역적이고 비긴급 자원을 통해 문화적으로 허용되고 영양이 적절한 음식을 항상 얻을 수 있는 능력"으로 정의한다(Gottlieb & Fisher, 1996b: 24). 앞서 살펴본 식량정상회담의 먹거리보장에 대한 정의와 비교해 보면, 이들의 정의에는 방법적으로 '지역적'이고 '비긴급 자원'이라는 단서가 붙는다. 이는 생활권 내에서 자원연계를 통한 자생적이고 호혜적 방식의 먹거리보장 전략, 즉 공동체 먹거리보장 담론과 상당 부분 일맥상통한다.

〈표 10-4〉 비판적 먹거리보장 담론

주류 패러다임	비판적 패러다임		
신자유주의	권리담론	빈곤퇴치담론	공동체먹거리보장 담론
주류 먹거리보장 패러다임	먹거리기본권, 먹거리보장 등 국제협정에 기초	권리담론이 간과한 사회경제적 조건에 관심, 배고픔을 빈곤의 문제로 재조명	이전 권리/빈곤퇴치 담론에 지속가능성, 공동체 역량 강화 관점 접목
화학농, 단작 등 산업적 생산증대, 기술개발, 자유시장 확대, 식량원조	UN·FAO 등 국제협정 인용해 사회인식과 국가 책임 촉구	최저 수입 보장, 푸드뱅크, 강력한 사회안전망 구축 모델 제시	당사자 역량, 공동체 회복탄력성 중시, 분권적·환경친화적인 먹거리체계 구축, 민주적 의사 결정, 공정한 먹거리접근 모델
이윤 극대화, 소수 초국적기업의 독점 구조로 생태계 파괴, 먹거리 불평등 양산 문제	국제협약의 집행력 부재로 국내법 의존, 먹거리미보장의 사회경제 요인 간과	글로벌 먹거리체계의 환경파괴, 계급·인종·성별 불평등 간과 한계	

출처: Levkoe (2006)의 논의를 보완하여 저자 작성.

레프코이(Levkoe, 2006)를 참조하면, 신자유주의에 비판적인 먹거리보장 담론은 권리담론(rights discourse), 빈곤퇴치담론(anti-poverty discourse), 공동체먹거리보장 담론(community food security discourse)으로 분류할 수 있다(표 10-4). 권리담론은 국제인권협약에 기초해 먹거리권이 기본적인 인권이라는 인식을 사회적으로 확산하지만, 국제협약의 강제력 부재로 선언적 주장에 그친다. 반면, 빈곤퇴치담론은 경제력에 따른 접근성을 먹거리미보장의 주요 원인으로 진단하며 최저생계비 보장, 사회안전망 확대, 푸드뱅크 등 국가적 차원의 먹거리보장 정책을 촉진하는 성과를 거둔다. 그러나 분석단위를 가구단위로 쪼개고, 빈곤과 먹거리미보장 원인을 국내 문제로 환원하면서 글로벌먹거리체계가 가지는 구조적 원인을 간과했다는 약점을 지닌다. 공동체먹거리보장 담론은 두 개의 담론에 지속가능성과 공동체 전략을 부가한 제3의 관점이라고 할 수 있다. 당사자 임파워먼트와 지역공동체의 회복탄력성에 방점을 찍고, 공동체의 필요에 맞춘 분권적이고 지속가능한 먹거리체계의 구축, 민주적인 의사결정을 통한 공정한 먹거리접근을 먹거리보장의 핵심 전략으로 한다.

공동체먹거리보장 담론에서 '먹거리'는 생존을 위한 필수영양소만을 의미하지 않는다. 먹거리는 개인에게 사회문화적 정체성을 표현하고, 타인과 관계를 맺으며, 나아가 자신이 속한 사회를 인식하고 변화에 참여케 하는 핵심 매개이다. 여기서 '공동체(community)'는 개인화되고 탈정치화된 먹거리체계를 재사회화하고, 대안적인 먹거리체계를 형성하는 기본단위가 된다. 공동체 내에서 개인은 상품화된 먹거리를 수동적으로 구매하는 종속화된 소비자나 정부가 발행하는 먹거리 쿠폰으로 연명하는 대상화된 수혜자가 아니다. 개인은 자신이 속한 공동체의 여러 자원과 연결될 때 자신이 제대로 먹지 못하는 이유가 무엇인지, 어떤 음식을 어떻게 먹고 싶은지, 어떠한 조건에서 그것이 가능한지에 대해 숙고할 힘을 얻게 되며 건강한 먹거리를 스스로 생산·접근하는 소유권과 시민권리를 획득하는 주요한 행위자가 된다.

먹거리정의가 제시하는 먹거리보장 실천프로그램은 중앙집권화된 생산, 가공, 교환 등을 분산시켜 공동체의 소유권과 통제력을 키워나가는 것을 핵심 전략으로 한다. 공동체의 조건과 필요에 맞춘 농부시장, 도시텃밭, 커뮤니티지원농업, 농지보존, 식가공업, 식생활교육, 마을기업 등이 연대하여 공동체 주도의 대안적인 먹거리체계를 구축하고 공동으로 자생력을 키우려는 방식이다. 이는 특정 개인이나 가구의 배고픔 등의 먹거리미보장 문제를 외부 자원을 동원해 즉자적으로 해결하려는 기존의 대표적인 먹거리보장 프로그램과는 다르다. 그러나 이를 먹거리정의가 긴급구호, 무료급식, 쿠폰발행, 푸드뱅크 등을 거부한다고 단정하는 것은 과도한 해석일 것이다. 그보다는 먹거리보장의 관점에서 먹거리정의는 국가보다는 '공동체'에, 그리고 외부 자원에 의한 즉자적인 결핍 해소보다는 사회적 관계, 역량 강화, 민주적 절차 등 '과정'에서 축적되는 개인과 공동체의 임파워먼트에 주안점을 둔다고 이해해야 할 것이다.

3) 먹거리정의운동

사회운동으로서 먹거리정의는 "인종과 계급의 불균형, 그리고 경제력과 정치력의 불평등과 관련 있는 먹거리체계의 불평등 문제를 해결함으로써 배고픔의 문제를 해결하려는 운동"이다(Holt-Gimenez & Wang, 2011: 340). 이러한 정의에도 불구하고, 현실에서 지속가능한 농업, 로컬푸드, 공동체 먹거리보장, 먹거리안전, 공중보건 등 수없이 전개되는 먹거리운동들에서, 심지어 먹거리정의운동을 앞세운 운동에서도 '진짜' 먹거리정의 운동을 식별하는 것은 간단치 않다. 운동의 지향과 현실의 차이, 시간에 따른 변화, 구성원들과 프로그램별 차이 등 수많은 요소는 운동의 실제 모습을 확연히 보여주지 않기 때문이다.

홀트-히메네즈와 이왕(Holt-Gimenez & Wang, 2011)은 미국 맥락에서 먹거리운동을 개혁주의, 진보주의, 급진주의로 분류하였다(표 10-5). 이들의 분석에 따르면, 개혁주의 운동은 틈새시장 인증, 농업보조금 유지, 기업자율규제, 소액신용 지원, 보건교육, 푸드뱅크 등으로 신자유주의와 차별성을 두지만, 큰 틀에서는 주류먹거리체계 내에서 움직인다. 인종적으로 먹거리지원프로그램을 통해 유색인종을 지원하지만 이들의 기업 소유와 설립에는 관심이 없다. 계급적으로도 기업농식품산업 노동자의 저임금 보장을 주장하지만 먹거리 접근성을 좌우하는 구조화된 소득분배나 계급

〈표 10-5〉 먹거리체제 · 먹거리운동 매트릭스

구분	기업먹거리체제		US먹거리운동	
	신자유주의	개혁주의	진보적	급진적
담론	식품자본	먹거리보장	공동체먹거리보장, 먹거리정의	먹거리정의, 먹거리주권
주요 기관	USDA · 농장관리국, 대형유통자본(월마트 · 타이슨 등), 대형 자선기금	USDA, 주류공정무역, 일부 슬로우푸드 · 먹거리정책협의회 · 중간규모 자선단체, 대다수 푸드뱅크 · 식량원조기관	다수의 CFS조직 · 먹거리정책협의회 · 청소년먹거리정의운동 · CSA · 슬로우푸드지부, 일부 농식품노동자 · 대안공정무역	US먹거리주권연합, 다수의 먹거리정의 · 권리기반 운동, 일부 CFS조직 · 슬로우푸드 지부
지향	기업독점, 기술적 수정, 지구적 시장	자기규제기업개발, 원조 확대	공동체역량 강화, 먹거리기본권, 노동권 등 권리 보장	글로벌기업먹거리체계 독점 해체, 지역기반 먹거리체계, 민주적 통제
모델	과잉생산 · 단작(유기농포함) · GMOs · 농산연료, 기업집중, 무규제 시장과 독점, 산업적 먹거리의 지구적 대량소비	학교급식, 식량원조, 푸드스탬프 · 푸드뱅크, 의식적 소비주의 · 식이보건교육, 틈새시장인증(예: 유기농 · 공정 · 로컬), 농업보조금유지, 기업자율규제, 소액신용	농생태학적 · 지역생산, 소규모농장에 대한 경제적 지원, 도시농업, 공동체에 혜택이 가는 생산 · 가공 · 소매를 위한 대안 비즈니스모델, 연대경제	농민의 생계보장, 농생태학 가족 · 지역사회관리 농업 강화, 토지 · 물 · 종자에 대한 공동체의 권리, 식량과 농업 정책의 민주화
인종 · 윤리적 측면	유색인의 토지 · 신용 · 공공권 접근과 소유권 배제, 원주민 · 유색인종 지역의 먹거리사막 · 식생활 관련 질병 확산, 이민노동자 착취, 인종적 · 민족적 긴장 생성(이민법)	먹거리지원프로그램 수혜자의 대부분이 유색인종, 기업소매업 확장으로 인한 유색인종 고용 증가(단, 불안정한 저임금), 그러나 소수민족 소유 기업 설립 배제 등 구조적 인종주의 미취급	실무자들(주로 백인)은 소외된 지역사회(주로 유색인거주) 내 CSA, 도시농업 프로그램 진행, 인종차별금지, 다양성 교육, 대안먹거리운동에 유색인 포함, 그러나 특권 있는 백인에 의해 공간재현 반복	비백인 소유의 먹거리 사업 개발, 소외지역사회구성원에게 조직적 리더십의 이전, 지역 소수민족 사업체와 소수민족 농부 사이의 경제 관계 강화, 남반구 토착민과 농민 생계에 대한 법적 보호 주장
계급적 측면	저임금 기반한 농식품 부문 일자리, 남반구 농민생계 파괴, 부의 집중과 생산 자원에 대한 통제를 통한 글로벌 잉여 노동 유지	공공 보조금을 통한 기업 농식품 부문의 저임금 보상, 소득에 따라 먹거리소비 · 접근 차이 해결 부족	농식품노동자의 노동권(임금 · 안정고용), 협동 소유권구조 제시, 계급 특권 관련 문화적 · 사회자본 소유에 따라 리더십과 결정권한 차별 존재	자원의 점진적 재분배 및 통제, 농식품 정책의 구조조정 통한 중소규모의 농식품사업의 경제성 회복, 강력한 노동권 주장

출처: Holt-Gimenez & Wang (2011). pp.96-97의 논의를 기반으로 저자 구성.

불평등은 다루지 않는다. 한마디로 기업먹거리체계의 개선에 머문다. 개혁주의 운동에 반해 공동체먹거리보장(community food security), 먹거리정의(food justice), 먹거리주권(food sovereignty)운동은 인종과 계급의 사회적 위계를 주류 먹거리체계의 구조적 모순과 연결하는 데 있어 보다 '진보적'이고 '급진적'이다. 이들은 공동체먹거리보장운동과 먹거리정의운동(일부)을 묶어 '진보적 운동'으로, 다른 한쪽으로 먹거리주권운동과 먹거리정의운동(일부)을 묶어 '급진적 운동'이라 구분하면서, 먹거리정의운동을 진보적 운동과 급진적 운동의 중간지대에 놓는다.

진보적 운동은 다수의 공동체먹거리보장조직, 먹거리정책협의회와 일부 노동자조직 등이 도시농업, 공동체대안비즈니스, 지역가족농 지원 등의 프로그램을 추진한다. 인종적·윤리적 측면에서, 이들 운동가들은(주로 백인) 소외지역 사회 구성원의 건강한 음식에 대한 접근성 증진 프로그램과 다양성 교육을 진행하지만 백인 중심성을 극복하지 못한다. 계급적 측면에서도 농식품 노동자의 안정고용, 임금인상, 협동소유권 구조 등을 주장하지만, 사회문화적 특권에 따른 불평등을 극복하지 못한다. 사업체와 운동조직의 지도력과 결정 권한이 대부분 백인에게 있다는 것이다. 반면, 급진적 운동은 주류 먹거리체계에서 소외된 사람들에 의한 먹거리생산과 소비에 대한 더 강력한 통제를 지지한다. US먹거리주권연합을 비롯해 다수의 먹거리정의 조직들, 그리고 일부 공동체먹거리보장 조직과 슬로우푸드 지부가 기업먹거리체계의 독점력 해체와 지역·공동체기반 먹거리체계 구축에 역량을 집중한다. 인종적·윤리적으로, 상업과 금융산업에서의 인종장벽 제거, 유색·소수민족 소유의 농식품사업 개발과 경제네트워크 강화, 소외지역 사회 구성원에게 지도력의 조직적 이전, 남반구 국가의 농민생계에 대한 법적 보호 등을 목적으로 하는 프로젝트를 추진한다. 계급적 측면에선 농식품 정책의 구조조정을 통해 중소규모 농장과 먹거리사업의 경쟁력과 강력한 노동권을 주장한다. 요약하자면, 급진적 운동은 먹거리 자원의 재분배와 먹거리체계의 민주적 통제력을 핵심으로 한다.

앞서 논의한 대로, 대안먹거리운동의 탈정치화와 관행화를 우려하는 많은 학자들(예를 들어, Alkon & Norgaard, 2009; Holt-Gimenez & Wang, 2011; Goodman, DuPuis & Goodman, 2012; Romer, 2014; Allen, 2014; Bradley & Herrera, 2016)은 먹거리정의운동이 먹거리를 매개로 제도화된 억압에 대한 비판을 시작하고 먹거리체계 내 권력 관계에 중대한 변화를 추동해야 한다고 주장한다. 이들은 대안먹거리운동의 성과와 한계를 직시하면서 출현한 먹거리정의운동이 이론적·실천적 차원에서 다면적이고 강력한 다자관 동맹운동을 구축하기 위한 잠재력을 지니고 있다고 본다. 특히 공동체먹거리보장과 먹거리주권 운동의 중간매개 위치를 점하고 있는 먹거리정의운동은 여러 운동의 소통과 결합을 촉진하며 신자유주의 이데올로기와 주류 먹거리체계에 대항한 공동전선을 구축하는 핵심 역할을 할 수 있다고 기대한다.

5. 결론: 먹거리 연구와 실천에 주는 함의

"타인을 돌보는 윤리에 기초한 개인 선택이 분명히 정의를 위해 일할 수 있지만, 기존의 정치경제 구조, 자원배분 및 문화적 조건을 다루거나 불평등을 최우선으로 고려하지 않는다. 불평등의 뿌리는 사회적 분석과 해결책을 필요로 하는 사회적 문제다. 이는 이미 시장을 통해 제한된 개인의 선택을 통해 완전히 해결될 수 없다. 역사적으로 필요가 가장 큰 사람들은 선택을 행사할 수 있는 능력이 가장 적게 작았다." (Allen, 2010: 29)

먹거리정의는 여러 학문적 전통과 실천에서 그 자원을 받아 발전하여, 지금은 기존의 대안먹거리 담론과 구분되면서 하나의 독자적인 연구분야와 실천형태로 자리를 잡아가고 있다. 미국 학계를 중심으로 성장하고 있는 먹거리정의 담론은 흑인, 히스패닉, 아메리카원주민, 유색 이주민 등 백인이 아닌 사람과 공동체가 처해 있는 먹거리부정의(불의/억압)의 현상에 주목한다. 이로 인해 먹거리정의를 둘러싼 논의는 한국적 상황과 다소 동떨어져 보이기도 한다. 그러나 카이룩스와 솔로쿰(Cadieux & Slocum, 2015)의 'do food justice'가 강조하듯 '정의(justice)'는 시공간을 떠나 보편적으로 정의되고 실현되지 않는다. 먹거리 불평등의 현장과 이를 극복하려는 사람들의 노력과 성취, 좌절을 사회적으로 드러내는 과정을 통해 우리는 정의에 대한 감각을 깨운다. 딕슨(Dixon, 2014)이 'learning see food justice'에서 보여주듯 '대부분이 동의할 만한 행동'은 무수히 많은 자극과 공감, 각성, 실천을 통해 사회구성원들에 의해 존중되고 축적된다. 이렇듯 정의는 고정된 유토피아적 개념이 아니라 각종 배제와 차별에 대한 감수성을 키우고 이에 맞서는 지속적인 실천의 과정에서 정의되고 실현된다. 한국적 맥락에서 '먹거리정의를 보고, 배우고, 실행하는 과정', 바꿔 말해 '먹거리정의를 정의하고 실현하는 방안'은 우리가 우리 사회에 맞게 만들어가야 할 과제인 것이다.

1997년 IMF 위기를 거치며 급격하게 이루어진 한국의 신자유주의적 전환은 개인의 삶을 바꾸고 사회 현실을 근본적으로 변화시켰다. 사회경제적 불평등과 양극화의 심화, 실직과 해고의 상시화, 차별이데올로기의 확산, 시민 정치역량의 축소, 기후위기의 심화 등 현재 한국 사회의 모습은 많은 부분 신자유주의적 구조전환의 결과물이다(지주형, 2011). 먹거리 산업과 식생활문화도 크게 변했다. 사회·경제·문화적으로 우위에 있는 사람의 먹거리 선택권이 확대된 이면에는 농민, 이주농업노동자, 급식노동자, 새벽배송노동자 등의 저임금과 생존권 위험이 도사리고 있다. 아르바이트로 생계를 유지하는 많은 청년 노동세대는 '비정상적 식사'로 끼니를 때우며(김선업, 2018), 청년과 노인을 중심으로 한 1인 가구의 증가와 함께 늘어나는 혼밥은 비만, 우울증, 만성질환의 주요 원인이 되고 있다(윤영숙, 2017). 외국 음식에 탐닉하는 사회문화와는 대조적으로 여성결혼이민자들은 가정 내에서 일상적으로 한국 음식의 강요와 모국 음식의 제한 등 먹거리권리를 위협받고 있다(김영주, 2009). 소득저하, 거주 불안정, 시간과 조리기술의 부족, 문화적 차이, 거동불편 등이 복합적으로 얽혀 충분히, 건강하게 또는 정서적으로 제대로 먹지 못하는 인구가 늘고 있다(김소연·김순영, 2019). 흔히들 "이제 우리 사회에 굶는 사람이 어디 있어?"라고 반문하지만, 우리 삶의 가려진 곳에서 인권으로써 사회적으로 보장받아야 할 '적절한' 먹거리기본권을 누리지 못하는 이들이 있는 것이다. 먹방, 맛집순례, 먹스타그램, 얼리어먹터 등 음식 콘텐츠에 집착하는 공중파 방송과 소셜네트워크서비스(SNS)의 산해진미와 풍요로움에 묻혀 보이지 않았고, 애써 보려고도 하지 않았을 뿐이지, 계단 난관 밑에서 식사하는 청소노동자, 아동급식카드로 계산되는지 눈치를 봐야 하는 아이들, 코로나19로 팔 곳과 먹을 곳을 잃은 농민과 가난한 이웃이 우리 바로 옆에 있다. 구의역 스크린도어를 고치던 김 군과 태안화력발전소 노동자 김용균 씨가 남긴 유품은 시간에 쫓겨 그마저도 먹지 못한 컵라면이었다는 사실은 우리 사회의 먹거리부정의의 한 단면을 보여주는 상징이라 할 수 있다.

인류가 기아문제를 해결하겠다고 나선 지 50년이 지났지만, 세계적으로 굶주리는 사람의 수는 2015년 7억 8,500만 명에서 2018년 8억 2,200만 명으로 증가했다(Grebmer et al., 2019). 이는 비단 가난한 나라만의 이야기가 아니라 세계 GDP순위 1위인 미국이나 12위인 한국의 이야기이기도 하다.[12] 초국적 농식품 회사와 투자자들의 통제에 놓인 기업먹거리체계는 전 세계인의 기아종식은커녕 농민·노동자의 노동착취와 지역공동체의 붕괴, 먹거리 관련 질병과 감염병의 증가, 생태계 파괴와 기후위기 등 인류가 감당해야 할 비용을 크게 늘리고 있다. 먹거리 산업을 통한 편익은 극소수가 취하고 그로 인한 비용과 피해는 전 세계 평범한 사람들, 그중에서도 가장 약한 사람들과 미래세대가 부당하게 짊어지는 불평등 구조이다.

먹거리정의는 신자유주의 기업먹거리체계의 개선이 아니라 이를 근본적으로 변혁하고 새로운 체계를 구축하는데 연구자와 실천가들이 직접 행동해야 한다고 주장한다. 복합적·교차적으로 구조화된 불평등 문제에 천착하지 않은 대안은 우리의 의도와 관계없이 관행에 의해 더 많은 특권을 가진 사람들에게 더 쉽게 이용되고 혜택이 돌아가는 현실이 수없이 반복됐다. 먹거리문제의 근본 원인을 접근성과 분배 부정의 문제로 진단하며, 먹거리정의는 당사자·공동체의 임파워먼트와 민주주의 강화를 통한 먹거리보장 전략을 제시한다. 먹거리정의 연구자와 실천가들은 먹거리 주류 서사와 백인, 남성, 부자, 고학력 등의 사회 특권에 묻혀 있던 가난한 사람, 유색인종, 이민자, 여성, 비정규·이주노동자들의 특정한 조건과 맥락에서 발생하는 먹거리부정의에 주목한다. 이들의 목소리에 힘을 실어주고 이들이 자

12) 2012년부터 2014년까지 3년간 실시한 국민건강영양조사 결과분석을 통해 문은숙(2017)은 서울시 먹거리 미보장인구가 약 100만 명에 이르면, 이 중 먹을 것이 부족해서 배고픔을 겪는 인구가 20만 명이 넘는다고 주장하였다.

신의 필요를 자각하고, 서로 협력하고, 그리고 집단적 힘으로 먹거리자원에 접근하고 소유하고 통제할 수 있도록 지원하고 함께 행동한다.

먹거리는 아주 개별적인 이야기지만 동시에 가장 보편적인 이야기로 사회부정의와 생태위기의 깊은 내면을 보여준다. 일상에서 마주하는 이웃의 굶주림, 뜨거워지는 지구에서 빠르게 변화하는 작물 재배지, 산채로 매몰되는 가축들은 우리에게 토지, 물, 자원이 사유화되고 먹거리가 상품으로 거래되는 삶의 방식이 과연 합당한 것인지에 의문을 갖게 한다. 그리고 우리에게 나와 가족, 이웃과 공동체, 그리고 자연생태계가 어떻게 관계 맺고 공존할 것인가를 생각하는 계기를 제공한다. 먹거리정의 개념의 바탕에 깔린 존재론적, 인식론적, 실천적 지향은 사회 불평등과 기후위기 시대에 대두되는 먹거리문제를 조망하고, 그 근본 원인을 분석하며, 나아가 먹거리체계를 지속가능하고 민주적으로 변혁하고자 하는 연구자와 실천가들의 긴 여정에 강력한 이론적, 실천적 자원을 제공할 것이다. 먹거리정의의 관점에서 한국 사회 먹거리불평등 구조에 대한 깊이 있는 분석과 더불어 먹거리접근, 농민・노동자권리, 사회운동, 공공정책, 토지접근, 공동체먹거리보장, 사회농업 등을 주제로 한 많은 연구와 실천, 그리고 학계와 현장의 연대가 이어지기를 기대한다.

참고문헌

김기랑 · 김미경 · 신영전 (2008). 식품보장의 개념과 측정. **예방의학회지**, 41(6): 387-396.

김선업 (2018). 청년 아르바이트 노동자의 먹거리 불안정: 식사양식의 시간성, 공간성, 관계성을 중심으로. **농촌사회**, 28(1): 219-261.

김소연 · 김순영 (2019). 공동체먹거리보장의 관점에서 본 마을부엌의 의미와 먹거리보장 정책의 전환적 과제. **서울도시연구**, 20(3): 129-149.

김영주 (2009). 음식으로 본 한국 여성결혼이민자의 문화적 갈등과 적응 전략: 충청남도 농촌 거주 여성결혼이민자를 중심으로. **농촌사회**, 19(1): 121~160.

김종덕 · 감정기 (2007). 식량권 실현과제와 사회복지. **비판사회정책**, 24: 63-100.

김철규 (2006). 한국 농업체제의 위기와 세계화: 거시역사적 접근. **농촌사회**, 16(2): 183-211.

_____ (2011). 한국 로컬푸드 운동의 현황과 과제 - 농민장터와 CSA를 중심으로. **한국 사회**, 12(1): 111-133.

김철규 · 윤병선 · 김흥주 (2012). 먹거리 위험사회의 구조와 동학. **경제와 사회**, 96: 12-42.

김흥주 (2006). 생협 생산자의 존재형태와 대안농산물체계의 모색. **농촌사회**, 16(1): 95-141.

_____ (2014). 먹거리 대안체계와 공공급식: 서울시 사례분석. **인문사회과학연구**, 15(3): 1-29.

김흥주 · 이해진 (2012). 한국의 먹거리 보장 실태와 정책과제. **보건사회연구**, 32(2): 468-499.

김흥주 · 이현진 (2013). 푸드뱅크 사업과 먹거리 연대, 그 가능성과 한계. **한국 사회**, 14(1): 31-71.

박민선 (2009). 초국적 농식품체계와 먹거리 위기. **농촌사회**, 19(2): 7-36.

송원규 · 윤병선 (2012). 세계농식품체계의 역사적 전개와 먹거리 위기-대안의 모색: 식량안보에서 식량주권으로. **농촌사회**, 22(1): 265-310.

신명호 (2009). 한국의 '사회적경제'개념 정립을 위한 시론. **동향과 전망**, 75, 11-46.

윤병선 (2010). 대안농업운동의 전개과정에 대한 고찰. **농촌사회**, 20(1): 131-160.

윤병선 · 송원규 (2018). 푸드플랜 관점에서 본 서울시의 공공급식 정책에 관한 분석, **산업경제연구**, 31(3): 1135-1159.

윤영숙 (2017). 혼밥족의 건강상태. 식품안전의 날 주간 혼밥 심포지엄 주제발표문. 국회의원회관. 대한의사협회 국민건강보호위원회.

이해진 (2019). 먹거리 커먼즈와 청주시 지역먹거리정책의 방향. **환경사회학연구 ECO**, 23(1): 107-156.

이해진 · 김선업 · 김흥주 (2015). 농업시민권을 통한 식량주권 실현. **환경사회학연구 ECO**, 19(1): 281-320.

조효제 (2013). 먹거리 인권과 먹거리 주권의 시론적 고찰. **민주주의와 인권**, 13(2): 267-301.

지주형 (2011). **한국 신자유주의의 기원과 형성**. 책세상.

허남혁 (2009). 생협 생산자 조직의 생산~소비관계 변화. **농촌사회**, 19(1): 161-211.

황영모 (2016). 지역단위 푸드플랜의 방향과 전략. **농정연구**, 56: 69-102.

Alkon, Alison Hope. (2013). Food justice: An overview, in *Routledge international handbook of food studies*, New York: Routledge. pp. 295-305.

Alkon, Alison Hope, & Christie Grace McCullen. (2011). Whiteness and farmers markets: performances, perpetuations… contestations?, *Antipode*, 43: 937-959.

Alkon, Alison Hope, & Kari Marie Norgaard. (2009). Breaking the food chains: An investigation of food justice activism, *Sociological Inquiry*, 79(3): 289-305.

Alkon, Alison Hope. & Julian Agyeman. (2011). (eds). *Cultivating food justice: race, class, and sustainability*. MIT Press.

Allen, Patricia. (2004). *Together at the table: Sustainability and sustenance in the American agrifood system*. Penn State Press.

______ (2008). Mining for justice in the food system: Perceptions, practices, and possibilities, *Agriculture and Human Values*, 25(2): 157-161.

______ (2010). Realizing justice in local food systems, *Cambridge Journal of Regions, Economy and Society*, 3(2): 295-308.

______ (2014). Divergence and convergence in alternative agrifood movements: Seeking a path forward, *Alternative agrifood movements: Patterns of convergence and divergence*. Emerald Group Publishing Limited, Published online: 03 Dec 2014: 49-68.

Allen, Patricia, & Julie Guthman. (2006). From 'old school' to 'farm-to-school':

neoliberalization from the ground up, *Agriculture and Human Values*, 23: 401-415.

Anderson, Molly. D. (2008). Rights-based food systems and the goals of food systems reform, *Agriculture and Human Values*, 25(4): 593-608.

Basok, Tanya, Suzan Ilcan, & Jeff Noonan (2006). Citizenship, human rights, and social justice, *Citizenship studies*, 10(3): 267-273.

Bradley, Katharine, & Hank Herrera. (2016). Decolonizing food justice: Naming, resisting, and researching colonizing forces in the movement, *Antipode*, 48(1): 97-114.

Cadieux, K. Valentine, & Rachel Slocum. (2015). What does it mean to do food justice?, *Journal of Political Ecology*, 22(1).

CESCR (1999). No, CESCR General Comment. 12: The Right to Adequate Food (Art. 11) Adopted at the Twentieth Session of the Committee on Economic. *Social and Cultural Rights*, on 12th May, 1999. Geneva.

Creswell, Jone. W. (2013). 질적연구방법론: 다섯가지 접근 (2015). 조홍식・정선욱・김진숙・권지성 공역. 학지사.

Creswell, None. W. (2017). 질적연구의 30가지 노하우. 한유리 역. 피와이메이트.

Crotty, Michael. (1998). *The foundations of social research: Meaning and perspective in the research process*. Sage.

Denzin, Norman K., & Yvonna S. Lincoln, eds. (2011). *The Sage handbook of qualitative research*. Thousand Oaks, CA: Sage.

Dixon, Beth A. (2014). Learning to see food justice. *Agriculture and Human Values*, 31(2): 175-184.

Fairlie, Robert W., & Alicia M. Robb. (2010). *Race and entrepreneurial success: Black-, Asian-, and White-owned businesses in the United States*. MIT Press.

FAO. (2006). *Food Security, Policy Brief*. June 2006. Issue 2. http://www.fao.org/fileadmin/templates/faoitaly/documents/pdf/pdf_Food_Security_Cocept_Note.pdf.

Feenstra, Gail W. (1997). Local food systems and sustainable communities, *American Journal of Alternative Agriculture*, 12(1): 28-36.

Gilbert, Jess, Gwen Sharp, & M. Sindy Felin. (2002). The loss and persistence of black owned farms and farmland: a review of the research literature and its implications, *Journal of Rural Social Sciences*, 18(2): 1-30.

Glennie, Charlotte, & Alison Hope Alkon. (2018). Food justice: cultivating the field, *Environmental Research Letters*, 13(7).

Goodman, David, E. Melanie DuPuis, & Michael K. Goodman. (2012). *Alternative food networks: knowledge, practice, politics*. New York: Routledge.

Gottlieb, Robert. (2009). Where we live, work, play... and eat: expanding the environmental justice agenda, *Environmental Justice*, 2(1): 7-8.

Gottlieb, Robert, & Andrew Fisher (1996a). 'First feed the face': Environmental justice and community food security, *Antipode*, 28(2): 193-203.

______ (1996b). Community food security and environmental justice: Searching for a common discourse, *Agriculture and Human Values*, 13(3): 23-32.

Gottlieb, Robert, & Anupama Joshi. (2010). *Food justice. Cambridge*, MA: MIT Press.

Guthman, Julie. (2004). *Agrarian dreams: the paradox of organic farming in California*. Berkeley, CA: University of California Press.

______ (2008). Bringing good food to others: Investigating the subjects of alternative food practice, *Cultural Geographies*, 15(4): 431-447.

Guthman, Julie, Amy W. Morris, & Patricia Allen. (2006). Squaring farm security and food security in two types of alternative food institutions, *Rural Sociology*, 71(4): 662-684.

Haraway, Donna. (1988). Situated knowledges: the science question in feminism as a site of discourse on the privilege of partial perspective, *Feminist Studies*, 14(3): 575-599.

Hinrichs, C. Clare. (2000). Embeddedness and local food systems: notes on two types of direct agricultural market, *Journal of Rural Studies*, 16(3): 295-303.

Holt-Giméénez, Eric, & Yi Wang. (2011). Reform or transformation? The pivotal role of food justice in the US food movement, *Race/Ethnicity: Multidisciplinary Global Contexts*, 5(1): 83-102.

Levkoe, Charles Z. (2006). Learning democracy through food justice movements, *Agriculture and Human Values*, 23(1): 89–98.

Longo, Patrizia (2016). Food justice and sustainability: A new revolution, *Agriculture and Agricultural Science Procedia*, 8: 31–36.

Minkoff–Zern, Laura–Anne, and Sea Sloat. (2017). A new era of civil rights? Latino immigrant farmers and exclusion at the USDA, *Agriculture and Human Values*, 34(3): 631–643.

Lawrence, W. Neuman (2013). 사회연구조사방법론. 박기우 · 이정우 · 유희숙 · 문성균 · 박혜상 공역. 이앤비플러스.

Norgaard, Karie Marie, Ron Reed, & Carolina Van Horn. (2011). A continuing legacy, institutional racism, hunger and nutritional justice on the Klamath, in Alkon A.H. and J. Ageyman (eds.) *Cultivating food justice: race, class and sustainability*. Cambridge: MIT Press. pp. 23–46.

Nussbaum, Martha C. (1990). Aristotlelian Social Democracy. Liberalism and the Good.

Romer, Nancy. (2014). The radical potential of the food justice movement, *Radical Teacher*, 98: 5–14.

Slocum, Rachel, & K. Valentine Cadieux. (2015). Notes on the practice of food justice in the US: Understanding and confronting trauma and inequity, *Journal of Political Ecology*, 22(1): 27–52.

Sumner, Jennifer (2011). Serving social justice: The role of the commons in sustainable food systems, *Studies in Social Justice*, 5(1): 63–75.

Young, Iris Marion. (2011). *Justice and the politics of difference* (2nd ed.) NJ: Princeton University Press.

Grebmer, K. V., Bernstein, J., Patterson, F., Wiemers, M., Chéilleachair, R. N., & Foley, C. (2019). *Global Hunger Index: The Challenge of Hunger and Climate Change*. International Food Policy Research Institute, https://www.globalhungerindex.org

Laster, Janes & Leigh A. Frame (2019). Beyond the Calories–Is the problem in the processing?. *Current Treatment Options Gastroenterology*, 17: 577–586.

찾아보기

[ㅂ]

[ㅅ]

[ㅇ]

[ㅈ]

장별 출처

제1부 사회적경제

1장 안윤숙 · 김홍주 (2019). 지역사회복지 활성화를 위한 사회적경제의 역할과 과제. **지역사회연구**, 27(4): 177-198.

2장 김홍주 · 이현진 · 김철규 (2013). 생협운동의 변화와 생협복지주의. **지역사회연구**, 15(1): 187-221.

이현진 · 김홍주 (2015). 생협복지의 의미와 실천. **인문사회과학연구**, 16(2): 311-351.

3장 지규옥 · 김홍주 (2018). 자활사업의 대안적실험: 사회적협동조합. **지역사회연구**, 26(2): 81-102.

4장 김자경 · 최현 (2020). 공동자원을 활용한 농촌 마을만들기: 제주 하례1리의 효도천 생태관광. **지역사회연구**, 28(1): 58-80.

5장 이해진 (2019). 먹거리 커먼즈와 청주시 지역먹거리정책의 방향. ECO, 23(1): 107-156.

제2부 공공성

7장 황종남 (2017). 소득 수준에 따른 미충족의료 - 형평성의 함의. **보건교육건강증진학회지**, 34(4): 83-97.

9장 염승준 (2018). 종교적 공공성의 개념과 의미 고찰. 원광대학교 원불교사상연구원 편. 모시는사람들.

10장 김소연 (2020). 먹거리정의에 관한 탐색적 고찰: 이론적 쟁점과 실천적 함의. **농촌사회**, 30(2): 229-271.

저자소개

김흥주 원광대학교 복지보건학부 교수, 대표저자
김소연 경희대학교 공공대학원 겸임교수
김자경 제주대학교 공동자원과 지속가능사회 연구센터 학술연구교수
안윤숙 사회적협동조합청소년자립학교 이사장
원도연 원광대학교 디지털콘텐츠학과 교수
염승준 원광대학교 원불교학과 교수
이해진 충북대학교 사회학과 교수
이현진 원광대학교 사회적경제연구센터 연구원
정규식 원광대학교 동북아시아인문사회연구소 HK연구교수
지규옥 군산시 사회적경제지원센터 센터장
최 현 제주대학교 사회학과 교수
황종남 원광대학교 복지보건학부 교수

원광대학교 사회적경제연구센터 연구총서 1

사회적경제와 공공성

초판발행 2021년 4월 25일 **1판 1쇄 인쇄** | 2021년 4월 30일 **1판 1쇄 발행**

지은이 김흥주 김소연 김자경 안윤숙 원도연 염승준
이해진 이현진 정규식 지규옥 최 현 황종남
펴낸이 최용구 | **펴낸곳** 도서출판 **신정**
주소 (04316) 서울시 용산구 원효로 89길 19 (원효로1가)
전화 02)3211-4782, 0266(영업부), 3211-4783(편집부), 3211-4784(팩스)
이메일 sjbook2002@naver.com | **홈페이지** www.sjbook.co.kr
등록 2001년 5월 11일 제13-702호
기획마케팅 최용구 장만동 최충구 진소희 | **책임편집** 석기은 황가연

ISBN 978-89-5912-756-6 93330
정가 17,000원

저자와의 협의에 따라 인지는 생략합니다. 파본은 구입하신 곳에서 교환해 드립니다.
이 책을 무단 전재 또는 복제 행위 시 저작권법에 따라 처벌을 받게 됩니다.